剑桥
全球经济专题史

U0890429

奢侈品史：1600—2000

［德］贝恩德-施特凡·格鲁
（Bernd-Stefan Grewe）
编
［荷］卡琳·霍夫米斯特
（Karin Hofmeester）
秦传安　译

上海财经大学出版社

图书在版编目(CIP)数据

奢侈品史:1600—2000/(德)贝恩德-施特凡·格鲁(Bernd-Stefan Grewe),(荷)卡琳·霍夫米斯特(Karin Hofmeester)编;秦传安译.—上海:上海财经大学出版社,2021.11
(剑桥·全球经济专题史)
书名原文:Luxury in Global Perspective:Objects and Practices,1600—2000
ISBN 978-7-5642-3336-5/F·3336

Ⅰ.①奢…　Ⅱ.①贝…②卡…③秦…　Ⅲ.①消费品-介绍-世界
Ⅳ.①F76

中国版本图书馆 CIP 数据核字(2019)第 157226 号

□ 责任编辑　吴晓群
□ 封面设计　陈　楠
□ 版式设计　张克瑶

奢侈品史:1600—2000

[德] 贝恩德-施特凡·格鲁 (Bernd-Stefan Grewe)
[荷] 卡琳·霍夫米斯特 (Karin Hofmeester)　编
秦传安　译

上海财经大学出版社出版发行
(上海市中山北一路 369 号　邮编 200083)
网　址:http://www.sufep.com
电子邮箱:webmaster@sufep.com
全国新华书店经销
上海华教印务有限公司印刷装订
2021 年 11 月第 1 版　2021 年 11 月第 1 次印刷

787mm×1092mm　1/16　22.5 印张(插页:2)　330 千字
定价:88.00 元

图字:09-2019-029 号

致谢

每本书都有其来源。本书肇始于2009年2月我们在康斯坦茨大学的一次研讨会上的首次碰面。本书作者中的几个人，以及他们写好的论文，在这一场合被征集到一起，他们分别是安妮·格里森（Anne Gerritsen）、乔治·里耶罗（Giorgio Riello）、乔纳斯·克兰泽（Jonas Kranzer）、西尔维亚·鲁施克（Silria Ruschak）和金·希本许纳（Kim Siebenhüner）。随后，我们决定邀请另外几个研究相关的且有趣的主题的作者加入我们的计划，我们有幸得到了玛尔塔·查克林（Martha Chaiklin）、伯纳德·吉斯布尔（Bernard Gissibl）和卡琳·帕拉弗（Karin Pallaver）的稿件。非常感谢我们的作者把他们丰富的专业知识纳入我们这本书，还有他们为此而投入的大量工作，以及他们从第一稿到终审稿期间所付出的耐心。

我们要感谢全球史领域三位顶尖学者，他们对本书的编写意义重大，其中每个人都参与了这个项目的一个特定阶段。首先要感谢于尔根·奥斯特哈默（Jürgen Osterhammel）教授，他为康斯坦茨大学“跨国代理机构的动态”研究小组（Nachwuchsgruppe）筹集资金。这个小组的所有博士生和协调人都在研究全球史，并在不同国家的现场工作，比如坦桑尼亚、南非、印度或中国，这里只提及少数几个人的名字。研究小组的主管贝恩德-施特凡·格鲁（Bernd - Stefan Grewe）有了组织首次“商品和商品链的历史”研讨会的想法，紧接着又有了2010年和2011年的另外两次研讨会。接着，我们要感谢阿姆斯特丹国际社会史研究所的马塞尔·范德林登（Marcel van der Linden）教授，在这几次讨论会期间，他用对商品链方法的诠释启发了我们，并促使我们做一本关于奢侈品的书。最后，要感谢匹兹堡大学世界史中心的帕特里克·曼宁（Patrick Manning）教授，他阅读了手稿的第一版，并鼓励我们把它纳入剑桥“比较世界史研究”系列丛书。我们感谢他颇有助益的评论，以及这部手稿的匿名评论者的评论。

卡琳·霍夫米斯特（Karin Hofmeester）很乐意对弗里茨·蒂森基金会表达她的感激之情，感谢他们慷慨的津贴使她能够几乎是全日制地把两年时间花在研究上。如果没有这笔津贴，本书的研究工作，以及其他很多论述钻石的文章，是不可能完成的。她还想感谢 IISH 研究团队的成员，在她缺席时间顶替她，并在各种不同的报告期间对她的工作提出意见和建议。

从“商品和商品链的历史”（2009 年）、“平行商品链：代用品与非正式经济”（2010 年）和“全球商品链的脆弱与断裂”（2011 年）等研讨会的参与者那里，我们学到了大量关于很多其他全球商品的知识。这里收录的另外几篇论文曾发表在乔纳森·库里-马查多（Jonathan Curry - Machado）编辑的《全球史，帝国商品，本地互动》（*Global Histories, Imperial Commodities, Local Interactions*, Basingstoke: Palgrave Macmillan 2013）中。

如果没有交流中心“社会融合的文化基础”这一项目提供的慷慨支持，康斯坦茨大学的研讨会就不会成功。感谢项目主管鲁道夫·施洛格尔（Rudolf Schlögl）教授和他的团队，尤其是弗雷德·吉鲁（Fred Giroud）和扬·克罗格尔（Jan Kröger），让我们利用他们在莱茵河岸那幢主教别墅的便利设施。交流中心还为翻译和詹姆斯·弗恩斯（James Fearns）的编辑工作提供了经费，在此再次感谢。

我们在另外一些讨论会上作报告期间所收到的评论也给了我们很大的启发。我们要感谢贝弗利·勒迈尔（Beverly Lemire）评论员和主持人，以及我们在维也纳欧洲社会科学史会议（2014 年）组织的“全球奢侈品：生产、交换、消费和估值”讨论会的与会者，还有 2010 年和 2014 年在德里举办的印度劳工史协会的研讨会的与会者。

非常感谢乔尔·戈尔布（Joel Golb），感谢他对本书德文版导论及西尔维亚·鲁施克、金·希本许纳和贝恩德-施特凡·格鲁这三位作者的文章的杰出翻译。十分感谢马库斯·希梅尔斯巴赫（Markus Himmelsbach）为本书编写索引。

最后，我们要感谢剑桥大学出版社的团队，尤其是黛博拉·格尔申诺维茨（Deborah Gershenowitz）、丹娜·布里肯（Dana Bricken）和戴维·莫里斯（David Morris），在完成这个项目的过程中给予的指导，感谢尼尚蒂尼·维特里韦尔（Nishanthini Vetrivel）一丝不苟的帮助，以及克里斯汀·邓恩（Christine Dunn）认真仔细的审稿。我们对任何依然存在的错漏表示歉意，倘蒙读者教正，我们将不胜感激，并在本书未来的重印或再版中予以采纳。

目录

导言

奢侈品与全球史

奢侈品是一个全球现象。(欧洲的)图书和书法在中国，珠宝和钻石在南亚和欧洲，以及玻璃珠和印度纺织品在非洲，都是(或曾经是)奢侈品。几乎所有社会都知道有一些这样的物品，它们的价值不是根据实用性来衡量，与社会成员对物品的通常占有相比，占有这些物品意味着更多的东西。但奢侈并不仅仅以物品的形式存在，一些重大而奢华的行为也履行了类似的社会功能和文化功能。这样的行为包括听音乐会和看歌剧，以特定的出行方式旅行，某些消费行为，某些类型的狩猎，以及出手大方的送礼。奢侈品常常是全球性商品，在世界上的一个地方生产出来，在另一个地方被消费掉，它的“异域性”是其奢侈品质之一。如果我们把全球史理解为联络的历史，那就可以把商品看作把世界不同地区的人联系起来的旅行之“物”。借助商品来看待全球史，沿着全球商品链，追踪它们的生产、交换和消费，并不是什么新事物。然而，直至今日，研究全球史的学者更愿意追踪大宗商品，而且多半更愿意追踪后来成了大规模消费产品的奢侈品，比如咖啡、茶叶和食糖。上述疏漏的一个重要原因大概是伊曼努尔·沃勒斯坦(Immanuel Wallerstein)的《现代世界体系》(*A Modern World System*)的影响，他在相当长的一段时间里决定了商品研究的范式。在他看来，根据定义，奢侈品就是那些在资本主义世界之外的地区社会估值低，而在内部地区估值高、价格高的商品。奢侈品贸易因此对任何一方的功能来说都并非必不可少的，因此对于他的理论也就无关紧要。[1] 对于沃勒斯坦对奢侈品与大宗商品的区分及其后果，一位重要的批评者是简·施耐德（Jane Schneider）。她声称，很难区分奢侈品与必需品，因为，比方说，在前资本主义社会中，朝贡体系是通过分发奢侈品来维持的，帝国主义需要“用善意来赢得偏远地区的人民”。而且，施耐德正确地宣称，沃勒斯坦对前资本主义时期的社会变迁没有给出很好的解释，因为他没有看到奢侈品渴求的重要性，这种渴求让人们到处旅行，漂洋过海，诸如此类：“奢侈品贸易可以在贸易人口的内部，以及在贸易路线上‘中转’的人口中，诱发科学技术、领导阶层、阶级结构和意识形态的大规模改变。”[2] 她的建议是：应该专注于奢侈品与必需品之间的关联，而不是它们之间的区别。我们想把这个论证向前推进一步，展示奢侈品在不同场景中如何发挥作用，以及地方性的品味变化如何影响（全球）经济互动。这与克里斯托弗·拜利（Christopher Bayly）的观念衔接了起来。拜利声称：“某些产品，比如基本的粮食和基本的布料，在前现代经济体中或多或少是普遍需要和普遍生产的。在这个水平上，建立在生产和消费基础上的经济活动是可以预见的……相比之下，还有另外一些产品和消费模式，它们在地理上是特有的，而且在很大程度上取决于文化偏好，如阿拉伯马、貂皮、某些类型的药用香料和钻石。”[3]

本书将明确聚焦于奢侈的商品和行为，重要的理由有两个：第一个理由是，通过审视全球奢侈商品和服务的生产、交换与消费，全球史会变得更加丰富。遵循世界体系理论和依赖理论，做出颇具决定性的研究，以揭示过去和现在全球经济中不对等的经济关系。但是，经济史家和大多数全球史家往

---

〔1〕 Immanuel Wallerstein, *The Modern World - System Ⅲ: The Second Era of Great Expansion of the Capitalist World - Economy, 1730s — 1840s* (Berkeley: University of California Press, 2011), xv, 131—132.

〔2〕 Jane Schneider, "Was There a Pre - Capitalist World - System?," *Peasant Studies 6* (1977): 20—29.

〔3〕 Christopher A. Bayly, " 'Archaic' and 'Modern' Globalization in the Eurasian and African Arena, c. 1750—1850" in A. G. Hopkins (ed.) *Globalisation in World History* (London: Pimlico, 2002), 55.

往忽视了这样一层特殊的意义：生产、贸易和消费中涉及的所有人，都与这些物品和行为有关联。另外一些人，比如经济史家让·德·弗里斯（Jan de Vries），审视了“漫长的18世纪”里西欧的奢侈品消费，得出了十分有趣的“勤劳革命”（industrious revolution）理论。德·弗里斯把日益增长的咖啡、茶叶和食糖的消费看作私人家庭远离生存经济、走向工资劳动这一日益显现的方向的核心要素。[1] 克里斯托弗·拜利和安妮·麦肯茨（Anne McCants）把这一方法带到了更远处，认为这一发展并不局限于北大西洋地区，而且在中国、日本、印度部分地区和中东发挥作用。[2] 直到今天，关于奢侈品消费在这些偏远地区的影响，人们的研究主要是针对咖啡、茶叶、可可、食糖和烟草之类的商品，这些商品的奢侈特征已经被极大地弱化，以至于成了源自外国的日常消费品。彭慕兰（Kenneth Pomeranz）的研究代表了这一趋势的一个例外，他聚焦于几种类型的奢侈品，强调某些商品对于全球经济的重要性，比如丝绸以及某些只有精英阶层才能得到的家具。[3] 这本文集旨在对类似讨论做出贡献，同时抛弃那种聚焦于北大西洋消费者的视角。不像早年的历史编纂，我们不仅研究前现代时期和18世纪，而且研究19世纪和20世纪。

我们相信，下列奢侈品将会帮助我们更好地理解全球联通的特定功能。不同的社会，以及在这些不同的社会群体之内，都发展出了自己的物质文化，拥有一套独特的社会逻辑，附着于物品、行为和理念之上。通过经济互动，不仅在全球层面上，而且在区域和本地层面上，这些不同的物质文化互相接触，刺激经济交换，而这种交换也是因经济实力差异而形成的。这些文化问题的意义常常被全球（经济）史家所低估，因此，研究奢侈品和奢侈行为可

---

〔1〕 Most recently in Jan de Vries, *The Industrious Revolution: Consumer Behavior and the Household Economy, 1650 to the Present* (Cambridge: Cambridge University Press, 2008).

〔2〕 Bayly, Birth of the Modern World, 49—50; Anne E. C. McCants, "Exotic Goods, Popular Consumption, and the Standard of Living: Thinking about Globalization in the Early Modern World," *Journal of World History* 18 (2007): 433—462.

〔3〕 Kenneth Pomeranz, *The Great Divergence: China, Europe and the Making of the Modern World Economy* (Princeton, NJ: Princeton University Press, 2000), 114—166.

以提供新的眼光，来认识文化差异对于全球关联的作用和意义。基本假设是：在奢侈品或奢侈行为的全球链上，参与者的社会语境和文化语境是决定性的，不仅对于其生产、贸易、运输或营销的方式是决定性的，而且对于它如何被消费也是决定性的。通过对具体社会语境和文化语境的分析，我们试着更好地理解全球关联的作用。我们研究的焦点常常是地方性的，但视角是跨文化的和全球性的。

第二个同样重要的目标是：通过从全球视角审视奢侈品，奢侈品的历史概念会变得更加丰富。总的来说，以前对奢侈品历史的研究，最初聚焦于宫廷文化，后来聚焦于新兴的资产阶级文化，而更晚近的工作则集中于从 18 世纪晚期开始的欧洲消费社会的发展。相比之下，本书的内容截然不同于传统的方法，后者聚焦于西北欧和北大西洋地区的非欧社会。本书在主题上着重于某些物品和行为，其最重要的消费者在亚洲和非洲。此外，在这里，奢侈品现象不再简化为奢侈品消费，相反，这些物品作为劳动产品而得到审视，作为全球劳动分工的组成部分而得到解释。迄今为止，在文化研究的框架内对奢侈品的批评性研究往往忽略了欧洲奢侈品消费更黑暗的方面——这些方面常常也出现在欧洲之外。仅仅因为这个理由，对于这个主题，除了全球的、跨民族的历史方法之外，实际上没有别的选择。一些与奢侈品生产相伴而生的负面效应——对工人的压迫和剥削，以及对健康和环境的长期损害——常常被忽视了，因为重点往往集中于高品质、专门化的工匠和奢侈品制造商。[1] 我们的目标不是要围绕奢侈品贸易及其不公平的后果对资本主义关系进行批评，我们更乐意去理解这些特殊奢侈品生产中所涉及的不同民族的社会逻辑。

---

〔1〕 这方面的典型实例参见以下优秀文章：Robert Fox and Anthony Turner eds.，*Luxury Trades and Consumerism in Ancien Régime Paris*：*Studies in the History of the Skilled Workforce*（Aldershot，UK：Ashgate，1998）。See Ulrich - Christian Pallach，*Materielle Kultur und Mentalitäten im 18. Jahrhundert*：*Wirtschaftliche Entwicklung und politisch - sozialer Funktionswandel des Luxus in Frankreich und im Alten Reich am Ende des Ancien Régime*（Munich：Oldenbourg，1987）；Natacha Coquery，*L' hôtel aristocratique*：*Le marché du luxe à Paris au XVⅢe siècle*（Paris：Publ. de la Sorbonne，1998）；Jean - Claude Daumas and Marc de Ferrière le Vayer，"Les métamorphoses du luxe vues d' Europe，" *Entreprises et Histoire* 46（2007）：6—16.

方法论

本书中大多数章节使用（要么是暗含地，要么是明确地）全球商品链的方法，从来源到消费者追踪商品，以重构全球社会的关联和互连性。以前的很多作品重构和批评了商品链中呈现的联系，尤其是对“边缘地区”的负面影响。[1] 就其基本概念而言，这些作品的导向常常是安德烈·冈德·弗兰克（André Gunder Frank）[2] 的“依赖理论”和伊曼努尔·沃勒斯坦的“世界体系”理论。[3] 这让我们能够描述那些位于“边缘”的国家与欧洲和北美“大都会”之间经济力量的不平衡。然而，在这样的研究中，那些目标并非北大西洋消费者的供应链基本上被忽略了。尽管这里被分派给生产侧，但“边缘”国家因此经常不被理解为商品消费者和价值生产者。[4] 尽管这些讨论很有价值，但当全球政治经济联系的不对称得到证实时，这些力量关系的不对称已经是研究计划的组成部分。本书想避免这一点，把那些更严肃地对待欧洲和北美之外的人的作用、研究其消费和生产模式的人放到一起，试着理解他们赋予这些人参与全球链的意义。我们探寻像非洲和印度这样一些地区的

〔1〕 See Gary Gereffi and Miguel Korzeniewicz, eds., *Commodity Chains and Global Capitalism* (Westport, CT: Greenwood Press, 1994). 这个概念的一个较早的形式参见：Terence K. Hopkins and Immanuel Wallerstein, “Commodity Chains in the World - Economy Prior to 1800,” *Review: A Journal of the Fernand Braudel Center for the Study of Economics, Historical Systems, and Civilizations* 10, no. 1 (1986): 157—170.

〔2〕 Andre Gunder Frank, *Capitalism and Underdevelopment in Latin America: Historical Studies of Chile and Brazil* (New York: Monthly Review Press, 1967).

〔3〕 Wallerstein, *The Modern World - System I: Capitalist Agriculture and the Origins of European World - Economy in the Sixteenth Century; Modern World - System II: Mercantilism and the Consolidation of the European World - Economy, 1600—1750; Modern World - System III: The Second Era of Great Expansion* (Berkeley: University of California Press, 2011).

〔4〕 有一个批评性的看法，参见 Steven Topik, Carlos Marichal, and Zephyr Frank, eds., *From Silver to Cocaine: Latin American Commodity Chains and the Building of the World Economy, 1500—2000* (Durham, NC and London: Duke University Press, 2006)。

奢侈行为，这些地区很少作为全球经济的消费部分而被研究，比如中国，以及更小程度上的日本。[1]

正如全球商品链的方法帮助我们认识这个链条不同部分之间的联系一样，“社会传记”（social biography）的方法让我们看到不同社会的人们，甚或同一社会内部在不同的社会语境中，如何赋予相同物品不同的意义。自阿尔君·阿帕杜莱（Arjun Appadurai）的开创性作品《物的社会生命：文化视野中的商品》（*The Social Life of Things*：*Commodities in Cultural Perspective*）[2] 出版以来，物品传记变得相当广泛。更加引人注目的是，就物品不是本地生产而言，很多这样的传记是跨境全球网络的产物。[3] 我们的意图并不仅仅是把奢侈作为一种社会现象与那些享受奢侈的群体联系在一起，而且要重构奢侈品的“社会传记”，可以说是奢侈品在各种不同的社会语境和文化语境中的起源、生产、运输、销售和消费的历史。我们越是严肃地考察这些奢侈品特殊的材料和品质属性，以及人们完全因为它们的特殊属性而赋予它们的价值，这样一种研究方法看起来就越发引人入胜。钻石的硬度、玻璃珠的光亮或者黄金的纯度以及黄金表面那永恒性的诱惑，是一些让它们变得有吸引力的重要特征。[4]

---

〔1〕 这一规则的一个例外参见：Frank Trentmann，ed.，*Oxford Handbook of the History of Consumption*（Oxford：Oxford University Press，2012），里面收录了柯律格（Craig Clunas）关于中国和吉瑞米（Jeremy Prestholdt）关于非洲的文章；Douglas Haynes，Abigail McGowan，Tirthankar Roy，and Haruka Yanagisawa，eds.，*Towards a History of Consumption in South Asia*（New Delhi：Oxford University Press，2010）。上述文章很有用，因为它们在很大程度上聚焦于19世纪晚期和20世纪。

〔2〕 Arjun Appadurai，ed.，*The Social Life of Things*：*Commodities in Cultural Perspective*（Cambridge：Cambridge University Press，1986）.

〔3〕 See Patrick Manning，*Navigating World History*：*Historians Create a Global Past*（New York and Basingstoke，UK：Palgrave Macmillan，2003）.

〔4〕 你也可能建议，把“行动者网络理论”（Actor - Network - Theory，ANT）用作一个分析方法。但是，ANT，特别是布鲁诺·拉图，对于事物组合的文化维度是不言而喻的。ANT研究通常并不研究行动者与对象相关联的陈述，他们常常忽视了意向性的重要概念。一个行动者打算消费或践行这种或那种形式的奢侈并因此表达其社会等级或志向抱负的意向是不可能在ANT框架之内加以研究的。See Bruno Latour，*Reassembling the Social*：*An Introduction to Actor - Network - Theory*（Oxford：Oxford University Press，2005）；John Law and John Hassard，eds.，*Actor Network Theory and After*（Oxford and Keele：Blackwell，1999）.

全球商品链和物品传记的概念可以充当镜头，透过这样的镜头审视全球缠结，不会忽略物品所经历的社会文化语境的多样性。我们在后面章节中看到的内容，是有关珠宝、钻石和黄金的历史，不过还有中国瓷器、印度棉布、荷兰蜡印布、玻璃珠和象牙的历史。此外，玻璃珠具和象牙的实例让我们清晰地看到，物品在不同的社会文化语境中如何被不同地估值。在非洲，象牙不是奢侈品；在欧洲和美国，它是一些奢侈休闲“器具”的组成部分，比如钢琴键和台球。相反，在欧洲，玻璃珠具有一种相对比较世俗的功能；而在东部非洲社会，它们作为奢侈品和价值很高的交换手段，获得了完全不同的意义。[1] 这样的实例指向了本书想要回答的第二个重要问题（遵循阿帕杜莱的论题）：这些“价值体制”，亦即不同社会对物品的不同估值，在何种程度上是跨文化的全球经济关系的组成部分——它们事实上是不是首先导致了全球经济交换？

很多奢侈品研究，要么忽视了奢侈品的文化含义和社会含义，要么无视其经济维度，相比之下，我们试图把这两者联系起来。我们并不打算忽略价格、成本和利润的问题。尽管这不是一本论述奢侈品的全球经济史的书，但这并不一定意味着这里提出的分析对经济史家来说没什么价值。前面已经提到，一些历史学家承认前现代时期奢侈品的生产、交换和消费的经济意义，这里应该加以拓展，它们对后来时期全球经济联系的意义也很大。在这里，我们整合了文化和经济的方法，把全球商品链的方法与物品社会传记的方法结合起来，这样不仅能帮助丰富奢侈品的研究，而且加深了我们对全球经济关联的理解。当经济学家研究贸易平衡并在这个过程中研究奢侈品的流动时，他们常常使用一些依据北大西洋消费者认为何者为奢侈而发展出来并加以定义的类别，却很少反思这些概念是不是也适用于研究全球其他地区的平衡。我们必须记住，南半球贸易相当可观的部分并没有在数量上被理解，而且，

---

〔1〕 See Akinwumi Ogundiran, “Of Small Things Remembered: Beads, Cowries, and Cultural Translations of the Atlantic Experience in Yorubaland,” *The International Journal of African Historical Studies* 35, no. 2–3 (2002): 427–457.

不同社会对物品的估值可能非常显著地凸显下面这个问题：这些类别在这里是否有用？简言之，这种毋庸置疑的分类——对这些商品流的量化正是基于这种分类——只有从欧洲和北美文化的立场看才是准确的。在其他社会文化语境中，同样的物品可能有完全不同的意义：贝壳在欧洲人看来毫无价值，但对非洲贸易来说却非常重要，因为它们在内陆地区有很高的交换价值；在其他地区，铜的价值高于其他金属；玉在前哥伦布时期的美洲、在古代中国或者对于毛利人远比对于欧洲人来说重要得多。这些实例说明，我们为什么要研究社会文化语境，并分析（经济）行为人赋予不同物品和实践何种意义。但首先，我们需要定义何为奢侈。

定义奢侈

对于何为奢侈，不同社会和同一社会内部的不同群体总是有他们自己的观念。在此一社会文化语境中被认为是奢侈的物品和行为，在彼一社会文化语境中却被认为是世俗的和日常的。在认知理论的层面上，这个定义问题内在地呈现在物品及物品交易的多义性中[1]——在某些人看来是不证自明的和标准的东西，而在别人看来却是奢侈品，这一理解即使在单一社会群体内部甚至都有所差异，尤其是当个体面对一种新的、迄今尚不能准确分类的物品或实践形式时。奢侈因此是一个在社会意义上被定义的、多重价值的物质现象。

自始至终，奢侈都是在感觉上被体验的，某些奢侈的物品和行为与各种感官相关联：香水及其他香味之于嗅觉，香槟和块菌之于味觉，美术和建筑之于视觉，丝绸及其他精美纺织品之于触觉，歌剧和音乐会之于听觉。尽管

〔1〕关于对象的多义性和颠覆性力量，参见：Henri Lefebvre，*Critique of Everyday Life* Ⅱ：*Foundations for a Sociology of the Everyday*，trans. John Moore（London and New York：Verso，1991）.

这种感觉性表明奢侈和感官愉悦相关联，但还有一个问题依然存在：怎么把奢侈品与其他物品区分开来？在这方面，我们想出了以下几个特征可以试探性地定义这样的物品，它们超越任何文化差异：[1]

第一，在它们被认为是奢侈的社会语境之内，奢侈品通常不是大宗商品，而是不同寻常的特殊物品。例如，一颗被切割成六十面体的钻石、一件貂皮，以及一瓶1945年的木桐酒庄产的葡萄酒，全都是相对比较罕见的物品，不可能大规模生产出来。[2]

第二，在它们实际被交易的情况下，这样的物品通常非常昂贵，先天性地让很多平民百姓无缘拥有。[3] 但它们的奢侈品质未必源自购买价。例如，在19世纪60年代世界互联性开始增强之前的那段时期，奢华性常常在于某件物品的异域品质，因为其特定的来源而很难买到，像哥伦比亚的翡翠在印度，而木乃伊和干缩人头则是特别吓人的实例。很多物品之所以奢侈，是因为它们对一个群体或社会的其他成员来说是新奇的；一旦对很多人来说是稀松平常的和容易得到的，物品的奢侈性便消失了。相比新奇的物品，用旧了的奢侈品只有在罕见的场合才具有奢侈品质，比方说，当古董在18世纪的巴黎变得流行时。[4]

第三，对奢侈品的购买和使用超出了日常实用性的领域。相反，它们常常是要让某项实践或行为变得更有鉴别力、更有文化、更为精致或更加高雅。说到那些服务于此类功能的物品，典型的实例是，一个金质鼻烟盒、一个镶

[1] 关于不同类型的奢侈品之间的开创性的区分，参见：Werner Sombart, *Der moderne Kapitalismus*, 5th ed.（Munich and Leipzig：Duncker and Humblot，1922），719—720。桑巴特把奢侈品定义为一个面对什么是"必需品"时的相对概念，他在这里区分了"生理必需"和"文化必需"。他由此得出的另一个区分，即客观奢侈品与主观奢侈品之分，似乎不再站得住脚。

[2] 就连定制适合习俗的高级服装，但也提供了高级成衣系列的 Haute Couture（高级定制女装品牌）也出现在世界各大城市的时装店里，仿佛它非常奢华似的——尽管它并不罕见，相反，事实上它是高品质、高价格的大规模产品。

[3] 这并不意味着奢侈只存在于依赖货币经济的社会里。货币经济中所表达的交换价值只不过有另外的所指因子。关于炫耀性消费，参见：Thorstein Veblen, *The Theory of the Leisure Class*（1899；repr.，Oxford and New York：Oxford University Press，2007），49—69。

[4] See Ulrich - Christian Pallach, "Auktionen und Auktionskataloge des 18. Jahrhunderts：Bemerkungen zum Luxusmarkt des französischen Ancien Régime," *Francia* 8（1980）：648—666.

满宝石的水烟筒、一个水晶酒瓶或一个仿玳瑁假阴茎。这样的奢侈品有助于让其消费品的功能变得更精致，并让享受这样的物品带有奢侈的氛围。

第四（奢侈品的这个维度在物质文化研究中常常没有得到足够严肃的对待），这里涉及的物品具有特殊的物理品质，从而使它们区别于其他物品：比方说，就黄金、钻石和珠宝而言，有着纯粹而永恒的材料耐久性，在更实用的层面上，这一品质产生了适合于储藏和囤积的、具有持久价值的理想物品。但是，另一些物品之所以被认为是奢侈品，恰恰是由于它们的短暂性，例如，香味短暂的香水、瓶中的插花、精挑细选的异国水果、在莫卧儿帝国猎杀老虎、烧烤猎物，或者诸如游猎这样的奢华度假。常常，一件艺术品的制作手艺起到了决定性的作用——用珍贵细纹木制作的家具，以及手表或珠宝，便是这种情况。[1] 根据同样的象征，正是水晶玻璃制品的脆弱性使得它们与其他玻璃制品区别开来。这些实例强烈地暗示，就像它们的社会结构一样，材料品质以及它们的精细加工，在何种物品被同时代人认为是奢侈品上起到了一种同样有力的作用。

第五，奢侈品几乎总是具有一种在审美上特别让其拥有者感到愉悦的品质。在这方面，我们只要指出，审美感受和审美判断与那些作出判断的人的习惯，因此也与其社会出身有着密切的联系，而不必给出详细的理由。

第六，也是最后一点，奢侈品特别重要的品质是它们充当社会身份符号、充当阶层标志的功能。通常它们的拥有者希望通过它们传达出一个特殊的信息——对个人和社会等级的具体描绘。在以这种方式标示更高地位的等级社会，在现代化的西方社会，那些努力上进的个人总是使用这种符号来表明他们打破阶层分隔的雄心壮志——这是一项很有抱负的行为。反过来，奢侈品也被用作对失去立足之地的补偿——凸显一个群体或个人的“实际”价值。

奢侈品是一种特殊的物质语言。这种语言被每个人理解和塑造，但只有

---

[1] See Michael Stürmer, *Handwerk und höfische Kultur: Europäische Möbelkunst im 18. Jahrhundert* (Munich: Beck, 1982).

数量很少的人才能随心所欲地表达自己，而不会有物质和财务上的约束。大多数阶层注定要以一种更被动的方式分享奢侈品的语言。奢侈品必须被视为社会差别的一种模式。[1]

奢侈行为

最近的历史研究清晰地勾画出了奢侈在欧洲的宫廷社会、贵族阶层和资产阶级中所发挥的符号学作用和交流作用。[2] 现在，我们可以注意到，在话语维度之外，有一个更有力的焦点聚焦于这个主题的行动方面——集中于奢侈的行为及其社会结构。在这方面，重要的是与奢侈物品相关联的感官实践。按时间顺序考量，此类实践的起始点在一件物品作为奢侈品的购买和收受、出售和推销的习俗中，以及交换和送礼中。[3] 在印度，一件衣服先是莫卧儿皇帝穿过，然后赐给一位朝臣，其作用是象征性地承认等级关系，同时被受礼之人解释为一个专有的受宠证据。皇帝赏赐的衣服代代相传，在特定的礼仪场合才穿。[4]

一件奢侈品的所有权包括在奢侈实践的整个光谱中，范围从借助衣服、珠宝和香水展示身体，到陈列柜中、墙壁上的物品展示，要么是作为家里经常有宾客或来访者造访的区域里的固定装置，要么作为明显被用过的物品。在这里，与特定的、当下的社会环境相关联的象征信息有着特殊的意义，因

---

〔1〕 See Pierre Bourdieu, *La Distinction: Critique Sociale du Jugement* (Paris: Les Éditions de Minuit, 1979).

〔2〕 See Michael Sikora, *Der Adel in der Frühen Neuzeit* (Darmstadt: Wissenschaftliche Buchgesellschaft, 2009), 68—105; Gudrun Gersmann, ed., *Adelige Lebenswelten im Rheinland: Kommentierte Quellen der Frühen Neuzeit* (Cologne: Böhlau, 2009).

〔3〕 See Ulf Christian Ewert, "Sozialer Tausch bei Hofe: Eine Skizze des Erklärungspotentials der Neuen Institutionenökonomik," in *Hof und Theorie: Annäherungen an ein historisches Phänomen*, ed. R. Butz, J. Hirschbiegel, and D. Willoweit (Cologne: Böhlau, 2004), 55—75.

〔4〕 Annemarie Schimmel, *Im Reich der Großmoguln: Geschichte, Kunst, Kultur* (Munich: Beck, 2000), 68—70.

为奢侈品的出现是作为一个人的自我表演不可或缺的属性。我们在文艺复兴时期的绘画材料中发现，这个功能被置于显著的位置，肖像画中呈现的个人都穿着最华美的衣服，或者以特定奢侈品作为背景。

在图1中，一个成功的德国商人在伦敦，不仅穿着昂贵的红色毛皮衣服，而且有很多物品涉及他的社会阶层和国际关系。在桌子上，我们可以认出一块带有阿拉伯装饰的来自安纳托利亚的昂贵毡毯，一块金怀表（所谓的“纽伦堡之蛋”），以及一个里面插着鲜花的威尼斯花瓶。在背景里，还有一个称量金币和银币的天平。

图1　汉斯·荷尔拜因（Hans Holbein）：《伦敦的德国商人格奥尔格·吉斯泽肖像》（Georg Gisze，“a German merchant in London”，1532）

有一幅寓言性的水彩画（约 1620 年）描绘莫卧儿皇帝贾汗吉尔（Jahangir）与对手波斯国王阿巴斯（Abbas）之间一次想象中的会晤，画中，我们看到了奢侈品同样的功能（图 2）。贾汗吉尔带有一轮光环，来自世界各地的各种奢侈品象征了他作为世界保护人的身份：意大利的桌子和水罐，一个中国的小瓷杯，一个形如香客瓶的威尼斯玻璃瓶子，以及（在右边莫卧儿驻波

图 2　贾汗吉尔招待阿巴斯（印度，约 1620 年），选自《圣彼得堡画册》（*St. Petersburg Album*）

斯公使阿拉姆汗的手里）一头雄鹿上一个来自奥格斯堡的时钟雕像。[1]

虽然这两幅画时隔90年，但有着引人注目的平行性：两幅画中的物品都表明被描绘者的身份地位，以及与之相随的品质。在英国和印度，对于德国商人或莫卧儿皇帝来说，奢侈品在这里起到了密码的作用，打算让观看者来破译（表1）。

以这种方式，奢侈品传递的信息被接受者解读，通常也被理解。在对奢侈品及其仿造品的反复争取中，可以清楚地看出这一点。如果不存在争取，可以解释为一个信号：奢侈品没能履行它的沟通功能。争取和仿造有着一连串的效应。首先，一种行为或一件物品的奢侈功能在这里以一种清晰的方式被证实——尽管与此同时，仿造能抽离奢侈品的奢侈品质。下面的情况尤其如此：如果能够用真假难辨的高超技巧来模仿或伪造昂贵奢侈品，或者仿造品事实上有更好的品质或耐久性，比如用塑料台球代替象牙台球，或者用塑料而不是玳瑁制成发夹。最终出现了仿造奢侈品的整个市场——从用镀金手表取代金表，到用镀银餐具取代银质餐具，直至用白棉布制造丝光布——以满足对这些仿造品的强大需求。[2]

---

〔1〕 Ebba Koch, "How the Mughal Padshas Referenced Iran in Their Visual Construction of Universal Rule," in *Universal Empire: A Comparative Approach to Imperial Culture and Representation in Eurasian History*, ed. P. F. Bang and D. Kolodziejczyk (Cambridge: Cambridge University Press 2012), 194—209, see p. 201. Also see Robert Finlay, *The Pilgrim Art: Cultures of Porcelain in World History* (Berkeley and Los Angeles: California University Press, 2010), 247, and Nuno Vassallo e Silva, "Precious Stones, Jewels and Cameos: Jacques de Coutre' s Journey to Goa and Agra," *Goa and the Great Mughal*, ed. Nuno Vassallo e Silva and Silva and Jorge Flores (Lisbon: Calouste Gulbenkian Museum, 2004), 128—130.

〔2〕 法国大革命前夕，我们在巴黎发现有一个兴旺的二手市场，既卖奢侈品，也卖奢侈品的仿制品。Laurence Fontaine, "The Circulation of Luxury Goods in Eighteenth Century Paris: Social Redistribution and an Alternative Currency," in *Luxury in the Eighteenth Century: Debates, Desires and Delectable Goods*, ed. M. Berg and E. Eger (Basingstoke, UK: Palgrave Macmillan, 2003), 89—102. 在这里，方丹认为奢侈品的功能是一个信用之源，例如一笔可贷存款。

表 1

奢侈品的分类

（依据所选择类别的不同，各行代表一种可能的分类）

材料维度：奢侈物品							
材料品质	耐久性（钻石、黄金）	短暂性（鲜花、香味）	手艺和技术（鼻烟壶、镶宝石的水烟筒）	易碎性（水晶玻璃、瓷器）	效率、速度（私人飞机、阿拉伯马）	其他材料品质（重量、尺寸、舒适、色彩、光亮等）	
感官刺激	味觉（河豚、黑象牙咖啡、鱼子酱、香槟酒）	嗅觉（香水、玫瑰）	触觉（丝绸、毛皮、象牙）	视觉（绘画、建筑）	听觉（吟唱、音乐会、歌剧）	感觉改变心情或意识（可卡因、雪茄、水烟）	
行动维度 · 排他性与可得性	独一无二的、其他任何人不可得的（与莫卧儿皇帝交换的礼物，绘画）	罕见的和很难得到的、常常是安规的或法律限制的（吸食可卡因，购买象牙）	异域的、很难得到的（拍摄非洲大动物）	昂贵的、财力雄厚者方可得到的（游艇俱乐部成员身份、奢侈品牌）	普及的、人人能得到的——不再是奢侈品（飞行、食糖、咖啡）		
社会维度	公共空间			私人空间			
· 社会空间	公共的、世俗的和非正式的（把大象或轿车用作交通工具）	公共的、世俗的和正式的（吸烟服或晚礼服、宫廷服装）	公共的、宗教性的和仪式性的（僧袍、金容器、婚礼服装）	半公共的（会见厅、门廊、庭院、花园）	私人领域（奢华卧室、绸缎衬衫）	私密的（离体珠宝、丝绸内衣、玳瑁假阴茎）	
· 展示形式	永久性的（宫殿、纪念碑、花园、陈列柜）	情境性的、偶尔的、功能性（珠宝首饰、打高尔夫球、奢华的交通工具）	文献性的（过去奢侈实践的证据，狩猎战利品）	预期性的奢侈记录（囤积奢侈物品，比如宝石、昂贵的高跟鞋）			
交流维度 · 动机	他人导向						自我导向
	野心、社会提升和志向抱负（昂贵的汽车或服装）	社会差别、标志性的社会距离（专门保留给社会阶层或社会群体的服装）	成员身份、受人喜爱（宫廷服装，时尚品牌）	外部奖赏、声望、魅力（佩戴勋章、钻石）	休闲、娱乐（按摩，美食）	技能、精通、男性气质或女性气质（游戏、马球、狩猎、化妆、整形）	实现梦想，内心平和，逃避现实，享乐主义（“我配得上它”）（攀登珠穆朗玛峰，航行世界，独自享受水烟）

在物质文化的框架内撰写的很多作品中，另一个研究奢侈品的途径被忽略了：不是外在地导向证明、展示和表现，而是自足的。[1] “因为我值得拥有”不仅是一句著名的广告词，而且符合个人中心的奢侈形式——这一形式包括隐秘方式的精美内衣和珠宝，或者有一个隐秘的部分，像漂亮的印度反面珐琅首饰，只有佩戴者才能看到和欣赏。[2] 另外一些奢侈品之所以被偷偷摸摸地拥有，是因为公开拥有它们可能会招致反对。在这种情况下，拥有奢侈品服务于自我确证的私密需要。然而，正像收集没穿过的女鞋——这已经成为厌女症患者的老套做法，这样的物品有一定的潜力，最终可以作为奢侈品公开展示。这种精心谋划的预期快乐常常像实际实现（多半不会实现）一样令人满足，甚至更加令人满足。相比之下，偷窃一幅世界名画毫无社会意义，由于不能向第三方展示，这使得它在交流上毫无价值。就这种偷来的物品而言，其动机结构有着更强的享乐主义因素，正如独自享受上好的威士忌、雪茄、鸦片烟或果仁糖一样。关于秘密储藏贵重物品的历史研究甚少。

无论如何，奢侈行为并不局限于占有物品。比方说，它们还涉及使用属于别人的物品。在英国和法国贵族当中，为了庆祝活动而出借珠宝是一项惯例，就如仔细观察谁在什么场合佩戴什么珠宝一样。居伊·德·莫泊桑（Guy de Maupassant）的著名短篇小说《项链》（*La Parure*，1884）讲到一根借来的项链在一次聚会上丢失了，这让一对年轻夫妇为了归还项链而深陷麻烦。这个故事的讽刺意味在于，那根丢失的项链最后被证明只是一件仿造品。更加私密的是印度乡村出借珠宝，家人把自己的珠宝借给未婚的女儿或新娘。另一个奢侈行为是使用异常昂贵，因此也很奢侈的身体养护服务，比如修指甲和美发。但社会地位和奢华性最显著的服务领域是移动服务。传统上，就

〔1〕 关于相应的奢侈生活方式的内在化，参见：Jan de Vries，“Luxury in the Dutch Golden Age in Theory and Practice，” in ibid.，41－56。关于在相同的时代和地方对奢侈品的不同解释，参见：Simon Schama，*An Embarrassment of Riches*：*An Interpretation of Dutch Culture in the Golden Age*（London：Collins，1987）。

〔2〕 对这一传统的一个解释是购买者对技艺的欣赏。“她是唯一这样做的人，只要有人戴上这样一根项链，她就肯定知道这个装饰物的存在。” Oppi Untracht，*Traditional Jewelry of India*（New York：Thames and Hudson，2008），361.

城市交通而言，那些自己有小轿车的人，或者那些骑在马、骆驼和大象上傲视行人的人，不仅从一个地点移动到另一个地点，而且与此同时展示了他们优越的社会地位。就长途旅行而言，社会差别更大，大多数运输形式都继续把不同的乘客阶层区分开来。（这不仅适用于轮船、飞机和火车，而且适用于汽车，平民百姓的交通工具与奢侈阶级的交通工具之间有着清晰的差别。[1]）

另外一些奢侈行为包括参与昂贵而奢华的活动，比如歌剧和音乐会[2]，在隶属这种或那种高级俱乐部的奢华餐馆里吃饭，以及积极参加诸如马球或游艇比赛之类的运动。在过去，欧洲人在殖民地的大猎物狩猎，在殖民主义终结后继续存在，就是这样一种活动，足以媲美莫卧儿印度的猎杀老虎和阿联酋的大象比赛。[3] 这些活动或类似的实践，传统上是男人的专利，这反映了女人在欧洲资产阶级社会所扮演的从属角色和家庭角色。[4]

总之，奢侈品和奢侈行为必须在社会、文化和物质的领域之内具有一系列的品质。各领域的重要性和不可或缺性，以及同等对待它们的需要，随着从历史上仔细审视这些物品和行为而变得清晰起来。奢侈范畴日益增长的脆弱性，其来源既有可能是社会的，也有可能是物质的。

---

〔1〕 See Marie - Françoise Berneron - Couvenhes, "La Croisière: Du Luxe au Demi - Luxe: Le Cas des Messageries Maritimes, 1850—1960," *Entreprises et Histoire* 46 (2007): 34—55; Annette von Pelzer, ed., *Faszination Auto: Autowerbung von der Kaiserzeit bis heute* (Berlin: Westermann Kommunikation, 1994); Kristina Vaillant, *Vom "Ervolkswagen" zum Designer - Schmuckstück: Automobilwerbung in Publikumszeitschriften, 1954—1994* (Berlin: Wissenschaftszentrum Berlin für Sozialforschung, 1995).

〔2〕 说到歌剧，意大利是一个最大的例外，因为传统上，歌剧在所有社会群体中都很流行。

〔3〕 See William K. Storey, "Big Cats and Imperialism: Lion and Tiger Hunting in Kenya and Northern India, 1898—1930," *Journal of World History* 2 (1991): 135—173; Peter Boomgaard, "Death to the Tiger! The Development of Tiger and Leopard Rituals in Java, 1605—1906," *South East Asia Research* 2 (1994): 141—175.

〔4〕 印度提供了不同的例证，例如，莫卧儿皇帝贾汗吉尔的宠妃努露·加罕就是一个著名的猎虎高手。

奢侈的脆弱性

一件物品可能由于社会价值观的改变而失去其作为奢侈品的地位，一个典型的例证是人们对贵重毛皮的态度的改变，这种改变在 20 世纪 70 年代和 80 年代变得十分明显。在那之前，一件貂皮外套或豹皮外套是资产阶级妇女颇为看重的一种身份符号，主要在特殊场合才穿。动物权利运动谴责穿毛皮是对动物的残忍行为，威胁到濒危物种的生存，从而决定性地影响了公共舆论，至此，很多毛皮商不得不关门大吉；作为动物权利运动的一个典型特征而出现的，是对穿戴毛皮所透露的奢侈信息的激烈攻击——抹黑经常看歌剧的人，给穿毛皮的人贴上引人注目的黏性标签，甚至都没有提到动物保护的主题，以及诸如此类。[1] 说到反对消费行为的运动，18 世纪英国反奴隶制运动提供了一个更早的实例，其形式为反糖宣传。[2] 另一个例证是印度的抵制英国货运动：1905 年后，孟加拉民族主义领导人，以及后来的甘地（Gandhi），煽动印度人抵制所有英国制造的产品，而使用本国生产的商品。[3] 20 世纪 90 年代，抵制非洲“血钻”（在爆发内战的地区开采的钻石）的运动提供了第二个例证，也是试图降低先前被人看重的物品的估值。但事实上，类

〔1〕 很有可能，社会上的妒忌在这里至少起到了一种潜意识的作用。还有整个一系列标签，强调代际差异，把穿毛皮定义为一个与年龄有关的现象，并暗示年老所带来的身体改变与穿毛皮之间的因果关系。主要焦点集中于在毛皮购买者当中灌输良心上的不安。

〔2〕 See David Turley, *The Culture of the English Anti - Slavery, 1780 — 1860* (London: Routledge, 1991). 有一个来自奥斯曼帝国的实例，参见：“The Age of Tulips: Confluence and Conflict in Early Modern Consumer Culture, 1550—1730,” in *Consumption Studies and the History of the Ottoman Empire, 1550 — 1922: An Introduction*, ed. D. Quataert (Albany: State University of New York Press, 2000), 83—106. Japan: Sheldon Garon, “Japan’ s Post - war ‘Consumer Revolution’, or Striking a ‘Balance’ between Consumption and Saving,” in *Consuming Cultures, Global Perspectives: Historical Trajectories, Transnational Exchanges*, ed. J. Brewer and F. Trentman (Oxford and New York: Berg, 2006), 189—217, see p. 191。

〔3〕 Christopher A. Bayly, “The Origins of Swadeshi (Home Industry): Cloth and Indian Society, 1700—1930,” in *Appadurai*, *Social Life of Things*, 285—321.

似的运动伴随着非殖民化运动，在那样的情况下，目标是要摧毁对西方身份符号的接受。

相比之下，当代有一些批评性的论著，论述经常被文化史家研究的奢侈品，这些论著明显不如它们打算阐述的东西令人印象深刻。这些批评的效果很少得到历史学家的分析，而只是被视为理所当然。对奢侈品的批评，其持续不断的复兴实际上不仅反映了人们没有能力削弱其奢侈性的效果，而且，通过对其奢侈性的强调，它们甚至事与愿违地强化了这一效果。有能力享受奢侈品的特权群体和特权阶层把批评解释为某种形式的妒忌，很少由于批评而改变习惯。（这样一来，那些针对某些奢侈物品或奢侈行为、希望改变公共舆论的运动，往往表明这些奢侈品在某种意义上已经大众化，并且广泛化。[1]）

当国家和统治者着手通过法律和法令来限制或压制奢侈享受时，其主要动机通常是他们自己的物质利益——大部分是经济利益，而不是公民或臣民的态度有所改变，或者是对他们的福祉的关切。就大部分而言，动机是这样一种关切：花在奢侈品上的钱可能极大地减少纳税人的财富。[2]

对物品或行为的重新估值未必基于社会价值观的改变，正如我们在拥有仆人、车夫或司机这种符号意义的改变中所看到的那样。在 18 世纪和 19 世纪，这是贵族和雄心勃勃的资产阶级的一个不言而喻的属性，是标准生活方

---

〔1〕 关于对奢侈品的批评，除了其他作品之外，参见：Rémy G. Saisselin，*The Enlightenment against the Baroque*：*Economics and Aesthetics in the Eighteenth Century*（Berkeley：University of California Press，1992）；Rainer Wirtz，"Kontroversen über den Luxus im ausgehenden 18. Jahrhundert，" *Jahrbuch für Wirtschaftsgeschichte* 1996，no. 1：165—175；Sulevi Riukulehto，*The Concepts of Luxury and Waste in American Radicalism*，*1880 — 1929*（Helsinki：Finish Academy of Science and Letters，1998）；Astrid Ackermann，"Die Sittlichkeit des Luxus，" in "*Der Teutsche Merkur*"：*Die erste deutsche Kulturzeitschrift*?，ed. A. Heinz（Heidelberg：Winter，2003），276—293；E. J. Clery，*The Feminization Debate in Eighteenth - Century England*：*Literature*，*Commerce and Luxury*（Basingstoke，UK：Palgrave Macmillan，2004）；Till Wahnbaeck，*Luxury and Public Happiness*：*Political Economy in the Italian Enlightenment*（Oxford：Clarendon Press，2004）；Matthew Hilton，"The Legacy of Luxury：Moralities of Consumption since the 18th Century，" *Journal of Consumer Culture* 4（2004）：101—123；Jeremy Jennings，"The Debate about Luxury in Eighteenth - and Nineteenth - Century French Political Thought，" *Journal of the History of Ideas* 68（2007）：79—105。

〔2〕 See Benno König，*Luxusverbote im Fürstbistum Münster*（Frankfurt：Klostermann，1999），225—229. 在中国和日本，富人竭力避免由于排场招摇的生活方式而引起当权者注意。财富通常藏而不露。See Jürgen Osterhammel，*Die Verwandlung der Welt*：*Eine Geschichte des 19. Jahrhunderts*（Munich：Beck，2009），328—330.

式的一个常规要素，至晚自第一次世界大战结束之后，随着平均工资的不断提高，它就成了一个奢侈符号。[1] 在这种情况下，不断上升的成本使得拥有长期受雇的家庭仆人具有了奢侈的身份，因此，这里的讨论只是遵循社会经济的发展。在南半球国家，从拉丁美洲到东亚，拥有司机、厨师和女仆这类家政人员对中产阶级来说依然稀松平常。

那么，大抵说来，当一件物品失去其奢侈身份时，这常常是物质改变的结果，而不只是出于话语上的理由。新的制造技术，以及随之而来的奢侈性丧失，让很多奢侈品变得世俗化，使拥有它们变得大众化。就某些染料而言，这种情况尤其明显——从虱子身上提取的洋红色，以及从蜗牛身上提取的深红色——几百年来，它们在服装上的使用曾经是奢华和显贵的符号，但由于德国化学工业合成颜色的发展，大规模廉价生产成为可能，情况也就变了。[2] 另一些商品也经历了同样的过程：19 世纪 60 年代的肥皂和人工苏打发明之后的玻璃便是如此。在这里，不断下跌的价格很可能源自技术进步，或者是由于日益激烈的竞争，尤其是像咖啡、可可和蔗糖这样的经济作物。[3] 但是，就蔗糖的情况而言，对欧洲和美国消费者来说，更低的价格通

---

〔1〕 拥有黑皮肤的员工一直被认为是一个特别具有异国情调的奢侈和地位的符号，就像从前拥有家庭奴隶一样。See Heather J. Sharkey, "Luxury, Status, and the Importance of Slavery in the Nineteenth - and Early - Twentieth - Century Northern Sudan," *Northeast African Studies* 1 (1994): 187—206. 这里应当提到维尔纳·桑巴特在数量上的奢侈和质量上的奢侈之间所做的区分。对于前一种类型，他给出的实例是：拥有 100 个家仆，即使一个就够用；后一种类型是精细雅致，使用更好的物品。(See Sombart, *Der moderne Kapitalismus*, 719.)

〔2〕 See Alexander Engel, Farben der Globalisierung: *Die Entstehung moderner Märkte für Farbstoffe 1500—1800* (Frankfurt: Campus, 2009).

〔3〕 关于咖啡，参见：John Talbot, "The Struggle for Control of a Commodity Chain: Instant Coffee from Latin America," Latin *American Research Review* 32, no. 2 (1997): 117—135; Mark Pendergrast, *Uncommon Grounds: The History of Coffee and How It Changed Our World* (New York: Basic Books, 1999); William Clarence - Smith and Steven Topik, eds., *The Global Coffee Economy in Africa, Asia and Latin America, 1500—1989* (Cambridge and New York: Cambridge University Press, 2003); John Griffith, *Tea: The Drink That Changed the World* (London: Andre Deutsch, 2007)。关于可可，参见：Andrea Franc, *Wie die Schweiz zur Schokolade kam: Der Kakaohandel der Basler Handelsgesellschaft mit der Kolonie Goldküste, 1893—1960* (Basel: Schwabe, 2008)。关于蔗糖，参见：Sidney Mintz, *Sweetness and Power: The Place of Sugar in Modern History* (New York: Viking, 1985); Ulbe Bosma, Juan Gusti, and Roger Knight, eds., *Sugarlandia Revisited: Sugar and Colonialism in Asia and in the Americas, 1800—1940* (New York: Berghahn, 2007)。

常是通过剥削世界上其他地区的工人换来的。[1] 人为压低的生产成本与奴隶制及其他形式的不自由劳动紧密相连，连同大规模压低每日工资的政策，是消费民主化的阴暗面，也是殖民社会和后殖民社会前奢侈品廉价化的阴暗面。[2] 欧洲和北美物质文化和消费历史的这一发展维度，在奢侈品的讨论中常常被忽视或边缘化了。[3] 当我们从全球史的视角来考量时，这里所讨论的关联就变得十分明显。

谁展示奢侈品，以及在何种情境中展示奢侈品，是我们的中心主题。因为在很大程度上，一件物品能不能在一个给定的社会圈子内部作为一件奢侈品而明确地凸显，取决于每个个体的具体情境。一方面，服装和珠宝的一些物质属性和风格属性在社会上被认为是必需的；另一方面，从这样的属性过渡到奢侈的领域，其间的分界线常常是变动的。对很多个体而言，在宫廷或者在社交场合，风格上充满自信的展示更多地是打算表达与某个特定统治群体的联系，而不是要从中凸显自身。所涉及的社会阶层的很多成员丧失了这样一种感觉：奢侈的物品或行为可以算作精英习俗的既定成分。圣西蒙（Saint Simon）的回忆录，以及玛丽·安托瓦内特（Marie Antoinette）的趣闻轶事（常常是编造的）提供了这一情形的极端例证，但玻璃珠在东非的历史也提供了一个很好的实例。[4]

比方说，当宫廷里的两个女人或者好莱坞或宝莱坞的两个电影明星穿着

---

〔1〕 See James Walvin, *Fruits of Empire: Exotic Produce and British Taste, 1660—1800* (New York: New York University Press, 1997).

〔2〕 See Topik et al., *From Silver to Cocaine*.

〔3〕 See the critique of an Austrian exhibition on luxury goods (organized by Roman Sandgruber): Werner Zips, "Reise ins Schlaraffenland: Eine Ausstellungskritik," *Österreichische Zeitschrift für Geschichtswissenschaften* 5 (1994), 433—440.

〔4〕 Louis Rouvroy de SaintJSimon, *Mémoires*, 43 vols. (written appr. 1739—50), (Paris: Hachette, 1879—1930); Emmanuel Le Roy Ladurie, *Saint - Simon ou le Système de la Cour* (Paris: Fayard, 1997); Vivian R. Gruder, "The Question of Marie - Antoinette: The Queen and the Public Opinion before the Revolution," *French History* 16 (2002): 269—298; Caroline Weber, *Queen of Fashion: What Marie Antoinette Wore to the Revolution* (New York: H. Holt, 2006); Jeremy Prestholdt, "On the Global Repercussion of East African Consumerism," *American History Review* 109, no. 3 (2004): 755—781.

同样的衣服彼此相遇，奢侈品作为身份符号的作用也就岌岌可危了。在这样的事件中，一件衣服不管多么精美，其符号效果都被摧毁了。由于这个原因，殖民统治者对于殖民化的印度人或非洲人穿某些衣服，并把它们用作身份符号，通常并不是很热心。当某些身份符号和行为以完全不同于本意的方式被解读时，类似的效果便出现了——在最初的跨文化遭遇中，误解尤其明显。行为人彼此之间越熟悉，这种误读的可能性就越小。有很多习俗和习惯风格，当它们转移到不同的文化语境时，可能产生十分荒谬的效果。

有一件事情尤其能够永久性地毁掉享有社会特权的人从奢侈品中得到的快乐，这就是那些社会地位较低的人购买和展示它们。当法国财政大臣富凯（Fouquet）在他自己的子爵城堡遇到依然年轻的路易十四时，他正在展示一件奢侈品，其奢华程度远远超过卢浮宫中的物品，这一行为招致了年轻君主永久挥之不去的愤怒，并因此决定了他最终的垮台。这种违背等级预期的行为在早期现代并不少见。它们不仅出现在宫廷里，而且出现在城市里。在殖民地，不管是西班牙人，还是英国人，都不喜欢他们的殖民地臣民穿欧洲人的衣服，因为他们觉得，这会危及他们的权威。[1] 以等级为中心的社会里，控制严格的衣着规则为的是防止过度奢侈和稳定现状。面对这个本质上很保守的意图，在几乎每个地方，违反规则都在所难免。[2]

---

〔1〕 Bernard Cohn, "Cloth, Clothes, and Colonialism: India in the Nineteenth Century," in *Consumption: Critical Concepts in the Social Sciences*, ed. D. Miller (London and New York: Routledge, 2001), 405—430.

〔2〕 See, e.g., Michael Frank, "Verbotener Luxus oder Was hat der Kaffee in der Mühle zu suchen? Aufwandsordnungen und deren Umsetzung in der Grafschaft Lippe, 1680 — 1800," in *Kontinuität und Umbruch in Lippe: Sozialpolitische Verhältnisse zwischen Aufklärung u. Restauration 1750—1820*, ed. Johannes Arndt and Peter Nitschke (Detmold: Landesverband Lippe, 1994), 145—164. A non - European example: Erhard Rosner, "Luxusgesetze in China unter der Mandschu Dynastie, 1644—1911," *Saeculum* 25 (1974): 325—337.

本书的结构

全球史是互连和分歧的历史。本书将阐述，来自世界不同地区的人如何发展出他们自己处理和交易奢侈品的方式。奢侈品的主题因此让我们更清楚地看到，物质文化的差异如何有助于把世界联系在一起。社会附加于物品和行为的价值体制如果不存在差别，全球关联就不可能发挥作用。这个主题比其他主题更适合于说明这一基本假设，一方面，因为那些被视为奢侈的物品和行为，其属性依赖于其社会语境，随着社会语境的不同而产生很大的变化。另一方面，这些实践的地位比其他任何一组商品的生产、交易和消费都更多地被人们争论。经济史内与文化差异密切相关的主题当中，很少有哪个主题比这个主题更加具体有形。

本书的组织结构重申了我们的承诺：要写一本去中心化的全球奢侈品史。本书带有探索性的特征，不敢说提供了一项综合性的研究。但是，在案例研究的帮助下考量基本问题时，它打算为更透彻地审视作为一种历史现象的奢侈划出一片空间。案例是从全球不同地区和不同的文化背景中仔细挑选的，而不是进一步搜集欧洲奢侈消费的研究或重新审视当代的奢侈品争论。

首要原则是选择有着不同材质特征的奢侈品，为的是说明材质特征如何以及在何种程度上形成了它们的历史。金·希本许纳的那一章论述珠宝，卡琳·霍夫米斯特的那一章论述钻石历史，贝恩德-施特凡·格鲁的那一章论述黄金在印度所起到的作用，聚焦于耐用奢侈品。瓷器和玻璃珠的实例说明了这些商品的材质属性多么重要。尽管原材料在其他地方也可以得到，但生产者的技能使它们变得独一无二，并限制了其产量，因此让它们稀少得足以成为奢侈品——前者在帝制中国，后者在全球各地。有很多欧洲商业项目试图生产瓷器，但很少能比得上中国人，他们维护了他们的市场份额。但这也说明了瓷器贸易网络多么密不透风，即使欧洲人的品味影响了景德镇的装饰样式。缺少技能，使得玻璃珠对东部非洲人，尤其对是旅行商人来说，成了一种奢侈品，以及一种可销售的交换手段，它们可以用来购买奴隶、象牙和日用品，用来支付脚夫的薪水。令人吃惊的是，技术上的劣势并非完全为了欧洲人而发挥作用。棉花纺织品显示了不同的发展：它们以各种不同的品质和颜色销售，有着不同的印花和图案。论述纺织品的两章都显示，在不同的社会语境中，有些纺织品如何成为奢侈品，并在很长时间内保持这一地位，而另一些纺织品，常常是类似的产品，却不再被认为是奢侈品，它们失去了其奢侈品的地位，成了最早的全球商品。在这两种发展的某个节点上，材料品质变得没有样式重要——这再一次凸显了全球经济关系的变化与地方文化密切相关。这些文化力量常常让奢侈品变得脆弱。

第三组奢侈品在材质上有所不同，因为这些奢侈品与动物有关。玛尔塔·查克林论述日本玳瑁的那一章和乔纳斯·克兰泽论述象牙商品链的那一章说明，这些动物材料如何可以用于不同的目的，但是，由于它们不可能无限量地再生产，它们依然是奢侈品。有趣的是，这两个实例都强化了奢侈品的脆弱性这一论题，一旦塑料变得可用，它们便替代了从前罕见的动物材料。因此，那些曾经用玳瑁和象牙制造的物品成了消费品。这两个事例都说明，这些发展并不完全是由于材质改变，而只是由于价值体系的改变。对大象及其他魅力动物的保护也在限制非洲游猎上起到了重要作用，正如伯纳德·吉斯布尔的那一章所阐述的。动物保护运动不仅保护了珍稀动物的生存，而且维护了大猎物狩猎的奢侈品格。从殖民主义到后殖民时期，大猎物狩猎作为富人的一项高度仪式化的野生动物狩猎活动而被坚持了下来。

不像大多数关于奢侈品消费的传统研究，本书有着广泛的地理范围和年代范围。本书不是一部集中于大西洋和欧洲优势的历史。我们并不否认欧洲在世界上很多地区有着强大的影响力，也不否认现有的权力安排，尤其是自19世纪以降。我们讨论那些欧洲之外的人和来自非欧社会的人，并试着从他们的视角来看待全球史。我们更愿意研究印度钻石工人和乡村婚姻，中国的制造商，东非的酋长和猎人，日本女性，或非洲的消费者，为的是理解他们参与奢侈品的生产、贸易和享受如何形成了不同文化领域之间的关联。

图 3　巴拿马运河（资料来源：百度图片）

此外，我们并不把我们的分析局限于早期现代，像其他论述奢侈品的著作所做的那样，相反，我们更加着重于 19 世纪和 20 世纪。历史学家对 19 世纪晚期和 20 世纪的奢侈品的普遍忽视归因于下面这个事实，在运输革命时期，奢侈品贸易很大程度上失去了其从前的重要性。在早期现代，运输成本往往太高，使得奢侈品之外的其他商品的远程贸易变得无利可图。铁路、蒸汽船、苏伊士运河和巴拿马运河使得运输发生了革命性的变化，对全球贸易有着重大影响。更低的成本如今促进了全球各地其他商品的大规模生产和贸易。其他商品在经济上变得更令人感兴趣，并且改变了奢侈品的相对重要性。在失去从前的一些相关性的同时，围绕奢侈品而构建的全球网络并没有消失，相反还扩大了。奢侈品贸易并不是在绝对数量上丧失了其重要性，已经改变的是它与其他商品相比之下的经济重要性。

我们的案例研究的地理选择和主题选择并非随心所欲，各章之间有很多关联和互联，这使得比较研究成为可能，并让这些比较看得见、摸得着。关于印度的三章互相包含各自的焦点；希本许纳和格鲁对莫卧儿帝国和后殖民时期的礼物交换研究都提出了这样一个问题：物品能不能是基本奢侈品？或者，这一地位是不是较少地依赖于材质特征，而更多地取决于它们在其中发挥作用的社会情境？珠宝的主题包含了霍夫米斯特对生产和销售历史的仔细审视。再一次，在里耶罗、鲁施克和格里森对棉布及陶瓷的分析中，以及在帕拉弗对玻璃珠的分析中，全球互连已经在生产过程中变得十分明显。令人吃惊的是，来自非洲或欧洲的遥远消费者的品味在何种程度上分别影响了威尼斯、景德镇和孟买的制造业？来自东非的象牙贸易（克兰泽）不仅关系到大猎物狩猎的历史（吉斯布尔），关系到玻璃珠——为印度的手镯以及欧洲和美国的钢琴琴键而获得象牙的最重要的交换手段——的历史（帕拉弗），而且显示了与日本玳瑁历史的重要相似性。

在本书中，我们不想讲述那个稀松平常的故事——来自非洲或亚洲的异域他乡的奢侈品最终被欧洲人或美国人消费，相反，我们想提供一个不同的视角。更严肃地对待世界其他地区的人的作用，我们要问的是：这些人如何以他们自己的方式造就了全球奢侈品史？他们如何行动，不仅仅是作为奢侈品的生产者，而且还有，他们如何对贸易做出贡献？他们如何发展出他们自己的、常常是完全独立的奢侈品味和奢侈实践？我们假设，物质文化的差异对全球经济互动的作用至关重要。全球奢侈品史绝不是一条单向街，相反，必须从两个方向来研究全球关联。

【作者介绍】 贝恩德-施特凡·格鲁（Bernd - Stefan Grewe）：德国弗莱堡教育大学现代史和史学教学理论教授。

卡琳·霍夫米斯特（Karin Hofmeester）：阿姆斯特丹国际社会史研究所高级研究员和安特卫普大学犹太文化教授。

第一章

流动中的贵重物品：莫卧儿帝国的奢侈品和宝石流通

1739年5月，印度最大的钻石之一“光之山”（Koh-i-Noor）易手。[1] 几个月前，波斯统治者纳第尔·沙阿（Nādir Shāh，1736—1747年在位）入侵印度北部。[2] 他入侵这个国家刚好是帝国在政治上分崩离析的时期，其显著标志是莫卧儿统治者的权力被削弱，还有财政危机。[3] 紧接着1739年2月在卡尔纳尔的一场决定性战役之后，穆罕默德·沙阿（Muhammad Shāh，1719—1748年在位）无论是在政治上还是在军事上，都没有能力反抗波斯国王和他的军队。他被迫同意缴纳天文数字的贡赋，眼睁睁地看着纳第尔·沙阿进入德里，宣布自己是最高统治者，接管了王宫和国库的钥匙。[4] 离开德里时，纳第尔·沙阿答应饶穆罕默德·沙阿一命，并让他保住

---

[1] 本章由乔尔·戈尔布译自德语。关于“光之山”的历史，参见：Ian Balfour，*Famous Diamonds*（London：Christie's，2000）；Abdul Aziz，*The Imperial Treasury of the Indian Mughuls*（Lahore：Aziz，1942），182—250；Valentine Ball，Appendix I，“The Great Mogul's Diamond and the True History of the Koh-i-Nur，” in Jean-Baptiste Tavernier，*Travels in India by Jean-Baptiste Tavernier*，Baron of Aubonne，ed.，trans.，and annot. William Crooke and Valentine Ball，2 vols.（1925；New Delhi：Oriental Books Reprint Corp，1977），2：331—348。迄今为止，最好的记述是 Arndt Mersmann，“‘Diamonds Are Forever’— Appropriations of the Koh-i-Noor，” *Journal for the Study of British Cultures* 8，no. 2（2001）：175—191。

[2] 所有波斯名字和表述的拼写都遵循《伊斯兰百科全书》（*Encyclopaedia of Islam*）第二版。例外是那些在英语世界早已稀松平常的专有名词，例如“Mughal”（莫卧儿），以及统治者的名字巴布尔、胡马雍、阿克巴、贾汗吉尔、沙贾汗和奥朗则布。在这些情况下，我遵循《大英线上百科全书》（*Encyclopedia Britannica Online*）的拼法。我要特别感谢安德里亚·波勒特，他仔细修订和统一了波斯名字和表述的拼写，任何依然存在的错误都由我本人负责。

[3] Muzaffar Alam，*The Crisis of the Empire in Mughal North India：Awadh and the Punjab，1707—1748*（Delhi：Oxford University Press，1986）.

[4] William Irvine，*Later Mughals：Edited and Augmented with the History of Nadir Shah's Invasion by Jadunath Sarkar*，2 vols.（bound together）（1921—1922；repr.，Delhi：Oriental Books Reprint Corp，1971），330—364. 穆罕默德·沙阿被迫支付2 000万卢比的贡金。See ibid.，357.

自己的统治者头衔。[1] 不过，除了数千万卢比、贵重财产，以及大象、马匹和骆驼之外，波斯征服者还带走了莫卧儿帝国 8 代人积累起来的庞大钻石收藏中的很大一部分，其中有一块便是“光之山”。[2]

这块钻石的易手标志着一段漫长历史的继续，直至它最后终结于伦敦塔。当纳第尔·沙阿在 1747 年由于一次袭击而去世时，他的宝藏遭到劫掠。“光之山”落入了纳第尔·沙阿的孙子之手，后者于 1751 年把它作为一件礼物送给了喀布尔的统治者艾哈迈德·沙阿·杜兰尼（Ahmad Shah Durranı），感谢他在争夺王位继承权的斗争中所提供的支持。1813 年，这块钻石最终落入杜兰尼的一位继任者之手——旁遮普的锡克教统治者兰季德·辛格（Ranjit Singh，1801—1839 年在位）。[3]

1849 年 3 月，英国东印度公司吞并了旁遮普——它是英国对印度殖民统治的最后一个障碍。[4] 钻石被旁遮普的最后一位统治者达利普·辛格（Dalip Singh）拥有。《拉合尔条约》确认了英国对锡克国的吞并，条约中有一个条款要求把“光之山”交给英国人。以表面上合法的方式掩盖抢劫的行为。不久之后，1850 年 7 月，钻石正式转交给维多利亚女王。[5] 这次物理转移伴随着一个包罗万象的据为己有和重新解释的过程。钻石抵达英国几个月之后，在 1851 年的伦敦万国工业博览会上展出。[6]“光之山”被纳入了日益显现的

---

〔1〕关于这些事件，参见：Irvine，*Later Mughals*，2：330—79。

〔2〕James Fraser，*The History of Nadir Shah，Formerly Called Thamas Kuli Khan，the Present Emperor of Persia：To Which Is Prefix' d a Short History of the Moghol Emperors*（London：A. Millar，1742），220—221；Irvine，*Later Mughals*，371；Balfour，*Diamonds*，158.

〔3〕Balfour，*Diamonds*，165—167.

〔4〕关于这些事件的历史，参见：Henry H. Dodwell，ed.，*British India，1497—1858*（Cambridge：Cambridge University Press，1929），539—557；Christopher Alan Bayly，*Indian Society and the Making of the British Empire*（Cambridge：Cambridge University Press，1988），126—128。

〔5〕Balfour，*Diamonds*，25；Susan Stronge，“The Myth of the Timur Ruby，”Jewellery Studies 7（1996）：8；Mersmann，“Appropriations of the Koh - i - Noor，”178.

〔6〕Mersmann，“Appropriations of the Koh - i - Noor，”184；on the Great Exhibition，see id.，“*A True Test and a Living Picture*”：*Repräsentationen der Londoner Weltausstellung von 1851*（Trier：WVT Wissenschaftlicher Verlag，2001）；Thomas Richards，*The Commodity Culture of Victorian England：Advertising and Spectacle，1851—1914*（Stanford，CA：Stanford University Press，1990），3—5，17—72.

城市化、工业化的西方消费世界，而事实上，它根本不是一件商品：几百年来，它一直被印度和中亚的统治者拥有，代表他们的权力。通过把这块钻石放置在博览会的印度宫里，如今的意义被刻写在它的躯体上。事实上，这个场所是打算代表英国对印度的殖民统治，试图传达出东方主义者对印度次大陆的想象，作为一种臣服的，却是有利可图的，无论如何是根本不同的文化。[1]

在这一语境中，“光之山”首先被理解为东方专制和东方经济的一个符号—— 一种光荣的，却在很大程度上是非法的统治形式，以及一种前现代的、处于民主的大众消费领域之外的经济。[2]

这一解释并没有持续很长时间。博览会之后，钻石回到了王室。重新切割之后，1853 年，它被镶嵌在女王的一顶王冠上。[3] 作为一颗王冠珠宝，“光之山”如今再次代表了对一个帝国的统治。但破天荒头一次，这涉及一个西方殖民强国。[4]

“光之山”的历史清楚地表明，宝石是全球性商品。长期以来，钻石都

---

[1] Lara Kriegel, “Narrating the Subcontinent in 1851: India at the Crystal Palace,” in *The Great Exhibition of 1851 — New Interdisciplinary Essays*, ed. Louise Purbrick (Manchester, UK: Manchester University Press, 2001), 146—178；关于“光之山”在印度宫廷，参见维多利亚和阿尔伯特博物馆的约瑟夫·纳什（Joseph Nash）对绘画的评论（henceforth VAM）：“The Indian Court,” VAM, http://collections. vam. ac. uk/item/O25439/the - indian - court - print - nash - joseph（2014 年 11 月 7 日访问），and Mersmann, “Appropriations of the Koh - i - Noor,” 180—181; on the “imperial display” at the Great Exhibition and following exhibitions see Paul Greenhalgh, Ephemeral Vistas: The “Expositions Universelles,” *Great Exhibitions and World ' s Fairs, 1851 — 1939* (Manchester, UK: Manchester University Press, 1988), 52—64。

[2] Mersmann, “Appropriations of the Koh - i - Noor,” 180—182.

[3] Ibid., 186; Herbert Tillander, *Diamond Cuts in Historic Jewellery 1381 — 1910* (London: Art Books International, 1995), 149—150.

[4] 这颗宝石后被重新镶嵌很多次；目前，它被镶嵌在 1937 年为伊丽莎白女王（现在的英国女王的母亲）制作的一个白金王冠里，陈列在伦敦塔里。See Balfour, *Diamonds*, 171—172. 自 1947 年印度和巴基斯坦独立以后，“光之山”便成了一个外交论战的对象。See Mersmann, “Appropriations of the Koh - i - Noor,” 188—189; Seema Alavi, “The Koh - i - Noor reflects Our Multifaceted Past,” Indian Express, June 30, 2000, www. indianexpress. com/ Storyold/ 154905（2012 年 12 月 12 日访问）.

是在印度次大陆发现的，1725 年才在巴西、19 世纪 60 年代在南非发现了矿藏。[1]

在早期现代，其他一些有价值的石头也都储藏在欧洲之外，包括红海非洲海岸和哥伦比亚的绿宝石[2]，阿拉干和勃固（今缅甸）的红宝石[3]，以及斯里兰卡、马拉巴尔海岸和毗奢耶那伽罗的蓝宝石[4]。对欧洲人来说，这些商品的贸易是打开新的印度洋市场的一个重要刺激。[5] 大约从 1500 年前后开始，通过犹太商人、美国商人、欧洲的东印度协会、更小的商号和私人主顾，数量越来越多的钻石和其他宝石抵达欧洲。这些石头从矿井到欧洲顾客手里，其漫长的旅行揭示了所涉及商贸路径的复杂性：购买，船运，走私，然后销售；（比方说）一块钻石需要什么，以及早期现代的全球关系如何通过

[1] 关于巴西-欧洲钻石贸易，参见：Harry Bernstein，*The Brazilian Diamond in Contracts，Contraband and Capital*（Lanham，MD：University Press of America，1986）；关于南非矿藏的发现，参见：Godehard Lenzen，*Produktions - und Handelsgeschichte des Diamanten：Zeitlich geordnete Beiträge unter besonderer Berücksichtigung der Preisbildung und der Konzentrationsbestrebungen der Urproduktion*（Berlin：Duncker and Humblot，1966），171—172。

[2] Duarte Barbosa，*The Book of Duarte Barbosa，an Account of the Countries Bordering on the Indian Ocean*，trans.，ed.，and annot. Mansel Longworth Dames，Vol. 2（1918；Nendeln：Kraus，1967），225—6n2；Garcia da Orta，*Colloquies on the Simples and Drugs of India*，trans. with an introduction and index by Sir Clements Markham，ed. and annot. the Conde de Ficalho（London：Henry Sotheran and Co，1979），359；Tavernier，*Travels*，2：81—2；John Huyghen van Linschoten，*The Voyage of John Huyghen van Linschoten to the East Indies*，ed. Arthur Coke Burnell and Pieter Anton Tiele，2 vols.（1885；repr.，New Delhi：Asian Educational Services，1988），2：140；E. Allan Jobbins，"Sources of Gemstones in the Renaissance，" in *Princely Magnificence：Court Jewels of the Renaissance，1500—1630：15th October—1st February 1981*（London：Debrett' s Peerage，1980），16.

[3] Ludovico de Varthema，*Reisen im Orient*，ed. Folker Reichert（Sigmaringen：Thorbecke，1996），211；Barbosa，*Book of Duarte Barbosa*，vol. 2：160，217—219；Cesare Federici and Gasparo Balbi，*Viaggi di Cesare Federici e Gasparo Balbi alle Indie orientali*，ed. Olga Pinto（Rome：Istituto poligrafico dello stato，1962），54—55，227.

[4] Barbosa，*Book of Duarte Barbosa*，2：116，222—223；Varthema，*Reisen im Orient*，192—194；da Orta，*Colloquies*，354；Linschoten，*Voyages*，1：80.

[5] Alvaro Velho，*A Journal of the First Voyage of Vasco da Gama，1497—1499*，trans. and ed. with notes，an introduction and appendices by Ernst Georg Ravenstein（1898；repr.，New Delhi：Asian Educational Services，1998），48—49，69—70，76.

商业交换而变得更加紧密。[1]

与此同时，“光之山”的历史显示，不断发展的全球关系不仅仅是——实际上大概主要不是——商业性质的。宝石来到欧洲，不是按照商人的吩咐，而是听命于政治家和殖民地的主人。在其历史过程中，它既没人买，也没人卖；没有讨价还价。相反，它的易主是通过交换礼物和抢劫。除了伦敦博览会上的那段插曲之外，钻石的流通并不是作为商品，而是作为礼物、传家宝、战利品或统治的标志。

换言之，通过一条“商品链”来研究钻石的历史几乎是不公正的。这样一条途径旨在审视商品复杂的贸易旅程，以及这些旅程所处的政治社会环境，因此使得它们的跨民族、跨文化的相互关系变得具体有形。[2] 但它往往把物品简化为商品，试图在商品链中发现一种线性，而这种线性模糊了物品的历史所标示的混乱而复杂的路径。

---

[1] 关于印度—欧洲的钻石和珠宝贸易，参见：Tapan Raychaudhuri，*Jan Company in Coromandel 1605 — 1690：A Study in the Interrelations of European Commerce and Traditional Economies*（Gravenhage：Nijhoff，1962）；James C. Boyajian，*Portuguese Trade in Asia under the Habsburgs，1580—1640*（Baltimore：Johns Hopkins University Press，1993）；João Teles e Cunha，“Hunting the Riches：Goa’s Gem Trade in the Early Modern Age，” in *The Portuguese，Indian Ocean and European Bridgeheads 1500—1800：Festschrift in Honour of Prof. K. S. Mathew*，ed. Pius Malekandathil and Jamal Mohammed（Tellicherry：Institute for Research in Social Sciences and Humanities of MESHAR，2001），269—304；Soren Mentz，*The English Gentleman Merchant at Work：Madras and the City of London 1660—1740*（Copenhagen：Museum Tusculanum Press，University of Copenhagen，2005）；Francesca Trivellato，*The Familiarity of Strangers：The Sephardic Diaspora，Livorno，and Cross - cultural Trade in the Early Modern Period*（New Haven，CT：Yale University Press，2009），esp. ch. 9 and 10；Kim Siebenhüner，“Kostbare Güter globaler Herkunft：Der Juwelenhandel zwischen Indien und Europa，” in *Kultureller Austausch：Bilanz und Perspektiven der Frühneuzeitforschung*，ed. Michael North（Cologne：Böhlau，2009），327—342；id.，*Die Spur der Diamanten：Eine Sozial - und Kulturgeschichte der Juwelen in der Frühen Neuzeit*（Forthcoming：Cologne：Böhlau，2016），ch. 4；and Chapter 2 by Karin Hofmeester in this volume。

[2] Steven Topik，*Carlos Marichal，and Zephyr Frank，eds.，From Silver to Cocaine：Latin American Commodity Chains and the Building of the World Economy，1500—2000*（Durham，NC：Duke University Press，2006）；Frank Taussig，*Principles of Economics*，Vol. 1（New York：MacMillan，1921），15；Terence K. Hopkins and Immanuel Wallerstein，“Commodity Chains in the World - Economy Prior to 1800，” *Review：A Journal of the Fernand Braudel Center for the Study of Economics，Historical Systems，and Civilizations* 10，no. 1（1986）：157—170；Marcel van der Linden，“Commodity Chains：Some Introductory Thoughts，” Keynote address for the workshop on “The History of Commodities and Commodity Chains，” Konstanz，February 26—28，2009，1—15，esp. 2—3.

很多宝石的流动不是通过早期现代贸易代理人之手，而是通过外交官、旅行者和传教士之手。[1] 很多宝石最终并没有流落到欧洲，而是在印度次大陆的贸易循环中流通，那是一个抢劫、礼物交换和王朝更替的经济体。

本章将考量莫卧儿帝国的宝石流通。[2] 审视这些物品的游历将清楚地表明，物品不同的实用价值和解释非常紧密地与它们的流动性联系在一起。从一个语境移动到另一个语境，不断改变地理场所和所有者，意味着接受不同的功能和归属。几乎自始至终，贵重物品的交换都关系到象征价值和想象价值的替换或重新创造。

有很多博物馆学和史学著作聚焦于识别和描述来自莫卧儿帝国的宝石和首饰，并把对象置于不同的语境中。[3] 但是，大部分社会史家和艺术史家都

---

〔1〕 Siebenhüner，*Spur der Diamanten*，ch. 4.

〔2〕 关于研究物品流通的一个概念途径，参见：Hans Peter Hahn and Hadas Weiss，"Introduction：Biographies，Travels and Itineraries of Things，" in *Mobility，Meaning and the Transformations of Things：Shifting Contexts of Material Culture through Time and Space*，ed. Hans Peter Hahn and Hadas Weiss（Oxford：Oxbow Books，2013），1—14。经典作品当中，参见：*The Social Life of Things：Commodities in Cultural Perspective*（Cambridge：Cambridge University Press，1986）；Krzysztof Pomian，"Für eine Geschichte der Semiophoren：Anmerkungen zu den Vasen aus den Medici-Sammlungen，" in *Der Ursprung des Museums：Vom Sammeln*（Berlin：Wagenbach，1993），73—90；Nicholas Thomas，*Entangled Objects：Exchange，Material Culture and Colonialism in the Pacific*（Cambridge，MA：Harvard University Press，1991）。关于传记方法，参见：Igor Kopytoff，"The Cultural Biography of Things，" in *The Social Life of Things：Commodities in Cultural Perspective*，ed. Arjun Appadurai（Cambridge：Cambridge University Press，1986），64—91；Chris Gosden and Yvonne Marshal，"The Cultural Biography of Objects，" *World Archaeology* 31，no. 2（1999）：169—178。

〔3〕 See Anna Jackson，Amin Jaffer，and Christiane Lange，eds.，*Maharaja：Pracht der indischen Fürstenhöfe*，catalog to the exhibition of the same name in the Victoria and Albert Museum，London and the Kunsthalle der Hypo-Kulturstiftung，Munich，October 10，2009 — May 24，2010（Munich：Hirmer，2010）；Manuel Keene，*Treasury of the World：Jewelled Arts of India in the Age of the Mughals*，catalog to the exhibition of the same name in the British Museum 2001（2001；repr.，London：Thames and Hudson，2004）；Oppi Untracht，*Traditional Jewelry of India*（1997；London：Thames and Hudson 2008）；Momin Latif，*A Kaleidoscope of Colours：Indian Mughal Jewels from the 18th and 19th Centuries*，catalog to the exhibition of the same name in the Provinciaal Diamantmuseum，May 8 — August 17，1997（Antwerp：Provinciaal Diamantmuseum，1997）；Susan Stronge，ed.，*The Jewels of India*（Bombay：Marg Publications，1995）；Victoria and Albert Museum，*The Indian Heritage：Court Life and Arts under Mughal Rule*，Exhibit in VAM，April 21—August 22，1982（London：Victoria and Albert Museum，1982）；Aziz，*The Imperial Treasury of the Indian Mughuls*. 有一系列重要随笔，收录在以下文献：*Jewellery Studies* Vol 10；Assadullah Souren Melikian-Chirvani，"The Jewelled Objects of Hindustan，" *Jewellery Studies* 10（2004）：9—32。

没有充分地探讨这些物品在何种程度上是社会实践的组成部分。在这里，我想证明，宝石在莫卧儿帝国的政治、经济和文化等活动领域扮演了一个核心角色。这一点在宫廷语境中得到了最好的展示，理由有二：一方面，在这个层面上比在平民百姓的层面上，珠宝流通有更详尽的文献记载。与欧洲的情况不同，对于印度，我们缺乏足够的文献记录来了解早期城市或乡村的日常生活。另一方面，对珠宝的需求在莫卧儿帝国的精英阶层尤其强烈。特别是因为，宝石在统治的实施中扮演了一个重要角色，它们频繁地被交换。因此，莫卧儿帝国的宫廷是我们研究宝石流通的最佳场所。

但是，在考量这个经验主义的论题之前，我们需要审视一下奢侈品的概念。宝石似乎具有奢侈品的所有特征。然而，在莫卧儿帝国的语境中，奢侈品的概念可能并不像起初看上去的那样不言而喻。结果使得提出概念的问题变得有意义，因为，从全球视角讨论奢侈品不可能避开概念的适用范围问题，以及不同文化语境中存在不同语义框架的问题。

莫卧儿帝国语境中的奢侈品

在很多方面，当代奢侈品的概念是欧洲人争论的结果。我们喜欢也好，不喜欢也罢，几个世纪的论战和语义替换回响在概念中，是概念问题的组成部分。[1]

18世纪之前，在欧洲的语境中，奢侈品的概念，不管是英语的 luxury，还是法语的 luxe 或德语的 luxus，以及诸如此类，从语源学的角度确切地讲，首先与拉丁文的 luxus 和 luxuria 有关联，这两个单词都不仅仅表示奢侈，而

---

〔1〕 欧洲研究观念的系谱的问题性质近年在后殖民研究及其他学科中得到了仔细的审视。例子参见：Talal Asad，*Genealogies of Religion*：*Discipline and Reasons of Power in Christianity and Islam*（Baltimore，MD：Johns Hopkins University Press，1997）；Almut Höfert，"Europa und der Nahe Osten：Der transkulturelle Vergleich in der Vormoderne und die Meistererzählungen über den Islam，" *Historische Zeitschrift* 287（2008）：561—597，esp. 566—569.

且有过度和挥霍的意思。无论是在罗曼语中，还是在日耳曼语中，这个源自拉丁文的术语，其含义主要是负面的。[1] 比方说，这个词出现在耶稣会修士菲利贝尔·莫奈（Philibert Monet）的法语拉丁语词典（出版于 1636 年）中，这本词典把 luxe 定义为“服装、家具陈设、生活方式、食物及类似物品的过度奢华”，并把 luxuria 挑出来作为这个词的语源学基础。[2] 因此，这个单词作为一个有着道德承载的术语进入了早期现代的讨论中，基本上适用于生活中的所有享乐。[3] 尤其是，欧洲无数禁止挥霍浪费的法律——有时候甚至到了 18 世纪之后——试图限制和控制被认为是有罪的奢侈。[4] 然而，这并没有把实用层面上对奢侈品的认可排除在外：一方面，资产阶级个人公民装备衣服、珠宝、家具和贵重物品，符合其社会阶层，并不认为是奢侈，而只是体面的花销；另一方面，展示堂皇和奢华是早期现代贵族自我理解的组成部分。[5]

18 世纪，奢侈的概念开始改变。在全球贸易、新的消费习惯以及像瓷器、印度丝绸、棉布、咖啡及茶叶这些商品的传播不断强化的过程中，关于奢侈

---

〔1〕 Dorit Grugel - Pannier, *Luxus: Eine begriffs - und ideengeschichtliche Untersuchung unter besonderer Berücksichtigung von Bernard Mandeville* (Frankfurt: Peter Lang, 1996), 64—115; Ulrich Wyrwa, “Luxus und Konsum — begriffsgeschichtliche Aspekte,” in “*Luxus und Konsum” — eine historische Annäherung*, ed. Reinhold Reith and Torsten Meyer (Münster: Waxmann, 2003), 47—59, esp. 48.

〔2〕 Philibert Monet, *Invantaire des deus langues, françoise, et latine: Assorti des plus utiles curiositez de l' un, et de l' autre idiome* (Lyon: Obert, 1636), 522.

〔3〕 Grugel - Pannier, *Luxus*, 64—115; Wyrwa, *Luxus und Konsum*, 48—49.

〔4〕 Neithard Bulst, “Zum Problem städtischer und territorialer Kleider - , Aufwands - und Luxusgesetzgebung in Deutschland (13. — Mitte 16. Jahrhundert),” in *Renaissance du pouvoir legislatif et genese de l' etat*, ed. André Gouron and Albert Rigaudiere (Montpellier: Société d' Histoire du Droit et des Institutions des Anciens Pays de Droit Écrit, 1988), 29—57; Neithard Bulst, “Vom Luxusverbot zur Luxussteuer: Wirtschafts - und sozialgeschichtliche Aspekte von Luxus und Konsum in der Vormoderne,” in *Der lange Weg in den Überfluss: Anfänge und Entwicklung der Konsumgesellschaft seit der Vormoderne*, ed. Michael Prinz (Paderborn: Schöningh, 2003), 47—60.

〔5〕 Renata Ago, “Luxus,” in *Enzyklopädie der Neuzeit*, Vol. 7 (Stuttgart: Metzler, 2008), cols. 1047—1048.

品及其定义展开了一场多声部的争论。[1] 正如玛克辛·伯格（Maxine Berg）及其他人所证明的，这个概念如今与一些正面效应相联系：不断发展的贸易、技艺的改良，以及品味的培养。破天荒第一次，奢侈品更多地不是与过度联系在一起，而是与促进共同福祉的便利和贸易联系在一起。[2]

奢侈品概念的历史提出了一些迫在眉睫的问题，关于它在全球视野之内的范围。它的意义范围尤其是从 18 世纪之后发生的争论中浮现出来。但这些限制并没有充分反映在研究文献中，奢侈品在这些文献中被用作一般术语。以这种方式，一个从历史上决定的概念成了一个分析概念，然而，其普遍有效性是很成问题的。有人认为，烙上了西方印记的奢侈品概念中呈现的隐含意义在遵循不同宗教体系的社会中也是有效的，这个说法似乎更是一个不言而喻的假设，而不是实证研究的结果。因此必须提出这样一个问题：在何种程度上，不同的文化实际上理解、定义和践行奢侈？

就明代中国而言，柯律格（Craig Clunas）讨论了一种详细谈论精美物品的拥有和处理的文学体裁。像 17 世纪的《长物志》这类作品（“Treatise on Superfluous Things”）给精英阶层提供指导，如何在书法、花瓶、服饰、香水及其他贵重物品的选择中展示品味，并通过这些选择博取盛名。[3] 讨论奢侈品可以依靠这样的文献材料。因此，在中国的语境中，获取贵重物品的目

---

[1] Maxine Berg and Elizabeth Eger, “The Rise and Fall of the Luxury Debates,” in *Luxury in the 18th Century: Debates, Desires and Delectable Goods*, ed. Maxine Berg and Elizabeth Eger (Basingstoke, UK: Palgrave, 2003), 7—27；关于 18 世纪的争论，尤其可参见同一本书中 Edward Hundert、Jan de Vries 和 Michael McKeon 等人的文章。关于奢侈品消费的增长，参见：Maxine Berg, *Luxury and Pleasure in Eighteenth - Century Britain* (Oxford: Oxford University Press, 2005); id., “In Pursuit of Luxury: Global History and British Consumer Goods in the Eighteenth Century,” *Past and Present* 182 (2004): 85—142; Linda Levy Peck, *Consuming Splendour: Society and Culture in Seventeenth - Century England* (Cambridge: Cambridge University Press, 2005)。

[2] Berg and Eger, “The Rise and Fall,” 7; Mark Häberlein and Christof Jeggle, eds., *Luxusgegenstände und Kunstwerke vom Mittelalter bis zur Gegenwart: Produktion - Handel - Formen der Aneignung* (Konstanz: UVK Verlagsgesellschaft, 2014).

[3] Craig Clunas, *Superfluous Things: Material Culture and Social Status in Early Modern China* (Cambridge: Polity Press, 1991).

标似乎在于鉴赏和社会声望（对奢侈品的这一理解比较接近 18 世纪欧洲的理解）。[1]

对于莫卧儿帝国，能够与之相比的研究尚未出现。我们几乎不知道，精美物品的生产和消费是不是被理解为“奢侈的”；服饰、珠宝、房间装饰，以及宫廷和城市环境中的建筑在何种程度上受到管制；是否存在关于奢侈品的争论。关于早期中世纪印度的宫廷文化，多德·阿里（Daud Ali）显示，有一些流传甚广的小册子详细规定了统治者和朝臣们的全套行头，比方说，他们应当佩戴什么珠宝，以及他们对统治标志的使用（例如伞、旗、王冠和扇子）。[2] 我们还知道，莫卧儿的统治者规定，有一组习惯做法和物品是专有的统治符号，这些标志包括御座、旗帜和乐器[3]，特权包括猎杀老虎和狮子[4]；而且，像《贵绅手册》（*Mırzanamas*）这样的文本描述了 17 世纪贵族理想的生活方式，包括他们对服饰、珠宝和香水的拥有和使用。[5] 有一点似乎很清楚，明确的规范和价值集中于恰当地拥有和使用贵重物品是莫卧儿帝国宫廷社会所接受的，但我们并不知道，奢侈品的观念是不是规范体系的组成部分。在语言学的层面上，不同的欧洲语言中并不存在简单的对应物，

---

〔1〕关于中国、日本和欧洲的炫耀性消费的比较研究，参见：Peter Burke，“Res et verba：Conspicuous Consumption in the Early Modern World，” in *Consumption and the World of Goods*，ed. John Brewer and Roy Porter（London and New York：Routledge，1993），148—161；Craig Clunas，“Things in between：Splendour and Excess in Ming China，” in *The Oxford Handbook of the History of Consumption*，ed. Frank Trentmann（Oxford：Oxford University Press，2012），47—63。

〔2〕Daud Ali，*Courtly Culture and Political Life in Early Medieval India*（Cambridge：Cambridge University Press，2004）.

〔3〕See Abū’ l - Fazl ‘Allāmi，*The Ā‘īn - i Akbarī*，*trans*. Henry Blochmann（Vol. 1），H. S. Jarrett（Vols. 2 and 3），ed. Douglas C. Philott，3 vols.（Calcutta：Asiatic Society of Bengal，1927—1949），1：52—54（Ā’ īn 19）.

〔4〕See Muhammad Azhar Ansari，*Social Life of the Mughal Emperors*，*1526—1707*（Allahabad：Shanti Prakashan，1974），157；see also Mubarak Ali Khan，“The Court of the Great Mughuls：Based on Persian Sources”（PhD diss.，Bochum，1976），26—28.

〔5〕Rosalind O’ Hanlon，“Manliness and Imperial Service in Mughal North India，” *Journal of the Economic and Social History of the Orient* 42，no. 1（1999）：47—93；Jennifer Scarce，“A Splendid Harmony：Mughal Jewellery and Dress，” *Jewellery Studies* 10（2004）：33；Annemarie Schimmel，*Im Reich der Großmoguln*：*Geschichte*，*Kunst*，*Kultur*（Munich：Beck，2000），271—274.

与表示奢侈品的单词相对应。在印度-波斯语的词汇表中，有几个术语涵盖了它的某些方面，因此，波斯语单词 tajammul 的复数形式 tajammulat 可以翻译为“一个人的服饰、威严、随从、排场、招摇、堂皇、华丽、家具和便利设施”“动产、家具”以及“奢侈物品”。[1] 相比之下，'aish 这个单词的意思是“生计、粮食、面包、愉悦、高兴、奢侈、欲望的满足、感官享受、性交”。[2] 在前一种情况下，奢侈的意思被理解为身体的修饰和装备、家的装饰和陈设，以及拥有这些东西所产生的效果；在后一种情况下，奢侈的意思是身体需要的满足。引人注目的是，这两个术语和我们由《波斯语词典》（*Farhang - i Jahāngīrī*）中的奢侈所想到的东西没有关系，那是最重要的波斯语词典之一，17 世纪初撰写于莫卧儿帝国的宫廷。[3] 这表明了有必要仔细考量：在当时可用的术语中，哪些术语实际上表示与奢侈相关的现象？哪些术语对于在印度-伊斯兰语境中讨论奢侈可能更富有成效？[4]

考虑到这一研究上的挑战，借助我们所认为的奢侈品——以材料价值、珍稀性、异域来源、高超手艺以及由于很高的获取成本和专有的分配网络而导致的有限可用性为标志——来理解莫卧儿帝国时期的奢侈现象似乎是一个颇为诱人的选项。这样的物品大量存在于莫卧儿帝国的宫廷。首先，统治者的住处——行营和宫殿——的典型特征是使用昂贵材料。用宝石和准宝石制作的镶嵌工艺品装饰着沙贾汗（Shah Jahan）在德里和阿格拉的私人谒见厅的

---

[1] Francis Joseph Steingass, *A Comprehensive Persian - English Dictionary* (1892; repr., Beirut: Librairie du Liban, 1998), 283.

[2] Ibid., 876.

[3] Husayn Ibn Hasan Inju Shirāzī, *Farhang - i Jahāngīrī*, 1608/1609, 3 vols. (Mashhad: Danishgāh - i Mashhad, 1972—1975). 另外可参见：Linda York Leach, *Mughal and Other Indian Paintings from the Chester Beatty Library*, 2 vols. (London: Scorpion Cavendish, 1995), 1: 321—324。

[4] 这里的讨论受益于同行们的交流与建议。我特别感谢 Thomas Hayoz，他慷慨地承担了《波斯语词典》和 F. J. Steingass 的词典中的研究工作，没有他的研究，我不可能开始反思当时波斯语讨论中的专有名词问题。

大理石。[1] 昂贵的墙幔和地毯装饰着帐篷和宫殿建筑。[2] 房间里香气袭人，混合着麝香、琥珀、焚香和樟脑的香气[3]，宫廷作坊致力于稳定生产昂贵的服饰和镶嵌珠宝的用具。[4] 其次，莫卧儿的国王们都拥有规模庞大的宝石收藏，这给欧洲来访者留下了极其富有的印象。1616 年，当贾汗吉尔（Jahangir，1605—1627 年在位）从阿杰梅尔动身前往曼杜，在窗前露面时，英国公使托马斯·罗（Thomas Roe）爵士注意到，在一团漆黑中可以看到嫔妃们站在他的旁边，因为她们身上戴满了闪闪发光的钻石。[5] 像贾汗吉尔和沙贾汗（1628—1658 年在位）这样的统治者还收藏了大量欧洲的奇珍异宝，比如油画、精美的镜子和水晶制品。[6]

因此，莫卧儿帝国的宫廷无疑是一个生产、消费和交换我们所说的那种意义上的奢侈品的地方。但是，在承认这一事实的同时，我们并没有解决我们在概念上的欧洲中心主义。未来关于奢侈品的争论必须致力于解决这个问题，更仔细地探讨世界上不同地区的奢侈概念和奢侈行为的语义学范畴。我们能不能从莫卧儿帝国的材料来源发展出奢侈品的观念依然是个问题。奢侈的观念尽管抽象，但并非先验地是普世主义的，考量全球的变种可能富有成

---

〔1〕关于镶嵌的图像学研究，参见：Ebba Koch，*Mughal Art and Imperial Ideology：Collected Essays*（New Delhi：Oxford University Press，2001）。

〔2〕《帝王纪》（*Padshahnama*）中的很多纤细画清楚地表明了这一点；See Milo Cleveland Beach，Ebba Koch，and Wheeler Thackston，ed.，*King of the World：The Padshahnama：An Imperial Mughal Manuscript from the Royal Library，Windsor Castle*（London：Thames and Hudson，1997）.

〔3〕Abu' l - Fazl，*The Āʿīn - i Akbarī*，1：78—93（Ā' īn 30），here 78—79；Schimmel，*Im Reich der Großmoguln*，250—1.

〔4〕François Bernier，*Travels in the Mogul Empire：A. D. 1656—1668：A Revised and Improved Edn. Based upon Irving Brock's Transl. by Archibald Constable，1891*（Delhi：Chand，1968），258—259.

〔5〕Sir Thomas Roe，*The Embassy of Sir Thomas Roe to India，1615—1619：As Narrated in His Journal and Correspondence*，ed. Sir William Foster（1926；repr.，Jalandhar：Asian Publishers 1993），283.

〔6〕Pedro Moura Carvalho，"'Rarities from Goa' at the Courts of Humayun，Akbar and Jahangir，1530—1627，" in *Goa and the Great Mughal*，ed. Jorge Flores and Nuno Vassallo e Silva（London：Scala，2004），98—115.

果地应用于莫卧儿帝国宫廷的语境中。对欧洲宫廷文化的研究表明，很多宫廷里（不仅在欧洲）的炫耀性消费与贵重物品的使用和交换密切相关。[1] 这一关联在莫卧儿帝国宫廷也很明显，在那里，贵重物品的消费有很多功能，从标识身份到家庭社会关系的管控，研究莫卧儿帝国宫廷社会的消费习惯或许可以让我们更清楚地认识“奢侈品”的使用。但是，在莫卧儿帝国的语境中说“奢侈品”这个词依然很成问题，除非必要的研究过程已经着手进行。由于这个原因，我不愿意说奢侈品，而是说贵重物品——这是一个更中性的概念，回避了先前描述过的定义难题，同时提供了所涉及物品的一个准确描述。

莫卧儿帝国宝石和珠宝的流通

在莫卧儿帝国统治者的官邸，收集和储藏了大批宝石、珠宝以及装饰着珠宝的物品，并在别的地方交换和转让。因此有很多渠道通达和横穿莫卧儿帝国的宫廷，使之成为宝石的一个起运点（地图 1）。

其中有些宝石沿着商路到达莫卧儿统治者的手里。比方说，17 世纪 50 年代和 60 年代，法国珠宝商让-巴蒂斯特·塔瓦尼埃（Jean - Baptiste Tavernier，1605—1689）在航行印度期间，把他从欧洲进口的珍珠、绿宝石及其他宝石卖给奥朗则布（Aurangzeb，1658—1707年在位）和他的叔叔沙伊斯塔汗

[1] Ulf Christian Ewert and Jan Hirschbiegel, “Nur Verschwendung? Zur sozialen Funktion der demonstrativen Zurschaustellung höfischen Güterverbrauchs,” in *Luxus und Integration: Materielle Hofkultur Westeuropas vom 12. bis zum 18. Jahrhundert*, ed. Werner Paravicini (Munich: R. Oldenbourg Verlag, 2010), 104—121. See also Burke, *Res et verba*. 关于炫耀性消费的概念，参见：Thorstein Veblen, *The Theory of the Leisure Class: An Economic Study of Institutions* (New York: The Macmillan Company, 1899).

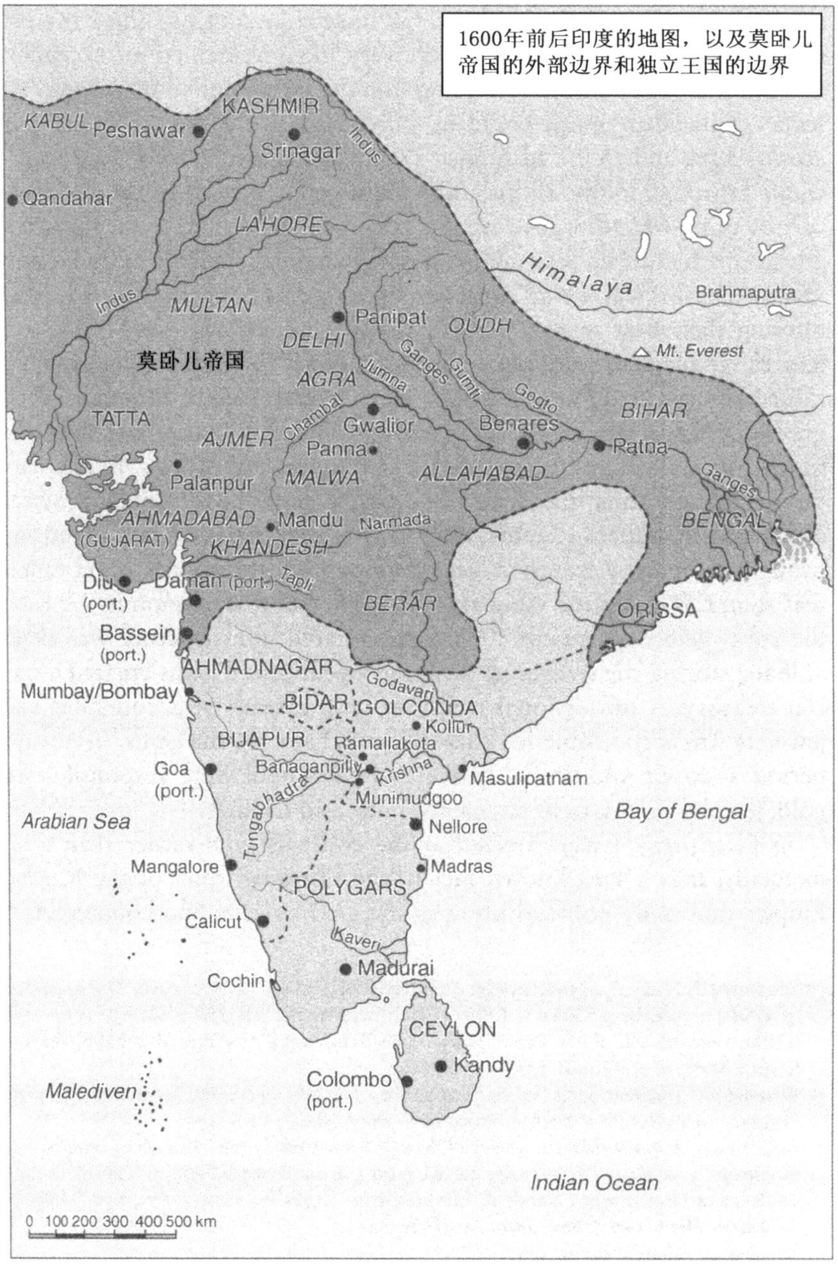

地图1　印度（资料来源：剑桥大学出版社绘制）

(Shayista Khan，卒于1694年)。[1] 但是，欧洲商人的此类销售很可能依旧是个例外，宝石和珠宝贸易控制在本地商人的手里。各种贵重物品可以在阿格拉和德里的宫殿集市上买到。因此，1618年8月，贾汗吉尔讲述："我漫步走过所有店铺，购买宝石，装饰着宝石的物品，以及我喜欢的各种东西。我送给毛拉阿西里（Asiri）来自各家店铺的某样东西。他得到的东西实在太多，以至于根本搞不清它们的来龙去脉。"[2] 此外，有一个"珍玩集市"定期开张，来自世界各地的商人拿出他们最好的商品。[3] 有时候，贾汗吉尔也派出代理人，去安排已经计划好的采购。例如，1613年4月，他委托宫廷专家穆罕默德·侯赛因·汗·瑟勒比（Muhammad Husayn Khan Čelebi）去波斯购买绿松石，去伊斯坦布尔购买珍玩。[4] 还有钻石，也从帝国领地的矿上呈送给莫卧儿的统治者。因此，1616年2月，关于皇帝代理人所监管的比哈尔邦的一座矿，贾汗吉尔记载道："日复一日，钻石被发现并被带到宫廷。最近发现了一颗价值五万卢比的大钻石。不必大费周章，精美的钻石就会进入皇家宝石部门。"[5] 一个独立的基础设施可用于储藏财宝：钻石、珍珠和宝石都进入了一个专门的金库。一个职业司库带领一个会计师和珠宝匠组成的团队负责分类和储藏宝石。在阿克巴（Akbar）统治时期，有十几个额外的专职司库负责保管黄金、珠宝、现金、礼物和贡品。[6]

事实上，很多宝石是作为礼物，而不是通过商业途径到达宫廷。在研究

---

〔1〕 Tavernier, *Travels*, 1: 245—246, 15—16. On Shayista Khan see M. Athar Ali, *The Apparatus of Empire: Awards of Ranks, Offices and Titles to the Mughal Nobility, 1574 — 1658* (Delhi: Oxford University Press, 1985), here S104—S7343 (Mirza Abu Talib, Shayista Khan); Beach et al., *The Padshahnama*, 234.

〔2〕 Wheeler M. Thackston, ed., trans., and annot., *The Jahangirnama: Memoirs of Jahangir, Emperor of India* (New York: Oxford University Press, 1999), 273.

〔3〕 Abū'l-Fazl, *Ā'īn-i Ākbarī*, 2: 286—287 (A'ın 23); Peter Mundy, *The Travels of Peter Mundy in Europe and Asia, 1608 — 1667*, ed. Richard Carnac Temple, Vol. 2: Travels in Asia, 1628—1634 (1914; repr., Nendeln, Liechtenstein: Kraus Reprint, 1967), 238; Mubarak Ali Khan, *The Court of the Great Mughuls*, 84—85.

〔4〕 Thackston, *Jahangirnama*, 143.

〔5〕 Ibid., 188.

〔6〕 See Abū'l-Fazl, *Ā'īn-i Akbarī*, 1: 14—16 (Ā'īn 2 and 3).

莫卧儿帝国的史学中，有一个众所周知的事实是，日常政治生活留下了送礼和回礼的印记。[1] 每一个贵族进宫朝见都要带上一件礼物送给统治者；反过来，统治者在送走一位官员或军官时很少不赏赐一把装饰着珠宝的匕首、佩剑，或一件昂贵的荣誉礼袍（图4）。

例如，1608年1月，当贾汗吉尔的皇室家庭教师和德干战役的高级军官卡南汗（Khan-i Khanan）从布尔汉普尔到来时，他送上了“两串珍珠念珠和几颗红宝石和绿宝石”，再加上几件贵重物品。[2] 而在这不久前，1607年12月，古吉拉特邦的总督穆尔塔扎汗（Murtaza Khan）送了一个指环，镶嵌了一颗30克拉的红宝石，这件礼物让贾汗吉尔十分高兴。[3]

这种珠宝礼物根植于复杂的送礼经济中。当时，卡南汗和穆尔塔扎汗都是莫卧儿帝国的高官。但在一个自阿克巴时期以来便从孟加拉延伸到古吉拉特、从克什米尔延伸到德干的辽阔帝国，他们发现自己远离宫廷，即使宫廷是流动的。因此，他们的朝见以及与之相伴随的互送礼物是巩固统治的重要时刻。礼物是统治者与政治精英之间社会纽带的具体化。在这个时刻，统治者可以通过礼物，比方说一把镶嵌宝石的匕首，来显示恩宠，托付权力，而政治精英的礼物则可以证明忠诚。

尽管乍一看似乎不是这样的情形，这些礼物交换机制明显不同于欧洲宫廷的机制。因为，一块贾基尔（jagir），即一块确保其拥有者能获得岁入的土地，既不能世袭，也不是永久性的，贵族的整个一生都依靠皇帝的土地分配。

---

[1] Harbans Mukhia, *The Mughals of India* (Oxford: Blackwell, 2004), 100—106; Stewart Gordon, ed., *Robes of Honour: Khil' at in Pre-Colonial and Colonial India* (Oxford: Oxford University Press, 2003); Linda Komaroff, ed., *Gifts of the Sultan: The Arts of Giving at the Islamic Courts* (Los Angeles: County Museum of Art, 2011); Anthony Cutler, "Significant Gifts: Patterns of Exchange in Late Antique, Byzantine, and Early Islamic Diplomacy," *The Journal of Medieval and Early Modern Studies* 38, no. 1 (2008): 79—101; Siebenhüner, Spur der Diamanten, ch. 3; id., "Approaching Diplomatic and Courtly Gift-Giving in Europe and Mughal India: Shared Practices and Cultural Diversity," *The Medieval History Journal* 16, no. 2 (2013): 525—546.

[2] Thackston, *Jahangirnama*, 96.

[3] Ibid., 89.

图 4　一个年轻人用托盘端着一块宝石。精美的服饰和长长的珍珠项链——通常只有身居高位者才穿戴——透露了此人的身份地位。他的姿态表明了送礼在宫廷语境中的重要性。Dara Shukoh 画册（印度，约 1635 年）

曼萨比（mansab，即军衔或职位——译者注）的分配也掌握在君主的手里。[1] 有了这一土地和职衔的组织体制，莫卧儿的精英阶层远比欧洲贵族更具流动性。即使就权利而言任何人都一无所获，除了作为皇帝的宠爱而赏赐给他的，送礼也在帝国的政治组织中起到了一种关键作用。为了保住自己的地位，有必要获得皇帝的宠爱。

由于这个原因，很多礼物交换的场合被仪式化。不仅进宫谒见是这样，而且统治者的生日、登基周年纪念日、儿女出生、军事胜利或病愈康复，都是如此。[2] 新年，亦即纳吾肉孜节（依据波斯历庆祝）是最重要的制度化场合之一，帝国的政治精英齐聚一堂，给统治者送礼：大象、马匹、骆驼、珍贵纺织品和木料、欧式家具、瓷器、猎鸟，以及宝石、珍珠和各种珠宝首饰。[3]

引人注目的是，政治精英送给统治者的这些礼物都叫作 pishkash，这个术语即表示送给社会地位更高者的礼物，也表示纳贡。在这两种情况下，涉及的都是送礼者和受礼者之间的等级关系。然而，pishkash 代表了政治的和法律的不同交易行为。[4] 正如我们已经指出的，人们预期，帝国的统治者应当拿出符合其地位的正规礼物，这样的礼物通常是在庆祝新年的仪式上拿出来。这样的礼物不同于臣服的地方亲王们的礼物，他们有义务——这一义务

---

〔1〕关于莫卧儿帝国的职衔体系，参见：W. H. Moreland，"Rank (mansab) in the Mogul State Service，1936，" in *The Mughal State: 1526 — 1750*，ed. Muzaffar Alam and Sanjay Subrahmanyam (Delhi：Oxford University Press，1998)，213—233；Percival Spear，"The Mughal 'Mansabdari' System，" in *Elites in South Asia*，ed. Emund Leach and Soumyendra Nath Mukherjee (London：Cambridge University Press，1970)，1—15；Shireen Moosvi，"Evolution of the Mansab System under Akbar until 1596—1597，" *Journal of the Royal Asiatic Society of Great Britain and Ireland* (1981)：173—185；Ali，*The Apparatus of Empire*，xi—xxiv；id.，*The Mughal Nobility under Aurangzeb* (Delhi：Oxford University Press，1997)，esp. 38—73 (ch. 2)；in general：John F. Richards，*The Mughal Empire* (Cambridge：Cambridge University Press，1993)。

〔2〕Ali，*Mughal Nobility*，143.

〔3〕1610 年至 1616 年的新年节庆可以充当一个例证，参见：Thackston，*Jahangirnama*，107，121，129，157，169。

〔4〕Ali，*Mughal Nobility*，143 — 144；Siebenhüner，"Approaching Diplomatic and Courtly Gift - Giving，" 538—541.

有时候白纸黑字写在纸上——奉送一年一度的礼物，被理解为伊尔凡·哈比卜（Irfan Habib）所说的“服从的标志和实质”。[1] 这种形式的礼物类似于纳贡。最后，在征服的那一刻，还可能需要一次性的纳贡。在下文中，我将更仔细地审视这三种交换形式。

从16世纪末开始，莫卧儿大帝与艾哈迈德讷格尔、比贾布尔和戈尔康达等地的苏丹的关系变得颇有争议。在阿克巴（1556—1603年在位）治下，莫卧儿帝国从印度河扩张到了恒河河口，从喜马拉雅山脉扩张到了德干的北部边缘。尽管在1601年，艾哈迈德讷格尔的部分地区被征服，而且莫卧儿的统治者自认为是比贾布尔和戈尔康达的苏丹的最高君主，但后者的头衔和他们的钱币都表明，他们继续认为自己是独立的统治者。[2] 鉴于莫卧儿帝国在梅瓦尔王国的几场胜仗，以及莫卧儿军队的向南进军，1617年，比贾布尔的苏丹易卜拉欣·阿迪尔·沙阿二世（Ibrahım ’ Adil Shāh Ⅱ，1580—1626年在位）被迫宣布，承认莫卧儿大帝的最高权力。他派出两位特使去布尔汉普尔找贾汗吉尔的儿子和德干战役的指挥官胡拉姆（Khurram），宣布他的效忠，并解释他要呈送一些“合适的贡品：宝石、镶宝石的器具、大象和马匹”[3]——这是一次直接纳贡，为的是免去对土地和百姓的军事蹂躏，这些珠宝的转交因此不是作为商品或礼物，而是作为某种形式的贡赋，芬巴尔·弗拉德（Finbarr Flood）恰当地称之为“制度化抢劫”：作为受到控制的贵重物品而移交，在这样的移交中，“受害者劫掠自己，同时把这样的纳贡描述为礼物，以保全自己的面子”。[4] 苏丹们的贡赋，在直接军事威胁的环境下拱

[1] Irfan Habib, *The Agrarian System of Mughal India*, *1556－1707* (New Delhi: Oxford University Press, 2009), 224—225; Ali, Mughal Nobility, 143.

[2] Sanjay Subrahmanyam and Muzaffar Alam, "The Deccan Frontier and Mughal Expansion, ca. 1600: Contemporary Perspectives," *Journal of the Economic and Social History of the Orient* 47, no. 3 (2004): 357－389, esp. pp. 367－368; Sir Richard Burn, ed., *The Cambridge History of India*, Vol. 4: The Mughul Period (Cambridge: Cambridge University Press, 1937), 148, 165; Thackston, *Jahangirnama*, 216, 225—231.

[3] Thackston, *Jahangirnama*, 225.

[4] Finbarr B. Flood, *Objects of Translation*: *Material Culture and Medieval "Hindu - Muslim" Encounter* (Princeton, NJ: Princeton University Press, 2009), 127.

手奉上，不同于德干的苏丹们后来根据条约而被迫缴纳的岁贡。尽管阿迪尔·沙阿在1617年承认了他对莫卧儿帝国的归顺，但在接下来的那些年里，他并没有表现出自己是一位忠诚的纳贡者。1628年，当胡拉姆继承父亲的皇位成为沙贾汗时，德干依然是一个悬而未决的问题。最终，紧接着军事压力之后，1635年双方签订了一份正式条约，比贾布尔和戈尔康达的苏丹再次承认莫卧儿大帝的最高统治，并同意岁岁纳贡，分别为200万卢比和60万卢比。[1] 这些贡赋部分可以用宝石缴纳，正如我们将看到的那样。

1617年，阿迪尔·沙阿把宝石交到了胡拉姆的手里，故事尚未结束，因为胡拉姆至少把一部分财宝送给了贾汗吉尔。在德干战役打完胜仗之后，胡拉姆搬到了曼杜的宫廷，他在那里受到了慷慨大方的欢迎（图5）。

在齐聚一堂的宫廷社会的眼皮底下，为表示感谢，贾汗吉尔把儿子叫到自己身边，靠着护栏，拥抱了他[2]：这是一个不同寻常的宠爱姿态，即便是被置于御座的旁边也被认为是一种荣耀。[3] 更有甚者，胡拉姆的军功还导致了一次非同寻常的荣誉和地位的提高。贾汗吉尔把儿子的个人职衔晋升到了20 000——这个职衔是保留给皇室家庭男性成员的最高职衔，并赐给他沙贾汗的头衔。[4] 以这种方式，一次象征性的胜利给他的军事成功增光添彩。

像帝国的其他显贵一样，胡拉姆在这次团聚中也送给父亲一些贵重礼物。在庆典仪式上，进一步转交的贡物很难与胡拉姆送给父亲的礼物区分开来。礼物包括“一颗珍贵的红宝石，是他在果阿港花20万卢比买来的”。还包括阿迪尔·沙阿进贡的贵重物品：一颗重量超过130克拉的蓝宝石，宫廷宝石匠估计价值10万卢比；一颗接近26克拉的钻石，价值4万卢比；还有一颗

---

〔1〕 See Henry Miers Elliot and John Dowson, eds., *The History of India as Told by Its Own Historians: The Muhammadan Period*, 7 vols. (1867—1877; repr., Delhi: Low Price Pub., 1990), 7: 51, 57 ('Abd al-Hamıd Lahurı, Padshahnama); Burns, *Cambridge History of India*, 4: 196—199; Richards, Mughal Empire, 138.

〔2〕 Thackston, *Jahangirnama*, 228.

〔3〕 Ebba Koch, "The Hierarchical Principles of Shah-Jahani Painting," in *Mughal Art*, ed. id., 133; Thackston, *Jahangirnama*, 229.

〔4〕 Thackston, *Jahangirnama*, 229.

很大的绿宝石。[1]

图 5　贾汗吉尔接见胡拉姆，后者刚刚在德干打了胜仗。曼杜，公共谒见厅，1617 年 10 月 10 日

〔1〕 Thackston，*Jahangirnama*，231—232.

这些宝石从胡拉姆手里转给贾汗吉尔，这一行为承载着高度的象征意义。因为，除了这些物品的货币价值之外——我们注意到，贾汗吉尔一丝不苟地记录了它们的价值——它们还是臣服一个强大帝国的物质表达。正如上述探讨1617—1618年时期的那个简短段落里所描述的，推动宝石的历史向前走的是军事对抗、权力安排，以及宫廷里的不对称关系。在征服的那个时刻，宝石代表了对比贾布尔统治者的忠诚允诺；而在交换礼物的那个时刻，它们体现了胡拉姆对父亲的致敬。每一次这样的转移，一层又一层的意义被附加在这些宝石上。因此，宝石流通的效应之一是符号价值的增长。

阿迪尔·沙阿的那些宝石在转交给贾汗吉尔之后便失去了踪迹。不管怎么说，我们从另外的类似事件知道，这些宝石被仔细地按照颜色和重量分类，然后被带入宝石库。[1] 这标志着宝石旅程中的一个转折点，因为这意味着它们在一段不确定的时间里退出了交换循环。礼物如今成了收藏和金库储存的对象。很多特别重要的宝石甚至附上了一段铭文，曾经属于梅瓦尔王国统治者阿马尔·辛格（Amar Singh）的一颗樱桃般大的红宝石便是这种情况，仅仅几年之后便最终落入了贾汗吉尔之手，当时的环境类似于阿迪尔·沙阿的那些宝石。雕刻的铭文显示，这块红宝石被送给了王子胡拉姆，在阿马尔·辛格向他致敬的场合。[2] 其中有些雕刻宝石至今尚存（图6）。

例如，一颗114克拉的红宝石刻上了“阿克巴971年”（＝1563/64年）、“贾汗吉尔”（未标明年代）和“沙贾汗1038年”（＝1628/29年）。[3] 另一颗宝石上雕刻的是帖木儿帝国统治者乌鲁伯格（Ulugh Beg）、波斯国王阿巴斯一世（Abbas Ⅰ）、贾汗吉尔、沙贾汗、奥朗则布和阿富汗统治者艾哈迈德·沙阿（Ahmad Shah，1754/1755）的名字。[4] 这些铭文记录了15世纪至18世纪，宝石在波斯、中亚和印度的一些权势统治者中间转移，他们让物

---

〔1〕 See Abū' l-Fazl, *Ā' īn-i Akbarī*, 1：14—16 (Ā' īn 2 and 3).

〔2〕 Thackston, *Jahangirnama*, 174.

〔3〕 Keene, *Treasury of the World*, 135, illus. and no. 12. 2.

〔4〕 Ibid., 135, illus. and no. 12. 1. Further examples：ibid., 136—141.

图 6 国王的雕刻尖晶石。切割、钻孔和雕刻过。铭文：乌鲁伯格（1449 年前）；阿巴斯一世（1617 年）；贾汗吉尔（1621 年）；沙贾汗（未刻年代）；阿拉姆吉尔（1659—1660 年）；艾哈迈德·沙阿（1754—1755 年）

品变成了记忆的宝库和统治的传统。[1] 在这里，宝石上所雕刻的完全就是权力的转移。雕刻宝石因此成了这样的物品：它们在象征意义上囊括了系谱、历史和权力；它们是作为社会学家所说的“身份物品”而出现——保存了其拥有者的历史和身份的人工制品。[2]

---

〔1〕关于在欧洲语境里贵重物品对于统治者及其随从的纪念功能，参见：Karl - Heinz Spieß, “Materielle Hofkultur und ihre Erinnerungsfunktion im Mittelalter,” in Mittelalterliche Fürstenhöfe und ihre Erinnerungskulturen, ed. Carola Fey, Steffen Krieb, and Werner Rösener (Göttingen: Vandenhoeck und Ruprecht, 2007), 167—184, 325—328。

〔2〕Mihaly Csikszentmihalyi and Eugene Rochberg - Halton, *Der Sinn der Dinge: Das Selbst und die Symbole des Wohnbereichs*, trans. Wilhelm Häberle (Munich: Psychologie Verlags Union, 1989), 48, 69 — 70; Tilmann Habermas, *Geliebte Objekte: Symbole und Instrumente der Identitätsbildung* (Frankfurt: Suhrkamp, 1996), esp. p. 383.

尽管它们有象征价值，但宝石继续被看作一种经济资源，来自1648年的另外两个例子清楚地显示了这一点。当时，戈尔康达的统治者阿卜杜拉·奎布·沙阿（Abdullah Qutb Shāh，1626—1672年在位）从他的帝国钻石矿里得到了一颗大钻石。当沙贾汗得知这一发现时，他下令把“一颗同样大小的钻石送到宫廷，它的估计价值将被计为他的岁贡的规定数额60万卢比的组成部分”。[1] 因此，在这种情况下，钻石是打算作为既定贡赋的一部分而转交，被当作货币的等价物来对待。但这一功能在钻石抵达阿拉格之后很快便消失了。沙贾汗先是让人把它切开。处理之后，最初188拉第（115克拉）[2] 的原石成了100拉第（61克拉）。它是一颗特纯高品质钻石，据宫廷宝石匠估计，其价值高达15万卢比。[3] 但不像这一品质的其他宝石，这颗钻石没有放入帝国金库。相反，沙贾汗宣誓要赋予这颗钻石宗教礼物的品质。因此，他委托宫廷宝石匠把它放进一个琥珀大烛台里，紧挨着数不清的小宝石，从而导致这个奢华的物品被编年史家估计价值25万卢比。沙贾汗的两个心腹随后奉命把它带到了麦地那的先知安葬地，作为一件慈善礼品。[4]

关于钻石历史的这一篇章指明贵重物品的全球历程超出了贸易和走私的范畴。与“光之山”的情况相比，无论是欧洲和印度的商业网络，还是殖民联系，都没有推动钻石从一个大陆移动到另一个大陆，相反，在地理上跨越了宗教渊源。通过把这颗宝石作为一件慈善礼品送到麦地那，沙贾汗可以吸引人们关注他作为一个穆斯林统治者的自我理解。沿着它的路径向前移动，这颗钻石不仅被放入了不同的使用语境中（从一个自然形态的物品，到货币的等价物，再到礼物），而且在物理上通过切割和镶嵌而变形。

---

〔1〕 'Ināyat Khān, *The Shah Jahan Nama of 'Inayat Khan: An Abridged History of the Mughal Emperor Shah Jahan, Compiled by His Royal Librarian, The Nineteenth Century Manuscript Translation of A. R. Fuller*, ed. and compl. Wayne Edison Begley and Ziyaud - Din A. Desai (Delhi and Oxford: Oxford University Press, 1990), 404.

〔2〕 1拉第＝0.12克，1克拉＝0.2克。换算依据为：Untracht, *Traditional Jewelry*, 285。

〔3〕 'Ināyat Khān, *The Shah Jahan Nama*, 404—405.

〔4〕 Ibid., 405.

除了礼品和贡赋之外，战利品也在宝石流通中扮演了重要角色。大规模的宝石收藏通过军事征服和时局剧变而转移，宫廷则充当了起运点。有两个事件——分别标志着莫卧儿统治的开篇和结束阶段——提供了这一流通形式的绝佳例证：巴布尔对鲁迪的财宝的占有，以及莫卧儿帝国的财宝落入波斯统治者纳第尔·沙阿之手。

1526 年 4 月 21 日，查希尔丁·穆罕默德·巴布尔（Zahīr ud - Dīn Muhammad Babur）在德里以北大约 90 公里处的帕尼帕特决定性地打败了苏丹易卜拉欣·鲁迪（Ibrahım Ludi，1517—1526 年在位）——这次战败导致德里苏丹王朝的垮台和莫卧儿帝国的建立。紧接着胜利之后，巴布尔一心要把鲁迪家族的财宝转移到自己的手里。他派出自己的儿子胡马雍，在另外几个人的陪同下，去阿格拉搜集一直保存在鲁迪住处的财宝，他还把自己的女婿马赫迪·和加（Mahdi Khwaja）派到德里的宫殿去监视另外的财宝。[1] 几天后巴布尔到达德里，他让人把财宝密封好，宣读了礼拜五祈祷文，确立其统治权。把财宝据为己有在象征意义和物质意义上都是巴布尔夺取权力的重要举措。在阿格拉，胡马雍在没收财宝的同时，还逮捕了拉其普特亲王比克拉姆吉特（Bikramajit）的家族，这个家族的总部就在那儿。要么“自愿”交出他们的珠宝，要么眼睁睁地看着它们被洗劫一空，面对这样的选择，他们送给胡马雍“很多珠宝和宝石，其中就有苏丹阿拉乌丁得到的一颗著名钻石。众所周知，一个宝石商人曾经估计，它价值全世界半天的花销。它想必重达 8 米特卡尔”。[2]

---

〔1〕 Wheeler M. Thackston, trans., ed., and annot., The Baburnama: Memoirs of Babur, Prince and Emperor (Washington, DC: Freer Gallery of Art, 1996), 327; Stephen F. Dale, The Garden of the Eight Paradises: Babur and the Culture of Empire in Central India, Afghanistan and India, 1483—1530 (Leiden, The Netherlands: Brill, 2004), 330—335.

〔2〕 Thackston, *Baburnama*, 328. 这里提到的苏丹阿拉乌丁是阿拉乌丁·卡尔吉。阿布·法兹勒指出，1 米特卡尔（mithcal）约为 26 苏尔赫（surkh），相应约为 23 克拉，这意味着巴布尔提到的钻石大约为 184 克拉。参见：“Appendix A,” in Thackston, *Jahangirnama*, 473。阿拉乌丁·卡尔吉（1296—1316 年在位）是德里苏丹王朝（1206—1526）最伟大的统治者之一。这颗钻石是作为一件战利品而落入他的手里。参见：Catherine Asher and Cynthia Talbot, *India before Europe* (Cambridge: Cambridge University Press, 2006), 40。

或许，阿拉乌丁·卡尔吉（Ala’ad - Din Khalji）的钻石就是“光之山”[1]——那块钻石的历史因此又增添了额外的一个篇章。但是，它只是在1739年落入波斯统治者纳第尔·沙阿之手以后才有了现在的名字，这一事实导致了它之前的身份的混乱。当巴布尔5月到达阿格拉时，胡马雍把钻石送给了他父亲，但他父亲立即把它还给了儿子。1547年，出于对宾客情谊和庇护的感激，胡马雍把它作为礼物送给了（此事也被文献所记载）波斯国王塔赫玛斯普（Tahmasp）。[2] 在那个时间点与1739年德里劫掠之间，这颗钻石的踪迹完全消失了。巴布尔的钻石回到德里的路径依旧纯属猜测。下面这种可能性也是猜测：“光之山”实际上可能是另一颗钻石，它的最早出现是作为一件礼物，在17世纪送给莫卧儿的统治者奥朗则布。[3]

无论如何，对余下财宝的处理清楚地表明，它被视为战利品。它们被分配给巴布尔的军队和随从，这符合伊斯兰的传统。[4] 男性家庭成员、高级军官、士兵、商人和学者得到了总共几十万个钱币。在撒马尔罕、呼罗珊和波斯的亲戚和同胞则得到了金银器皿、宝石、纺织品和奴隶。巴布尔的老部下

---

[1] Balfour，*Diamonds*，154—164.

[2] Abu’l - Fazl，*The Akbarnama of Abu - l - Fazl*，trans. Henry Beveridge，3 vols.（Calcutta：Asiatic Society，1897—1939），1：ch. 33：“大节那天，陛下贾汗巴尼把一颗价值不菲——价值几个地区的税赋——的钻石，连同巴达赫尚省的250颗红宝石，送给沙阿，作为旅行者的礼物。”译者和编辑指出，这里提到的钻石无疑是巴布尔的钻石，因此很有可能就是“光之山”。还可参见：Balfour，*Diamonds*，158。

[3] Balfour，*Diamonds*，158.

[4] F. Løkkegaard，Art. “Ghanīma，” in *Encyclopaedia of Islam*，2nd ed.，ed. P. Bearman et al. Brill Online，2014，http：//referenceworks. brillonline. com/entries/encyclopaedia - of - islam - 2/g - h - ani - ma - SIM _ 2459（accessed November 7，2014）. 分发战利品的惯例基于 Sure 48. 18—20，自8世纪以来一直有理论家予以阐述，而哪一部分属于谁的问题则众说纷纭，莫衷一是。参见：Richard Davis，“Three Styles in Looting India，” *History and Anthropology* 6，no. 4（1994）：300—301. Thackston，*Baburnama*，356。在他理想化的描述中，巴布尔的女儿古尔巴丹·贝甘姆强调了她父亲的慷慨大方：“有5位国王的财宝落入了他的手里。他全都送掉了。印度的埃米尔们表示，在印度斯坦，耗费过去国王的财宝被认为是可耻的，人们不断地添加它，而陛下刚好相反，把它们全都送掉了。” Gulbadan Begam，*The History of Humayun*（*Humayun Nama*）*by Gulbadan Begam*，ed.，trans.，with intro.，notes，illus.，and biographical appendix，and reproduced in the Persian from the only known MS. of the British Museum by Annette S. Beveridge（London：Royal Asiatic Society，1902），94.

和加·基兰·伯格（Khwaja Kilan Beg）被分派了一项任务：把一些贵重宝石送交给喀布尔的女性亲属，那里长期以来一直是巴布尔的统治所在地。[1] 在喀布尔的住处竖起了一些帐篷，每个闺房妇女都得到了“苏丹易卜拉欣的舞姬当中一个特殊的舞姬，还有一个装满珠宝的金盘——红宝石和珍珠，玛瑙和钻石，绿宝石和绿松石，黄宝石和猫眼”，连同镶有珍珠母的装满钱币的托盘。[2] 接收礼物后，女人们都要鞠躬屈膝，表示领情和感谢：据描述，这一拜谢仪式伴随着持续三天的赏赐典礼上的祈祷和欢乐。[3] 再一次从战利品转变为礼品，珠宝似乎是巴布尔胜利征服印度斯坦的象征。

正如理查德·戴维斯（Richard Davis）和芬巴尔·弗拉德所证明的，在帝国形成的过程中，贵重物品作为战利品转移在中世纪的印度有着悠久的传统，无论是对于穆斯林统治者，还是对于印度教统治者，都代表了一种合法惯例。[4] 理查德·戴维斯认为，印度统治者的劫掠行为尤其针对战败方的统治标志（例如伞、扇子、铜鼓和御座），以显示他们的征服。但这一惯例也被伊斯兰统治者所熟知[5]，不过也有一些劫掠远征的实例，其目标主要是军事的和物质的资源——大象、马匹和珠宝。阿拉乌丁·卡尔吉（1296—1316 年在位）于 1300 年前后发动的几场战役就是聚焦于这样的资源，受到威胁的统治者的贡赋提供了大量这样的资源，同时也是遭到围攻、劫掠和杀戮之外的一个更有吸引力的选项。诗人和编年史家阿米尔·库斯洛（Amir Khusrow）曾详细描写卡尔吉手下的指挥官马利克·卡富尔（Malik Kafur）在 1311 年带回了大量的钻石、彩色宝石和珍珠，送给他的主人。[6] 无论如何，正如我们

---

〔1〕 Gulbadan Begam，*The History of Humayun*，94—95.

〔2〕 Gulbadan Begam，*The History of Humayun*，95.

〔3〕 Ibid.，96.

〔4〕 Davis，*Three Styles in Looting India*；Richard H. Davis，“Indian Art Objects as Loot，” *The Journal of Asian Studies* 52，no. 1（1993）：22—48；Flood，*Objects of Translation*，121—135.

〔5〕 Flood，*Objects of Translation*，126—135.

〔6〕 See Asher and Talbot，*India before Europe*，40；Amir Khusrau，*The Campaigns of Alauddin Khalji：Being the English Translation of “The Khaza' inul Futuh” of Amir Khusrau*，trans. Mohammad Habib（Bombay：D. B. Taraporewala，Sons and Co，1931）.

已经清楚地指出的，除了其物质价值之外，珠宝始终还有作为权力符号的价值，无论是对于穆斯林统治者，还是对于印度教统治者[1]——无论是巴布尔胜利之后很快就没收鲁迪的财宝，还是阿迪尔·沙阿通过进贡珠宝来承认莫卧儿的统治权，都彰显了这一点。

因此，1739年，当波斯统治者纳第尔·沙阿（1736—1747年在位）夺取莫卧儿帝国的大部分财宝时，他是在遵循公认的惯例。英国人在要求达利普·辛格交出“光之山”时也是采用流行惯例，即使这次转交带有殖民主义的标记。在这里，我们回到了讨论的起始点：征服、不断改变的权力关系和惯例与礼物交换和“光之山”的历史中所体现的劫掠经济紧密联系在一起，这段历史并非独一无二，相反，它在印度是有着悠久传统的流通形式的一个特别显著的例证。伊斯兰统治者自11世纪以来便在印度次大陆开展抢劫行动，夺取统治者和寺庙的财宝。[2]

结 论

在很多方面，珠宝的生活史在伊戈尔·科普托夫（Igor Kopytoff）从商品化和单个化的角度所描述的两极之间移动。[3] 在这里，科普托夫一方面提到了物品转变为可销售商品，及其通过贸易而实现的流通；另一方面，其所承载的象征意义使物品变得独一无二，并导致它们被保护、封存和收藏。

作为商品，珠宝在早期现代通过分化的个人和地点的网络流通。矿工、

〔1〕 关于9世纪斯里兰卡的统治者，参见戴维斯讨论的例证：*Indian Art Objects as Loot*，24—26.

〔2〕 Romila Thapar，*The Penguin History of Early India from the Origins to AD 1300*（New Delhi：Penguin Books，2003），428—429；on the plundering of the temple of Somanatha see also Romila Thapar，*Somanatha*：*The Many Voices of a History*（London：Verso，2004）.

〔3〕 Kopytoff，“The Cultural Biography of Things，” 64—91.

企业家、商人、中间商、金匠及其他很多手艺人都参与了宝石的开采、销售、转卖、切割、抛光和镶嵌。[1] 正如我们已经看到的，它们还作为商品，到达莫卧儿帝国的宫廷。很大一部分珠宝最终进了皇帝的宝库，因此暂时退出了商业流通。这一单个化的过程在特定宝石的雕刻中留下了最明显的标志。通过这样的铭刻，这些物品变得独一无二。但它们承载的象征意义和风格化并不意味着经济潜力的下降。正相反，与宝石的象征价值并驾齐驱的是，它们的货币价值在莫卧儿帝国的宫廷里持续不断地被登记造册。

一些个性化的物品重新转变为货币，其转变速度被一些欧洲统治者所揭示，他们总是在财政困难时期卖掉自己的宝石。例如，1707 年，鉴于萨克森选帝侯债台高筑，萨克森选帝侯和波兰国王强人奥古斯特（August the Strong）把他的一部分蓝宝石收藏抵押给海牙的鹿特丹银行。[2] 因此，个性化和商品化经常关系密切。

与此同时，珠宝的流通表明科普托夫的研究方法存在局限，因为很大一部分珠宝的流通恰恰不是作为商品，而是作为贡赋、礼物、战利品或继承物品。所以，大不相同的交换惯例构成了宝石流动性的基础。代复一代，其旅程的持续时间既与它们的物质性有关，也与它们作为贵重物品的感知有关。尽管所有者和地点以及功能和意义不断改变，但宝石的珍贵性从来没有疑问。从美学、工艺和货币的角度看，它们始终是比较罕见的物品，有着很高的价值。这使得它们特别容易受改朝换代、礼物交换、统治象征和劫掠经济的影响。除了严格意义上的物质前提之外，正是这些社会实践赋予宝石漫长的生涯。

【作者介绍】　金·希本许纳（Kim Siebenhüner）：伯尔尼大学历史系任“瑞士国家基金会”早期现代史研究教授。她的研究兴趣包括物质文化和

---

[1] Siebenhüner, *Spur der Diamanten*, ch. 4.

[2] Ulli Arnold, *Die Juwelen Augusts des Starken* (Munich: Koehler and Amelang, 2001), 18.

消费的历史、早期现代印度史、自传写作和宗教史。目前，她在致力于一个聚焦早期现代瑞士和德国棉纺织品的研究项目。

第二章

作为全球奢侈品的钻石

钻石有很大的经济价值。[1] 17世纪欧洲的“大商船”以钻石而不是金条的形式把它们的利润寄回国内，金条更重，更不容易躲过小偷和海关官员的眼睛。钻石可以塞进衣服的口袋或接缝里，或者安全地存放在船长的保险柜里，在国内经常可以有利可图地卖掉。[2] 还有另外一些实例，钻石仅仅因为它们的内在价值而被使用；过去它们被用作绑架案的赎金，现在依然如此，并在需要的时候拿到当铺里去典当。[3] 即使是，或者说尤其是王室家庭，也典当他们的钻石，有时候是为了在战争时期支付军饷。[4] 在后一种情况下，同样是那颗钻石，从前是为了镶嵌在王冠或首饰中以说明佩戴者的身份地位而获得，如今却临时性地变成普通货币。对大多数人而言，钻石依旧是商品，用阿尔君·阿帕杜莱的话说，“它们的主要用途是修辞性的和社交性的”，它们的象征价值比内在价值更重要。[5] 这使得钻石成了典型的奢侈品。

因为奢侈品的属性主要与消费侧相关，研究往往聚焦于这一具体方面。

---

[1] 我要感谢威廉·克拉伦斯-史密斯、贝恩德·格鲁、马塞尔·范·德·林登、尼可·马库斯和金·希本许纳对本章的一个较早版本的评论。

[2] G. Winius, “Jewel Trading in Portuguese India in the XVI and XVII Centuries,” *Indica* 47 (1988): 15 — 34, esp. p. 23; H. Furber, *Rival Empires of Trade in the Orient*, 1600 — 1800 (Minneapolis: University of Minnesota Press, 1976), 260; S. Mentz, *The English Gentleman Merchant at Work: Madras and the City of London* (Copenhagen: Museum Tusculanum Press, 2005), 73.

[3] J. Evans, *A History of Jewellery* 1100 — 1870 (New York: Dover Publications, 1989), 104; J. Verberckmoes and E. Stols, eds., *Aziatische omzwervingen: Het levensverhaal van Jaques de Coutre, een Brugs diamanthandelaar* 1591 — 1627 (Berchem: EPO, 1988), 154.

[4] Evans, *History of Jewellery*, 104, 130.

[5] A. Appadurai, ed., *The Social Life of Things: Commodities in Cultural Perspective* (Cambridge: Cambridge University Press, 2008), 38.

如果我们想写一本真正的全球奢侈品史，我们还应该审视生产侧。通过追寻钻石的商品链，本文想要显示的是，钻石的生产、贸易和消费如何把世界上数量日益庞大的地点、人和观念联系起来。随着时间的推移，钻石的生产、贸易和消费的主要中心也在改变。简短地回顾这些改变之后，我将聚焦于一个具体的改变：钻石加工产业在 16 世纪从印度转移到了欧洲。我还要快速地回顾它在 20 世纪又“回到”了印度。

生产地点的改变常常通过经济和政治的因素来解释；就奢侈品而言，审视不同国家和不同时期消费者品味的改变也是值得的。有时候，对某种切割风格的偏爱可能刺激钻石产业改变地点。这些不断变化的钻石偏好，反过来可能受不同的地理区域、时间跨度和语境中人们赋予这些“物品”不断变化的意义的影响。因此，本文想把品味和意义整合在全球商品链的分析中，从矿井的泥土污垢到珠宝盒的天鹅绒。

变化的轨迹

最早的钻石是在印度开采，并在那里加工打磨。在古代，印度人就已经与罗马人交易这些石头，经由罗马人的贸易通道把钻石带到了遥远的中国，在那里，它们主要被用作给玉石钻孔的工具。[1] 在中世纪晚期，我们看到了钻石消费在欧洲重新出现。最早在文艺复兴早期从印度到达欧洲的钻石是个体商人带来并销售的，他们经由沙漠商队的通道运输这些钻石，部分利用丝绸之路。他们在威尼斯卖掉他们的商品，大多数钻石在那里做最后的加工。

---

〔1〕 似乎没有发展出用钻石做首饰的兴趣。参见：C. Clunas’ s *Superfluous Things*：*Material Culture and Social Status in Early Modern China*（Cambridge：Cambridge University Press，1991）。以上文献主要提到了用玉、珍珠、象牙和白银做首饰。还可参看 www. nytimes. com/2005/05/31/business/worldbusiness/31diamonds. html（2011 年 4 月 12 日访问），那里提到，一些年轻的女人声称，玉（几百年来在中国深受欢迎）已经过时，钻石佩戴起来更方便、更轻巧。“它们让你看上去很显眼。”

16 世纪，在葡萄牙人发现通往印度的更短海路之后，他们便成了最重要的钻石交易商，贸易路线改为从印度（常常是果阿）到里斯本，再到安特卫普，那里的加工业开始兴旺起来。安特卫普此前已经充当了主要的市场，葡萄牙人在那里卖掉他们的香料，为亚洲的贸易和伊比利亚的经济带回铜、木材、谷物及其他必需品。[1]

荷兰东印度公司（VOC）在 17 世纪初进入钻石贸易，从本地商人那里购买原石，从他们设在乌木海岸的工厂里把它们送出。尽管荷兰东印度公司有一段时间从钻石贸易中挣到了巨额利润，但由于它禁止其雇员从事更加有利可图的私营贸易，从而把它的地位拱手让给了英国商人。然而，阿姆斯特丹将成为 16 世纪和 17 世纪一个重要的贸易和加工中心。

英国商人在 17 世纪很快就超越了葡萄牙商人和荷兰商人。起初，英国东印度公司（EIC）垄断了钻石（以及很多其他商品）的贸易。然而，17 世纪 60 年代之后，它不仅允许公司雇员购买少量原石，而且允许私营商人利用公司官员进口印度钻石。[2] 印度主要的钻石“出口中心”如今是马德拉斯，原钻的主要市场将变成伦敦，尽管大规模钻石加工业在英国绝不会发展起来。

当 18 世纪 20 年代晚期巴西发现大规模钻石矿藏时，葡萄牙人——在很短的一段“混战”时间之后——既垄断了钻石矿的开采，也垄断了原钻的运输和销售，使里斯本成为原钻最早抵达的城市。因为绝大部分商人是英国人，而且有很多原石非法运抵英国首都，伦敦依旧是原钻贸易的中心。里约热内卢与伦敦之间的这条（间接的）线路将——最终——终结印度－欧洲的原钻贸易，尽管印度并没有停止开采和加工钻石，正如我们将会看到的那样。

1870 年之后，全球化进一步加速，当时，南非发现了巨大的钻石矿藏。戴比尔斯公司很快就建立了采矿和原钻联合企业，并在伦敦设立了销售中心。

[1] J. A. Boyajian, *Portuguese Trade in Asia under the Habsburgs, 1580－1640* (Baltimore and London: John Hopkins University Press, 1993), 135－136.

[2] Mentz, *The English Gentleman Merchant at Work*, 116－117.

价格降下来了，钻石大众化了，巨大的需求带来了巨大的加工产业，产品远销美国。在20世纪，非洲、俄罗斯、澳大利亚和加拿大陆续发现新的矿藏，新的消费市场得以开拓。随之而来的是相对廉价的原钻供给充足，这是导致钻石加工业回到其印度发源地的因素之一。

在本文的其余部分，我将试着分析这些轨迹，准确定位它们的效应，审视语境随着时间和地点而改变时钻石的“修辞性”和“社交性”价值。

“矿藏足以给全世界提供充裕的钻石”

钻石矿坐落在印度的几个地区，但是，印度南部德干高原及周围矿藏产量最高，据17世纪的一位欧洲旅行者说，其产出的钻石“足以供应全世界”。[1] 几个欧洲商人、旅行者以及英国东印度公司和荷兰东印度公司的官员亲自探访了印度的钻石矿，撰写了一些亲眼看见的见闻录，让我们能够清晰地想象采矿和贸易活动，甚至还有矿场附近的加工活动。最早的描述是雅克·德·库特（Jaques de Coutre，1591—1627）给出的，他的出生地布鲁日在15世纪是钻石贸易和加工中心，直至后来被附近的安特卫普取代。雅克和他的兄弟约瑟夫（Joseph）一起去了里斯本，再从那里去了果阿。自1510年之后果阿这座城市被葡萄牙人统治，充当了一个真正的全球贸易中心。德·库特兄弟作为宝石商人在那定居下来。[2] 在1611年至1618年那段时间，雅克探访了德干高原的几座矿，并就拉默勒戈达矿撰写了详细的报告（关于矿山和贸易地点的位置，参见地图1），它位于戈尔康达苏丹国，被库特布沙希

〔1〕“A description of the Diamond - Mines, as it was presented by the Right Honourable, the Earl Marshal of England,” *Philosophical Transactions of the Royal Society* 7, no. 136 (June 25, 1677): 887—917, esp. p. 908 [i. e., Henry Howard].

〔2〕德·库特的儿子在1640年记录了他父亲的回忆录。原稿保存在马德里的国家图书馆：*Vida de Jacques de Coutre, natural de la ciudad de Brugas, en Madrid, año* 1640 *por su hijo, Esteban de Couttre, caballero del habito de Santiago*（马德里，1640）。

王朝所统治。第二份描述来自威廉·梅斯沃尔德（William Methwold），此人是一位英国商人，在英国东印度公司效力，参与了购买钻石。[1] 在他为东海岸几个王国撰写的人种志概述中，有一篇对科鲁尔矿的记述，他在17世纪20年代某个时间探访过那里。[2] 这座矿位于比贾布尔苏丹国，在梅斯沃尔德探访的那个时期，由苏丹易卜拉欣·阿迪尔·沙阿二世统治。第三篇，也是最著名的一篇描述是让-巴蒂斯特·塔瓦尼埃撰写的，此人是一个法国珠宝商，17世纪40年代、50年代和60年代多次到印度旅行，带回并销售了钻石及其他宝石，其中有一些卖给了路易十四。[3] 塔瓦尼埃的书成了畅销书和后来钻石商人的指南。[4] 他非常详细地描述了他在17世纪40年代探访过的拉默勒戈达矿。最后一篇概述是皮耶特·德·朗格（Pieter de Lange）给出的，此人是一个荷兰医生，也是在荷兰东印度公司效力的主要商人，后成为该公司在乌木海岸的工厂之一默苏利珀德姆厂的长官。1663年，公司派他去科鲁尔矿采购钻石。尽管他无功而返，但他提供了关于钻石矿开采的大量信息。[5]

从这些商人以及英国东印度公司和荷兰东印度公司官员的描述中，我们对矿山及其周边的活动有了一幅很清晰的图画。通常，矿山所在地的皇帝、国王或苏丹也拥有这些矿。他可以选择是不是出租矿山，以及租给谁。[6] 他

---

〔1〕 Mentz, *The English Gentleman Merchant at Work*, 116.

〔2〕 梅斯沃尔德的记述于1931年再版，收录在：W. H. Moreland, ed., *Relations of Golconda in the Early Seventeenth Century* (London: Hakluyt Society, 1931)。在这个版本的第33页，梅斯沃尔德声称，这座矿在1622年关闭。他的上述著作最早出版于1626年。

〔3〕 塔瓦尼埃的足迹遍及累范特和波斯。他的记述最早以法文出版：*Le Six Voyages de J. B. Tavernier en Turquie, en Perse et aux Indes* (Paris: 1676)。

〔4〕 Mentz, *The English Gentleman Merchant at Work*, 114.

〔5〕 据塔瓦尼埃说，皮耶特·德·朗格最早是担任戈尔康达国王宫廷的外科医生，直至1656年。Jean Baptiste Tavernier, *Travels in India, Trans. from the Original French Edition of 1676 by Valentine. Ball*, 2 vols. (New Delhi: Oriental Books Reprint Corporation, 1989) (repr.), 1: 240—243。关于这份报告，参见：P. van Dam, *Beschrijvinge van de Oostindische Compagnie*, Book 2, Vol. 2 (The Hague: Nijhoff, 1932), 176—181.

〔6〕 据亨利·霍华德说，勃固（今缅甸）国王只有一些私下挖出的矿，参见："A Description of the Diamond - Mines," 907。

还可以决定临时关闭矿，“以保持商品有需求”。[1] 统治者把矿租给出价最高的人。这个人可能是本地的一个企业家，金匠阶层的一个成员，例如租赁科鲁尔矿的那个人，但他也可能是一个外国人，比如葡萄牙人阿尔巴罗·门德斯（Albaro Mendez）。[2] 长官充当国王与实际雇用矿工挖钻石的商人之间的中间人。在拉默勒戈达矿，商人必须支付给国王一笔费用：每 50 个矿工每天 2 个金币，这笔费用由该矿的长官来收。[3] 在科鲁尔矿，长官的责任更多：他要给商人提供矿工，并确保他们装备了工具。商人必须为每个工人向长官缴纳一笔费用，其中一部分给国王，一部分给矿工。[4]

租金只是国王从矿山得到的收益的一部分；所有钻石的买卖，他还可以得到 2%。[5] 如果矿工发现一颗钻石重量超过 10 克拉，就要把它交给国王。[6] 然而，尽管有警卫守矿，但挖出的大钻石还是经常没有向长官报告，被矿工直接卖给了“外国人”，价格是中间商出价的一半。如果此事被发现，矿工和商人都要被处死，不过，德·库特逃脱了这一命运，因为他是个“法兰克”（欧洲人）。[7] 德·库特报告了科鲁尔矿的情况，说这一规章“执行得不是十分严格”。如果矿工发现大钻石并报告了，他们会得到一小笔奖金。[8]

---

〔1〕 Both T. Raychaudhuri，*Jan Company in Coromandel* 1605—1690：*A Study in the Interrelations of European Commerce and Traditional Economies*（The Hague：Martinus Nijhoff，1962），171. 梅斯沃尔德也提到这座矿在 1622 年关闭，参见：Moreland，*Relations of Golconda in the Early Seventeenth Century*，33。

〔2〕 关于出价最高的人，参见：Mentz，*The English Gentleman Merchant at Work*，111；关于金匠，参见：Methwold in Moreland，*Relations of Golconda in the Early Seventeenth Century*，31；关于葡萄牙人，参见：Verberckmoes and Stols，*Aziatische omzwervingen*，177。

〔3〕 Tavernier，*Travels in India*，2：46.

〔4〕 Report by Pieter de Lange as included in van Dam，*Beschrijvinge van de Oostindische Compagnie*，180.

〔5〕 Tavernier，*Travels in India*，2：46.

〔6〕 Verberckmoes and Stols，*Aziatische omzwervingen*，173；Methwold in Moreland，*Relations of Golconda in the Early Seventeenth Century*，33；Tavernier，*Travels in India*，2：47；Report by Pieter de Lange as included in van Dam，*Beschrijvinge van de Oostindische Compagnie*，181.

〔7〕 Verberckmoes and Stols，*Aziatische omzwervingen*，174.

〔8〕 Report by Pieter de Lange as included in van Dam，*Beschrijvinge van de Oostindische Compagnie*，181. 关于奖金，参见：Tavernier，*Travels in India*，2：47。

采矿方法不同的矿之间略有不同——有时候打一个矿井（更常见的是一个矿坑），土壤的类型也各种各样。[1] 基本上是由男人把土挖出来，再由女人和孩子把土装在筐里抬走。据梅斯沃尔德计算，有3万人在科鲁尔矿干活，而大约20年后，塔瓦尼埃表示，不下6万男人、女人和孩子在同一个矿场干活。[2] 常常要把泥土挖出来放在水里浸泡，然后在太阳底下晒干，为的是把钻石从包裹的泥土中“松开”。接下来检查并筛选这些土块，找出钻石。如果土太硬，以至于取不出钻石，矿工就会敲碎土块，露出钻石。

矿工常常是来自农村地区的移民。梅斯沃尔德把科鲁尔矿区描述为一个贫瘠的不毛之地，在发现钻石之前几乎荒无人烟，而现在那里有“10万人定居，包括矿工、商人，以及靠这些人群生活的其他人”。[3] 食物及其他生活必需品（比如烟草和槟榔叶）不得不从其他地区运来，这给已经昂贵的商品增加了进口税。商人和矿工都生活在矿区。据塔瓦尼埃说，矿工一年只挣3个金币（1个金币大约相当于英国的8先令），即便是最有经验的矿工，他们在采矿过程中起着非常重要的作用，因为他们能指出可以找到钻石的地方。[4] 据另外一些观察者记载，月工资从0.5至1.5个金币不等。拉维·阿胡贾（Ravi Ahuja）是1760年前后马德拉斯的一个男性“普工”，据他说，他的月工资是1个金币。[5] 这大致是矿工的平均月工资。然而，与其他生产成

---

〔1〕关于印度钻石矿的工作，有一篇综述，参见：K. Hofmeester，“Working for Diamonds from the 16th to the 20th Century,” in *Working on Labor*：*Essays in Honor of Jan Lucassen*，ed. Marcel van der Linden and Leo Lucassen（Leiden，The Netherlands：Brill 2012），19—46。

〔2〕Methwold in Moreland，*Relations of Golconda in the Early Seventeenth Century*，31；Tavernier，*Travels in India*，2：59.

〔3〕Methwold in Moreland，*Relations of Golconda in the Early Seventeenth Century*，33.

〔4〕关于报酬，参见：Tavernier，*Travels in India*，2：46；还有两份文献也提到了老练矿工的专业技能，参见：Methwold in Moreland，*Relations of Golconda in the Early Seventeenth Century*，31，Report by Pieter de Lange as included in van Dam，*Beschrijvinge van de Oostindische Compagnie*，180。

〔5〕另有一些材料提到矿工的工资，参见：K. Mukund，“Mining in South India in the 17th and 18th Centuries,” *Indica*，52—53（1991）：13—52，esp. p 18。关于普工的工资，参见：R. Ahudja，*Die Erzeugung kolonialer Staatlichkeit und das Problem der Arbeit*：*eine Studie zur Sozialgeschichte der Stadt Madras und ihres Hinterlandes zwischen* 1750 *und* 1800（Stuttgart：F. Steiner，1999），Appendix 8.1。

本比起来，工资就非常低了。德·库特也指出劳动成本低，他声称，劳动成本在西班牙要高很多，并导致每克拉钻石的价格更高。我们从德·库特的描述中得知，有时候，商人按每颗钻石“付钱”给矿工，作为回报，还给他们提供食物。由于矿工有时候两三个月也找不到一颗钻石，他们很容易沦为债奴。〔1〕在科鲁尔，长官雇用工人，如果没有“冒险家”委托采矿的话，矿工的境况就会更糟，因为接下来，他们不得不仅仅为了膳宿而给国王干活。德·朗格把这些矿工描述为“奴隶般的物品”。〔2〕

对矿工和商人来说，找到能够让他们维持生计的钻石至关重要。他们相信，神力决定了他们能不能找到钻石，因此有各种各样的宗教仪式，包括祈祷和献祭山羊，为的是赢得神的青睐。〔3〕塔瓦尼埃描述了采矿开始前夜商人雇主举办的一个宗教节日，男人、女人和孩子，矿工、商人和他们的朋友，聚集在一起，在一尊神像面前祈祷。这之后，有一顿晚餐招待矿工们，为的是“给他们以勇气，诱使他们忠诚地履行职责”。〔4〕

“我最挚爱的商品”

在更仔细地审视那个把钻石从“一手”印度商人那里带到欧洲消费者手里的过程之前，我们要先看看这一贸易更宽广的背景。第一，国王对更大钻石的热衷让我们认识到印度有很大的国内钻石消费市场。正如我们将会看到的，在印度，拥有和珍爱钻石的不只是莫卧儿帝国的皇帝们。第二，欧洲商人并不是最早的也肯定不是唯一的对钻石感兴趣的商人，但他们构成了印度

〔1〕 Verberckmoes and Stols，*Aziatische omzwervingen*，172—174.

〔2〕 Report by Pieter de Lange as included in van Dam，*Beschrijvinge van de Oostindische Compagnie*，179—181。

〔3〕 Verberckmoes and Stols，*Aziatische omzwervingen*，173；Tavernier，*Travels in India*，2：59.

〔4〕 Tavernier，*Travels in India*，2：59.

出口印度洋地区（包括东南亚、波斯湾和阿拉伯帝国南部）的重要组成部分，据雅内·阿布-卢霍德（Janet Abu - Lughod）和安德烈·冈德·弗兰克（André Gunder Frank）说，自15世纪以来，甚至在那之前，全球经济就已经在那里存在。[1] 第三，当欧洲商人开始在印度采购钻石并在欧洲销售时，他们的交易常常是印度国内贸易以及跨国交易或跨大陆交易的组成部分。我们知道，葡萄牙人是通过戈尔康达和比贾布尔的代理人网络采购钻石，还把钻石（切割的和没有切割的）卖到亚洲的不同地区，包括中国和菲律宾，有时候再从那里最终卖到墨西哥和秘鲁。[2] 我们还可以通过考量德·库特的某些贸易活动来说明贸易的跨大陆成分。

德·库特购买欧洲制造或通过欧洲运输的奢侈品，再把它们卖给德干的苏丹们，甚至卖给莫卧儿皇帝贾汗吉尔的公使。[3] 每年四五次，轮船抵达果阿，从葡萄牙带来面值8雷亚尔的西班牙银币、珠宝、来自缅甸的红宝石、来自“新西班牙”的绿宝石和大珍珠、来自意大利的珊瑚、来自波罗的海地区的琥珀，以及来自德国的雕花银器和小饰品。[4] 正如本书“导言”中所描述的，这些来自世界各地的奢侈品象征着他作为世界保护人的身份。绿宝石有一个额外的象征价值，根据伊斯兰教的说法，绿色代表天堂的颜色，因此象征莫卧儿王权的神授来源。[5] 德·库特描述了他如何把自己的一些珍珠和

---

〔1〕 J. L. Abu - Lughod, *Before European Hegemony: The World System A. D.* 1250—1350 (New York: Oxford University Press, 1991); A. Gunder Frank, *ReOrient: Global Economy in the Asian Age* (Berkeley: University of California Press, 1998), 86—96. 关于印度洋地区早期的贸易关系，参见：K. N. Chaudhuri, *Trade and Civilisation in the Indian Ocean: An Economic History from the Rise of Islam to* 1750 (Cambridge: Cambridge University Press, 1985)。他对钻石的评论，参见：pp. 20 and 53。

〔2〕 Boyajian, *Portuguese Trade in Asia under the Habsburgs*, 135.

〔3〕 Verberckmoes and Stols, *Aziatische omzwervingen*, 185, 196, 202.

〔4〕 Ibid., 109, 243. 关于珊瑚贸易，还可参看：F. Trivellato, *The Familiarity of Strangers: The Sephardic Diapsora, Livorno, and Cross - Cultural Trade in the Early Modern Period* (New Haven, CT and London: Yale University Press, 2009)；关于绿宝石贸易，参见：K. Lane, *Colour of Paradise: The Emerald in the Age of Gunpowder Empires* (New Haven, CT and London: Yale University Press, 2010)。

〔5〕 Lane, *Colour of Paradise*, 151.

宝石卖给易卜拉欣·阿迪尔·沙阿二世，然后去矿山采购钻石，再把这些钻石卖给葡萄牙国王，或者卖给个体商人，譬如一个威尼斯商人。[1]

"一手"印度商人常常是来自古吉拉特的商贩（Bania）。[2] 英国纹章院院长亨利·霍华德（Henry Howard）在1677年撰写过一份关于钻石矿工和商人的报告，他声称，他们对钻石贸易和分布广泛的贸易网络有着透彻的理解：

> 这些商人都是古吉拉特的商贩，背井离乡从事这一贸易，已经好几代人，他们在生意上十分成功，以至于如今这项贸易几乎完全被他们垄断；他们与苏拉特、果阿、戈尔康达、比贾布尔、阿格拉、德里及印度其他地方的同胞保持通信，给他们所有人提供钻石。[3]

我们知道，早期现代欧洲旅行者往往把Bania（班尼亚，Bania原为印度的一个种姓，是第三个大种姓吠舍的一支，其职业多为经商，后来成为商人的代称。——译者注）这个术语应用于印度商人和贸易商，把它用作一个职业类别，而不是表示种姓隶属。然而，今天的学者也明确地提到，古吉拉特的班尼亚钻石商在这宗贸易中扮演了一个重要角色，除了其他的作用外，还充当了钻石矿与欧洲商人之间的中间人。[4]

"一手"印度商人常常按包销售钻石，正如塔瓦尼埃所写的那样，把钻石托付给"外国"商人几天。付款可以安排在苏拉特、阿格拉或戈尔康达使用汇票来支付，常常通过一位sharaf（银行家或货币兑换商）。通常是公开买

---

〔1〕 易卜拉欣·阿迪尔·沙阿二世从1580年至1627年统治比贾布尔苏丹国。关于这些交易，参见：Verberckmoes and Stols，*Aziatische omzwervingen*，176。

〔2〕 Tavernier，*Travels in India*，2：47；Report by Pieter de Lange as included in van Dam，*Beschrijvinge van de Oostindische Compagnie*，179.

〔3〕 "A description of the Diamond - Mines，as it was presented by the Right Honourable，the Earl Marshal of England，" 915.

〔4〕 M. Mehta，*Indian Merchants and Entrepreneurs in Historical Perspective*（Delhi：Academic Foundation，1991），35. 关于今天的惯例，参见：R. J. Barendse，*Arabian Seas* 1700—1763，Vol. 2：Kings，Gangsters and Companies（Leiden，The Netherlands：Brill，2009），690。还可参看M. N. Pearson，"Banyas and Brahmins：Their Role in the Portuguese Indian Economy，" in *Coastal Western India*：*Studies from the Portuguese Records*，ed. M. N. Pearson（New Delhi：Concept，1972），93—115，esp. p. 104。

卖原石，由国王雇用的专门验秤官来称重。[1] 然而，有很多原石并非公开买卖，正如下面这段记述所显示的：一天夜里，一个班尼亚商人“十分神秘地”找到塔瓦尼埃，从头发里摸出一颗大钻石（48.5 克拉），他把钻石藏在那里，用头饰盖住。塔瓦尼埃很喜欢那颗钻石，便买下了，第二天再把它卖给荷兰东印度公司的一位船长，从这笔交易中挣到了“一笔可观的利润”。[2] 遗憾的是，关于他通过在矿山附近购买原钻然后卖给客户所挣到的利润，塔瓦尼埃没有给出详细的信息。各种不同的说法让我们对于在矿山附近花掉的钱的数额有了一个大致的概念：这个数额可能从 10 000 个金币到 50 000 个金币不等，亦即 4 000～20 000 英镑。前面提到的那个把大钻石非法卖给塔瓦尼埃的商贩额外得到了 100 个金币（4 英镑）。[3]

德·库特和塔瓦尼埃直接从矿上购买钻石完全是例外，大多数欧洲商人是与代理人和中间商合作。在贸易城市戈尔康达，钻石的价格比矿山附近高出 20%。[4]

据 17 世纪晚期一位帮欧洲客户采购钻石的商人说，受托专员应当能够确保客户挣到 40%～50%的利润。[5] 然而，到 18 世纪末，在某些交易中，钻石商莱昂·普拉格（Lyon Prager）只挣到 6%～7%的利润。[6]

欧洲私营商人需要资本为他们的收购提供资金。这些商人及其融资者常常是“新基督徒”，是 1497 年之后被迫皈依的伊比利亚犹太人的后代。他们在亚洲拥有资本和关系，这“迫使”葡萄牙国王和他们做生意，即使国王很讨厌他们。[7] 在印度，尤其是在果阿和科钦，这些商人有本地的代理人，他

---

〔1〕 Tavernier，*Travels in India*，2：47—48，54.

〔2〕 Ibid.，50—51.

〔3〕 Ibid.

〔4〕 Ibid.，50.

〔5〕 出自 John Chomley 的书信集，日期为 1669 年 12 月 3 日，转引自：Mentz，*The English Gentleman Merchant at Work*，115。

〔6〕 Elliot v. Willis：*Sale Book of Diamonds and Pearls Purchased by Lyon Prager 1787—1796* f. 73，entrance for December 1793，The National Archives，Kew (hereafter TNA) C111/146.

〔7〕 Boyajian，*Portuguese Trade in Asia under the Habsburgs*，30，119.

们可能是葡萄牙的新基督徒或老基督徒、公开的犹太人或印度教徒。[1] 反过来，他们和前面提到的古吉拉特商人联系紧密，后者直接在矿上买原石。

17 世纪 60 年代，英国私营商人开始接管宝石贸易：他们要么是英国东印度公司的官员，被允许小规模从事钻石贸易，要么是私营贸易商，能够使用“商船”安排数量日益增长的钻石交易。[2] 在英国人的交易中，我们再次遇到了很多新基督徒和犹太商人，格达利亚·约盖夫（Gedalia Yogev）和弗兰切斯卡·特里韦拉托（Francesca Trivellato）就属于这种人。[3] 他们当中有些人维持着规模庞大的、跨大陆、跨文化的贸易商网络。他们从利沃诺的西班牙裔犹太人社群购买珊瑚，再卖给居住在里斯本的意大利人，后者反过来把珊瑚卖给果阿的印度教徒，换回钻石。[4] 后来，18 世纪 40 年代，这些网络连接了利沃诺、伦敦和马德拉斯，并继续以跨文化贸易关系为典型特征，例如，当巴西钻石加入贸易时。同样的跨文化特征可以在蒂吉尔·范内斯特（Tijl Vanneste）研究的詹姆斯·多默（James Dormer）的网络中看到。[5] 多默是一个定居在安特卫普的英国天主教商人，他开设了自己的钻石商行，与来自伦敦的著名的西班牙裔犹太贸易家族萨尔瓦多（他们在印度有很大规模的联系）以及新教徒银号乔治·克利福德父子公司和霍普公司联系紧密，两者都居住在阿姆斯特丹，后来在巴西钻石贸易中起到了非常重要的作用。范内斯特的论文非常清楚地证明，一宗全球商品的贸易如何还依赖于个人关系，而这些关系建立在信任、声望、信息交换和愿意提供信用的基

〔1〕 Boyajian, *Portuguese Trade in Asia under the Habsburgs*, 30, 130.

〔2〕 Trivellato, *The Familiarity of Strangers*, 234—235.

〔3〕 G. Yogev, Diamonds and Coral: *Anglo - Dutch Jews and Eighteenth - Century Trade* (Leicester, UK: Leicester University Press, 1978) and Trivellato, *The Familiarity of Strangers*.

〔4〕 Trivellato, *The Familiarity of Strangers*, esp. ch. 9.

〔5〕 T. Vanneste, “Commercial Culture and Merchant Networks: Eighteenth - Century Diamond Traders in Global History” (PhD diss., European University Institute, Florence, 2009). See also his *Global Trade and Commercial Networks: Eighteenth - Century Diamond Merchants* (London: Pickering and Chatto, 2011).

础上。

我们从这些商人的通信中得知，英国东印度公司自由化了钻石贸易，其理由是：钻石零售商、珠宝商和切割工更愿意和英国私营商人做生意，因为他们可以自由地亲自接触印度的代理商，准确地向他们解释哪一种钻石更受青睐。而且，他们收取的额外费用少于英国东印度公司。荷兰东印度公司绝不允许它的官员们卷入私营贸易，这导致阿姆斯特丹的珠宝商恰恰是因为前面提到的理由而更愿意与基地在伦敦的商人做生意。[1] 英国私营商人对英国东印度公司而言还有一个重要优势：他们有更多的资本可以自由处置，他们来自一个范围广泛的金融家圈子，因此，他们能够更多地投入赚钱的，但有时候同样有风险的钻石贸易。

原钻商人需要有专门的知识技能来判定原石的品质，并谈成一个好价格。正如我们已经看到的，塔瓦尼埃的书给后来的商人充当了一份指南，他们还可以参考其他手册。[2] 评估钻石品质所需要的知识技能让商人们有了一个有利的位置、身份和关系。钻石对这些商人来说所具有的特殊意义超越了他们所能挣到的利润。鉴赏家塔瓦尼埃把钻石称作“所有石头中最珍贵的石头……我最挚爱的商品”。[3] 尽管德·库特交易各种各样的奢侈品，但他喜欢专注于钻石，“因为我了解它们”。[4]

关于亲王、苏丹、寺庙舞姬和资产阶级女士：钻石消费

很长时间里，印度人是钻石最重要的消费者。作为已知的最硬天然材料，钻石在任何地方都有着特殊的意义，但在印度，它们与神的力量直接相关。

---

〔1〕 Mentz，*The English Gentleman Merchant at Work*，117.

〔2〕 例如稿本 *Couzas de pedraria*，约出自1600年，转引自 Boyajian，*Portuguese Trade in Asia under the Habsburgs*，49。

〔3〕 Tavernier，*Travels in India*，2：41.

〔4〕 Verberckmoes and Stols，Aziatische omzwervingen，54.

一些早期的梵语经文，比如跋多佛（Buddhabhatta）的《宝石鉴》（*Ratnapariska*），这是一本宝石手册，大概出自公元 4 世纪初，还有伐罗诃密希罗（Varahamihira）的《五大历数全书汇编》（*Brhat Samhita*），这是公元 6 世纪的一本百科全书，这两本书解释了钻石的神话价值和象征价值，并把这些价值与钻石的不同颜色联系起来。这些颜色同时决定了什么人可以佩戴哪种钻石。[1] 不管什么颜色，有缺陷的钻石（瑕疵、裂缝和不规则的点）可能带来不好的运气，而完美的钻石则带来好运。[2] 女人不得佩戴钻石，因为人们认为钻石会导致不育。[3] 当然，这两个宝石专家告诉我们的是 4 世纪和 6 世纪的规则，而不是社会惯例。然而，他们指出，有一些涉及钻石消费的规则，把最珍贵的宝石局限于国王和最高种姓的成员。

我们从 16 世纪和 17 世纪欧洲人的旅行见闻中得知，那个时期印度的男人和女人都佩戴钻石，就连动物也可以用钻石装饰。莫卧儿帝国皇帝们的宝石和珠宝珍藏，以及与之相关的风俗习惯举世闻名，正如我们从金·希本许纳撰写的本书第一章中所知道的那样，但还有其他的“消费者”。首先，有苏丹国的国王和他们的随从。德·库特描述了每天早晨，一群王公贵族如何列队走向比贾布尔苏丹国的统治者易卜拉欣·阿迪尔·沙阿的宫廷。他们骑着大象走在前面，大象身上装饰着彩色宝石，后面跟着马，马身上戴着金银链，插着羽毛，装饰着珠宝，包括钻石、红宝石和蓝宝石。[4] 为了强调富有贵族与平民百姓之间的财富差别，德·库特声称，如果后面这个群体的成员拥有一定的财富，男人就会佩戴一个金质胸针和精细饰品，以及装饰着绿宝石和红宝石的金耳环。据他描述，女人“非常漂亮，以她们自己的方式”，头发系着丝带，额头上有一个镶着钻石、红宝石或绿宝石的饰物，还戴着珍珠、绿

---

〔1〕 皆转引自 L. Finot，*Les lapidiaires indiens*（Paris：Bibliothèque de l' École des hautes études，1896），xxvii。关于这两份文本的年代，参见：O. Untracht，*Traditional Jewelry of India*（New York：Thames and Hudson，2008），313。

〔2〕 Finot，*Les lapidiaires indiens*，xxviii.

〔3〕 Ibid.

〔4〕 Verberckmoes and Stols，*Aziatische omzwervingen*，119.

宝石和红宝石串成的项链。每个人都依据自己的财力装饰自己；穷人则避开不恰当的东西，因为他们认为佩戴这些东西是不体面的。[1]

后来的那些时期里，我们知道，拥有钻石并不局限于皇帝或国王。有一份编制于1728年的孟加拉地方长官的私人财物清单，让我们看到他拥有（除了其他物品之外）52个钻石戒指。[2] 18世纪晚期的一些材料告诉我们，当富商莫汉·达斯·塞思（Mohan Das Seth）在孟买去世时，他给妻子留下了一些钻石。[3] 关于阿拉伯海地区的贸易和商人，R. J. 巴伦德斯（Barendse）研究了数量惊人的文献材料，包括遗嘱，他得出结论，中等财富的印度人像欧洲人一样是奢侈品消费者，他们花在家具上的财富不比欧洲人少，花在钻石上的钱甚至更多。[4] 他发现，南印度18世纪的农场主拥有镶嵌着珍珠和钻石的金腰带。当孟买的寺庙舞姬（devadasi）莫蒂（Moti）于1752年去世时，她留下了相当可观的钻石和珠宝。[5] 拥有这些珠宝可能指向囤积的传统。然而，我们从德·库特的描述中得知，人们实际上也佩戴这些珠宝作为装饰品，它们至少具有同样的社会意义，能够证实或提高拥有者的地位。

对皇帝和国王们来说，珠宝在他们的身份定位上扮演了更重要的角色。莫卧儿皇帝的臣民，以及像德干的苏丹一样在他的统治之下的地方亲王，都必须向皇帝送礼和纳贡。在这一语境中，珠宝证实了权力，标明了等级。正如希本许纳正确地认为的那样，这些转移几乎不能被视为商品化的交易。然而，那些向莫卧儿皇帝纳贡的王公贵族和苏丹们必须首先获得珠宝，然后才能“交出它们”。德·库特描述了他如何把珠宝卖给这样的人，他们买珠宝只是为了在莫卧儿皇帝的生日庆典上送给他，那个时候，皇帝会根据收到的宝

[1] Verberckmoes and Stols, *Aziatische omzwervingen*, 120—121.

[2] Barendse, *Arabian Seas* 1700—1763, 2: 838.

[3] Ibid., 711.

[4] Ibid., 845.

[5] R. J. Barendse, *Arabian Seas* 1700—1763, Vol. 2: Men and Merchandise (Leiden, The Netherlands: Brill, 2009), 919, 922.

石和珠宝来衡量送礼人的分量。[1] 塔瓦尼埃描述了莫卧儿皇帝如何把他的宝石商品化。庆典之前，他会让宫廷珠宝匠把相当数量的宝石卖给几个商人，后者再把它们卖给王公贵族，然后他们再送给皇帝。这样一来，皇帝既收到了钱，又收到了宝石。[2]

尽管在印度洋地区，印度人有很大的消费量和相当可观的钻石贸易，但钻石依然在中世纪晚期进入了欧洲。起初，它们似乎主要被用作教堂的珠宝，以及用在国王和王后们的节杖和王冠中，他们佩戴能够找到的最硬的石头，以显示他们的不可战胜。从 14 世纪下半叶起，我们在欧洲的宫廷里发现了钻石和其他宝石做成的珠宝首饰——起初只是在法国，后来英国也有。[3] 先是国王和王后佩戴，后来贵族和妇女也佩戴，作为其权力、财富和身份地位的标志，必须用禁奢法加以保护。15 世纪中期，查理七世的情妇阿涅丝·索蕾（Agnès Sorel）据说是第一个佩戴钻石的非王室妇女。就在同一时期，马克西米利安一世（Maximilian Ⅰ）皇帝据说给了他妻子勃艮第的玛丽（Mary of Burgundy）第一个钻石订婚戒指。[4] 在 16 世纪上半叶，几个北欧和南欧国家的宫廷生活扩大了，这一发展刺激了珠宝首饰中越来越多地使用宝石——包括钻石——的趋势。

在 16 世纪下半叶，珠宝越来越多地成为女人佩戴的饰物，特别是因为那个时期很多欧洲君主是女人。结果，珠宝首饰变得更丰富，parure（全套首饰）成为时尚，包括各种互相匹配的首饰常常镶着钻石。[5] 在消费模式上，性别不是唯一重要的方面，阶层当然也起了重要作用。17 世纪，我们已经在资产阶级女士的珠宝清单中发现了钻石。[6] 格鲁克尔·冯·哈默尔恩

---

〔1〕 Verberckmoes and Stols，*Aziatische omzwervingen*，216. 对这场仪式的描述，参见：J. Scarce，“A Splendid Harmony：Mughal Jewellery and Dress，” *Jewellery Studies* 10（2004）：33—51。

〔2〕 Tavernier，*Travels in India*，1：111.

〔3〕 Evans，*A History of Jewellery*，53—55.

〔4〕 A. Haas，L. Hödel，and H. Scheider，*Diamant*：*Zauber und Geschichte eines Wunders der Natur*（Berlin：Springer，2004），238—239.

〔5〕 Evans，*A History of Jewellery*，105—107.

〔6〕 Evans，*A History of Jewellery*，125.

（Glückel von Hameln）是一个犹太女人，17 世纪 60 年代和丈夫一起在汉堡做珠宝生意，1689 年丈夫去世之后，她把生意经营得非常成功，她注意到了资产阶级当中日益增长的珠宝消费。不久之后，佩戴金链在这些圈子里变得时髦起来，年轻情侣如果赠送礼物，都是用黄金做的。因此，他们的生意集中于黄金和黄金做成的首饰。她在 17 世纪末注意到："宝石首饰的生意如今正迅速发展。"[1] 她的后代都成了非常成功的钻石商人；她的女婿马库斯·摩西（Marcus Moses）在 18 世纪的印度是一位重要的钻石商，他的孙子们也在马德拉斯和伦敦从事这个行当。[2]

有几个材料来源证实，17 世纪晚期，宝石首饰出现了增长也是在资产阶级的圈子里。这可能是由于宝石有了更大的供应，但也可以用中产阶级日益兴旺的经济繁荣来解释，多半是这两个因素的组合。[3] 18 世纪，我们看到了宝石首饰中钻石使用的显著增长。这可以通过更大的供给和更低的价格来解释，但也可以用新的钻石切割时尚——多面切割——来解释。

加工中的品味

14 世纪到达欧洲宫廷的钻石全都来自印度。有些就在印度加工，另一些则在威尼斯加工。在那个时期，加工的意思就是打磨形成钻石的天然八面体的表面。15 世纪，所谓的平顶式切割研究出来了，意思是把八面体的顶部改平，让钻石有一个平顶，正如我们在图 7（a）中所看到的。

---

〔1〕 Bertha Pappenheim，trans. *Die Memoiren der Glückel von Hameln*（Weinheim：Beltz，2005），61—62.

〔2〕 Yogev，*Diamonds and Coral*，89，131，157—159.

〔3〕 Ibid.

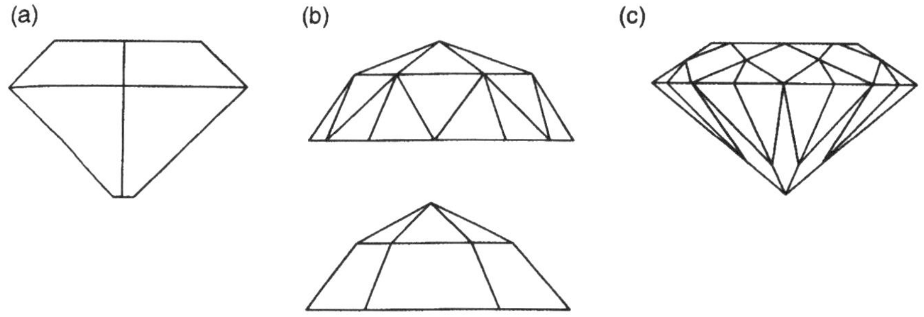

图 7　平顶式、玫瑰式和明亮式切割的钻石

这种切割和打磨钻石的技术很可能是在印度发展起来的，然后传播到了威尼斯。[1] 1403 年，威尼斯的一位商人有一份材料描述了很多宝石，包括一份价格清单，这份材料告诉我们他了解钻石的切割过程和打磨过程。[2]

一个世纪后，巴托洛梅奥·迪·帕西（Bartolomeo di Pasi）编制了一份威尼斯交易的各种商品的清单。他提到钻石定期从威尼斯发往里斯本、安特卫普和巴黎。他区分了 diamanti（意大利语：钻石）和 diamanti in punta（末端钻石）。前者发往安特卫普，后者发往里斯本和巴黎。在这里，天然八面体与抛光表面区分开来了，后者发往里斯本和巴黎，而钻石——没有天然的尖形，必须切割和抛光，给它们以想要的形状——则发往安特卫普，那里自 16 世纪以来就发展出了钻石加工产业。[3]

16 世纪，打磨表面的技术发展起来了。这一技术需要抛光轮和圆粒金刚钻（钻石粉）。在欧洲，关于这一技术的最早描述是本韦努托·切利尼（Benvenuto Cellini）在 1568 年撰写的。[4] 大约就在同一时期，印度莫卧儿帝国

---

〔1〕 G. Lenzen, *The History of Diamond Production and the Diamond Trade* (London: Barrie and Jenkins, 1970), 72 and Haas et al., Diamant, 231.

〔2〕 C. Sirat, "Les pierres précieuses au XVe siècle," *Annales: Économies Sociétés Civilisations* 23, no. 5 (1968): 1078.

〔3〕 Lenzen, *The History of Diamond Production*, 61.

〔4〕 B. Cellini, *Abhandlungen über die Goldschmiedekunst und die Bildhauerei*, trans. R. and M. Fröhlich (Basel: Gewerbemuseum Basel, 1974), 33—36.

皇帝巴布尔（1463—1530）描述了他如何收到儿子送给他的一颗钻石（多半是“光之山”）。这颗钻石有三角形表面，排列成对称的放射图案，钻石的底部被改平了：所谓的玫瑰式切割［参见图 7（b）］。这种同时性导致几位作者争论这一平面切割技术的起源是印度，还是欧洲。[1] 据伦岑（Lenzen）说，这项技术是在两个大陆相互独立地发展起来的，如果我们考虑到印度和欧洲之间存在的所有接触，这似乎不大可能。为了回答抛光技术的起源问题，很多作者查阅了文献，但我们还应该注意人的因素。我们知道，金匠和珠宝匠在欧洲和印度之间来回旅行，沿途传播知识、技术和品味。葡萄牙国王曼努埃尔（Manuel，1495—1521）在宫廷里雇用了一个印度金匠，而且，据某些作者说，在果阿生产并进口到葡萄牙的印度珠宝高度影响了当时葡萄牙的珠宝设计。[2] 我们还知道，有一些葡萄牙的金匠和珠宝匠自 17 世纪以后便在果阿工作，为欧洲市场生产，同时受到本地工人的影响。与此同时，欧洲珠宝匠在莫卧儿帝国的宫廷里工作。[3] 1583 年，英国珠宝匠威廉・里兹（William Leeds）陪着一群英国商人到印度旅行，最后为莫卧儿皇帝阿克巴（1556—1605 年在位）效力。[4] 阿克巴的继任者贾汗吉尔（1605—1627 年在位）雇用法国人奥古斯丁・希里亚（Augustin Hiriart）给他设计御座，而他的儿子沙贾汗（1627—1658）从安特卫普雇用亚伯拉罕・德・迪茨（Abraham de Duyts）担任珠宝匠和钻石抛光师。[5]

我们手里有几份文献材料，描述在印度执业的印度钻石切割师。法国人让・德・泰弗诺于（Jean de Thévenot）1666 年到印度旅行，他描述了戈尔康

---

〔1〕 Lenzen, *History of Diamond Production*, 74—81.

〔2〕 N. Vasallo e Silva, “Jewels and Gems in Goa from the Sixteenth to the Eighteenth Century,” in *The Jewels of India*, ed. S. Stronge (Mombay: Marg Pubs., 1995), 54—62, esp. pp. 58, 60.

〔3〕 Ibid., 58.

〔4〕 Ralph Fitch, as included in W. F. Foster, *Early Travels in India 1583—1619* (Oxford: Oxford University Press, 1921), 18; and M. Edwardes, *Ralph Fitch: Elizabethan in the Indies* (London: Faber, 1972), 18.

〔5〕 S. Stronge, “The Sublime Thrones of the Mughal Emperors of Hindustan,” *Jewellery Studies* 10 (2004): 52—67, esp. p. 57.

达的著名城堡，以及苏丹阿卜杜拉·奎布·沙阿如何把他喜爱的工人安顿在那里：

> 国王让一些优秀工匠住在那里，给他们安排了宿舍，他们用不着付钱：他甚至让珠宝匠们暂住在他的王宫里，他的一些重要宝石只托付给这些工匠，严格要求他们对自己的工作闭口不谈，唯恐阿兰则布一旦知道他的工人受雇加工价值不菲的宝石，就可能要求他们给自己干活。城堡里的工人负责加工国王的普通宝石，他有太多这样的宝石，以至于这些工人几乎不可能为任何其他人干活。[1]

《阿克巴则例》(*Ain - i - Akbari*)中给出的关于莫卧儿皇帝阿克巴行政管理的详细描述也提到“皇帝的宫廷里经常雇用宝石匠、金属浇铸匠及其他工匠，他们的工作必须接受批评考核”。[2]

钻石不仅在皇家工场被切割和抛光，切割师还在贸易城市和矿山附近工作。塔瓦尼埃在对拉默勒戈达矿的描述中报道了他在那里看到的切割和抛光活动。萃取法有时候会损害钻石；当矿工敲碎土块以露出钻石时，可能会导致钻石破裂和出现瑕疵。如果矿工注意到了瑕疵，他们就立即劈开它——据塔瓦尼埃说，“在这件事情上他们比我们更老练”。[3] 劈开和切割之后，钻石被切面盖住，“为的是不让瑕疵被人看见”。如果钻石没有瑕疵，“他们只是用抛光轮上上下下触碰一下，不敢给它任何形状，以免减少重量”。[4] 据塔瓦尼埃说，在拉默勒戈达矿有很多钻石切割师。(引人注目的是，大约二三十年前探访过同一座矿的德·库特根本没有提到这些切割师。)他们每个人都有一个钢轮，“和我们的盘子一般大”。为了找钻石颗粒，切割师们用水浇；为了抛光钻石，他们浇上油和足够的钻石粉，“尽管这很昂贵”，为的是让石头转

---

〔1〕 他提到莫卧儿皇帝奥朗则布，阿卜杜拉·奎布·沙阿必须向他纳贡。S. Sen, ed., *Indian Travels of Thevenot and Careri* (New Delhi: The National Archives, 1949), 138.

〔2〕 A. Fazl Allámi, *The Aín Akbari*, trans. from the original Persian by H. Blochman and H. S. Jarrett, Vol. 3 (Calcutta: The Asiatic Society, 1873—1907), 312—313.

〔3〕 Tavernier, *Travels in India*, 2: 44.

〔4〕 Ibid.

动得更快。据塔瓦尼埃说，“磨就像我们的磨一样，它的大轮子由 4 个黑人转动”。但它没有欧洲的磨转得那么快，因为“带动钢轮转动的木轮的直径很少超过 3 英尺”。[1] 塔瓦尼埃觉得，“印度人没有能力像我们在欧洲那样把钻石打磨得那么鲜亮”。[2] 还有另外的区别。为了抛光钻石，它们被紧压在一个旋转的圆盘上。不久，这些圆盘会变钝，因此得经常磨它们。由于印度的圆盘是钢做的（而欧洲的圆盘是铁做的），他们不得不取下圆盘放在金刚砂上磨，而铁盘可以原地不动，用锉刀磨。结果，印度人的圆盘磨的次数更少，它们在磨好之后又被放回轮子上，开始旋转时可能不那么平稳。皮耶特·德·朗格描述了——尽管不那么详细——科鲁尔矿上相同的工序；受损的钻石被抛光，作为次等扁平钻石销售。[3]

我们可以得出结论，平面抛光技术在 16 世纪和 17 世纪无论是在印度还是在欧洲都广为人知，而且使用的技术大致是一样的。尽管至今尚没有发现决定性的证据，但这项技术很可能是在印度发展起来的，并被巡回流动的工匠传播到了欧洲。但是，相反的方向也有可能。[4] 据我看，在这一点上，最有可能的解释是，这项技术的发展是印度工匠和欧洲工匠互动的结果，而不是像伦岑所认为的那样在两个地方独立发明出来的。我们确切地知道的是，在欧洲，这种平面抛光技术在 17 世纪晚期得到了进一步的发展，当时，所谓的明亮式切割被发明出来。它在 18 世纪成为欧洲最受欢迎的切割方法。[5] 明亮式切割要求钻石不仅要非常对称地切割并且要有多面顶部，而且要有一

---

〔1〕 Tavernier, *Travels in India*, 2: 45.

〔2〕 Ibid.

〔3〕 Report by Pieter de Lange as included in van Dam, *Beschrijvinge van de Oostindische Compagnie*, 177.

〔4〕 关于钻石抛光轮的发展，埃德加·塞缪尔提出了一个有趣的理论。据他说，抛光轮是印度人的发明，基于中国人的带驱捻丝机，最早被用来抛光透镜，后来被用于钻石抛光。E. Samuel, “The Invention of Diamond Polishing,” *Industrial Diamond Review* 40 (January 1980): 5—7. 中国人的这项发明经由丝绸之路传到了意大利，还有印度。尽管那个时期印度并不制造透镜，但带驱抛光轮也可能是在印度发明的。

〔5〕 M. H. Gans, *Juwelen en mensen: De geschiedenis van het bijou van* 1400 *tot* 1900, *voornamelijk naar Nederlandse bronnen* (Schiedam: Interbook International, 1979), 173.

个尖的底部，即所谓的亭部（pavilion）[参见图7（c）]。这增强了钻石的耐熔品质，增加了它的光亮，但减少了它的重量，常常减少了50%。[1] 减重是印度珠宝匠所不能容忍的。这一点经常被下面这个事实所解释：一份古典印度文本声称，钻石由于切割而丧失了其贞洁。[2] 不过，同一份文本还提到切割和抛光是正常的工序，所以，我们或许不应该太过重视上面那个说法。但有一点很明显，钻石的品味极有可能在印度得到了强有力的发展。在印度，钻石克拉数在估值上，因此在定价上非常重要。[3] 在17世纪和18世纪，印度人和欧洲人对抛光钻石的品味明显开始分道扬镳。

早在17世纪70年代，约翰·弗赖尔（John Fryer，英国东印度公司一位受过科学训练的雇员）便写道，印度的切割和抛光钻石大多在本国销售，原石则发往欧洲，“它们缺少花式边缘”。在欧洲，它们被“镶嵌和切割得更加显眼”。[4] 在别的地方，他还建议印度潜在的买主：“粗糙的、原生态的或没有切割的钻石，其价值是切割或抛光钻石的一半。”[5] 原石由于切割和抛光而损失重量，这一损失被加到价格上。而且，消费者为了保险而掏钱：一颗抛光钻石立即显露了它的品质，而一个人未必能搞清楚一颗未切割的宝石在劈开之后究竟剩下多少可用。尽管有弗赖尔的这些评论，塔瓦尼埃依旧在1669年买了很多印度的切割和抛光钻石，然后卖给路易十四。[6] 结论或许应该是，印度有很多不同类型的钻石切割师和抛光师。技巧高超的工匠在皇帝

[1] D. Jeffries, *A Treatise on Diamonds and Pearls* (London: for the author, 1751), 8—9. 杰弗里斯是伦敦著名的珠宝商。

[2] Finot, *Les lapidiaires indiens*, xxx—xxxi；他引用了10世纪论述宝石的手抄本*Agastimata*，这本书在后来的年代里添加了大量的内容。这个手抄本的一篇附录中提到，用刀片切割钻石或通过反复摩擦来打磨钻石变得毫无用处，失去了它的优点。然而，在这个手抄本中，切割和抛光被描述为被允许的常规工序。

[3] Untracht, *Traditional Jewelry of India*, 317—318.

[4] J. Fryer, *A New Account of East - India and Persia in Eight Letters Being Nine Years Travels*, *Begun* 1672 *and Finished* 1681 (London: Printed by R. R. for R. Chiswell, 1698), 113.

[5] Ibid., 213.

[6] Tavernier, *Travels in India*, introduction by W. Crooke, 1: xxiv and 2: opposite page 100: drawings of diamonds sold to the king, part of which were "white and cleare and were cutt in India."

的宫殿里打磨最珍贵的钻石，技能稍逊的切割师和抛光师在贸易城市里工作，而技能最差的切割师则生活在矿山附近。后者只是试着通过打磨来掩盖缺陷及其他瑕疵。

品味上的一次真正改变似乎发生在18世纪，随着明亮式切割的突破而出现。1751年，伦敦珠宝商戴维·杰弗里斯（David Jeffries）写了一篇评论，非常严厉地批评印度的切割和抛光技术，把印度加工的钻石描述为“总的来说，形状恶劣”；“没有一颗抛光得当；主要问题是为了保留钻石的大小和重量：这在他们那里并不值得大惊小怪，因为他们不了解加工精良的钻石之美。”[1] 简言之，“来自那里的加工钻石没有一颗适合使用，因此拿到欧洲后总是要重新加工”。[2] 如果把印度工匠所有的精美产品纳入考量的话，似乎不大可能是对“加工精良的钻石之美”缺少认识——至少，对那些给印度宫廷干活的技术高超的切割师和抛光师而言是这样。印度的金匠研究出了一项特殊的技术：加工时“尽可能让剩下的部分最大”，因此得到的是不规则的钻石，他们应用所谓的包镶法（kundan）。这一技术涉及在钻石与首饰的较低部分之间强行塞入一根24K黄金嵌条，构成一个宝石底座。而且，钻石经常用金箔做底衬，以增强闪光的效果。[3] 这一特殊镶嵌技术的应用增强了不规则宝石的美感，使得传统的切割方法在印度始终深受喜爱。钻石的“不规则”切割后来被称为“莫卧儿切割法”，在18世纪、19世纪，甚至20世纪印度制作的珠宝中可以找到。[4] 杰弗里斯极力反对的恰恰是这种不规则性，他声称，印度切割的钻石“在形状上是不规则的”“不匀称的”“其切面很少在钻石的中部或中心”。[5]

由于品味和时尚是奢侈品生产和消费中的重要因素，你可能认为，欧洲

---

〔1〕 Jeffries, *A Treatise on Diamonds and Pearls*, 116—117.

〔2〕 Ibid., 115.

〔3〕 Untracht, *Traditional Jewelry of India*, 317—318.

〔4〕 Ibid., pictures on pp. 322—329。据作者说，欧洲明亮式切割钻石是相对晚近的发明，参见p. 319。

〔5〕 Jeffries, *A Treatise on Diamonds and Pearls*, 116.

人这种对明亮的偏好刺激了钻石加工业从印度转到欧洲。然而，我们应当考虑到“欧洲品味”并不是一个同质现象，就像蒂吉尔·范内斯特在研究詹姆斯·多默的文件时所指出的那样。现如今，钻石合不合格是依据它们的切割、颜色、清澈度（瑕疵的数量）和克拉数。18 世纪的消费者同样如此。有人偏爱玫瑰式切割超过明亮式切割；里斯本的消费者不喜欢黄色钻石，只喜欢白色钻石；阿姆斯特丹的有些消费者更喜欢玫瑰式切割，“相当清澈，但不是最好品质的”；而葡萄牙人喜欢小钻石，而不是大钻石。作为这些不同品味的结果，一包包的钻石在伦敦、里斯本、安特卫普和阿姆斯特丹之间来回穿梭。[1] 欧洲人为什么喜欢对称式切割，尤其是明亮式切割，这个问题很难回答。人们提出过各种不同的看法。钻石对欧洲人来说相对比较昂贵；如果你只有一颗钻石，那它就要尽可能明亮。[2] 对这个解释的第一部分，同一位作者还有一个更本质主义的解释：基督徒觉得，过度地炫富近乎异端。[3] 或许，这就是自文艺复兴以后发展起来的对数学对称的偏爱。[4] 如果我们试着把品味与钻石的象征价值联系起来，我们就会看到，在欧洲，随着时间的推移，它从男性饰品变成了女性饰品，从权力和不可战胜的符号变成了财富的符号，并且是永恒爱情的符号。后面这一象征意味着亲密，而不是距离，可以用切割的类型来象征。据安特拉奇所撰写的一本关于印度传统珠宝的大部头著作，“从远处看有闪光明亮的印象”就足够了。[5] 在欧洲，一颗钻石从很近的、亲密的距离看也应该有光亮。

当然，加工业的地点改变还有一些更加平淡无奇的理由；如果能够在欧洲加工和切割，它们的附加值就更高。切割后的钻石更昂贵，更多的不是因

---

〔1〕 T. Vanneste，“Diamond Trade in the First Half of the Eighteenth Century through the Eyes of an English Merchant：The James Dormer Network”（unpublished paper，European University Institute，2006），55—56。Gans 在他的著作（*Juwelen en Mensen*，166）中也注意到了品味上的差异，并指出玫瑰式切割钻石长期以来在阿姆斯特丹深受青睐。

〔2〕 Winius，“Jewel Trading in Portuguese India，”18.

〔3〕 Ibid.

〔4〕 Gans，*Juwelen en Mensen*，162.

〔5〕 Untracht，*Traditional Jewelry of India*，318.

为额外的加工劳动成本，而是因为——正如上文所指出的——钻石的一些部分在加工过程中损失掉了。我们从莱昂·普拉格的一本钻石和珍珠销售手册中得知，他于 1788 年在印度购买原钻，平均价格略高于每克拉 3 英镑，而抛光钻石的平均价格差不多是每克拉 12 英镑。应当补充的是，这些抛光钻石的品质都是极好的。[1] 如果一个商人有足够的技能评估原钻的价值，他的利润就会更大。他还可以避免重新切割，欧洲经常这样做，为的是适应本地的品味；然而，劳动成本与原材料的价格相比就很低了。1697 年，以伦敦为基地的珠宝匠和钻石加工师约瑟夫·库帕（Joseph Cope）为抛光钻石收取客户每克拉 5 先令。[2] 1771 年，珠宝匠乔治·罗伯逊（George Robertson）"修改"一颗印度切割的重达 7. 5 克拉的大宝石，每克拉收取 18 个先令。[3]

由于先在印度购买原钻，然后在欧洲根据最新时尚的明亮切割能挣到更多的钱，巴西新钻矿的发现似乎开启了钻石商品链的一次真正的重新洗牌。

"钻石就像透明卵石一样充裕"

18 世纪 20 年代晚期，巴西里约热内卢以北的米纳斯吉拉斯发现冲积钻石的巨大矿藏，这似乎预示着钻石流通历史的一个新时代。[4] 印度不再是原钻的唯一供应者（除了自 17 世纪晚期之后有少量抵达欧洲的钻石来自婆罗洲），

---

[1] Sale book of diamonds and pearls purchased by Lyon Prager 1787 to 1796，Lyon Prager，business papers，TNA C 111/146. Entrance for 1788，f 15. Prices indicated in Calcutta Sicca Ruppees and pounds，currency exchange：10 Sicca Ruppees is one British pound，see W. Dickinson，*Universal Commerce，Or，The Commerce of All the Mercantile Cities and Towns of the World*（London：Boosey and Sons 1818），31.

[2] *Cope v. Cope*：Papers relating to the estate and business of Joseph Cope，jeweler，diamond merchant，and banker，receipt dated 1697，TNA C 104/197.

[3] Verelst Collection，Accounts with George Robertson for diamonds 1771—1776，India Office Records，Mss Eur F 218/56，entrance for April 6，1771.

[4] 18 世纪 40 年代晚期在东部的马托格罗索地区发现了钻石，19 世纪 40 年代最后在塞尔瓦多发现了新的矿田。

本地的国王们不再决定钻石矿如何开采，以及由谁开采。[1] 巴西的钻石矿由里斯本的殖民当局开采，王国政府刚开始时没有兴趣用钻石给自己做装饰，而是尽可能从中挣到更多的利润。起初，这位新的开发者欢迎所有商人和矿工去矿上工作，只要他们按每个矿工（大多是奴隶）向葡萄牙国库缴税就行。这引发了一股巨大的原钻流，其总价值超过通常来自印度的 5 倍，导致价格下跌了一半，在某些情况下甚至只有通常价格的 1/3。[2] 印度的贸易完全停滞了。

更低的价格和欧洲商人的反应——他们担心巴西的“钻石就像透明卵石一样充裕”——让葡萄牙王国政府深感震惊，于是在 1734 年关闭了米纳斯吉拉斯的钻石矿。[3] 当钻石矿在 1739 年重新开放时，葡萄牙王国政府确立了采矿垄断，实际的采矿被委托给一个承包商或财团（在实践中，通常是一个葡萄牙裔的巴西商人）。承包人必须按每个奴隶支付租金，为的是避免产量过大。[4] 为了制止非法采矿和走私，葡萄牙士兵在严格界定的钻石区巡逻，禁止任何非官方雇用的人员进入矿区[5]，并且任命了一位葡萄牙长官监督这一地区遵守规则。

原钻贸易与这一采矿垄断权相衔接，这样一来，承包商的代理人只能在里斯本销售他们的产品。在那里，贸易程序被国家控制，国王手下的官员有优先选择权，尽管不像印度的国王们，他们也要掏钱买钻石。只有在这一程

---

〔1〕 尽管有些出版物提到了婆罗洲的钻石矿，但没有人做出严谨的研究，试图把婆罗洲包含在全球钻石商品链中，我希望在稍后的研究阶段来做这项工作。

〔2〕 关于数额，参见：Yogev，*Diamonds and Coral*，116。

〔3〕 Jeffries，*A Treatise on Diamonds and Pearls*，66.

〔4〕 Vanneste，*Commercial Culture and Merchant Networks*，231，281；D. Ramos，“Slavery in Brazil：A Case Study of Diamantina，Minas Gerais，” *America：A Quarterly Review of Inter-American Cultural History* 45，no. 1 (1988)：47—59，esp. p. 48.

〔5〕 L. W. Bergad，*Slavery and the Demographic and Economic History of Minas Gerais，Brazil，1720—1888* (Cambridge：Cambridge University Press，1999)，48；Vanneste，*Commercial Culture and Merchant Networks*，282；and C. R. Boxer，*The Golden Age of Brazil，1695—1750：Growing Pains of a Colonial Society* (Berkeley：University of California Press，1962)，207—209，213.

序之后，才允许代理人把剩下的钻石卖给其他欧洲商人。[1] 1753 年，为了制止日益猖獗的非法采矿和走私，葡萄牙王国政府决定把钻石商品链的两个部分分开，并确立真正的贸易垄断和采矿垄断。荷兰驻里斯本总领事丹尼尔·吉尔德梅斯特（Daniël Gildemeester）在 1761 年获得了极其昂贵的贸易垄断权，并一直垄断了几十年。[2] 结果是，与采矿行业的腐败作斗争是不可能的，于是，葡萄牙国王在 1771 年作出决定，葡萄牙王国政府是唯一的矿产开发者。这一情势一直维持到 1822 年巴西独立，再次引入特许制。

这一新的钻石矿区的发现对于生产者、贸易者和消费者来说，后果是什么呢？最令人吃惊的发展是从非洲"进口"奴隶，在钻石矿干活。在巴西，甘蔗种植及其他部门已经大规模地使用奴隶。奴隶也已经开始在米纳斯吉拉斯的金矿干活。钻石矿的工作和生活条件很艰苦，需要持续不断的新的奴隶供应。

钻石采矿和贸易的殖民语境决定了钻石地区严格的规则，这些规则限制了这一地区的矿工及其他居民的自由。与此同时，我们还必须考虑到里斯本远隔千里，很难控制。在同一时期，亦即从 1753 年至 1758 年，超过 30％的奴隶逃跑。有时候，他们与非法矿工结成同盟，开始给自己干活。[3] 非法采矿和走私大规模发生。非法的钻石贸易据估计至少与"合法"贸易一样大，还给自由人提供了收入。[4]

作为采矿活动的结果，地方经济发展起来了，包括农业和本地贸易网络，并且使得这一地区在基本商品上能够自给自足。[5] 后来，它甚至成了一个农产品的出口地。尽管葡萄牙王国政府强加了严格的进口限制，但欧洲商品还是进入了巴西；服装、纺织品和帽子从欧洲船运到里约，进入了钻石地区的

---

〔1〕 Vanneste, *Commercial Culture and Merchant Networks*, 231, 281.

〔2〕 Ibid., 231—235; and Yogev, *Diamonds and Coral*, 122.

〔3〕 Ramos, "Slavery in Brasil," 51—52; Vanneste, *Commercial Culture and Merchant Networks*, 297.

〔4〕 Yogev, *Diamonds and Coral*, 122.

〔5〕 Bergad, *Slavery and the Demographic and Economic History of Minas Gerais*, 16.

本地市场。[1] 19 世纪初，当这些限制放松时，一些英国公司，比如塞缪尔·菲利普斯公司，在这一地区安家落户，开始进口纺织品、铁制品和五金器具，与此同时，成了巴西的钻石、咖啡、皮革和黄金的出口商。[2]

对于米纳斯吉拉斯州及其（“输入的”）居民来说，钻石的发现对日常生活冲击很大，尽管不存在像印度那样的本地“钻石传统”，这确保他们不会赋予钻石同样的意义。然而，发现一颗大钻石可以给一个奴隶矿工铺路。英国矿物学家约翰·马韦（John Mawe）在 19 世纪初到巴西进行过探险考察，他描述了一个奴隶发现了一颗超过 17 克拉的钻石，人们给他“戴上花冠，抬着他，列队走到行政长官那里，后者给了他的主人一笔钱，让他自由”。随后，这个获得自由的奴隶获准给自己干活。[3] 尽管你可能会质疑这个好到难以置信的故事是不是真的，但对于自由和不自由的矿工来说，钻石意味着艰苦劳作结合了很小的通向自由的机会。

对贸易商来说，米纳斯吉拉斯州只是一个原钻供应地。米纳斯吉拉斯根本不存在本地钻石消费市场，开采出来的所有钻石都被直接销往欧洲。[4] 对葡萄牙王国政府来说，原钻贸易意味着大笔的财政收入。然而，就在钻石被发现之后，巴西的钻石在征服市场上遇到了困难。18 世纪 20 年代末和 30 年代初，当欧洲市场被钻石淹没时，有谣言说，巴西钻石品质较次。由于这一谣传，加上价格更低，很多巴西钻石首先被发往果阿，再从那里销往欧洲，作为“印度钻石”来推销。其中少部分钻石甚至首先发往威尼斯，对它们进

---

〔1〕 Vanneste，*Commercial Culture and Merchant Networks*，293.

〔2〕 H. Bernstein，*The Brazilian Diamond in Contracts*，*Contraband and Capital*（Lanham，MD：University Press of America 1986），84.

〔3〕 J. Mawe，*Travels in the Interior of Brazil*，*Particularly in the Gold and Diamond Districts of that Country*，*by Authority of the Prince Regent of Portugal*（London：printed for Longman，Rees，Orme，Brown，1812），224.

〔4〕 1808 年，当葡萄牙王室家庭为逃避占领葡萄牙的法国军队而在里约热内卢避难时，带去了他们对钻石的品味，还有为宫廷服务的钻石工匠。See Bernstein，*The Brazilian Diamond in Contracts*，*Contraband and Capital*，57. 关于这次从里斯本迁往里约热内卢给米纳斯吉拉斯的钻石生产所带来的更多后果，参见：Bergad，*Slavery and the Demographic and Economic History of Minas Gerais*，xviii，93—94，128。

行不规则切割，以模仿印度切割的钻石。[1] 最终，巴西钻石也被人们所接受。为了尽可能从销售钻石中挣到更多的钱，葡萄牙王国政府千方百计试图把原钻贸易集中在里斯本。然而，有大量的走私钻石直接从巴西销往伦敦——它一直保持着作为重要原钻市场的地位。[2]

荷兰贸易垄断者吉尔德梅斯特的重要角色，以及总部在阿姆斯特丹的银行霍普公司随后在贷款给葡萄牙王国政府以换取钻石上所扮演的角色，意味着这座城市持续不断地从巴西直接输入原钻。[3] 这带来了两个重要后果：伦敦不得不和阿姆斯特丹分享它作为原钻市场的地位，而且更重要的是，阿姆斯特丹作为世界加工中心的地位得到了巩固。英国和葡萄牙的政府——它们都知道加工能够给钻石带来巨大的附加值——千方百计试图发展本国的加工业。英国议会在 1732 年废除了钻石关税，还念念不忘伦敦钻石切割师和抛光师的位置。[4] 格达利亚·约盖夫写过一本关于 18 世纪钻石和珊瑚犹太贸易商的书，他表示，“钻石工业在伦敦有一定的重要性”，尽管“不应当高估它的重要性。伦敦的钻石工业不可能比得上阿姆斯特丹，在 18 世纪，其重要性似乎进一步下降了……除非数量可观的专家在同一方向上迁移，否则，钻石工业的中心就不可能从阿姆斯特丹转到伦敦。这样的迁移毫无缘由，事实上也没有发生”。[5] 葡萄牙大臣庞巴尔（Pombal）邀请“外国”磨光师到里斯本定居。[6] 他只是部分成功了。1790 年，葡萄牙首都共有 107 名钻石抛光师，而在阿姆斯特丹，钻石抛光师的人数从（1750 年的）600 增长到了

---

〔1〕 Lenzen, *The History of Diamond Production*, 129—130.

〔2〕 Yogev, *Diamonds and Coral*, 122.

〔3〕 作为借钱给葡萄牙国王的交换，霍普公司得到了独家销售来自葡萄牙殖民地巴西的钻石的许可。霍普公司将接受这些钻石，并在阿姆斯特丹的市场上销售；然后，他们使用所得的收益来支付他们借给葡萄牙的贷款的利息和本金。关于这笔钻石借款，参见：M. G. Buist, *At Spes non fracta: Hope & Co*, 1770—1815 (The Hague: Nijhoff, 1974), ch. 14。关于技术解释，参见：pp. 386—387。

〔4〕 Yogev, *Diamonds and Coral*, 142.

〔5〕 Ibid. 关于对伦敦钻石抛光师的数量的估计，参见：K. Hofmeester, “Shifting Trajectories of Diamond Processing: From India to Europe and Back, from the Fifteenth Century to the Twentieth,” *Journal of Global History* 8, no. 1 (2013): 25—49, 38—39。

〔6〕 Bernstein, *The Brazilian Diamond in Contracts, Contraband and Capital*, 43—45, 56.

(1850年的) 1 000。[1] 而且，很难相比的是阿姆斯特丹的资本可用性和贸易联系确保了持续不断的原钻流入，并且，大量的磨光师为这一产业各种不同的专门化分支提供了技能，而工资相对较低。[2] 结果，加工钻石的贸易也在阿姆斯特丹繁荣兴旺。1780年，荷兰律师、作家和书商埃利亚斯·吕扎克（Elias Luzac）在《荷兰的财富》（*Hollands Rijkdom*）一书中声称：

> 欧洲没有一个地方在钻石的切割和打磨上能与阿姆斯特丹相比；钻石贸易也没有一个地方能超越它。巴西钻石的美和钻石矿的发现只是帮助了这一产业和贸易的进一步发展。[3]

对消费者来说，发现巴西钻石矿的效应是：钻石变得更丰富、更廉价。18世纪40年代之后与印度贸易的重新开始进一步刺激了这一发展。[4] 正如我们已经指出的，在18世纪，日益增长的资产阶级消费圈子开始购买珠宝，作为流行的明亮式切割的结果，发展出了对钻石的特殊品味。价格相对低廉有助于把明亮式切割钻石带入更广泛的圈子。为了那些买不起明亮式切割钻石的人，约瑟夫·斯特拉斯（Joseph Strass）在1734年研究出了它的仿造版。[5]

直到今天，伦敦依然保持着其原钻贸易中心的名声。当南非在1870年发现钻石时，伦敦的地位得到了进一步巩固，这次发现导致了垄断采矿和销售的戴比尔斯联合企业的创立及其在英国首都的销售中心的建立。阿姆斯特丹保住了它作为钻石加工城市的位置，当拥有钻石变得“大众化”时，那里的

---

[1] Bernstein, *The Brazilian Diamond in Contracts, Contraband and Capital*, 51; H. Heertje, *De Diamantbewerkers van Amsterdam* (Amsterdam: D. B. Centen's Uitgeverij, 1936), 21, 28.

[2] Yogev, *Diamonds and Coral*, 142; Jeffries, *A Treatise on Diamonds and Pearls*, 101.

[3] Quoted in Gans, *Juwelen en mensen*, 178.

[4] Trivellato, *The Familiarity of Strangers*, 244; Lenzen, *The History of Diamond Production*, 130; Yogev, *Diamonds and Coral*, 123.

[5] 关于钻石在18世纪相对廉价，参见：Evans, *A History of Jewellery* 1100—1870, 154; 关于日益增长的需求，参见：Lenzen, *The History of Diamond Production*, 131; Gans, *Juwelen en mensen*, 128—9; 后者也提到了约瑟夫·斯特拉斯的发明，参见 p. 129。

钻石工匠开始切割和打磨来自南非的钻石，满足不断扩大的消费群体。对阿姆斯特丹来说，尤其是对于在这一产业就业的庞大的犹太人社群来说，钻石工业有一种特殊的意义。对他们来说，正是在这个“行当”中能挣到合适的工资，工人们（后来组织成了一个很有势力的工会）有很高的地位。〔1〕然而，在20世纪20年代，阿姆斯特丹开始失去它的位置，输给了安特卫普。这座城市有稳定的原钻流，来自比利时的殖民地刚果；除了其他因素外，货币贬值导致（劳动）成本很低；有一个很大的抛光师群体专攻更小、更便宜的钻石，而这些钻石在美国新的消费市场非常流行。〔2〕后来的第二次世界大战给阿姆斯特丹的钻石工业带来了真正的致命一击。

钻石加工业回到它的发源地——印度

18世纪80年代晚期，印度钻石矿的产量开始下降，从那以后，巴西钻石真正垄断了欧洲市场，直至19世纪70年代非洲矿的发现。印度为什么从现存的关于18世纪末和19世纪钻石流通轨迹的分析中消失了，这便是原因之一。然而，印度矿并没有完全停止生产钻石，莫卧儿帝国的皇帝、拉甲及其他王公贵族并没有丧失对钻石的鉴赏力，所以我们可以假设，钻石加工业也没有消失。

当纽博尔德（Newbold）上尉——在英国军队中效力的一位地质学家——在19世纪50年代探访印度的几座钻石矿时，他注意到其中一些矿依然在产

〔1〕 K. Hofmeester, *Jewish Workers and the Labour Movement: A Comparative Study of Amsterdam, London and Paris* 1870—1914 (Aldershot, UK: Ashgate, 2004), pt. 1.

〔2〕 E. Laureys, *Meesters van het diamant: De Belgische diamantsector tijdens het nazibewind* (Tielt: Lannoo, 2005), 70; S. Bloemgarten, *Henri Polak sociaal democraat* 1868—1943 (The Hague: Sdu, 1993), 355—356; 431—432.

出钻石，尽管没有从前那么多。[1] 对此，当地居民有一个很好的解释，即英国人的霸权惹怒了矿山的保护神。[2] 拉默勒戈达的矿依然在开工，在缪尼玛德古，他看到了为数不多的钻石切割师和抛光师，都是曾经在戈尔康达干活的工匠们的后代。[3] 1821 年，英国人巴克利（Buckley）上尉描述了在帕纳（也在中央邦）寻找、切割和打磨钻石，20 世纪 30 年代那里依然在加工钻石，至今依然在开采一些钻石。[4] 我们可以有把握地认为，尽管抛光产业大规模地转移到了欧洲，但印度依然在进行一些切割和抛光，知识技能代代相传，这使得 20 世纪的"回归"——只是成比例地回归——更容易一些。

看似矛盾的是，正当印度矿藏开始枯竭、产品无法到达欧洲时，对传统"印度切割"宝石和一般意义上的珠宝的欣赏发展起来了。19 世纪下半叶一些大型国际展览会向范围广泛的观众展示印度珠宝。它们在那里找到了欣赏者，他们越来越不喜欢机械化大规模生产的欧洲珠宝。印度切割宝石自然的、不规则的形状与它们展示的传统工艺很好地契合了"艺术与工艺运动"的品味。[5] 20 世纪初，像雅克·卡蒂埃（Jacques Cartier）这样的欧洲珠宝商积攒了一些藏品，深受印度的设计、色彩甚至切割方法的启发。卡蒂埃不仅让他的宝石只抛光但未琢面，而且还购买了大量印度切割的宝石。在图 8 中我们可以看到，卡蒂埃正在和印度宝石商谈生意。与此同时，帕塔利亚的土邦主是他最

---

〔1〕 纽博尔德在 1836 年至 1847 年是马德拉斯土著步兵团的一名上尉，后来被任命为卡尔纳尔的助理住院医师。他死于 1850 年，参见：*Centenary Review of the Asiatic Society of Bengal: From 1784 to 1883* (Calcutta: Asiatic Society, 1885), 32。

〔2〕 V. Ball, *The Diamonds, Coal and Gold of India: Their Mode of Occurrence and Distribution* (London: Trübner and Co., 1881), 15.

〔3〕 Lieut. Newbold, "Mineral Resources of Southern India, no 8: Diamond Tracts," *The Journal of the Royal Society of Great Britain and Ireland* 7, no. 14 (1843): 226—240, esp. pp. 230—232.

〔4〕 Captain Buckley, "Report of the Diamond Mines at Pannah," Bengal public letter 263—264, January 4, 1821, British Library IOR/F/4/661/18326; and K. P. Sinor, *The Diamond Mines of Panna State in Central India* (Bombay: The Times of India Press, 1930), 79—82.

〔5〕 S. Stronge, "Indian Jewellery and the West: Stylistic Exchanges 1750—1930," *South Asian Studies* 6 (1990): 143—155.

好的印度主顾之一，他按照装饰风艺术重新加工了他的一些珠宝。[1]

图 8　雅克·卡蒂埃与印度宝石商在一起（1911 年）

尽管有些印度矿继续生产原石，但有一点很清楚，它们满足不了土邦王及其他王公贵族的胃口，因此有很多著名的欧洲珠宝商来到德里展示和销售宝石。

针对那些财富和名气稍逊的主顾，印度商人开始进口抛光宝石，主要是从安特卫普商人那里进口，他们在孟买有本地代理商。为了绕过中间商，几个来自古吉拉特邦帕拉恩普尔的珠宝商——全都是耆那教教徒——开始跑到安特卫普去进口抛光宝石。[2] 20 世纪 20 年代，帕拉恩普尔的商人往返安特

〔1〕 S. Stronge, "Indian Jewellery and the West; Stylistic Exchanges 1750—1930," *South Asian Studies* 6 (1990): 152.

〔2〕 耆那教是一种对一切生命都践行和平主义和非暴力的宗教。它是一种少数派宗教，其信徒在北美、西欧和远东组成了十分成功的移民社群。关于他们在钻石贸易中的活动，参见：S. Henn, "Transnational Communities and Regional Cluster Dynamics: The Case of the Palanpuris in the Antwerp Diamond District," *Die Erde* 141 (2010): 127—147, esp. pp. 132—133。

卫普。[1] 这些进口在1947年突然停止了。实现独立后，印度新政府施行了进口管制，禁止进口抛光钻石。政府不想把钱花在国外购买“奢侈品”，而是想刺激人们投资于印度的经济发展。1952年，印度企业家再次被允许进口钻石，前提条件是：他们购买的货物只能有10%是抛光的；余下的应当是原石，必须在印度抛光。这样一来，印度的加工业就会得到刺激。有些帕拉恩普尔商人把安特卫普的切割师和抛光师请到印度，教他们现代技术。这些技术被传给了来自古吉拉特邦乡村的人。[2] 印度的钻石工业在1962年得到了“再供应计划”的刺激。从那以后，所有进口限制都被废除了，只要加工商品以更高的价格出口就行。[3] 这导致了印度钻石切割工业的增长。钻石作为欧洲和以色列公司的合同加工对象而被抛光，尽管印度商人也在安特卫普直接购买钻石。他们甚至直接从产地购买钻石，有时候是非法地从加纳和扎伊尔的钻石矿购买，虽然这些钻石的品质常常很差。[4] 自1964年以后，印度商人作为有眼力的看货商——原钻的授权买家——在伦敦的销售中心深受欢迎。

1985年澳大利亚钻石矿——主要生产低品质的小宝石——的发现真正激发了印度的钻石工业，因为印度企业家决心打磨很小的钻石，这些钻石过去被认为只适合工业用途。大的原钻十分罕见，价格很高，劳动力成本在总的生产成本中所占比例相对较低。然而，相对于总价格，切割和抛光给小钻石增加的附加值更大，这恰恰是印度企业家的利益所在，因为它们把相对有技能的劳动力与低劳动成本结合了起来，这样的低劳动成本可以通过大量输入

---

〔1〕 S. Henn, “Transnational Communities and Regional Cluster Dynamics: The Case of the Palanpuris in the Antwerp Diamond District,” *Die Erde* 141 (2010): 134.

〔2〕 B. Imhasly, “Schleifen am Familientisch: Über Indiens wichtigste internationale Industrie,” *NZZ Folio* 12/93.

〔3〕 Henn, “Transnational Communities and Regional Cluster Dynamics,” 136; and M. Sevdermish, A. R. Misiak, and A. A. Levinson, “The Rise to Prominence of the Modern Diamond Cutting Industry in India,” *Gems and Gemology* 34 (Spring 1998): 4—23, esp. p. 6.

〔4〕 Henn, “Transnational Communities and Regional Cluster Dynamics,” 134—136; and Sevdermish et al., “The Rise to Prominence,” 7.

童工来实现。[1] 小钻石在美国非常流行，当美国连锁百货商店沃尔玛开始销售镶嵌小钻石的珠宝时，一个迅速扩大的市场便发展起来。[2] 为了说明印度钻石工业的增长，我们可以举出这样的数据：1966 年，全世界 6%的钻石在印度抛光，而在 1996 年，这个数字是 92%。[3]

作为一个有着悠久的开采、加工和消费传统的国家，印度发展成了从小到大各种类型钻石的加工中心，而且，它还再次发展成为钻石消费中心。迅速壮大起来的印度中产阶级正在发展对钻石真正的鉴赏品味，钻石开始取代黄金成为传统嫁妆："印度人传统上是黄金首饰最大的需求之源。如今，这种情况正在改变，这既是由于金价过高，也是由于人们在文化上开始远离过去沉重的金链。看来，如今的女人在选择用黄金做成的首饰时，越来越看重工艺，而不是重量——而且越来越多地选择钻石。"[4]

结 论

如果我们审视一下本章所讨论的钻石商品链的不同转变，就会看到，尽管大自然决定了钻石坐落于何处，但权力关系常常定义了它们如何被开采，以及由谁来开采。不管主要开采者是本地苏丹、殖民统治者，还是一家国际

---

〔1〕 关于钻石部门，包括印度血汗工厂里的童工，有一篇关键性的回顾，参见：J. Roberts, *Glitter and Greed: The Secret World of the Diamond Cartel* (New York: Disinformation, 2003), ch. 2。

〔2〕 T. Zoellner, *The Heartless Stone: A Journey through the World of Diamonds, Deceit and Desire* (New York: St. Martins Press, 2006), 199.

〔3〕 Sevdermish et al., "The Rise to Prominence," 8.

〔4〕 Vincent Fernando, "India' s Enormous Gold Market Slammed as Modern Women Discover That Heavy Gold Chains Are Gaudy," www. businessinsider. com/modern - indian - women - ditching - heavy - gold - chains - for - diamonds - 2010－1#ixzz13IyH969j (accessed November 7, 2014). 此文甚至声称，在 2008 年，大约 90%的首饰生意与黄金有关。这个数字如今是 50%。其余的市场份额被钻石所占据，多亏了不断增长的国内消费——根据渣打银行的报告——被印度 220 亿的婚礼产业所激发。See www. tehelka. com/story _ main44. asp? filename = Bu080510Cutting _ Edge. asp (accessed October 29, 2010).

卡特尔，他们全都试图垄断原钻贸易，维持它们的稀缺和需求。然而，对于各种不同的开采者，钻石有着不同的意义：德干的苏丹和莫卧儿帝国的皇帝是本国钻石的最大消费者，要求把大钻石保留给他们。同样，当巴西钻石抵达里斯本时，葡萄牙国王有优先选择权，尽管按道理他应该掏钱买。对戴比尔斯公司来说，钻石仅仅意味着利润。

钻石矿常常坐落于偏僻、遥远、贫瘠、荒凉的地区，工人都是挣工资的移民或奴隶，或者是介于两者之间，工作条件和报酬都很糟糕，规章和管制却很严厉，尽管始终有一个平行的世界，亦即由非法采矿和贸易过程所构成的那根链条的“影子”部分。对矿工而言，钻石意味着艰难困苦，但也意味着希望：一颗大钻石可能改变他们的生活。这需要好运，或许还有神佑，矿工们试图通过献祭和祈祷来赢得神的眷顾。

正如我们已经看到的那样，无论是与印度，还是与巴西，欧洲人都没有简单的单向贸易。我们知道，钻石商人詹姆斯·多默不仅从米纳斯吉拉斯购买钻石，而且在里约热内卢销售佛兰德的织物，这些商品最终卖到了钻石区。在矿区，地方经济发展起来了；除了“采矿工人”给本地人带来收入外，他们还发展出了“外国商品”的消费模式。在印度，本地消费者看重更奢侈的商品；大规模销售的不仅有“粗”产品，比如来自“新西班牙”的绿宝石，或来自地中海地区的珊瑚，而且有欧洲加工的珠宝首饰。这些奢侈品常常是高度复杂的跨大陆贸易体系的组成部分，由一些庞大的、在全球各地都有代理人的跨文化网络经营。对大多数这样的商人来说，钻石大概仅仅意味着利润，但对有些人而言，它们还有一种非常特殊的意义，尤其是因为，判断原钻所需要的知识提高了他们的地位。

在不同大陆之间旅行的不仅有“物品”，而且有人，他们带来了关于美的观念，以及应当如何按照这些观念来制造物品。印度的王公贵族喜欢德国的小饰品，而印度的珠宝首饰在葡萄牙的宫廷颇受青睐。印度的珠宝匠在葡萄牙的宫廷里工作，正如英国和佛兰德的珠宝匠在德干的苏丹和莫卧儿帝国的皇帝的宫廷里工作一样。但是，这种“跨大陆主义”也有它的局限。在 18 世纪，欧洲人对于钻石切割发展出了自己明显不同的品味（尽管我们不应该把这一品味看得太过单一化），这大概取决于欧洲人和印度人随着时间的推移而开始赋予钻石不同的意义。起初，苏丹和皇帝们都佩戴硕大的钻石，为的是给偏远地区的臣民留下深刻印象，到后来，钻石变得更小、更闪闪发光，由女人佩戴，在私密环境中赋予它们永恒爱情的象征。

图 9　钻石（资料来源：百度图片）

眼下，在戴比尔斯利用宝莱坞女明星做模特儿的广告战的帮助下，钻石订婚戒指在印度越来越盛行。加工业“回到”了它开始的地方，给一些人带来了巨额的利润，也给大多数人带来了维持生计的工资，不再只为外国市场生产，还为不断增长的本地市场生产，尽管人们赋予钻石的意义随着时间的推移而大为改变。

【作者介绍】 卡琳·霍夫米斯特（Karin Hofmeester）：阿姆斯特丹国际社会史研究所（IISH）高级研究员和安特卫普大学犹太文化教授。她是"劳工关系史全球合作（1500—2000年）"的项目主管，并研究从16世纪至20世纪钻石的全球商品链。

第三章

20世纪印度的黄金：是奢侈品吗

印度人对黄金的痴迷天下闻名。千百年来，印度一直被认为是对黄金贪得无厌的化身。早在17世纪，到印度旅行的法国医生弗朗索瓦·贝尔尼埃就深感震惊：之前世界贸易中流通的金银在莫卧儿帝国干脆消失不见了。[1] 印度似乎是一个“无底洞”，不可胜数的黄金和白银沉没其中。[2] 事实上，在早期现代与东印度的贸易中，欧洲人在美洲开采和劫掠的贵金属很大一部分流入了亚洲，为的是给北大西洋消费者购买有价值的物品。在19世纪，印度市场也能吸收大量的黄金；有连续不断的黄金流入这个国家，直至两次世界大战之间。除了金本位国家的中央银行外，印度消费者是最重要的黄金消费者，实际上购买了全世界黄金产出的15%～30%。南印度的戈拉尔（迈索尔）也有一些金矿，但那里开采出的黄金远远满足不了其国内的黄金需求。[3]

---

〔1〕 这一点从他的书的标题已经可以清楚地看出：*Voyages de François Bernier, Docteur en Medecine de la Faculté de Montpellier, Contenant la Description des Etats du Grand Mogol... Et où l'on voit comment l'or et l'argent après avoir circulé dans le monde passent dans l'Hindousthan d'où ils ne reviennent plus*（Amsterdam：Marret，1699）。

〔2〕 *India in 1930－1931. A Statement Prepared for Presentation to Parliament in Accordance with the Requirements of the 26th Section of the Government of India Act*（5 & 6 Geo. V.，Chap. 61）（Delhi，1985），294：“它［印度］庞大的金块进口天下闻名；一度规模大到了给其他国家造成严重的货币困难，特别是由于它的这样一种习惯：把它获取的很大一部分黄金吸收和非流动化。”关于印度在早期现代所扮演的黄金吸收者的角色，参见：John McGuire，Patrick Bertola，and Peter Reeves，eds.，*Evolution of the World Economy*，*Precious Metals and India*（New Delhi and New York：Oxford University Press，2001），the chapters by M. N. Pearson and Om Prakash。

〔3〕 关于戈拉尔地区金矿的历史，参见M. A. Sreenivasan，*Labour in India*：*Socio - Economic Conditions of Workers in the Kolar Gold Mines*（New Delhi：Vikas，1980）；C. P. Vinod Kumar et al.，“Kolar Gold Mines：An Unfinished Biography of Colonialism，”*Economic and Political Weekly* 33，no. 24（1998）：1467－1474。

印度囤积的大部分黄金并不是以金条的形式，而是被加工成工艺高超的耳环、项链、耳坠、耳鼻环、戒指和手镯。直到今天，印度的每个地区，甚至个别地点，都有自己特有的风格；在城市的街景中，很少看到女人不佩戴金首饰或金光闪闪的首饰，男人有时候也戴金链和戒指。考虑到贵金属在这个国家无处不在，那么问题来了：它实际上能不能充当一种奢侈品？实际上，在印度，正如在别的地方一样，黄金始终很昂贵，被认为很有价值：起初，情况似乎并非如此，因为低种姓成员和更贫穷的社会阶层也经常佩戴廉价的仿造金首饰。这样的首饰，如果不仔细看，就辨认不出它的材质。在德里的卡罗尔巴格，或者在孟买的扎韦里集市，有很多商店销售仿制品，且紧挨着金店和珠宝店。仿制品的广泛存在显示了黄金的神话依旧非常强大。

印度珠宝的美学，其背后有着非常悠久的传统。在有着将近 1 500 年历史的阿旃陀石窟壁画中，我们发现了一些坠子和耳环，其样式至今依然在马哈拉施特拉邦制造和佩戴。很难说清楚这究竟是标志着过去传统的复活，还是它的生命延续至今，因为老首饰常常被重新加工或熔化。例如，与 2008 年的史诗大片《阿克巴大帝》（*Jodhaa Akbar*，正如片名所暗示的，它的主题是莫卧儿帝国皇帝阿克巴的生平）的开头相平行，异常富有的塔塔（Tata）家族所拥有的大型珠宝公司塔尼斯（据说）复活了莫卧儿帝国的传统设计，其形式为电影中骄傲的拉其普特公主约达（Jodhaa）展示的一批珠宝收藏。这些珠宝既通过电影海报，也通过时尚杂志被广为宣传。[1] 尽管这里的焦点无疑是奢侈品，因其材料价值（数千欧元）而带有奢华的意味，但专攻黄金市场的印度经济分析师几次三番地否认黄金是奢侈品。在孟买金银协会的一份出版物中，我们发现有人在 1978 年提出这样的论点："黄金不是奢侈品，它甚至不是消费品。它是多用途的、不可灭失的资产，是一种必需品。不是日常必需品，而是终生必需品，就像人寿保险一样。它有着普遍的需求，被所有

---

〔1〕 电影与珠宝工业之间的类似合作在电影《绅士爱美人》（*Gentlemen Prefer Blondes*，1953）中十分明显，其制片成本大部分是由戴比尔斯（奥本海姆）钻石公司承担的。在电影中，玛丽莲·梦露唱道："钻石是女孩最好的朋友。"

阶层的人所需求，他们把黄金视为最可靠的储蓄形式。”[1]

在这份出版物中，黄金交易商为国家黄金拍卖进行了辩护，认为它提供了获取黄金的合法渠道——走私者并没有让获取黄金变得更为便利——遵循印度政府1962年的《黄金控制法》，这部法律严禁黄金进口。在这一语境中，作者指明了黄金为印度居民所履行的另外一些重要功能，尤其是经济保护功能和可靠的投资形式。文章因此告诉读者，在印度，黄金不是奢侈品，而是影响所有社会部门的生活必需品。这一论点究竟在多大程度上被黄金交易商的利益所驱动，反推之就看得很清楚了——如果把购买黄金定义为奢侈消费，就很难适合自由化黄金贸易，像珠宝商和交易商所渴望的那样。但是，独立后印度的反黄金法律是不是比得上另外一些国家为抑制奢侈消费而采取的措施呢？印度人与黄金兑换以及独立和货币经济的传播究竟有多大程度的关系呢？本章将分几步来考量这些问题：首先，简短回顾黄金在印度社会的象征意义和仪式用途；然后叙述印度贵金属进口政策的失败，以及不断变化的获取贵金属的途径；最后是评估印度金首饰究竟在多大程度上事实上可以被视为一种奢侈品，以及佩戴黄金作为对奢侈的一种炫耀（这里说的奢侈品要从前面所概述的意义上来理解）。

黄金的宗教功能和仪式意义

尽管印度人口增长迅猛，但整个20世纪，一直有3/4以上的印度人生活在乡村。大多数黄金是从本地金店里购买的，原材料大多源自再生金，以及

[1] The Bombay Bullion Organisation, "Government's Gold Auctions—1978," in *Aspects of Gold Policy*, ed. S. L. N. Simha (Madras, Bombay: Institute for Financial Management and Research, 1979), 59. 在由黄金工业提供资金的世界黄金协会的综述中，“奢侈品”这个词显然被避开了；相反，黄金作为首饰和投资的功能被强调。Nigel Desebrook and Jessica Cross, *An Introduction to the Indian Gold Market* (London and West Freemantle, WA (Australia): Virtual Metals Research and Consulting Ltd., 2002), 20.

经由常规贸易通道从边境城市到达乡村的进口黄金。由于中间商，内陆地区的金价常常比海岸地区高出很多。

关于现代印度的黄金，有一批数量有限的、容易评估的历史研究材料。一般意义上的学术研究揭示，在呈现一幅条理一致的印度社会图景上存在着持续不断的困难——考虑到语言、种族、宗教及信教形式、种姓制度的地方变种以及经济结构的复杂混合，这几乎是一件不可能的事。即使能够作出在科学上站得住脚的陈述，常常也有反例可用。然而，当我们开始讨论黄金时，有一点却引人注目：尽管在黄金的使用上可以观察到地区差异和社会差异，但与此同时，在南亚的每个地方——不管我们说的是南印度的印度教徒，还是恒河平原、孟加拉人、锡兰的泰米尔人或孟加拉的锡克教徒——这种黄色金属都被赋予了仪式意义——因此超越了纯粹的经济学。

在印度的古典文本中，黄金就已经被赋予特殊的意义（在《薄伽梵谭》中），甚至被视为代表生命本身，人们在象征意义上把它的光泽与太阳联系起来。它被认为特别纯洁，因为它来自火（《摩奴法论》），对于一系列神圣仪式来说都是不可或缺的（《百道梵书》）。有些经文在19世纪最早出现的“印度学”的框架内被翻译和编辑。[1] 起初，前面提到的一致性问题对于这门语言学导向的学科来说并不存在，因为其主要兴趣在于这些古典文本是用梵语写成的，这一学科因此被导向婆罗门印度教。相比之下，大众化的、以乡村为中心的印度教变种，以及印度教框架中所彰显的很多信教形式都被普遍忽视了。更晚近时，研究者开始致力于填补这一空白，特别反映了文化人类学和社会人类学理论工作的影响。[2]

当我们追溯到它的源头，情况便有所不同：尤其是对于印度农村，除了土地登记外，档案中书面文献很少，被研究的就更少了；少量相关的口述史

---

〔1〕 See, e. g., Max Müller, ed., *Sacred Books of the East in 50 Volumes* (Oxford: Oxford University Press, 1879—1910).

〔2〕 海德堡大学南亚研究所以它的南亚研究文稿（*Beiträge zur Südasienforschung*）代表了这样一个研究方向，正如剑桥大学的南亚研究中心一样。

项目完全专注于印度独立和劳工运动。因此，在 20 世纪很大一部分时间里，社会学家、社会人类学家和文化人类学家的田野调查构成了印度乡村社会历史研究的一个重要材料来源。这个切入点有一个优势：这些学科的研究者对社会的仪式尤其感兴趣，不过也研究社会的物质文化及其个体成员的状况。与此同时，与官僚主义来源的其他种类的材料截然不同的是，它倾向于批评性地反思它自己的认知路径及其局限。

来自各个不同地区的发现表明，在通过仪式（rite of passage，包括出生、入法、结婚和死亡）中，黄金在整个印度具有重要作用。由于这个原因，直至殖民时期结束之后的某个时期，几乎每一个村庄都有一个或几个金匠。在本地的和地区性的次种姓（jatis，出身群体）等级体制中，金匠通常占据着所有工匠当中最高的位置。事实上，人种学理论早就抛弃了路易·杜蒙（Louis Dumont）的解释，他把种姓制度解释为一种根源于纯洁与不纯洁之间的对立的等级秩序。[1] 但还有一个事实是，金匠在种姓当中的较高地位——组成了 sunar（金匠）这个种姓——源于这样一个事实：他们所加工的闪闪发光的黄金被认为是金属当中最纯洁的。[2] 出于同样的理由，贱民和无种姓的印度教徒被认为是不纯洁的，他们长期被迫不能穿某些服装，不能佩戴金首饰。[3] 印度人对高纯度黄金的偏爱与这样的纯洁观念有着密切的关系——特别是在宗教仪式中，所使用黄金的纯度比它的形态和它的客观价值都更加重要。相比之下，在西方国家，黄金常常与其他金属相结合，以实现更大的坚硬度。（高纯度黄金很软，可以用简单的工具加工成形。）

---

〔1〕 Louis Dumont，Homo Hierarchicus：*The Caste System and Its Implication*（Chicago：University of Chicago Press，1980），59—61；Susan Bayly，*Caste，Society and Politics in India from the Eighteenth Century to the Modern Age*（Cambridge：Cambridge University Press，1999）.

〔2〕 关于金匠在南印度种姓体制中的地位，参见：K. Ishwaran，*Shivapur：A South Indian Village*（London：Routledge and Kegan Paul，1968），18—20。

〔3〕 See John Henry Hutton，*Caste in India：Its Nature，Function and Origins*（New Delhi：Oxford University Press，1963），205；M. N. Srinivas，*India：Social Structure*（Delhi：Hindustan Publishing Corporation，1980）；Penny Vera - Sanso，"Increasing Consumption，Decreasing Support：A Multi - Generational Study of Family Relations among South Indian Chakkliyars，" *Contributions to Indian Sociology*（NS）41，no. 2（2007）：237.

由于黄金被用在各种不同的仪式上，因此，印度金匠的传统任务并不局限于首饰的打造和重新加工，特别是在某些通过仪式上，金匠扮演了一个直接的角色。例如，在南印度迈索尔的村庄，有一个这样的金匠专门负责给三四个月大的婴儿的耳垂穿孔。为了这个仪式，他不仅收受黄金，而且会得到传统的实物形式的仪式报酬（即 ulipi：槟榔树的叶子和坚果、稻米、豆子以及红糖）。几年之后，他还被请去执行类似的任务——给 5 岁大的小姑娘的鼻子穿孔，好佩戴鼻环。在她结婚后，这个鼻环被另一个鼻环所取代，以标明她的新身份。[1] 上了年纪的女人常常会摘下她的鼻环和奢华首饰，理由是：展示这样的东西“在一个老女人身上并不好看”。上了年纪的女人掌管全家，无论如何不那么依靠首饰了，因为她们已经管理了家庭的资源。[2]

“吉祥如意”的观念，也就是这样一种信念——为了特定事件而完成某些仪式和工艺行动会带来特殊的好运，这种信念不仅在确定结婚日期上，而且在制作结婚首饰，包括金匠制作的塔利（tali）上，都有特殊意义。金匠以这种方式对一次吉祥如意的印度教仪式做出贡献。但这样的信念还在一些巫术实践中具有重要意义，这些实践与印度教的梵语传统并没有直接关系，例如在避邪物和护身符的制作上。20 世纪 60 年代，印度社会学家卡里戈达尔·伊什瓦兰（Karigoudar Ishwaran）在一个南印度村庄观察到了这样一个过程——当地的金匠纳拉延（Narayan）事不关己地准备这样的巫术物品，同时他本人明确地与那种实践保持距离：

> 我不是一个巫师，我不相信巫术。人们带着各种借口来找我，制作这样或那样的巫术装饰品。生病、不育、驼背、生活中的不幸等，据信都是邪灵造成的。人们还相信，可以借助一位祭司兼巫师

---

〔1〕另外一些研究也注意到，很多年轻女性在青春期不再戴鼻环，而是等到结婚之前戴。G. M. Ruma, “Caste Services in Rural Marriages: A Case Study from Mysore,” *The Eastern Anthropologist* 21, no. 1 (1968): 4.

〔2〕K. Ishwaran, *Tradition and Economy in Village India* (London: Routledge and Kegan Paul, 1966), 60 — 62; Doranne Jacobson and Susan P. Wadley, *Women in India: Two Perspectives* (New Delhi: Manohar, 1995), 209.

的人居间调停，来驱除这些邪灵。驱邪物之类的东西被用于这一目的。巫师念叨咒语，放置驱邪物，一边吟诵神圣的经文。[1]

护身符或驱邪物要严格按照巫术的配方来制作，涉及以同等比例加工 5 种金属——金、银、铜、铁和黄铜。在一次神圣的沐浴之后，金匠开始工作，当心不让锤子失手，绝不能让金属接触到地面和月经来潮的女人——这些都被认为是不洁的。驱邪物几乎一直佩戴在身上，只有葬礼的场合例外，驱邪物里面保存着种子、圣灰，以及一片写有经文的纸或铜盘。为了满足本地人对驱邪物的需求，纳拉延与村庄周围专门的祭司和巫师维持着广泛的关系网络。[2]

不过，即使没有特定的巫术实践，黄金也被赋予了驱邪避害的功效，例如用黄金装饰新生儿，为的是保护他免遭邪灵之害。[3] 亲人去世后，要用画眉草（据说源自毗湿奴的头发）和金块塞住尸体的洞孔，画眉草和黄金都代表着不朽和不灭。在印度教的信仰里，它们所起的作用是抵消死亡对生命力的影响，因此既庇佑了死者，也保护了生者。[4] 黄金还被用在祭司主持的宗教仪式中，因此，金盘和小雕像是打造火祭坛的必不可少的成分。[5]

对印度教徒来说，入法礼（Upanayana）是第二次出生，所以，通过这一仪式，一个人便成了再生族（Dvija）——从婆罗门梵语的视角看，这是成为

[1] Cited from Karigoudar Ishwaran, "Goldsmith in a Mysore Village," *Journal of Asian and African Studies* 1 (1966): 56.

[2] Cited from Karigoudar Ishwaran, "Goldsmith in a Mysore Village," *Journal of Asian and African Studies*, 1 (1966), 55—56.

[3] Nikila Mehrotra, "The Cultural Value of Gold," *The Eastern Anthropologist* 51, no. 4 (1998): 336, 343; Peter F. Seele, *Brains and Gold: Global Transformation Processes and Institutional Change in South Asia* (Sankt Augustin: Academia Verlag, 2007), 147.

[4] Jonathan P. Parry, *Death in Banares* (Cambridge: Cambridge University Press, 1994), 173—174. 实际上，大多数家庭认为把这些物质中的一项放入死者的嘴里就足够了。See Axel Michaels, *Der Hinduismus: Geschichte und Gegenwart* (Munich: C. H. Beck, 1998), 153, 160.

[5] Michaels, *Hinduismus*, 274. 黄金在宗教仪式上所具有的特殊意义，以及作为迷信物品中的一种材料，并非印度教所特有；有很多这样的实例，从古代埃及和波斯，到基督教的圣器。关于黄金在东南亚的宗教意义，参见：Robert Wessing and Roy E. Jordaan, "Death at the Building Site: Construction Sacrifice in Southeast Asia," *History of Religions* 37, no. 2 (1997): 101—121。

一个真正印度教徒的基础。通过这一仪式相当于获得了在宗谱上决定的认可，可以学习吠陀经，其看得见的标志是“圣绳”。这根绳子经常是用棉线做的；但至少在南印度的某些村庄，它是用黄金做的，由本地的金匠打造。在入法礼前夕的剃发仪式上，一个金环被编织进入法者后脑勺上余下的卷发（shika）里，这个过程是打算代表祖先的纽带。献祭之火的仪式准备也需要黄金。[1]在这一仪式之后，在朝拜和探访寺庙期间，要向寺庙捐赠黄金，作为献祭之礼，尽管这样的捐献在何种程度上发生我们并不知道，因为寺庙的香客一直都避免公开透明。根据吠陀理论，在祭献中，给祭司的报酬应当是牛、黄金和僧袍；如果手头没有这些东西，可以用能吃的水果或植物根茎来替代。[2]多姆斯人（doms）——贝拿勒斯的这个种姓负责死者的火葬——常常接受黄金作为他们商定的报酬。为此，火葬期间会在尸体上留下一件金首饰，稍后多姆斯人把首饰从骨灰中清理出来。[3]

有充分的理由假设，蒂鲁马拉的文卡塔斯瓦拉庙、阿姆利则锡克教徒的金庙以及其他很多寺庙那富丽堂皇的镀金代表着一种延续至今的悠久传统。因此，寺庙一直是像孟买全国精炼厂那样的黄金分离中心的定期客户，他们可以把金银祭礼拿到那里去融化，兑换成等值的卢比。[4]

在印度教中，并没有特殊形式的入法礼保留给女人。基本上，婚礼充当了入法礼[5]，黄金作为一种不灭金属的象征意义在这里起着重要作用。除了很多其他仪式——比如新婚夫妇绕着圣火不停地走——之外，交换金戒指是一场有效婚礼的组成部分。[6] 在南印度，新郎隆重地把一根金链（mangal-

---

〔1〕 Michaels, *Hinduismus*, 85—114; Ishwaran, *Goldsmith*, 55.

〔2〕 Brian K. Smith and Wendy Doniger, “Sacrifice and Substitution: Ritual Mystification and Ritual Demystification,” *Numen* 63, no. 2 (1989): 199.

〔3〕 Meena Kaushik, “The Symbolic Representation of Death,” *Contributions to Indian Sociology* (NS) 10, no. 2 (1976): 269; see also Parry, *Death in Banares*, 91—93.

〔4〕 笔者于2008年9月15日对扎韦里集市的观察和在索纳瓦拉的采访。令人吃惊的是，经济学家在对印度黄金市场的调查和分析中通常忽视了这一现象。

〔5〕 Michaels, *Hinduismus*, 130.

〔6〕 Ibid., 130—136.

sutra）或者一个饰有金坠的项箍（Tali）围在新娘的脖子上。[1] 恰好就像鼻环一样，或者就结婚头几个月的伊斯兰新婚夫妇而言，则是一根金链从鼻环一直延伸到耳朵，这件金项箍是一个看得见的标志，向整个村庄表明新娘的新身份。[2]

尽管这些现象源自不同的地区语境，但有一点很清楚，在每个地方，黄金都被赋予了仪式意义，与其他金属区别开来。这一点与对高纯度黄金的特殊偏好密切相关。但是，除了这样的仪式用途外，贵金属还有一系列其他功能在婚姻的框架里表现得特别清楚，在这里，贵金属的仪式作用往往相对比较次要。

婚礼上的金首饰

在印度的乡村生活中，很少有机会能够像在婚庆活动上那样公开展示黄金和首饰，庆祝活动常常持续好几天。尤其是新娘，要倾其家庭所有，尽可能佩戴最贵重的珠宝首饰。送给新婚夫妇的礼物要向出席婚礼的人展示，为的是认可和欣赏这些礼物。金首饰被认为是最高贵、最有声望的礼物，被置于最显眼的位置。一件件首饰被人们传递着仔细查看，女人们带着挑剔的眼光评估它们的重量和工艺。[3] 宾客们的耳朵、脖子、手臂和手指上也会有很

---

〔1〕 See Ruma, *Caste Services in Rural Marriages*, 4; Holly Baker Reynolds, "The Auspicious Married Women," in *The Powers of Tamil Women*, ed. Susan Wadley (Syracuse, N Y: Syracuse University, 1980), 45.

〔2〕 在更贫穷的家庭，例如，在没有土地的计日散工当中，这种首饰可能非常小，或者干脆省掉；有时候用银首饰凑合。一些老雕塑暗示，鼻环并不属于传统的印度首饰，参见：Anant Sadashiv Altekar, *The Position of Women in Hindu Civilization: From Prehistoric Times to the Present Day* (Delhi: Motilal Banarsidass, 1983), 301—302。

〔3〕 See T. N. Madan, "Structural Implications of Marriage in North India: Wife - Givers and Wife - Takers among the Pandits of Kashmir," *Contributions to Indian Sociology* (NS) 9, no. 2 (1975): 234.

多金首饰受到夸赞。[1] 双方家庭的亲戚及其他所有客人也都会穿上节日的盛装。不仅新娘佩戴数量夸张的首饰，而且在场的所有女人都是如此，由此展示其家族的社会地位和家业兴旺。尤其是适婚年龄的女孩子，她们的首饰繁复得令人吃惊，而男人们几乎不佩戴任何首饰，除了戒指和项链，有时候还有金表。

无论如何，正如前面所暗示的，金首饰是家业兴旺的明显标志，人们常常从女儿出生之后便购买和积攒结婚首饰。父母，有时候甚至包括兄弟姐妹，都会赠送部分首饰，同时还会支付结婚成本的很大一部分。新娘的首饰和婚礼安排是双方家庭社会声望的核心衡量。下面这个事实清楚地说明了首饰的这一表达功能的重要性：不仅新娘自己的家庭成员，而且常常包括她未来的姑嫂或婆婆，经常会准备——严格保密——把自己收藏的部分首饰交给新娘，在婚礼上使用。为了女儿的婚姻，整个家庭（不仅仅是父母）甚至会负债多年。碰上收成不好的年头，为了把女儿嫁入更高的阶层，有些人家甚至债台高筑，再无出头之日，甚至导致破产。因此，不仅是英国殖民统治者，而且有印度独立运动中的进步力量，都批评结婚庆典和结婚首饰的过度奢侈——这一批评与欧洲人关于奢侈品的争论旗鼓相当。[2]

除了仪式功能外，金首饰在印度人结婚庆典中的使用还显示了其他很多特征，代表了一般奢侈品的用途。第一，婚礼不是日常事件，在日常生活中，正如前面已经指出的，与同等阶层的欧洲人比较，印度人佩戴和炫耀的金首饰多得不同寻常。第二，并非每个人都能买得起一套合适的首饰——项箍、臂箍、耳环、戒指，这是其奢侈性的来源。来自贫寒之家的女人只好借首饰，

---

〔1〕 很少印度女人的脚趾和脚踝上没有首饰，她们在这些地方戴的环箍大多是银的。在印度的南部和中部，腰部以下的金首饰是禁忌，而在拉贾斯坦邦和部分西部地区，有些种姓声称自己有使用脚趾环的特权。

〔2〕 See Matthew Hilton, "The Legacy of Luxury: Moralities of Consumption since the 18th Century," *Journal of Consumer Culture* 4 (2004): 101—123; Jeremy Jennings, "The Debate about Luxury in Eighteenth - and Nineteenth - Century French Political Thought," *Journal of the History of Ideas* 68 (2007), 79—105.

尤其当婚礼不是在她们的出生地举行时。[1] 或者使用仿造品，而这正是金首饰表达效力的一个特征，也是其作为身份符号功能的一个证据，即第三点。第四，由于它的闪闪发光和制造精巧，金首饰在印度被认为是一件格外漂亮、审美上令人喜爱的礼物。对于很多次种姓的成员来说，没有金首饰的新娘是不可想象的。[2] 在印度人的婚姻中，黄金的角色无疑是奢侈品。

婚礼后的金首饰

乍一看，在婚姻中，金首饰的礼物似乎与任何实际目标没有关联，因为它不能直接使用。婚礼结束之后，它对男人们来说毫无用处——下面这个事实反映了这一点：很多家庭很快就把送给新郎的黄金卖掉。不同于莫卧儿帝国时期，在殖民时期的印度，佩戴大量的黄金或宝石越来越被认为是一件很没品味的事（一件明显设计得过于粗壮的戒指、手链或臂箍对女人来说是不可接受的）。[3]

因此，不同于新娘的首饰——婚礼之后它可以充当一个身份符号，新郎的首饰失去了这一功能。应当指出的是，随着金首饰成为金钱礼物的公认替代品，可以把它换成钱，而不会有任何名誉损失，也不会冒犯送礼者。但是，作为一件礼物，人们更偏爱黄金，而不是钱，理由有几个：送礼者常常更愿意选择金首饰，因为它有更高的声望，而且，有时候种姓法则禁止将钱作为

〔1〕 Ishwaran (*Goldsmith*，51) 指出，20世纪60年代初，在他做田野调查期间，可以了解到一些农村妇女所继承的珠宝的历史，她们是知道并且可以讲述其珠宝的来历的。

〔2〕 印度教中有各种不同形式的婚姻。印度教古典法律文本（包括《摩奴法论》）中描述了8种最重要的形式：在所谓的婆罗门形式中，女儿作为礼物被送给配得上的熟知《吠陀经》的男人，这种形式被认为是文化典范。另外一些形式，比如卖或抢女人，在法律经文中受到谴责。Michaels，*Hinduismus*，129.

〔3〕 作为黄金的买主，男人只是作为适婚女儿的父亲而被提及。See Desebrook and Cross，*Introduction to the Indian Gold Market*，114—127.

礼物。[1]

在安排婚姻时，给新娘、新郎及其家人送黄金礼物几乎是约定俗成的，黄金的重量按照英国金币来定。对新郎的家庭来说，婚姻通常与一定的经济支出联系在一起，但依然意味着一笔明确的经济收入：新娘的家庭必须承担大部分结婚成本，同时还要给嫁妆。这既取决于新郎在种姓等级中的地位，也取决于他的经济条件。但是，在殖民时期，只有几个次种姓给嫁妆；在 20 世纪 30 年代，这一惯例只在婆罗门当中受到尊重，其他大多数次种姓不给任何嫁妆，有些高种姓甚至要给新娘一笔聘礼。[2] 一般而言，嫁妆包括给新郎的金首饰，经常还有送给婆婆和姑嫂的。尽管在这些婚姻相关的送礼关系中有很多地区变种和种姓差异，但在这里，密切相关的是黄金在这一语境中经常具有的关键作用。[3]

在那些保持嫁妆体制的次种姓中，嫁妆的数额对于年轻的妻子意义重大。特别是在大家族中，出得起大笔嫁妆意味着在女人当中高人一头——而且是在她不得不服从的婆婆面前。[4] 在南印度，人们通常认为，结婚之后，一个

---

〔1〕 Klaus W. Van der Veen, *I Give Thee My Daughter: A Study of Marriage and Hierarchy among the Anavil Brahmans of South Gujarat* (Assen: Van Gorcum and Company N. V., 1972), 26.

〔2〕 在古吉拉特邦，例如精英的帕蒂达（Patidar）种姓、拉吉普特（Rajpute）种姓和德赛（Desai）婆罗门支付令人自豪的价格迎娶新娘［而安纳维尔（Anavil）婆罗门在 20 世纪 30 年代继续支付达赫（dahej）］。尽管在个别实例中，他们在 20 世纪 60 年代依然遵循这一惯例，只不过是在严格保密的情况下。Van der Veen, *I Give Thee My Daughter*, 46—47. 20 世纪 20 年代和 30 年代，奥里萨邦报告了类似的情况，参见：Bidyadhar Misra, *Village Life in India: Past and Present* (Delhi: Ajanta Publikations, 1988), 88—96。

〔3〕 “嫁妆”这一术语常常是在非常笼统的意义上使用——不区分新娘带入婚姻中的物品（例如，家用物品、衣服和个人首饰）与新郎家庭所要求的、在婚姻谈判中双方同意的报酬或礼物。在这一点上，莱昂内尔·卡普兰建议把后面这个过程定为以“新郎的财富”为中心，相对于严格意义上的嫁妆。See Lionel Caplan, “ Bridegroom Price in Urban India,” in *Family, Kinship and Marriage in India*, ed. Patricia Uberoi (New Delhi: Oxford University Press, 1993), 358—359. 但这种更狭隘的概念化并没有得到普遍认可。在我们的语境中，尤其重要的是把 stridhanan 与其他结婚礼物区分开来，所以，“嫁妆”这个词继续在更宽泛的意义上使用。

〔4〕 与他们研究一般意义上的乡村社会的方法相一致，社会科学家们倾向于把大家庭或共同家庭定义为乡村印度的规范。但微观研究显示，生活在这样家庭的人口甚至不到一半，很多家庭由已婚夫妇和孩子组成。

年轻妻子婚后拥有的唯一个人财产是亲戚直接送给她的东西（钱、衣服和首饰），亦即stridhanan。相比之下，嫁妆是新娘家送给新郎家的礼物，不属于她的财产。通常是由公婆来处理婚姻所带来的金钱和家用物品，丈夫很少过问。因此，对于儿媳妇来说，谁送给她什么礼物和首饰的问题是决定性的，因为这关系到不同的所有权。至少在名义上，丈夫和他的家人对她的stridhanan没有权利，因此，尽管有各种从属关系和经济上的不平等，stridhanan让已婚女人有一定的行动空间，例如，当她在离婚（很少）或寡居时就需要用自己的钱。[1] 不过，新娘从丈夫家接受的首饰——被称作sus-ral——依旧是这个家庭的财产，尽管允许这位新来的家庭成员佩戴它。

对于男人来说，处理财产问题的方式完全不同。说到作为礼物而收受的首饰，根据来源，两种形式的财产不存在可以相比的区别。经过大家庭的首脑同意，他就可以自由支配这些礼物，离婚之后，他在结婚时收受的所有礼物依旧是他的财产。[2]

有一点变得很清楚，在印度人的婚礼上，金首饰可以发挥几种完全不同的作用。作为mangalsutra（吉祥之丝）被隆重地围在新娘的脖子上，它有一种仪式功能。在同样的语境下，结婚戒指、金头饰（尤其是对穆斯林来说）和鼻环同样主要有象征意义，使得女人的新身份对于所有人来说都可见，同

---

〔1〕 Jacobson, *Woman in India*, 188, 197—203. 雅各布森提供了一些例证，说明女人如何利用这一经济行动的空间，典当首饰，换取现金，甚至扩大她自己的信用。还可参看Charlotte V. Wiser, *Four Families of Karimpur* (Syracuse, NY: Syracuse University, 1978), 215。维泽描述了一个来自北方邦的妻子的情况，她自己主动献出她的结婚首饰，好让她的男人完成他的职业培训。Stridhanan的传统主要在南印度得到证实；关于北印度的很多研究并不能证实年轻女性对她们的首饰拥有相应的支配权。See Marguerite Roulet, "Dowry and Prestige in North India," *Contributions to Indian Sociology* (NS) 30, no. 1 (1996): 91—92. 很多中产阶级印度女性为嫁妆体制辩护，她们认为，如果不这样的话，她们就从家庭遗产中得不到任何东西；这一体制被视为一种财产转移的形式，从一代转给下一代。这一观点遭到了有力的驳斥，参见：Ursula Sharma, "Dowry in North India," in *Women and Property: Women as Property*, ed. Renee Hirschon (London and Canberra: Croom Helm, 1984), 62—74。

〔2〕 Jacobson, *Women in India*, 197—198; Ursula Sharma, "Dowry in North India: Its Consequences for Women," in *Family, Kinship and Marriage in India*, ed. Patricia Oberoi (New Delhi: Oxford University Press, 1994), 351—352.

时传达了（有时候是表面上的）家业兴旺的意思。一笔丰厚的嫁妆，骄傲地展示给宾客，意思是要提高双方家庭的声望。黄金礼物的经济价值，所有涉及的人都认识到了。黄金是表示家业兴旺的一个媒介符号，因此显示了奢侈品的所有标志。但与此同时，在南印度，有一些以财产为中心的法律问题与黄金礼品紧密相连，这些问题对新娘来说尤其重要，因为，正如前面已经提到的，她可以通过 stridhanan 而获得一定的行动空间。新郎常常很快就卖掉他收到的金首饰，同样表明了首饰作为货币替代品的功能——这一功能在关于奢侈品的争论中常常被忽视。因此，这里的核心并不是奢侈的展示和社会声望的表达——象征性地传达出的信息，而是金首饰很高的而且始终可兑现的交换价值赋予它清晰的经济目的。

黄金在日常生活中的经济功能

如果我们考量它一方面作为一种投资品，另一方面作为一个关键性的信用之源和典当物，金首饰在印度的经济意义就变得更加清楚了。很多农民把他们的作物收入直接投资于金首饰，然后把它们藏在土罐里，放在储存的种子里，埋在土中，或者置于房子的黏土墙内。即使在 20 世纪，也还有盗贼帮伙闯进农民的家里搜寻藏起来的财宝。〔1〕

在印度内陆地区，发挥作用的银行体系只存在于中等规模的城市；尽管英印政府做出了大规模的努力，试图设立作为合作社的小银行，但还是没有别的投资机会。因为千百万农民以这种方式投资可靠的储蓄，印度的黄金进口平衡在一定程度上反映了农村经济的状况。（国际）农产品价格、季候风和收成的相互作用对印度的黄金进口有着直接的影响。如果农产品价格上涨，

〔1〕有一次这样的袭击据报道来自 20 世纪中叶的卡里姆普尔。Wiser，*Four Families of Karimpur*，35—36.

季候风适宜，对黄金的需求很快也会增长；相反的情况则可能导致印度的黄金出口，20 世纪 30 年代全球农产品价格下降的那段时期便是如此。[1] 在宏观层面上明显可以感觉到，这种买卖消长显示了黄金在南亚很多地区作为货币替代品的功能。

黄金不仅是一种货币投资形式，而且对于印度内陆地区的人口来说，它常常使借钱成为可能。因为，要想从放债人那里得到一笔借款，就必须首先存放一件贷款担保品。在印度的大多数地区，拥有土地严重碎片化，所以，大多数农民只拥有少量的土地——即便是深耕细作。对于借贷双方来说，基于首饰而不是土地借钱有优势：如果贷方被证明没有能力还钱，借方就可以在必要时把首饰拿到别的地方卖掉；相比之下，土地涉及不得不寻找一位本地买主——收回这笔借款的时间拖得更长，也存在更大的不确定性。在这样的情况下，放债人可以让没有土地的农民来耕种那块地，例如他当前的债务人，但有可能他要承担收成的风险。对农民来说，失去自己的土地意味着没有收入的危险。无论如何，没有土地的家庭和没有自己土地的乡村手工业者在需要一笔借款时，除了抵押首饰，别无选择。

金匠在很多印度乡村的特殊地位常常更多地依赖于可靠性和慎重，而不是他们技巧高超的手艺。例如，南印度的已婚女人可以偷偷地使用她们的部分 stridhanan 从金匠那里得到钱，甚至向某人提供一小笔借款，而无须去求她们的婆婆。金匠还担保他所使用的材料的纯度，尽管有时候他也会欺骗客户。[2] 只要客户的家人回去找金匠重新加工首饰或者寻求一笔借款——这种生意关系通常存在于好几代人，微不足道的欺骗就不会造成损害：金匠必须根据他起初标示的纯度和价值付款。买主只有当黄金是在另一个村庄接收的

---

〔1〕 See Dietmar Rothermund, *India in the Great Depression*, *1929－1939* (Delhi: Manohar, 1992), 33－57.

〔2〕 Misra, *Village Life*, 38. 直至 2008 年，我还能在孟买一家声誉良好的金店里观察到这样的欺骗，那里卖的金耳环比实际纯度高出 1 克拉。独立机构，比如孟买金银协会的检测让这种更小、更严重的实例得以曝光（那些涉及 1 克拉的欺骗相对更为频繁）。就个体实例而言，给买主造成的损害并不大；但由于这里涉及很快的销售速度，经济影响应该相当可观。在这一语境中，值得一提的是，根据《摩奴法论》（Ⅻ 61），从前的珠宝窃贼作为金匠而再生了。

礼物或者是拿到别处去借款，才会遭受经济损失。我们所发现的，是一些类似于针对其他种姓的表述，例如，“只要有机会，金匠会偷窃自己姐妹的黄金”。[1]

在殖民时期的印度，黄金不仅在庆典和节日无处不在，而且在街头巷尾的日常生活中也无处不在。正如前面所说的，很少有女人不佩戴首饰，就算买不起黄金，她们也会用仿造品或银首饰凑合着对付——前面提到过鼻环和金坠儿与婚礼密切相关，但是（比方说）彩色玻璃臂箍也被认为是已婚女性必不可少的属性，以表明她的已婚身份。如果丈夫去世了，玻璃箍就会被打碎，女人不再佩戴首饰（如今有时候只是几个月的时间这样）。因此，对农业社会来说，没有首饰被视为特殊家庭状况的标志，受到影响的女人们被人同情，有时候甚至被指责为可耻。[2] 当一个女人不佩戴首饰而在公众场合抛头露面时，这通常被视为死人和居丧或穷困的标志，黄金的角色恰好相反，是兴旺、快乐和生命的标志。

由此看来，在日常生活中，对很多女人来说，金首饰更多地不是奢侈的表达，而是家庭状况的一个必不可少的标志：这反映了印度妇女在多大程度上是通过她们的家庭和家庭状况来定义的，也反映了这与西方个人主义的自我概念相去甚远。在 20 世纪中期，这标志着黄金的文化意义中本质性的文化差异。

与金首饰相关的经济交易，尤其是其典当和出售，大多是秘密发生的，十分看重谨慎，因为黄金的炫耀性佩戴反映了声望。因此，不仅展示和炫耀的做法与首饰密切相关，而且相反的做法也是如此：藏匿、掩埋和保密。这两种做法之间的对立无疑促使黄金更具有那种神秘的、象征性的氛围。谁拥有或者看上去拥有什么首饰，只有在特殊场合才能看出，比如在婚礼上。

---

〔1〕 Ishwaran, *Tradition and Economy*, 102.

〔2〕 直至 20 世纪 70 年代，多兰妮·雅各布森在一个南印度村庄做田野调查时，还有受访妇女反复问她（声音有些颤抖），她为什么“赤裸裸”地到处走动，因为她的脚和脚趾上没有佩戴首饰。Jacobson, *Women in India*, 178.

现代印度对黄金的渴求

印度民族主义者几次三番地指责英国殖民统治者忽视，甚至是有意识地阻碍印度的工业发展。独立之后，印度政府最重要的目标之一便是工业化和现代化。从经济学家的视角看，人们对黄金连续不断的渴求是反生产的，因为它占用了大量的资本，使之不能作为投资信用而重新配置。此外，黄金进口意味着稀缺外币的连续流出。[1]

在1962年与中国爆发军事冲突的背景下，印度政府决定至少解决那些被视为问题的黄金。1963年1月，《印度国防法》的补充法案生效，禁止黄金进口，严格管制加工和拥有黄金首饰。黄金不再在生活中，尤其是农村人口的生活中扮演核心角色。1963年1月9日，财政部部长莫拉尔吉·德赛（Moraji Desai）通过广播电台宣布：

> 我认为对黄金装饰品的需求在社会上并不是正当合理的。特别是在当前的紧急状态下，克制自己，不以任何形式购买黄金，我把这视为每个爱国公民的道德责任。即使在正常时期，为了个人装饰而使用黄金也是不必要的。我真诚地希望，我国的每一个教师、每一个社会工作者，以及每一个民意领袖，都把下面这项工作当作自己的分内之事，向年轻人和老年人、富人和穷人解释，就其给我们需要保卫和发展的资源所带来的压力而言，迷恋黄金和金首饰意味着什么。让所有在这个国家长大成人的男孩和女孩都认识到，如果他们坚持在结婚的时候不购买黄金，他们就是在帮助建设一个安全

〔1〕 1947年5月，也就是说在独立刚刚几个月之后，成立了一家“孟买省金块期货交易控制委员会”。其主要任务之一就是调查黄金交易商和金匠，评估限制黄金进口的可能性及其可能带来的后果。参见孟买省金块期货交易控制委员会的报告，孟买，1947。

而繁荣的印度。[1]

不同于早期现代的很多人把关于奢侈的道德讨论与首饰的必要性联系起来，这部新的法律、为之而提出的理由、相关的议会辩论，以及随之而来的新闻稿，都没有任何段落谴责黄金首饰是一种不可接受的奢侈。[2] 政府实际上并没有道德重生的打算；相反，财政部部长只是使用带有爱国主义色彩的修辞，试图打动印度人调整他们的黄金消费模式，以更好地契合外汇的匮乏以及对进口的持久依赖。有趣的是，这里的关键问题正是其经济性质，而不是道德性质，与欧洲人对奢侈品的拒绝相映成趣。[3]

在政府看来，黄金如今不再充当最重要的结婚礼物和嫁妆，也不再是货币的替代品和贷款的抵押品，它将失去作为兴旺和幸福的符号效应。正如上面那段引文所显示的，举行没有黄金礼物的婚礼被宣布为一项爱国义务，服务于国家的发展和防御。对印度政府来说，有一点很清楚，黄金在这个国家所扮演的角色远不止是奢侈品。愿望是要直接与传统决裂，黄金管制被认为是一项“影响深远的社会改革措施……旨在让人民戒绝历史悠久的社会习惯”[4]。但说到黄金管制，强制措施是不可行的。在黄金进口依旧严格禁止的同时，精炼厂、黄金交易商和金匠都必须准确申报他们的黄金储备，而私人拥有首饰是允许的。政府显然知道，如果不这样的话，执行部门就会负担过重。然而，对于私人拥有黄金首饰，还是有一些限制。已经拥有的金首饰大多是22～24克拉的，可以继承或作为礼物赠送。但新首饰必须限制在14

---

〔1〕 Reserve Bank of India, Central Records and Documentation Centre—F 14749 Papers Relating to Gold Board, Press Information Bureau Government of India, January 9, 1963, 4—5.

〔2〕 See *The Gazette of India*, New Delhi, January 10, 1963, no. 8, 15—23; Lok Sabha Debates (Third Series), Vol. XXXVII, 1964, New Delhi 1965; Lok Sabha, ed., *The Gold (Control) Bill, 1963 (Report of the Joint Committee)* (New Delhi, 1964).

〔3〕 黄金管制的教育目标还被一个在1966年评估其效果的非正式委员会所证实，该委员会宣布：“最终目标是要让人们丢掉过去的老习惯，其对国家经济的损害效应依然没有被普通人所认识。强制和教育都被暂时用来实现结果。” [*Interim Report of Informal Committee on Gold Control*, ed. Ministry of Finance, Department of Revenue and Insurance (New Delhi, 1966), 8.]

〔4〕 Ibid., 4.

克拉。这一措施的首要目标是想把黑市上交易的进口黄金与合法申报的黄金区分开来。第二个目标是以这种方式节省黄金，用目前可用的黄金来制造更多的首饰，以此满足随着人口增长而带来的更大需求。无论如何，这给乡村金匠制造了严重的技术难题，因为 14 克拉的黄金要硬很多，不可能用从前一样的技术方式加工。数以十万的金匠丢了工作，有数百个金匠看来是自杀了。[1]

但有一点很清楚，在这一语境下，诉诸印度人的爱国主义并没有得到广泛响应，对高纯度黄金首饰的需求像从前一样强劲。活跃的走私事业如今出现在印度洋上，迪拜成了非法交货的一个接洽点，从那里用独桅帆船把黄金运到印度的西海岸。唯一的不同在于，国际金价与印度内陆的价格差常常超过 75%，走私很赚钱。[2] 有人估算，1968—1972 年，每年走私黄金的数量在 107～217 吨。[3] 事实上，黄金管制政策彻底失败了，更多的不是因为有很多海关官员贪污腐败，而是因为连续不断的需求。管制规则的多次修改都不怎么成功——只是说在 20 世纪 90 年代——最终促使政府终止了这些规则。

就大部分而言，印度金匠和珠宝匠的主顾并不乐意接受 14 克拉的黄金。就连部长和议员们据说也坚持只送高纯度首饰作为结婚礼物。[4] 金匠几乎不可能从中央银行合法地购买足够的黄金或充足的旧黄金来打造人们要求的首

---

〔1〕 Ishwaran, *Goldsmiths*, 59, following a report in the *Times of India* (Bombay), January 12, 1963. 关于受影响金匠的数量，也有相反的数据可用。1961 年的人口统计提到，有 451 000 人靠金银的加工和贸易为生，而后来的估计约为 271 000 人（财政部 T. T. Krishnamachari, Lok Sabha Debates XXXVII, December 21, 1964, cols. 5991f）到 300 000 人（*Interim Report of the Informal Committee*, 6）。

〔2〕 See Timothy Green, *The New World of Gold: The Inside Story of the Mines, the Markets, the Politics, the Investors* (Johannesburg: Jonathan Ball, 1981), 172－175.

〔3〕 Atul Sarma et al., eds., *Gold Mobilisation as an Instrument of External Adjustment: A Discussion Paper* (Bombay: Reserve Bank of India, 1992), 29 (according to estimates of Consolidated Gold Fields Ltd.). 在 1958 年至 1900 年，总的非法黄金进口据估计高达 4 770 吨。作为比较：在 1991 年末，中央银行最大的黄金储备是 8 146 吨（美国），第二大储备是 2 960 吨（德国）。See Gary O'Callaghan, *The Structure and Operation of the World Gold Market* (Washington, DC: International Monetary Fund, 1993), 11.

〔4〕 See Lok Sabha Debates XXXVII, December 22, 1964; Prabhat Kar (MP, Hooghly constituency), 6216.

饰。由于这个原因，在 20 世纪 60 年代，走私贩子的信使每天早晨在集市上转悠，收集每天的金店订单。第二个信使通常在同一天负责交货，他假装成水果商贩或另外的角色，把黄金藏在他的商品中，卖给金匠或珠宝商。实价然后在晚上交给第三个信使。一些目击者在接受笔者采访时指出，到最后，所有金匠和珠宝商都参与了非法黄金交易，尽管目前很多著名人物都公开否认这一事实。〔1〕

除了这种非常专业的大规模走私外，从 20 世纪 80 年代开始，很多来自印度西海岸，尤其是来自喀拉拉邦的移民工人也把他们在波斯湾挣到的部分薪水投资于黄金首饰（男人戴的）。由于印度的金价明显更高，回国后他们卖掉黄金就可以带来更高的净收益。〔2〕而印度穆斯林则利用去麦加朝圣的机会，购买阿拉伯人的黄金首饰。〔3〕正如笔者在德班的另外一些采访中黄金交易商所指出的，每年有超过 10 万印度裔南非人到南亚旅行，动身之前总是给自己身上裹满大量的黄金。〔4〕

鉴于这一大规模的走私过程，把日益增长的金匠失业率仅仅归因于黄金管制法规——那些反对管制的人坚持这样认为——似乎颇值得怀疑。在很多地方，都有像贾吉曼尼（Jajmani）制度那样的地方经济体制，基于经济互助和相互之间的仪式义务，让不同种姓的成员结合在一起，正如威廉·维泽（William Wiser）在恒河平原的一个村庄所观察到的那样〔5〕，这样的制度已经由于政治和经济的变革而遭受很大的压力。在乡村狭窄的半径之外，新的挣钱机会和就业途径意味着传统乡村经济中越来越多的工作和服务关系变得货币化。纵向研究和微观研究都显示，这一发展影响了所有的乡村手工业

---

〔1〕笔者于 2008 年 9 月在德里的卡罗尔巴格和孟买的扎韦里集市所做的采访。有时候，仅仅通过一个咧嘴大笑，这些著名人物便默默地证实了这一活动——但在谈话被录音时则不是这样。

〔2〕Suraj B. Gupta，*Black Income in India*（New Delhi：Sage，1994），93—94.

〔3〕Timothy Green，*Die Welt des Goldes*：*Vom Goldfieber zum Goldboom*（Frankfurt：S. Fischer，1968），216.

〔4〕笔者于 2007 年 9 月在德班的采访。

〔5〕William H. Wiser，*The Hindu Jajmani System*（Lucknow：The Lucknow Publishing House，1936）.

者，而不只是金匠。[1] 越来越多的村民不仅利用城市的市场销售产品，而且从黄金交易商那里购买首饰。[2]

在印度，不断增长的空间和职业的流动性伴随着不断增长的社会流动性。经济野心和低种姓成员的成功在等级制度内激发了广泛的流动，这一制度的稳定性和不变性只是一种殖民主义的想象。志向远大的群体学会了更高种姓的习惯和风俗，为的是巩固他们新近在象征层面上赢得的社会经济地位。这个"梵文化"的过程[3]在很多地区可以被人们观察到，与繁荣的增长相平行，彰显在吃饭、穿衣和参与宗教仪式的习俗中，但尤其彰显在通过引入诸如嫁妆这样一些惯例的结婚过程中。20 世纪 30 年代不给嫁妆的次种姓成员如今为他们的儿子要求数量可观的嫁妆。更多的家庭参与了社会和经济的上升，嫁妆制度传播得越强，平均规模也随之而增长。随着繁荣的缓慢上升，需要的钱更多，尤其是对于婚姻。因此，看似矛盾的是，被独立所促进的政治和经济现代化的活力却巩固了通常被视为传统的社会行为模式。[4]

黄金消费模式的改变直至 20 世纪 60 年代，城市早于乡村。尤其是对于

[1] See Joseph W. Elder, "Rajpur: Change in the Jamamani System of a Uttar Pradesh Village," in *Change and Continuity in India's Villages*, ed. K. Ishwaran (New York and London: Columbia, 1970), 105—127.

[2] 很明显，贾吉曼尼制度的存在经常遭到怀疑，作为经济功能的一种基本形式，以及在本地层面上和超越种姓限制的仪式关系，它的普遍适用性是有争议的。最近的研究不是把贾吉曼尼制度作为一种历史悠久的现象，而是作为只在 19 世纪晚期才形成的东西——是手工业者和贱民的"发明"。See Peter Mayer, "Inventing Village Tradition: The Late 19th Century Origin of the North Indian 'Jajmani System,'" *Modern Asian Studies* 27, no. 2 (1993): 357—395. 但人们普遍同意，在大多数乡村存在一套本地的互相依赖制度，尽管这一制度所发挥的作用可能不同于威廉·维泽所提出的。See Denis Vidal, "Markets," in *The Oxford India Companion to Sociology and Social Anthropology*, ed. Veeda Das (New Delhi: Oxford University Press, 2003), 1342—1360.

[3] M. N. Srinavas, *The Cohesive Role of Sanskritisation* (New Delhi: Oxford University Press, 1989).

[4] See Siwan Anderson, "Why Dowry Payments Declined with Modernization in Europe but Are Rising in India," *The Journal of Political Economy* 111, no. 2 (2003): 269—310; K. N. *Venkatarayappa*, *Rural Society and Social Change* (Bombay: Popular Prakshan, 1973), 28—29; T. Scarlett Epstein: *South India: Yesterday, Today and Tomorrow: Mysore Villages Revisited* (Basingstoke, UK: Macmillan, 1973), 197—199. 即使在起初没有嫁妆习俗的穆斯林当中，它也有了强劲的增长，参见：Bihar: Nehal Ashraf, "Dowry among Muslims in Bihar," *Economic and Political Weekly* 32, no. 52 (1997): 3310—3311。

城市中产阶级来说，黄金作为储蓄形式和贷款抵押的功能极大地减弱了。凡是有定期收入的人都可以相对容易地得到贷款，因为定期收入充当了抵押品。此外，有很多坐落于中心城市的银行在信贷市场上竞争。而农村地区的情况则不同，最早是英国人，然后是印度政府，都试图在那里建立基于合作社的银行体系，但这些努力常常以失败告终，这意味着，如果没有投资于可以典当的首饰，这是不可能的事。进入21世纪后，给小农和农村中下阶层提供充足的贷款依旧是印度经济政策中一个尚未解决的难题。[1]

从审美的视角看，生活在城市的女人往往比农村妇女更多地以时尚为导向。她们对新首饰的品味如今吸收了现代设计，连同更传统的、地区性的形式。对城市里的中上社会阶层来说，设计和工艺变得比纯粹的材料价值更加重要。向消费社会转变在城市比在农村发生得更快、更有力，个人品味正在成为一个越来越重要的因素。[2] 但是，就结婚和官方节庆而言，城市女性继续信赖家庭的首饰和传统的形式，因此，她们如今根据不同的场合而佩戴各种不同的首饰。

尽管有这一基本模式，但是，最晚到20世纪70年代，即使在诸如尼姆克拉这样的南印度村庄，人种学者也可以观察到消费模式开始改变。在日常生活中，家业相对比较兴旺的妇女先前佩戴很重的传统首饰，如今也开始偏爱更小、更轻的装饰品，而且，正如在城市里一样，这些装饰品也是新设计。她们继续拥有金银首饰（maika）的个人收藏，因此保持了与之相关的经济可能性。在这方面，没有一个受访的女人卖掉其传统金首饰，但她们偶尔会用

---

〔1〕 See A. G. Chandavarkar, "Money and Credit," in *The Cambridge Economic History of India* 2, ca. 1757—1870, ed. Dharma Kumar (Cambridge: Cambridge University Press, 1983), 762—803. 很多小农对这些地方合作的不信任很有道理：在大多数情况下，合作的控制权落入了事业兴旺的农场主之手，他们是所谓的地方领导人，他们给自己提供廉价的贷款，而继续把昂贵的贷款发放给小农、手工业者和没有土地的人。50%～75%的年利率并不罕见。

〔2〕 在19世纪末，改变已经开始，孟买无疑走在了前面。See Abigail McGowan, "An All-Consuming Subject? Women and Consumption in Late-Nineteenth-and Early-Twentieth-Century Western India," *Journal of Women's History* 18, no. 4 (2006): 31—54.

它作抵押借钱。[1]

除了佩戴金首饰的两个传统目的，即不可或缺地标示已婚女人的身份和在特定场合展示奢侈品外，自 20 世纪 60 年代以后（在之后几十年里更加强烈），围绕个人偏好而有意识地佩戴新的部分现代设计的首饰出场了。偏爱非传统首饰的女性往往会摒弃普遍被认为是典型印度的服装，比如莎丽。但决定性的是，这样的公开展示显示的不只是个人的品味和风格，而且展示了自治的个性——但并未与家长式社会中的角色定义彻底决裂。[2] 因此，在家庭庆祝活动上，以及在宗教场合，她们继续佩戴传统首饰，购买更现代的首饰及其他类似奢侈品只有在丈夫的理解下才是可能的——它远非一次真正的解放行动。

无论如何，拥有一批适合于不同场合的首饰收藏，只有印度的上层阶级才能享受这样的奢侈。与此同时，目前我们可以观察到，首饰的这种双重语言如何开始被较低阶层的社会群体所仿效，尽管其形式更朴素，例如廉价的时尚首饰或仿造品。很有可能，尽管它们价值不高，但这些物品依然被拥有者理解为奢侈品，这恰恰是因为它们在经济上毫无用处，不像真金白银那样是货币的替代品。在这种情况下，实际的材料价值在评估作为一项与奢侈相关的实践而佩戴的首饰上并非决定性的因素。

正如前面已经指出的，在 20 世纪 90 年代，印度政府废除了进口黄金的禁令，并且屡次降低了贵金属的进口税。随着经济自由化而开始的经济增长，尤其给城市中产阶级带来了繁荣的显著提高。但是，尽管有新形式的首饰和材料，正如不断增长的钻石和白金首饰的国内需求所反映的那样，但黄金需求并没有下降。事实上，在城市里，黄金交易商的数量爆炸性增长。进入 21

---

〔1〕 Jacobson，*Women in India*，212.

〔2〕 关于女性消费的矛盾心理，参见：Nita Kumar，“Consumption and Lifestyle,” in *Oxford India Companion to Sociology*，675—694；Emma Tarlo，*Clothing Matters*：*Dress and Identity in India*（Chicago：University of Chicago Press，1996）。

世纪后，印度已经发展为首饰制造的全球中心。[1]

近几十年里，使用黄金首饰的不同方式在印度共存。这个国家的城市中上社会阶层成员可以利用多套不同的首饰，传统的和现代的——在商店橱窗里和集市上这种情况最为明显。但这个国家的改变也很明显；还有一些女人出得起钱依据不同的环境佩戴不同的首饰，在这个过程中应用不同的社会规范。即便在乡村，两种形式的首饰佩戴如今也开始同时存在。[2]

结论：在印度作为奢侈品的金首饰问题

在全球经济的视野内，印度在 20 世纪 90 年代之前一直是一个发展中的新兴国家：在 19 世纪和 20 世纪的大部分时间里一直是个边缘国家，而不是中心国家。在对全球商品流的分析中，印度主要被认为是一个生产者，而不是一个消费者。但这一概括并不适用于黄金，因为印度的男人和女人一直是黄金最重要的私人买主，黄金在这里所起的作用远比其他地方重要，黄金的需求持久存在。与此同时，在印度，金首饰的意义不同于在西方社会，黄金在印度人的仪式上几乎是不可替代的。黄金在南亚履行了作为奢侈品的功能，但在这一地区，它有多种不同的功能，依据不同的情况，其中一项功能被优先考虑。似乎值得仔细考量一下，一个新兴国家最近的过去和现在，它不仅充当了西方销售的消费品的生产者，而且代表了一种稀缺商品——在西方国家被认为是奢侈品——最重要的消费者。关于全球市场内的经济影响力、南北失衡以及中心和边缘之间的角色分配，有一些通常的假设在这里必须加以仔细的审视。

---

[1] 20 世纪 90 年代，印度成了仅次于意大利的第二大黄金首饰制造者。印度出口的价值从 1991—1992 年的 3.04 亿美元增长到了目前的 12 亿美元以上。大约 44%的首饰是在孟买经济特区制造的，其中大多数在美国销售。Desebrook and Cross，*Introduction to the Indian Gold Market*，136—141.

[2] See Misra，*Village Life*，39.

对作为奢侈品的金首饰所做的纵向历史审视把我们带向了这样一个基本问题：把某些物品和行为评估并归类为奢侈的，是不是反映了欧洲中心主义的观念？这会暗示我们开头的问题可能提错了，需要修改为："奢侈品"在何种程度上是欧洲特有的一个类别，只有在有限程度上才能转换到其他的文化和社会？考虑到对外国文化的一些错误解释源自殖民地政府带有欧洲烙印的观点，同时也源自学术研究，这个问题似乎需要回答。

与此同时，我们同样可以问，在欧洲，物品的这种多义性和多功能性，以及被认定为"奢侈"行为的这种可解释性，在仔细的审视之下，是不是集中于——而不是展示了——一种复杂性，类似于南亚的情况那样。如果我们更贴近考量不同的语境，一幅不同的图景便出现了，远比我们（比方说）在欧洲关于奢侈品的批评性讨论中所发现的图景更具有差异性。

经济学家把黄金首饰归类为奢侈品，实际上是印度黄金管制政策失败的原因。对大多数印度人来说，买黄金绝不是一笔无用的支出。鉴于不利的信贷市场，即便是根据经济学家的学术模型"经济人假设"，它完全是一笔明智的投资。正如我们已经看到的，在20世纪的印度，黄金有着范围广泛的功能：有宗教功能，打上了婆罗门教的烙印，在通过仪式和入法仪式上，作为带来好运的驱邪物；有象征功能，既作为已婚女人身份的一个日常标志，也作为一件昂贵的奢侈品；有货币功能，作为货币替代品和贷款担保品；最后，还有表达功能，作为品味、风格和个性的展示。正如黄金的材料状况可以从一根金条转变为一件精美的首饰，然后依据新老设计重新加工，为了有朝一日再次熔铸成一根金条，金属的意义也从一个社会语境转变到另一个社会语境，即使黄金首饰的物质形式根本没有改变。经济上可度量的材料的交换价值对于它无论是作为奢侈品还是作为社会必需品的评估并非决定性的。看似矛盾的是，恰恰是由于人们普遍认为它的材料价值很高，在印度，黄金基本上不算是奢侈品，然而，像仿造品那样不是很有价值的首饰，其拥有者可能把它们理解为奢侈品。

对于20世纪大多数印度人来说，黄金远不只是一件奢侈品，而是有很多的功能。然而，在某些情况下，它还是被用作奢侈品，也被认为是奢侈品。尽管在20世纪，印度人看待黄金的方式有了很大的改变，但有一件事情始终不变：他们对贵金属的偏爱。迟至1999年，有人估计，印度人每年在黄金上的投入超过了汽车、自行车、冰箱和电视机的总和。[1]

【作者介绍】 贝恩德-施特凡·格鲁（Bernd - Stefan Grewe）：德国弗莱堡教育大学现代史和史学教学理论教授。他的研究兴趣包括环境史和农村史；他研究20世纪黄金的全球史，特别专注于南非、印度和英国，痴迷于物质文化的领域。

---

〔1〕"India' s Golden Tariffs," *The Economist*, January 16, 1999.

第四章

本地语境和全球语境中的中国瓷器：与皇帝的关联

13 世纪初，有一个人成功统一了中亚草原几个完全不同的民族。此人便是成吉思汗（约 1162—1227 年），其行动的后果影响深远。他和他的后裔建立了一个庞大的陆地帝国，从东边的中国一直延伸到伊朗、伊拉克，远至西边的匈牙利。[1] 蒙古人的入侵和征服——先是征服中国北方的金朝（1115—1234 年），后是南方的南宋王朝（1127—1279 年）——持续了 13 世纪的大部分时间，把中国拉入了一个更广袤的中亚王国。在蒙元王朝（1280—1368 年）这一更广阔的语境中，整个中国和中亚的人民有了更大的活动范围，社会政治观念的流动，以及——对我们来说是最重要的——奢侈品生产的新设计和新技术的利用。正是在元朝，一个名叫景德镇的地方开始生产一种真正具有全球影响力的奢侈品：瓷器。未来几个世纪里，景德镇的陶工烧制的陶瓷比世界上其他任何地方生产的陶瓷更白、更硬。景德镇的瓷器也更引人注目、更容易辨认：陶工使用伊朗的钴蓝来装饰他们的陶瓷，其图案起初最受中亚消费者的喜爱，但这些青花白瓷的创造最终给 17 世纪欧洲的室内家居带来了改变（参见图 10），并影响了全球奢侈陶瓷的制造。

本章试着在以下独立的三个部分中探讨景德镇生产并输出到全中国的这种奢侈品的成功。首先聚焦于 13 世纪和 14 世纪，那时，景德镇的陶工开始生产特有的瓷器，显著不同于其他陶瓷生产地的产品。这一部分将把景德镇与其附近的陶瓷产地吉州进行比较，我们将会发现，吉州拥有非常类似的资源，但不像景德镇那样聚焦于单一产品。此外，只有景德镇有一座官窑。宫

---

〔1〕 Paul Ratchnevsky, *Genghis Khan: His Life and Legacy* (Oxford: Blackwell, 1991).

图 10 匿名的油画（曾被错误地归到弗朗西斯科·费拉维诺的名下）：《静物：放在士麦那挂毯上的水果和器皿》（1650—1680 年）

廷造办处负责监督官窑并选择最精美的瓷器供皇宫使用，它的存在对景德镇的生产质量有着重要影响。第二部分将探索官窑给景德镇陶工提供保护和激励的方式，借此对景德镇瓷器的成功做出了显著贡献，无论是就生产方法和技术而言，还是就本地出口和全球出口而论。第三部分从景德镇支配地位的开端跳到它的后期阶段。在 17 世纪，景德镇陶瓷成功传播到了欧洲，当时，欧洲人开始大量购买这些瓷器。不断改变的瓷器消费模式与日益增长的对其原产地和生产方法的好奇携手并进。17 世纪到大清帝国（1644—1911 年）旅行的欧洲人的作品在很大程度上满足了这种好奇心，并在这个过程中增强了人们对这些奢侈品的渴求。最后的这一部分还将探讨 17 世纪旅行作品的几个实例。有趣的是，欧洲作者也注意到了官窑在景德镇的存在。他们充满敬畏地写到了皇帝无远弗届的权力，从形成陶器的黏土砖块到装饰它们的设计图样，这些描述极大地激发了它们在欧洲消费者眼里的吸引力。

总的来说，本章展示的是瓷器被大量生产出来，为全中国和全世界的消费者而生产，而且品质的范围也很广泛，从皇帝和国王专用的精美瓷器到普通消费者的日用瓷器，应有尽有。但正是它与皇帝之间真真假假的关联使得景德镇的瓷器成为高级而特殊的物品，因此也是人们想要得到的奢侈品。

吉州与景德镇的比较

在介绍 17 世纪探访景德镇的观光客们的作品之前，我们先回到 13 世纪。当蒙古大军入侵中国南方时，他们遭遇的有效抵抗甚少。在抵抗蒙古人的过程中，名扬天下的有一个名叫文天祥（1236—1283 年）的人。他出生于中国南方的江西省，是一个很有才华的学者，在南宋朝廷成就了一番功名。入侵之后，蒙古人试图让他加入他们的事业，但白费力气，当文天祥坚决拒绝投降时，蒙古人抓住了他，最后在 1283 年把他处死了。文天祥的殉难和他在狱中写下的诗歌确保他在中国历史名人当中拥有一席之地，当然还有他在文学史上的突出地位，以及他在众多趣闻轶事中的存在。

有一则关于文天祥的掌故流传甚广，其中谈到他在江西省的老家，吉州的一个集镇，除了别的事情之外，这个集镇以制造陶瓷而闻名。很显然，当蒙古人威胁的消息传到江西时，文天祥招募了当地的军队，准备抵抗蒙古人。吉州的陶工全体毁弃了他们的瓷窑，加入了文天祥的部队。尽管他们努力抵抗，但文天祥还是被彻底打败了，而瓷窑再也没有恢复。[1] 在这则掌故中，陶工离开吉州和文天祥抵抗的失败有助于解释吉州的陶瓷生产为什么在 13 世纪中期开始衰落。材料记录证实了这一点。出自宋代和元代（或 10 世纪至 13 世纪）的吉州瓷大量出现在博物馆收藏中，但 1368 年明朝建立之后的几乎没

---

[1] 余家栋：《江西吉州窑》，岭南美术出版社 2002 年版，第 19 页。

有。有点令人费解的是，从 13 世纪中期起，吉州的瓷器生产开始衰落，自明代之后，吉州窑几乎没有生产。或许，文天祥的征兵未必对吉州窑的最终衰落有任何直接影响，只不过他的天下闻名和他与吉州的关联使他成为一个颇有吸引力的人物，可以用来解释吉州窑的衰落。

另一则掌故凸显了文天祥在这一地区令人敬畏的存在，故事说的是，文天祥一眼扫过，便把吉州窑里的陶瓷立即变成了玉，这让窑工们心里充满恐惧，以至于他们都逃到了附近的景德镇，在那里继续营生。[1] 这个故事暗示，景德镇和吉州这两个陶瓷生产地之间存在某种关联。它们并不紧邻，这两个地方之间隔着一条将近 400 公里的河路，但它们坐落于同一个省，都生产出众的陶瓷（参见地图 2）。再者说，正如材料记录所证实的，恰好是在吉州窑衰落的时间点上，景德镇窑开始迅速扩张，为全球消费者生产越来越精美的陶瓷。在这里，掌故更多的不是提供答案，而是提出了一个问题：吉州窑与景德镇窑之间究竟是什么关系——如果确实有关联的话？本章不是要聚焦于吉州窑衰落的细节及其与景德镇的关联，而是要利用吉州作为一个衬托来理解景德镇作为一种在全中国和全世界都被人们所渴求的奢侈品的主要生产地。我们想要提出一个更宽泛的问题，与景德镇瓷器的超群出众有关。我们怎样才能解释景德镇的产品异乎寻常的成功？本章提出，我们应当把官窑的存在——自 14 世纪以后它便在景德镇存在——算作解释景德镇瓷器大获成功的因素之一，官窑提高了它的高级程度，并因此抬高了它作为奢侈品的身份。

13 世纪末和 14 世纪初更广泛的发展在这里无疑也很重要。在元代，与中亚的陆上贸易联系，以及经由海路与整个伊斯兰东南亚的贸易联系，都得到

---

〔1〕 施润章（1619—1683）：《矩斋杂记》（丛书集成续编版），19. 10a—b。这段文字的翻译参见：Stephen W. Bushell, *Description of Chinese Pottery and Porcelain: Being a Translation of the T' ao Shuo* (Oxford: The Clarendon Press, 1910), 48—49。还可参见：Cao Zao, *Chinese Connoisseurship: The Ko Ku Yao Lun*, trans. Sir Percival David (London: Faber, 1970), 141—142。在另一个解释中，一次没有具体说明的重大自然灾害对这个瓷器生产地产生了毁灭性的影响。余家栋：《江西吉州窑》，岭南美术出版社 2002 年版，第 19 页。

了加强。伊斯兰教被官方认可为元代的宗教之一，并第一次被给予排在基督教、佛教和道教之后的同等地位。穆斯林世界的商人被允许在中国领土定居，他们大多定居在沿海地区，贸易的控制权很大程度上掌握在波斯人、阿拉伯人、中亚人和维吾尔人的手里。他们被授予高于本土中国官员和商人的特权，后者在宋代曾经占据着这样的位置。这些非汉族中国商人把新的技术、观念和设计带入了中国人的领域。就陶瓷而言，消费品味逐渐开始抛弃在宋代深受欢迎的简单的黑白陶瓷和暗釉茶具，转向高温白瓷，装饰着受到中亚设计启发的釉底青色图案。[1] 景德镇特别擅长生产一种瓷器，后来被称作“青花瓷”，并开始迎合全世界的消费者，把一些没有改变或不能改变其产品的瓷器

图 11　青花瓷（资料来源：百度图片）

---

[1] Robert D. Mowry, “Chinese Brown and Black Glazed Ceramics: An Overview,” in Hare’s Fur, *Tortoiseshell, and Partridge Feathers: Chinese Brown - and Black - Glazed Ceramics, 400—1400*, ed. Robert D. Mowry, Eugene Farrell, and Nicole Coolidge Rousmaniere (Cambridge, MA: Harvard University Art Museums, 1996), 38.

制造中心——比如吉州——甩在了后面。所以，自 14 世纪以后，景德镇的青花瓷，柯律格称之为最早的“全球商标”，跨越时空，被人们视为珍品：从 14 世纪占婆、暹罗和高棉的宫廷，到 15 世纪定都伊斯坦布尔的奥斯曼帝国统治者的御膳房，再到 16 世纪阿拔斯一世治下的帝国伊朗，自 16 世纪以后，还传遍整个欧洲。关于景德镇瓷器生产赢得全球声望的背景，这段概括性的叙述在很多方面都还不错，但就其本身而言，却并没有充分回答景德镇瓷器为何卓越的问题。为此，我们需要更详细地把吉州与景德镇进行比较。

吉州与景德镇的比较：瓷窑技术

你可以从很多不同的方面来比较吉州和景德镇这两个陶瓷中心，首先从制造高品质瓷器所必需的技术开始。制造一件瓷器，需要详细了解不同类型黏土的配制方法，黏土混合和釉料的配方，对瓷窑尺寸和形状的理解，通风和氧化的效果，燃料的类型，以及窑内不同温度的影响。1300 年前后在吉州和景德镇使用的瓷窑是所谓的“长窑”或“龙窑”：形状狭窄，靠山而建，在较低一端的窑火与较高一端的烟囱之间有连续的窑室。[1] 在这些窑中，通风远比当时中国北方使用的烧煤的圆顶窑强得多，因为窑室是向上的形状。温度很容易控制，因为沿着窑室有侧烧通风口，从而能够调控氧气的水平。龙窑靠着灌木丛生的小山——大多不适于农业耕作——建造，特别适合南方的条件。自明代中期以后，或者说自 15 世纪以后，蛋形窑的技术革新出现在景德镇。这些窑是椭圆形的，一端高于另一端，燃烧更快，有火箱的高端与更低的烟囱端之间有显著的温度落差，这个特征可以被用来同时在不同的温度中烧制各种不同的瓷器。通过操纵窑内不断变化的氧气水平，可以同时烧出各种不同的效果。装载和管理这种窑的烧火因此成了一项十分费力的任务，

---

〔1〕 关于北方的“馒头窑”，参见：Rose Kerr and Nigel Wood，*Science and Civilisation in China*，Vol. 5：Chemistry and Chemical Technology，part 12，Ceramic Technology（Cambridge：Cambridge University Press，2004），314－334。在南方也发现了一些馒头窑，最著名的是在四川。前引书，331。关于龙泉窑，参见前引书。

需要熟练窑工的技能，适合复杂的生产体系，这样的体系逐步在景德镇建立起来。[1] 然而，最初，吉州和景德镇的瓷窑使用同样的技术，最大化地利用当地的条件，生产极高品质的瓷器。

吉州与景德镇的比较：黏土

制造一件瓷器并非只要技术就行，它需要陶工技巧娴熟的双手，以及陶工适应不断改变的工作环境的能力。在吉州和景德镇，陶工都有能力适应用来建造陶坯的材料，逐步适应不断改变的本地条件和品味。景德镇最早的陶瓷可以追溯到五代时期，那里有纯"高岭土化"的瓷石（当地开采的一种石头，有足够的可塑性能够成形）坯料，陶工用同样的材料与石灰石混合，制成釉。[2] 吉州以同样的方式上釉，尽管吉州陶工使用的黏土略重一些。在这两个地方，制釉的石灰石用木柴和蕨叶烧制，制造出一种"釉灰"。[3] 吉州和景德镇本地都有现成的木柴和蕨叶供应。最后，景德镇的纯高岭土化瓷石耗尽了，陶工们不得不把瓷石与附近高岭山上找到的高岭土混合，提供可塑性和耐火性，并引入不同的材料制作瓷釉。在元代，这些新材料在景德镇用在千变万化的组合中，可以在越来越高的窑温中烧制，制造出一种不透明的、略微粗糙的瓷釉，可以掩盖陶工们开始用作坯料的混合黏土中的任何杂质。[4] 在明代（1368—1644 年）和清代（1644—1911 年），坯料继续包含瓷石与黏土的混合物，同时配料逐渐进一步提炼和配制，达到比先前更高的标准，使得生产极其光滑、带有光釉的纯白陶坯成为可能，这也就是我们所称

---

[1] Rose Kerr and Nigel Wood, *Science and Civilisation in China*, Vol. 5: Chemistry and Chemical Technology, part 12, Ceramic Technology (Cambridge: Cambridge University Press, 2004), 366—378, 561.

[2] 被称作"高岭土"的黏土是由长石质岩风化而成，"高岭土化"是导致高岭土形成的长石风化的过程。早期坯料所使用的瓷石被高度"高岭土化"了，赋予它可塑性和很高的耐熔性（亦即能够经受高温）。参见前引书，210。

[3] Ibid.，552—555.

[4] 在景德镇，陶工开始使用一种钠长石含量很高的特殊"釉石"。釉石中很高的钠长石含量提高了它的耐熔性。Ibid.，229—233，558—559，443.

的瓷器。不断发展的配料改良和制造技术改进使得景德镇陶工能够生产非常奢华的瓷器：比吉州陶工生产出的瓷器更坚硬、更光滑、更有光泽。然而，大多数要素，比如瓷窑的形状、用来形成坯料和瓷釉的混合物，以及使用基础资源的便利性，这两个地方都惊人地相似。

吉州与景德镇的比较：位置

就这两个窑址的位置而言，相似性也多于差异性。吉州和景德镇都位于江河岸边，提供了使用决定性的运输网络的便利（参见地图 2）。吉州位于赣江边上，提供了北上省会城市南昌的便利，再从那里经由长江，可以到达南宋都城杭州，往南可以到赣州，以及福建和广东的沿海地区。景德镇位于昌江岸边，提供了到浮梁县府的便利交通。地区性的商业活动中心徽州就坐落在景德镇的北边。所以，从吉州和景德镇，人和商品都很容易到达长江下游流域的经济中心，从那里沿大运河向北，可以到达行政中心，或向南利用鄱阳湖和赣江，经由梅岭古道，到达海外贸易中心广州。

景德镇紧邻徽州，后者与江西省的东北部接壤，这一点值得注意。徽商属于中国最活跃的商人，尤其是自 16 世纪以后。[1] 徽州商人交易的商品中有本地产的茶叶；来自起初树木茂盛的山区的木材和木材制品，比如墨、漆、纸和绘画材料；以及许许多多其他本地手工艺制品。[2] 在明代，随着经济的

---

〔1〕 Harriet Thelma Zurndorfer, *Change and Continuity in Chinese Local History: The Development of Hui - Chou Prefecture, 800 to 1800* (Leiden, The Netherlands and New York: E. J. Brill, 1989); Michael Dillon, "Transport and Marketing in the Development of the Jingdezhen Porcelain Industry during the Ming and Qing Dynasties," *Journal of the Social and Economic History of the Orient* 35, no. 3 (1992): 278－290; Du Yongtao, *The Order of Places: Translocal Practices of the Huizhou Merchants in Late Imperial China* (Leiden, The Netherlands and New York: E. J. Brill, 2015); Antonia Finnane, *Speaking of Yangzhou: A Chinese City, 1550－1850*, Harvard East Asian Monographs (Cambridge, MA: Harvard University Asia Center, 2004), 57－68; Timothy Brook, *The Confusions of Pleasure: Commerce and Culture in Ming China* (Berkeley and London: University of California Press, 1999), 126—129.

〔2〕 Zurndorfer, *Change and Continuity*, 25—27, 41, 124—125. 关于徽商在做书和藏书上所起的作用，参见：Joseph McDermott, *A Social History of the Chinese Book: Books and Literati Culture in Late Imperial China* (Hong Kong: Hong Kong University Press, 2006)。

扩张，徽商的数量迅速增长，整个明代和清代，徽商通过在全国范围内买进卖出的过程，积累了巨额的利润。[1] 起初，食盐是他们的生意支柱，但陶瓷也在有利可图的商品清单上。[2] 徽州与景德镇紧邻，再加上连接这两个地方的交通便利，从而解释了徽州商人在景德镇瓷器行销全国上所扮演的积极角色。[3] 然而，即使没有徽商推销他们的产品，吉州的陶瓷也广销全国，所以，与徽州紧邻不可能是理解景德镇的发展轨迹为什么不同于吉州的唯一关键。

吉州与景德镇的比较：产品

如果说，吉州和景德镇就技术、自然资源和地理位置而言并没有什么大的不同，那么，明显可以比较的关键点就是产品了。把吉州瓷器和景德镇瓷器并排摆在一起看，便立即凸显一些显著差别。吉州瓷种类广泛。吉州学者高立人区分了6种主要类型的吉州瓷：早期的青釉瓷和青白釉瓷，宋代和元代生产的更普通的黑釉瓷，乳白绘制瓷，绿釉瓷，最后是雕塑瓷。各类被进一步细分。例如，黑釉瓷不仅包括深黑釉，而且包括一些斑纹釉，其名字引人遐想，如“兔毫纹”“玳瑁斑”和“鹧鸪斑”，以及带有剪纸、树叶和花的图案的黑釉瓷。绘制瓷包含范围广泛的釉面图案，雕塑瓷包括小雕像和动物形状。[4] 特别是黑釉瓷，在宋代深受欢迎，因为精制茶叶的消费越来越流行。乳白茶和浅绿茶泡在简朴的黑釉碗中被认为最好，不仅整个宋代和元代，而且在日本也是如此。日本的茶叶消费作为茶道的组成部分变得越来越重要，吉州茶具很受追捧。[5]

吉州生产种类繁多的瓷器，部分程度上是吸收其他瓷窑设计理念的结果。

---

〔1〕 Zurndorfer, *Change and Continuity*, 64.

〔2〕 Dillon, “Transport and Marketing,” 285—286; Du Yongtao, *The Order of Places*.

〔3〕 Zurndorfer, *Change and Continuity*, 18.

〔4〕 Zurndorfer, *Change and Continuity*, 18.

〔5〕 Kerr and Wood, *Ceramic Technology*, 273. 用精美的茶碗喝茶是很多诗歌的主题，当代学者冯先铭把它们搜集到了一起，参见他的《从文献看唐宋以来饮茶风尚及陶瓷茶具的演变》，《文物》1963年第1期，第8～16页。

吉州的陶工特别擅长综合其他瓷窑的观念。被称作“定窑瓷”的瓷器，特别是紫色定瓷，淡褐色绘制的磁州窑瓷器（参见图 12），北方黑瓷，以及福建省建窑生产的陶瓷，全都与吉州瓷关系密切。[1] 我们很难弄清楚，陶工是不是在这些地点之间迁移并亲自传播技术和设计，或者，瓷器是不是随着移民和旅行者而传播，但是，吉州的强项无疑是那些在吉州工作的人有能力回应其他地方的生产革新和消费需求。

图 12　装饰着龙凤图案的陶罐。磁州窑器，明代，高 40. 5 厘米，直径 44. 3 厘米

与吉州相比，景德镇生产瓷器的范围就有点狭窄了。轻黏土结合越来越不透明的瓷釉给彩色装饰图案提供了完美的白底。在元代，钴蓝被应用于这

〔1〕 定瓷产自中国北方（河北）的瓷窑，通常定为宋代，有精细的象牙白瓷胎，装饰着雕刻，后来涂以无色釉。Mary Tregear，*Song Ceramics*（New York：Rizzoli，1982），63. 曹昭最早对定瓷和吉州瓷进行了比较，他的《格古要论》是 14 世纪很有影响的艺术和古董欣赏手册。

些干净的白坯，它的引入创造了令人吃惊的组合，被称作青花瓷。自从钴蓝引入景德镇，以及用画笔描画精美的图案之后，景德镇便专攻青花瓷的生产，自 15 世纪以后，生产的质量和数量都迅速提高。就世界陶瓷发展而言，引入和发展钴蓝装饰的白瓷大概是景德镇最重要的革新，从很多试图模仿这一组合的努力中可以看出这一点：奥斯曼帝国治下发展起来的伊兹尼克陶瓷，在伊斯法罕附近生产的萨非陶瓷，西班牙语世界的光泽陶瓷，意大利的马略尔卡陶瓷，以及荷兰的代夫特陶瓷。[1]

我们对吉州和景德镇这两个陶瓷产地之间不同方面所做的这一简略比较非常清楚地表明，最大的差别是产品。吉州的产品范围远为广泛得多，但景德镇的优势是生产最高品质的精美瓷器。下面这个说法大概不算夸张：到 17 世纪末，景德镇的“产品”比世界上其他任何瓷窑生产的东西都更加成功。大约三百年里景德镇陶工生产着本地和全球都渴求的高品质奢侈品。此外，他们还以足够高的产量生产这些商品，以满足大量的需求，同时不损害其高品质。

当然，景德镇瓷器的成功是一个已经有过大量研究的课题，无疑必须考量多重因素才能解释这种成功，但其中一个因素很可能就是官窑在景德镇的存在，我们需要回到 14 世纪和元代，在那段时期，这一关联被制度化了。

制造对朝廷的重要性

元朝廷有意扩大对陶瓷制造技术和出口高档瓷器生产的控制权，这一兴

---

〔1〕 现存最早的青花瓷的西方仿造品是 1575—1587 年间在佛罗伦萨制造的。1604 年，一艘被俘获的葡萄牙商船上的货物在阿姆斯特丹拍卖，关于这之后中国青花瓷在荷兰的影响，参见：Clare le Corbeiller，“China into Delft：A Note on Visual Translation，” *The Metropolitan Museum of Art Bulletin* 26，no. 6（1968）：269－276。约翰·卡斯韦尔追踪了景德镇青花瓷对全球，尤其是中东和欧洲瓷器生产的影响，参见：John Carswell，*Blue and White*：*Chinese Porcelain around the World*（London：British Museum Press，2000）。

趣契合了一个更宽广的语境：蒙古人治下对手工业的制度化。蒙古人寻求其对汉人领土的统治的合法化，结合了他们对现有结构的效率的认可，这两者都彰显在蒙古人试图利用文职官僚机构为朝廷获取奢侈品的决心中。接近于制度等级最高层的是匠作院。[1] 该院负责监督工匠在大约 25 个作坊里工作，它们分别专攻金、银、玉及其他奢华器具的制造，供皇宫使用，比如皇冠和腰带，不过也有绘画和纺织品。这些作坊的很多工匠是蒙古人在征服中亚的战役中抓来的，那些专门制造武器的工匠被派去随军，那些有生产奢侈品技能的工匠被派到更富庶、更太平的地区。只是当忽必烈汗（1215—1294 年）定居首都并创立元朝时，这些工匠的工作才与汉人官僚机构相匹配，从那时起，这一机构便迅速发展，大概监督着多达一万个工匠家庭。[2] 皇帝严重依赖于那些他所征服者的技能。最早——大概也是最著名的——任职匠作院的是一个名叫阿尼哥（1245—1306 年）的尼泊尔工匠，后来的首领是波斯人和蒙古人。匠作院监管的一个作坊是金属工和珠宝匠的总监。[3] 反过来，这个作坊负责管理浮梁瓷局，1278 年在生产地浮梁县景德镇建立。[4] 蒙古统治者选择景德镇作为官署所在地颇有意味，它暗示蒙古宫廷更加偏爱那里生产的瓷器而非其他地方，比如吉州生产的。瓷局在它运转的最初几年里规模一直很小，1295 年扩大了规模，1295—1324 年间为鼎盛时期。瓷局一直运行到 1352 年，当时，这一地区落入了最终建立明朝的叛军之手。通过这些制度，蒙古人试图利用和修改已经就位的官僚和行政机构来管理宫廷奢侈品的制造，并借助全国可用的工匠实现资本化。

与此同时，蒙古皇帝们试图通过管控这些奢侈品的设计来扩大对手工艺

---

〔1〕 关于匠作院的建立时间，中国的材料有些混乱。《元史》中所说的日期晚于担任这一职务的官员的传记所暗示的日期。《元史》，列传 88，2225－2230。更详细的说明参见：Anning Jing，“The Portraits of Khubilai Khan and Chabi by Anige,” *Artibus Asiae* 1－2（1994）：48。

〔2〕 《元史》中有不同的数字用于把户数转换为人口数，不过有时候使用每户 5．6 人。

〔3〕 这个机构在 1261 年至 1266 年间被称作“金玉府”。

〔4〕 Shelagh Vainker，*Chinese Pottery and Porcelain*（London：British Museum Press，2005），179－180. 这个官署的建立是为了从特定的高品质大窑收取贡品。在御窑早期，它们的产量经常不够，于是从民窑收取奢华瓷器。

的控制权。比方说，他们颁布了旨在创立“御制”的诏令，对设计进行了规定，除了平民百姓使用的之外。

例如，1314 年，朝廷发布诏令，规定除了皇帝外，任何人都不允许穿带有龙凤图案的衣服，不得使用任何带有同样图案的陶瓷器具（如茶杯或酒杯）。[1] 除皇帝外，禁止任何人使用五爪两角龙。元朝之后，这些规则并非一直适用，但至少在元代，这一管制清楚明白地记录在文献中。[2] 打算供宫廷使用的所有陶瓷产品中，只有很少一部分（10%～20%）实际上被认为是适用的，但由于这些瓷器都包含了皇帝专用的图案，因此，它们不可能进入商品市场，不得不被砸碎并掩埋。

景德镇考古学家刘新园领导的团队花了二十多年的时间从事一项艰巨的任务：把景德镇挖掘出的破痕清晰的瓷片拼合起来，修复元代宫廷丢弃的瓷器。[3] 这些考古发现暗示，早在图帖睦尔统治时期（文宗皇帝，在位时间为 1328 年至 1332 年），朝廷就委托烧制供皇帝个人使用的瓷器。[4]

这种皇帝控制，结合皇帝的赞助，对景德镇瓷器的风格和品质的发展有着重要影响。

景德镇青花瓷在 14 世纪和整个明代的精细化暗示了皇帝赞助的竞争优势。必须生产高品质瓷器供皇帝以及宫廷使用所带来的压力导致了所使用的黏土、用于装饰的钴蓝、瓷釉材料和烧制技术不断改良。其他的地方瓷窑没有一座赶得上景德镇御制瓷的质量，这很可能就是 14 世纪景德镇瓷窑与吉州之类的瓷窑产生差异的重要因素之一。

---

〔1〕 宋濂，《元史》，北京：中华书局，1976 年，第 1942 页。

〔2〕 John Alexander Pope, *Chinese Porcelains from the Ardebil Shrine*, Smithsonian Publication (Washington, DC: Smithsonian Institution, Freer Gallery of Art, 1956), 35.

〔3〕 Liu Xinyuan, “The Kiln Sites of Jingdezhen and Their Place in the History of Chinese Ceramics,” in *Ceramic Finds from Jingdezhen Kilns, 10th — 17th Century* (Hong Kong: The Fung Ping Shan Museum, The University of Hong Kong, 1992): 32—54.

〔4〕 关于给这些瓷器确定年代所使用的证据的详细讨论，参见梁穗主编的《景德镇出土元明官窑瓷器》，北京：文物出版社，1999 年，第 14—16 页。

景德镇瓷器在17世纪欧洲人记述中的魅力

在14世纪和15世纪，景德镇的瓷器制造工序得到了进一步的发展，变得不仅更为精良，而且更具差异化。制造过程各阶段的日益分离导致了景德镇的大规模生产不断增长。随着皇帝宫廷规模的增长，无论是北京，还是遍布全国的由皇帝男性亲属管理的行宫，对景德镇瓷器生产的需求也随之增长。通过大规模生产，生产线被分为不同的阶段，并产生每个阶段的专家——从收集烧火的木材，到装饰最后的精细笔触，景德镇的陶工能够回应皇帝的要求。但是，皇帝的要求可能变化无常，所以，在需求量大的时候，一些订单被委托给私营企业，相反，在需求量小的时候，御窑的工人可以为商品流生产。在15世纪和16世纪，商业（亦即非御用）生产越来越多地包含出口产品。景德镇的青花瓷在非洲沿海地区、中东和中亚各地、南亚和东南亚及东亚各地都可以找到。事实上，很难发现一个地方完全没有被来自景德镇的青花瓷所诱惑，在前面提到的很多地方，引入中国瓷器后，紧接着当地也生产带有青花性质的陶瓷。然而，出口生产最大的增长发生在17世纪，当时，欧洲人出现在中国市场上，并开始订制景德镇的青花瓷，数量越来越大，直至最后，欧洲的瓷器制造在品质和价格上超过了中国生产的瓷器。

很明显，17世纪的欧洲消费者绝不是最早听说瓷器的。早在14世纪，马可·波罗（Marco Polo）就用下面这段描写来诱惑读者："在一座叫作景的城市里，他们制作瓷碗，有大有小，美轮美奂。除了这座城市之外，没有别的地方制造这种碗，从这里，它们被出口到世界各地。在这座城市本身，它们如此丰富而便宜，你只要花一个威尼斯银币，就可以买到3个这样漂亮的碗，你想象不出还有比它更可爱的东西。”[1]马可·波罗对瓷器及其制造过程的描述（其中提到土必须“堆成巨大土丘，让它们风吹雨淋日晒三四十年”，才能制造出“带有天蓝色和闪亮光泽”的瓷器）继续点燃中世纪和早期现代欧洲读者的想象。然而，到 17 世纪，关于中国的详细一手材料开始出现在欧洲的印刷品中。各种记述的版本和译本的数量暗示，它们在欧洲赢得了越来越多的热心读者。在马可·波罗的记述中几近神话王国一般出现的东西，如今开始看上去更加“真实”；从利玛窦（Matteo Ricci，第一个生活在北京的耶稣会修士，直至 1610 年在北京去世）的日记开始，欧洲读者有机会读到对中国自然地理的描写：对城市及城市居民的生动描写，关于朝廷及其控制社会各个方面的官僚触角那错综复杂而令人敬畏的权力的鲜活记述。

欧洲访客对皇帝宫廷的敬畏，最生动直观的呈现莫过于一本关于 17 世纪中叶中国的著名作品的扉页插图，此书就是约翰·尼霍夫（Johan Nieuhof）的《荷使初访中国记》（*An Embassy from the East - India Company of the United Provinces*, *to the Grand Tartar Cham Emperor of China*，1669）。[2]它出版于阿姆斯特丹，基于 1655—1657 年间荷兰第一个出使中国朝廷的使团成员约翰·尼霍夫已经散佚的日记。这幅插图很大程度上透露了西方人对中国的想象：皇帝那气派堂皇的仪表，黑压压跪倒在皇帝脚下的人们所代表的那种权力的残酷。由于尼霍夫的作品对欧洲人关于中国的想象影响甚大，它们也就构成了解释欧洲人对 17 世纪中国瓷器工业的感知的一个很有用的起始点。

---

[1] Marco Polo，*The Travels*（Harmondsworth，UK and New York：Penguin Books，1958），238.

[2] Johannes Nieuhof，Pieter de Goyer，Jacob de Keizer，Athanasius Kircher，John Ogilby，and Johann Adam Schall von Bell，*An Embassy from the East - India Company of the United Provinces to the Grand Tartar Cham*，*Emperor of China*. *London*：*Printed by the Author... 1673*. See also Leonard Blussé and Reindert Falkenburg，*Johan Nieuhofs Beelden Van Een Chinareis 1655 — 1657*（Middelburg：Stichting VOC publicaties，1987）.

这个荷兰派往中国朝廷的使团从广东出发，他们去北京朝廷走的是标准路线，官员和旅行者往返南北走的是这条路，商人把他们的商品从江南和江西北部的丝绸和瓷器制造中心向南运输走的也是这条路。这帮人沿赣江向北到鄱阳湖，在坐落于鄱阳湖西岸的吴城镇停留。吴城是这条路线上的一个枢纽，三省通衢。尼霍夫描述吴城有一条漂亮的主街，店铺林立，百业咸备，对于购买瓷器来说是一个比省会（南昌）还要好的地方。吴城充当了一个主要的陶瓷集散中心，景德镇的商人在这里买货，运往四面八方。

吴城是这个代表团所到达的离陶瓷生产中心最近的地方，尼霍夫利用这个机会，给读者讲述了瓷器的制造过程，好让他们理解本地开采的黏土如何变成这样精美的瓷器。尼霍夫指出，原材料黏土源自江西之外的徽州，“从那里把四四方方的土块带到上文提到的村庄（即景德镇），给它们盖上皇帝的印章，以防止五花八门的欺诈”。[1] 黏土必须运到景德镇，因为只有这里的陶工才有生产瓷器的技能，他描述这些瓷器做工细致、器形精巧、青花装饰赏心悦目。他还提到了烧制过程，窑室封闭紧密，以至于15天的时间里没有任何空气进到窑中。当烧制完成时，“窑室当着一位官员的面打开，皇帝任命他给瓷器登记造册，并接收贡品，依据帝国的法律，各种抽取第五件”。[2] 尼霍夫补充道，剩下的不仅卖到全中国，而且销往全世界。[3]

这无论如何算不上瓷器制造过程的详尽记述，但尼霍夫假设他的读者已经熟悉材料，并且和他一样认定中国瓷器举世无双。到这个时期，有大量的瓷器定期进入欧洲市场，尤其是荷兰市场。[4] 他的读者可能不知道这个过程的具体地点，因此，他的重点是强调黏土的原产地，以及技能的高超。只有这里的陶工熟悉烧制过程，有创造这种漂亮装饰所需要的技能。他对皇帝与瓷器的关联给予了相当的关注：从“给黏土盖上皇帝的印章”到“皇帝任命

---

〔1〕 Nieuhof，*An Embassy*，66.

〔2〕 Nieuhof，*An Embassy*，66.

〔3〕 Ibid.

〔4〕 See on this the very recent volume，edited by Jan van Campen and Titus Eliëns，*Chinese and Japanese Porcelain for the Dutch Golden Age*（Zwolle：Waanders，2014）.

的官员”监督开窑并为皇帝挑选瓷器，制造过程的各个方面都被置于皇帝的控制之下。

第二个出使中国的荷兰使团是十多年后来的。使团由彼得·范·侯尔恩（Pieter van Hoorn）率领，时间是1666—1668年，一个名叫欧弗特·达波（Olfert Dapper）的人对此有过详尽的记述。达波的记述于1670年在荷兰出版，1671年出版英文译本和德文译本，1680年出版法文译本。[1] 达波从未离开过荷兰，而是利用了侯尔恩使团成员仔细记录的材料，以及一个名叫巴尔萨泽·博特（Balthasar Bort，1626—1684）的荷兰海军舰队司令沿福建海岸远征的记录。使团的记述附有一篇《对大清帝国的描述》，其中包含一个题为“矿、石和土”的部分，在那里，我们找到了达波作品中所包含的对瓷器制造过程最完整的描写。达波描述了不同种类的瓷器，范围从“并不比我们的土陶好多少”的瓷器，到“我们在欧洲所能拥有的最精美的瓷器”。最高品质的瓷器被描述为“像水晶一样精细而清澈，不得携带出国，违者处死，必须全都拿到朝廷，交给皇帝和他的宫廷成员”。[2] 皇帝令人敬畏的权力和他对社会经济各个方面的独家控制，是早期这些欧洲人对中国的描述中所产生的一般而持久的图景。这篇记述接下来描述了（在徽州）发现的制造陶瓷所使用的黏土，及其如何被运到江西（“以四方块的形式”经由河道运输）。[3] 在这里，笔者发现了又一个机会可以提醒读者皇帝的控制多么无远弗届：“在盖上皇帝的印章之前，不许带走一个黏土块，以防造假。”[4] 措辞可能略微不同，但这两篇记述都凿实了瓷器的很高价值与皇帝宫廷之间的关联。同样的描述甚至可见于达波对日本的记述——还是由他这样一个从未离开过荷兰的人撰写的——其中提到日本瓷器的段落让笔者注意到了对中国所

〔1〕这个文本的英文版以Arnoldus Montanus（1625—1683）的名字出版，译者是John Ogilby。英译本的标题是：*Atlas Chinensis*：*Being a Second Part of a Relation of Remarkable Passages in Two Embassies from the East - India Company of the United Provinces to the Vice - roy Singlamong*。然而，欧弗特·达波才是荷兰语原文版的作者。

〔2〕Dapper，*Atlas Chinensis*，711.

〔3〕Dapper，*Atlas Chinensis*，711.

〔4〕Ibid.，712.

使用黏土的描述：黏土“被盖上皇帝的印章”，并“按一定的价格售卖”。[1]还有：“窑室当着皇帝任命的一位官员的面打开，他仔细查看里面的每一件瓷器，根据帝国的法律，每五件瓷器拿走一件，供皇帝使用。”[2]

如果说这些荷兰作者似乎大多是重复同样的陈述，那么，17 世纪末到中国旅行的法国耶稣会士李明（Louis le Comte，1655—1728 年）则描绘了一幅略微不同的景观。年轻的李明出生在波尔多的一个富裕之家，很小就加入了耶稣会，致力于研究数学、物理学和逻辑学。1688 年，他到康熙皇帝的朝廷游历，皇帝把他派去了遥远的北方省份陕西，他在那里一直待到 1691 年才返回法国。回国之后，他寄给法国宫廷成员的 8 封书信以两卷本的形式分别在 1696 年和 1697 年出版，在整个欧洲赢得了广泛的读者。李明知道欧洲消费者对什么感兴趣，他给读者提供了丰富的细节，介绍皇帝宫廷的文化和士大夫的哲学、普通人的日常生活、城市和乡村的风景，以及他观察到的商业活动。此外，李明的书信中包含了大量关于中国手工艺的细节。他写到了瓷器，也写到了漆、丝绸、纸、墨和铸钟。他写给布永公爵夫人（玛丽·安娜·曼西尼，Marie Anne Mancini，1649—1714 年）的信详尽记述了瓷器。信中提出，自从他们对马可·波罗的描述中幻想出来的中国充满敬畏以来，欧洲读者已经有了长足的进步。法国人肯定也能制造瓷器，只要“能工巧匠愿意做一些试验，并勤勉不懈地操作”。[3]李明的文本消除了这样的神话：需要一两百年的时间“准备制造瓷器的材料”，就像马可·波罗所说的那样，而且瓷器很难制造。“如果是这样的话，它既不会如此普通，也不会如此廉价。”[4]但是，李明还是谈到了皇帝在控制瓷器制造上所扮演的角色：“皇帝在主要制造行省任命了一位特别官员，负

---

〔1〕 Montanus，*Atlas Japannensis*，434.

〔2〕 Ibid.，435.

〔3〕 Louis Le Comte，*Memoirs and Observations... Made in a Late Journey through the Empire of China* ...（[Nouveaux Memoires Sur L' etat Present De La Chine]：London trans.，1697，1696），160.

〔4〕 Ibid.，158.

责为朝廷挑选最精美的瓷器。"[1] 到目前为止，一切都还不错。这段陈述符合尼霍夫和达波的观察。但接下来，李明声称，这位官员"按照非常低廉的价格购买［这些瓷器］，这样一来，工人只得到低微的报酬，并不尽心尽力，不愿意为一件不会让自己富起来的事情劳心费力"[2]。据李明说，一位陶工给一位"不吝啬成本和费用"[3] 的私人雇主干活会拿出好得多的手艺。这是看待陶工工作的一个有趣观点。只有大笔工钱的激励，他才会生产出真正出众的瓷器。很明显，李明看待皇帝在景德镇的存在不同于尼霍夫和达波的观点。李明看到的是御制的负面，认为它是低效的。而恰恰是在这段时期，欧洲人对中国的看法开始更广泛地改变，从赞佩和敬畏到嘲笑，最后是 18 世纪末的蔑视。[4] 李明显然更批评性地看待中国的生产方式，并觉得法国人可以轻而易举地赶上景德镇陶工的技能。即使李明对生产过程与皇帝的关联不像尼霍夫和达波那样满怀敬畏，但他依然注意到了这两者之间的关联——景德镇"最精美的瓷器"是为宫廷烧造和选择的。通过支付更高的工资给陶工，你可以获得一件更高品质的瓷器，但衡量质量的标准依然是皇帝的宫廷。

有了这些 17 世纪观察者的记述，我们已经远离了文天祥、吉州陶工和 14 世纪的发展。中华帝国与范围更广的中亚领域的整合所带来的不同设计风格的涌入，14 世纪前几十年里御窑在景德镇的建立，以及白瓷青花这一惊人组合的创造，一起帮助解释了景德镇的生产为什么超过其他所有窑口的陶瓷制造。在接下来的几个世纪里，御窑在景德镇的存在继续推动景德镇瓷器生产的品质和数量向前发展。御窑的存在还帮助解释了景德镇的陶

---

〔1〕 Louis Le Comte, *Memoirs and Observations... Made in a Late Journey through the Empire of China ...* ([Nouveaux Memoires Sur L' etat Present De La Chine]: London trans., 1697, 1696), 158.

〔2〕 Ibid.

〔3〕 Ibid.

〔4〕 David Porter, *Ideographia: The Chinese Cipher in Early Modern Europe* (Stanford, CA: Stanford University Press, 2001).

图 13　景德镇瓷器（资料来源：百度图片）

工怎么如此有效地回应欧洲旅行者和商人来到之后发生的需求的巨大增长。御窑生产的剩余，还有景德镇私人陶工的生产，为欧洲家庭提供了自 17 世纪以来便装饰着其室内陈设的青花瓷。这些早期旅行者的记述还显示，欧洲人并非没有注意到御窑的存在。或许知道这些瓷器奢侈品是在一位遥不可及的皇帝的资助下生产出来的，反倒增强了它们的吸引力。

【作者介绍】　安妮·格里森（Anne Gerritsen，哈佛大学博士）：华威大学中国史教授，自 2013 年后兼任莱顿大学区域研究所的教席。2013—2014 年间为荷兰瓦瑟纳尔的荷兰高级研究院常驻院士。

第五章

奢侈品还是日用品？印度棉布在第一次全球化时代的成功

导言

在如今所说的“第一个全球时代”（the first global age），也就是从15世纪末欧洲人航海大发现到18世纪末四分五裂的那段时期，棉纺织品堪称典型的全球商品。最早到达印度次大陆的是葡萄牙人，后来是英国人、荷兰人、法国人，以及印度海岸的其他东印度公司，但早在欧洲商人到来之前的几个世纪里，印度生产的棉布就已经在印度洋地区赢得了市场。自1500年以后，印度棉布不断征服新的市场，尤其是欧洲和美洲市场，几乎在全世界各地都渗入了人们的消费习惯中。[1] 在“棉花王”（King Cotton）时代，美洲建立的种植园给全世界生产原棉，而在这之前则是“棉花王后”（Queen Cotton）时代，印度棉布是全球销路最广的商品。

这段叙述看上去似乎特别“现代”，因为它预示着始于欧洲工业化的那段时期世界贸易将会呈现的很多特征。贸易的规模及其在全球市场和本地市场的后果得以凸显。不像珍稀而昂贵的中国丝绸，印度棉纺织品到达了全球最偏远的角落，改变了人们的消费习惯，不仅包括精英，而且包括贫穷的消费者。它们取代了传统的纤维，比如竹芋和亚麻，因为棉花既廉价，又大量可

---

〔1〕 Giorgio Riello, “The Globalisation of Cotton Textiles: Indian Cottons, Europe and the Atlantic World, 1600—1850,” in *The Spinning World: A Global History of Cotton Textiles, 1200—1850*, ed. Giorgio Riello and Prasannan Parthasarathi (Oxford: Oxford University Press, 2009), 261—287; Prasannan Parthasarathi and Giorgio Riello, “From India to the World: Cotton and Fashionability,” in *Handbook of the History of Consumption*, ed. Frank Trentmann (Oxford: Oxford University Press, 2012), 145—170; *Interwoven Globe: The Worldwide Textile Trade, 1500—1800*, ed. Amelia Peck (New York: Metropolitan Museum of Art, 2013).

用。不是少数人能得到的昂贵的东方奢侈品，印度棉布是最早的廉价大宗商品，满足中国农民、非洲奴隶和欧洲家庭主妇的日常需要。[1]

"奢侈品"与"日用品"之间的紧张状态并不只是影响棉纺织品，而且扩大到了对早期现代全球贸易性质的评估。桑贾伊·萨布拉马尼亚姆（Sanjay Subrahmanyam）在20世纪90年代发表了一系列文章，鼓励印度洋的历史学家看得更远一些，除了奢侈品和珍稀品外，还考量一些传播和分布广泛的商品所起的作用，比如稻米。[2] 历史学家感兴趣的是，给亚欧之间的贸易颁发特许执照在定义那些返销欧洲的消费品的性质上遇到了类似的困难。尽管有人强调它们充当确保高利润的奢侈品的潜力，但另外一些人则提出了相反的主张，例如，他们声称，在17世纪和18世纪，有数百万件瓷器从中国卖到了欧洲。[3]

你可能会得出结论，不管采用什么样的奢侈品定义，印度的棉纺织品都不大符合任何这样的标准。然而，本章认为，印度的棉纺织品不仅包括廉价交易的品种，而且包括一系列可以归类为奢侈品的产品。本章希望质疑奢侈品与日用品之间的简单划分，并提出：棉布作为一种全球商品的成功，部分程度上是基于它作为奢侈品的吸引力。这时，你可能会问：奢侈品的意义是什么？在早期现代全球市场上，奢侈品是什么？我想考察棉纺织品在早期现代世界三个不同地区所扮演的角色：南亚、东南亚和欧洲。我认为，在上述每一个地方，印度棉布都被认为是奢侈品，尽管每种情况都强调了奢侈品的

---

〔1〕 See in particular my *Cotton*：*The Fibre that Made the Modern World*（Cambridge：Cambridge University Press，2013），esp. chs. 4—6.

〔2〕 Sanjay Subrahmanyam，"The Portuguese，the Port of Basrur，and the Rice Trade，1600—1650，" *Indian Economic and Social History Review* 21，no. 4 (1984)：433—462. By comparison see Steensgaard' s position on pepper and indigo，e. g.，Niels Steensgaard，*Carracks*，*Caravans and Companies*：*The Structural Crisis in the European - Asian Trade in the Early 17th Century*（Copenhagen：Studentlitteratur，1973），174.

〔3〕 Maxine Berg，"Manufacturing the Orient：Asian Commodities and European Industry 1500—1800，" in *Prodotti e tecniche d' oltremare nelle economie europee*：*Secc. XIII—XVIII*：*Atti della Ventinovesima Settimana di Studi*，14—19 *Aprile* 1997，ed. Simonetta Cavaciocchi（Florence：Le Monnier，1998），esp. 395；Robert Finlay，"The Pilgrim Art：The Culture of Porcelain in World History，" *Journal of World History* 9，no. 2 (1998)：168.

不同定义。你可能会说，印度棉布真正的成功是其体现不同奢侈品概念的能力，我将通过具体的地区性实例来说明这一点。为此，我首先将视角转向早期现代世界奢侈品经营的不同方式的概念化。

早期现代性中奢侈品的类型学

在早期现代——你可以把这段陈述扩大到包括当下——奢侈品不是一个单一化的概念。有不同的方式对奢侈品进行分类，即我所说的“奢侈品的类型学”（参见表 2）。

表 2　　类型：地位奢侈品、仪式奢侈品和愿望奢侈品

<table>
<tr><th colspan="2">奢侈品的类型
标　准</th><th>地位奢侈品</th><th>仪式奢侈品</th><th>愿望奢侈品</th></tr>
<tr><td rowspan="3">绝对
奢侈品</td><td>为何</td><td>· 标识社会等级</td><td>· 标识特殊场合或传统</td><td>· 表达社会流动性</td></tr>
<tr><td>价值</td><td>· 内在价值
（材料或生产的价值）</td><td>· 含义价值
（尤其在社交仪式中）</td><td>· 舶来价值
（设计、异国情调和新观念）</td></tr>
<tr><td>类型</td><td>· 同类物品中最好的</td><td>· 同类物品中最好的</td><td>· 多种替代品之一</td></tr>
<tr><td rowspan="2">相对
奢侈品</td><td>语境</td><td>· 炫耀性展示和送礼</td><td>· 礼仪场合与社群纽带</td><td>· 时尚性和社会差别</td></tr>
<tr><td>社会功能</td><td>· 水平的：把同等地位的人捆绑在一起</td><td>· 垂直的：把不同地位的人捆绑在一起</td><td>· 横截的：制造社会竞争</td></tr>
</table>

第一个粗略的区分是要分别“绝对”奢侈品和“相对”奢侈品。有一些互斥的类别，在这些类别中，绝对奢侈品包括所有这样的商品：它们要么因为其罕见性，要么因为其材料与观念的价值，而不可能在一个其范围从廉价到奢华的各类物品的集合中提供。毕加索的一幅画，或 105 克拉的“光之山”钻石，都是绝对奢侈品，因为你不可能用一张招贴画的价格买到一幅毕加索的画，也不可能用玻璃的价格买到“光之山”钻石。事实上，它们都属于绝

对奢侈品中“独一无二的”物品这个子集。早期现代世界的很多珍品和精品都属于绝对奢侈品类别，并激发了模仿、造假和抄袭。然而，相对奢侈品概念则有所不同，在这个概念中，奢侈品被定位为一系列商品中“最好的”。相对奢侈品的定义更适合印度棉纺织品的情况，它们当中只有很小比例是最好的（就制造、材料等而言），可以定义为奢侈品。今天的绝大多数奢侈品，从衣服到手包，从汽车到酒店住宿，都是相对奢侈品的典型实例。

更复杂的是我所定义的“地位奢侈品”“仪式奢侈品”和“愿望奢侈品”之间的差别，它们是早期现代三种主要奢侈品形式。应当注意的是，这是一种功能分类，也就是说，是基于奢侈品的用途，而不是以材料分类，后者是基于属于一种类型而不是另一种类型的具体物品。这解释了棉纺织品为什么可以同时属于这三种类型的奢侈品。实际上，我的观点是，正是棉布履行上述各种功能的能力使得它在早期现代成为一种非常成功的产品。

“地位奢侈品”与旨在证实一个人在特定等级体制内的社会地位的奢侈品形式有关。一个当代实例可能是拥有一艘游艇使得一个人能够进入一个非常受限的百万富翁“社交俱乐部”。价值取决于物品的内在价值，取决于它的罕见性、生产成本或材料价值。就早期现代而言，正如我们将会看到的，棉纺织品可以用来标示身份——有时候是王室身份——但它们必须是同类产品中最好的、最珍稀的。我们可能会想到早期现代欧洲宫廷里类似的地位奢侈品，范围从巨大的宫殿到嵌花家具，再到最华美的丝绸。这些东西，就像今天的游艇和豪华轿车一样，是炫耀性展示的组成部分，依然与复杂而奢华的送礼习惯有着内在的关联。此类奢侈品的社会功能是要证实一个人在特殊群体内的地位，而且，它通过奢华物品制造出来的符号区分，在同等身份的人当中建立起一种关联。这是一种“水平”发挥作用的奢侈品，因为它的目标是针对一类同等的人，并尽可能把更多的人排除在外。

“仪式奢侈品”指的是标示特定事件或者其仪式性成分的奢侈品。一个当代实例是婚礼的炫耀性花销，其形式为不实用的服装、昂贵的礼物和盛大的宴会，意味着相当可观的财务支出。它们的价值是标示一个人一生中和家族世系当中的特定场合。这些物品成了一个社会仪式的中心舞台，常常被赋予深远的意义（例如导致人们保存结婚礼服）。在它们悠久的历史中，早期现代的棉纺织品在仪式性上扮演了重要角色，尤其是在东南亚。像今天的结婚礼服一样，它们并没有被看作是最昂贵的，但在一系列服装当中却是最特殊的。礼拜仪式的法衣、宫廷服装和宫廷队列是早期现代欧洲类似的仪式奢侈品，用来标示特定的场合，让共同体紧密联系在一起。它们的社会功能常常将不同身份的人相关联，并赋予家庭、社群和政治纽带物质表达。这是一种“垂直”发挥作用的奢侈品，标示着父母与孩子、统治者与臣民等之间的特殊关系。

“愿望奢侈品”包括各种不同形式的我们更熟悉的奢侈品。有些奢侈品倾向于表达社会流动性和挑战社会等级制。当代的实例有很多，包括奢侈品牌现象。这是一个很吸引人的实例，因为路易威登包或香奈儿围巾既没有什么材料价值，也没有深远的意义。它们的价值常常是“外部性的”，比方说基于新观念、产品的异国情调、产品的设计和创造性内容，或者只是一个标识的社会价值。印度棉纺织品体现了很多我们今天归之于品牌的同样特征，在各种不同的其他材料和质地的替代品中竞争。早期现代有很多时髦物品，范围从绶带到假发，从韦奇伍德茶具到桃花心木椅子，都赋予时尚性和社会声望的观念来表达，尤其是在欧洲。这些东西都不是不加区分地胡乱使用的物品，而是人们渴望拥有（常常成功地拥有了）的东西。我称之为“横向”奢侈品，因为它制造了社会竞争，不只是在不同社会阶层的人之间，而且在特定的群体内部（不妨想象今天为获得最新款普拉达手包或最新式运动鞋的竞争）。这种奢侈品的吸引力常常弥漫整个社会。

本章余下的部分将回到历史，特别是棉纺织品的实例，为的是展示印度棉花如何根据这里所采用的三个不同的定义发挥奢侈品的功能。为此，我想先关注莫卧儿印度棉纺织品的消费作为地位奢侈品的实例，再转向16世纪和17世纪的东南亚，说明棉布如何发挥仪式奢侈品的功能，最后转向早期现代欧洲，说明棉布如何开始成为一种新形式的愿望奢侈品。我的实例的具体定位并不意味着棉布的类型学与特定的地理位置有关。这三种奢侈品的定义全都呈现在这三个地区；然而，每个实例最好地服务于说明一个方面。

在莫卧儿印度作为“地位奢侈品”的棉纺织品

棉纺织品充当地位奢侈品的实例似乎是一个很难处理的实例。绝大多数文献材料声称，棉纺织品在标识社会地位上价值不大，很少被用于炫耀性展示。这不只是欧洲中心主义的观点，正如我们将会看到的那样，这一视角忽视了很多与亚洲相关的证据，而且也是欧洲东印度公司的文件和早期现代旅行见闻录中所证实的解释。比方说，一些欧洲旅行者，例如弗朗索瓦·贝尔尼埃和让-巴蒂斯特·塔瓦尼埃，都强调印度廉价棉布的生产和贸易规模比他们在欧洲见到的任何物品都要大得多。据塔瓦尼埃说，中央邦的锡龙杰城生产的棉布是波斯和土耳其所有平民百姓最喜爱的，而在贝尔尼埃看来，孟加拉是整个亚洲大陆棉布的“公共仓库”。[1]

然而，轻易把棉布归类为早期现代最廉价、最普通的全球商品是有问题的，理由有几个。首先，正如约翰·斯泰尔斯（John Styles）十多年前所指出的，很多历史学家——即使是那些对理解物质改变感兴趣的人，都“把物品作为要计算的单位来处理”。价格和数量不是一种标准，但斯泰尔斯指出，还需要“系统地理解隐藏在每个总类之内的范围巨大的变化和差异”。[2] 在探访很多博物馆和收藏时，这一点变得很明显，它们展示了范围令人吃惊的精美、复杂、你可能认为极其昂贵的纺织品。这些纺织品不只是中国的丝绸，而且包含 17 世纪和 18 世纪各种不同的印度棉纺织品，有时候，它们的规模

〔1〕 Tapan Raychaudhuri, “Inland Trade,” in *The Cambridge Economic History of India*, Vol. I. c. 1200－c. 1750, ed. Tapan Raychaudhuri and Irfan Habib (Cambridge: Cambridge University Press, 1982), 332.

〔2〕 John Styles, “Product Innovation in Early Modern London,” *Past and Present* 168 (2000): 126－127.

和技术成就令人印象深刻。认识制造产品的范围，并分析现有的例证，使得早期现代印度棉布的地位变得复杂起来。

关于印度棉纺织品的生产，人们经常忘记的一个方面是，印度很多地方生产不同的棉布，其品质千变万化。葡萄牙人把他们进口的印度棉布分为高、中、低三种品质。在价格昂贵的高品质棉纺织品中，你可以发现 semina，taf-ecira（信德生产的一种条纹纺织品），产自乌木海岸的 salempuri 以及 percal-os，是孟加拉或古吉拉特生产的一种很薄的、编织紧密的棉布，也被称作 malmal。[1] 英国人也遇到了类似的多样化。1603 年，约翰·萨里斯（John Saris）命名了坎贝和乌木海岸生产的 21 种不同的棉布，人们用它们在马六甲换丁香油。[2] 不同品种之间的价格差别令人吃惊：荷兰人于 1649 年与亚齐王后签订的一份合同告诉我们，为了得到 1 巴哈（360 荷兰磅）的胡椒粉，他们必须给 38 匹 Cannekeen（一种低品质棉布），却只要给 6. 5 匹 bafta（棉丝布）。[3] 这些纺织品，如同数百种其他类型的布匹一样，我们今天只知道它们的名字，根本不可能认识它们的材料品质。

然而，我们知道的是，昂贵的孟加拉平纹细布、古吉拉特的白棉布（价格只有孟加拉平纹细布的一半）和乌木海岸及其他地方生产的中等印花棉布之间存在明显的高下之分。[4] 古吉拉特专门生产特别适合印度尼西亚市场的棉纺织品，而布罗奇则生产精细棉丝布，价格比其他任何地方都要便宜。[5] 然而，荷兰商人在评论这一事实时说，在一些像艾哈迈达巴德这样的地方，

---

〔1〕 Afzal Ahmad, *Indo - Portuguese Trade in the Seventeenth Century*, 1600－1663 (New Delhi: Gian, 1991), 92.

〔2〕 John Guy, "Sarasa and Patola: Indian Textiles in Indonesia," *Orientations* 20, no. 1 (1989): 49.

〔3〕 S. Sen, "The Role of Indian Textiles in Southeast Asian Trade in the Seventeenth Century," *Journal of Southeast Asian History* 3, no. 2 (1962): 106.

〔4〕 K. N. Chaudhuri, *The Trading World of Asia and the English East India Company* 1660－1760 (Cambridge: Cambridge University Press, 1978), 291.

〔5〕 Om Prakash, "Archival Source Material in the Netherlands on the History of Gujarat in the Early Modern Period," in *Sources européennes sur le Gujarat*, ed. Ernestine Carreira (Paris: Société d'Histoire de l'Orient, 1998), 148－149.

你可以找到更加精细的布料，比如“金 alcatifs，金 lakens，以及鲜亮的金银 orhnis，女人用来裹头，取代面纱。”[1]

塔瓦尼埃是一位了不起的纺织品生产的观察者，他跟我们讲述了产自默苏利珀德姆和戈尔康达王国的棉纺织品的精美和价值，说它们大多是“用画笔描绘”的，而产自“大莫卧儿帝国”的印花棉布（chintz）则是印制的。印花棉布的一些廉价品种被用作桌布、床罩、枕套、手帕和背心，在拉合尔可以买到，更贵的品种在锡龙杰，上色最好的在布拉赫马普尔，在那里还可以买到一种被称作 orhnis 的精美面纱，女士用作围巾。白布产自阿格拉、拉合尔、孟加拉、巴罗达和布罗奇。[2] 到印度旅行的欧洲人对平纹细布的洁白和轻盈印象尤其深刻，在莫卧儿帝国的文献材料中，这种棉布有时候被描述为“编织的风”。品质优良的平纹细布在德干和孟加拉生产。一些变种，比如网眼细布（betilles，来自葡萄牙语 beatila，意思是“薄纱”）和松捻细平布（cassas，来自波斯语 khass，意思是“精选的”）以 50～60 码的长度生产，有金边或银边，或者装饰着丝绸。[3] 这种棉布非常精细，有个葡萄牙评论者写道，“当你把这种平纹细布铺开在玻璃上漂白时，或者当它被露水打湿时，布就再也看不见了”。[4]

不同类型的棉布被用作裙子、头巾、腰带、手帕、床罩、枕套、床幔、帐篷、棉地毯和廉价帆布。[5] 价格跨度很大：印花棉布在 16～60 卢比，棉丝布从 2 卢比到 40 卢比不等。[6]

---

[1] Cit. in ibid.，147—148.

[2] Jean - Baptiste Tavernier，*Travels in India*，ed. William Crooke，Vol. 2（Oxford：Oxford University Press，1925），4—5.

[3] Mattiebelle Gittinger，*Master Dyers to the World*：*Technique and Trade in Early Indian Dyed Cotton Textiles*（Washington，DC：The Textile Museum，1982），147.

[4] Cit. in H. Wescher，“Cotton in the Ancient World，” *Ciba Review* 64（1948）：2324.

[5] Tapan Raychaudhuri，“Non - Agricultural Production：Mughal India，” in *Cambridge Economic History of India*，Vol. I.，ed. Raychaudhuri and Habib，270.

[6] These prices were for “the corge of twenty pieces” each. Raychaudhuri，“Inland Trade，” 331.

图 14　巴布尔皇帝接见访客

塔瓦尼埃再次讨论了印度棉纺织品不同的种类和价格范围，以及它们不同的市场。例如，在巴罗达，白布的售价依据尺寸在 2～12 个马哈茂迪，但塔瓦尼埃说，更精细的棉布可以卖到 500 个马哈茂迪，并补充道："我这辈子见过两匹这样的布被卖掉，每一匹的价格都是 1 000 个马哈茂迪。"他还讲述了伊朗大使阿里·伯格（Ali Beg）的故事，他从印度回到伊朗时，送给国王萨法维二世（Safavi II，1629—1642 年在位）“一个鸵鸟蛋大小的椰子，缀满了宝石；打开时从里面抽出一条头巾，长 60 腕尺，用十分精细的平纹细布做的，以至于你把它拿在手里几乎感觉不到它”。[1] 很明显，这不是普通的棉布。

为了看出棉纺织品作为地位奢侈品的角色，重要的是要认识到类型的超流动性。我决定特别集中于王室语境中的装饰性织物，尽管通过考量我们在很多莫卧儿微型画中看到装饰着印度的皇帝、王公贵族及其随员们的精美平纹细布（前页图 14），也可以得出类似的结论。欧洲人经常谈到纺织品在印度亲王和国王的宫廷里的奢华用途。不像欧洲王宫壮丽辉煌的建筑，印度的宫廷生活是流动性的，其典型特征是使用极其豪华的巨大帐篷。[2]

这种帐篷的规模使得它们值得关注。16 世纪的文献《阿克巴则例》（*Ain - i - Akbari*）详细记载了阿克巴皇帝的行政管理，规定了皇室围场的巨大规模，搬家时需要 100 头大象、500 匹骆驼、400 辆马车。据说，主帐篷可以容纳一万多人，需要一千人整整工作一周，才能把它搭建起来。[3]

如果说规模令人印象深刻，那么组成帐篷的纺织品同样让人惊叹。单个的镶板用锡龙杰和布尔汉普尔生产的最精细的棉布做成，它们的精美没有逃过外国来访者的眼睛（图 15）。[4] 例如，法国人弗朗索瓦·贝尔尼埃详细描述了莫卧儿皇帝奥朗则布的帐篷。尽管表面上是用很结实的布做成的，但他注意到它们衬着“印度印花布，描绘着很大的花瓶”。[5] 他还描述了觐见厅

---

〔1〕 Tavernier，Travels，2：6.

〔2〕 See John Irwin and Margaret Hall，*Indian Painted and Printed Fabrics*（Ahmedabad：Calico Museum of Textile，1971），esp. 22—25 on “Tent Hangings，Floor Spreads and Coverlets.”

〔3〕 Gittinger，*Master Dyers*，82—83.

〔4〕 布尔汉普尔于 1600 年被莫卧儿帝国吞并，它最好的产品进入了皇家衣橱。Rosemary Crill，“Indian Painted Cottons，” *Hali* 10，no. 4（1988）：33.

〔5〕 Bernier，*Travels*，360.

图 15　雕版印制、着色套染的棉布镶板，用于帐篷帷幔，17 世纪末至 18 世纪初印度生产。这些镶板拼在一起，组成活动屏风（qanats），围住统治者的围场，提供私密空间，如图 10 所示。帷幔和屏风还用作宫殿的装饰物品

（德里红堡容纳观众的空间）的华盖："这个华丽帐篷的外面是红色的，里面衬着雅致的默苏利珀德姆印花棉布，并且明确为了这一目的而进行了描绘，花卉非常自然，色彩极其鲜艳，帐篷看上去似乎被真正的花坛所包围。"[1]

---

[1] Bernier，*Travels*，270.

这些印花棉布珍稀而昂贵，据塔瓦尼埃说，“数量极少，当你向所有制造这些棉布的工人进行征用时，要想得到三包都很困难”。[1]

这种高品质的棉纺产品有着悠久的传统。在13世纪，马可·波罗告诉我们，默苏利珀德姆地区已经生产“全世界最精细、最漂亮的棉布”。[2] 特别精美的是佩塔波莱（距离默苏利珀德姆40英里）和帕拉乔莱（在默苏利珀德姆以北80英里）生产的戈尔康达地板垫和被单（图16）。[3] 塔瓦尼埃告诉我们，这些“彩色花布”的装饰全都是手工绘制，这使得它们“比印花布更漂亮、更昂贵”。[4]

图16 长方形着色套染的棉布床单（rumal），戈尔康达生产，约1625—1650年，规格89.5×62厘米。被面展示的是宫廷生活的场景，包含波斯和印度服饰的图案

〔1〕 Tavernier, *Travels*, 2: 4.

〔2〕 Marco Polo, *Travels*, book 3, ch. 21. Cit. in P. J. Thomas, *Mercantilism and the East India Trade* (London: Frank Cass, 1926), 32.

〔3〕 John Irwin, "Golconda Cotton Paintings of the Early Seventeenth Century," *Lalik Kala* 5 (1959): 14. See also Francesca Galloway, *Islamic Courtly Textiles and Trade Goods, 14th — 19th century* (London: Galloway, 2011): http://carpetour.com/Aphotos/IslamicCourtlyTextilesAndTradeGoods.pdf (accessed 30 January 2016).

〔4〕 Tavernier, *Travels*, 1: 255.

它们如此精美，以至于到 17 世纪初，戈尔康达的地板垫、床罩和外套衬底成了戈尔康达国王与波斯国王之间发展大使关系的关键商品，戈尔康达用这些东西换得马匹的供应，以供王国骑兵使用。[1] 同样受到欣赏的有昂贵的德干刺绣、装饰着丝绸的棉地板垫和金属包线。[2] 这些东西都是用链形缝法刺绣生产的，由古吉拉特的摩吉族社区的男性专业刺绣工制作，销往整个莫卧儿帝国，以及波斯和土耳其。[3]

充当“地位奢侈品”的精细棉纺织品远远跨出了莫卧儿帝国及其南亚诸侯国的边境。它们是中亚精英阶层的“必备之物”，因此明显具备了外交礼品的特征。沙贾汗派到萨非王朝萨非国王宫廷的使团带去的礼物包括产自艾哈迈达巴德、巴纳拉斯和孟加拉的高品质棉纺织品。1621 年，贾汗吉尔皇帝通过他的大使米尔·巴卡拉（Mir Bakara），把价值 5 万哈尼的棉布送给布哈拉（今乌兹别克斯坦）的国王。[4] 考虑到这么大的数量，将这样的纺织品经常重新分配给当地精英被认为是合理的。甚至很有可能，它们被用作外交礼品，送给其他王国，就像刚好半个世纪之后，也就是 1671 年，当时的统治者阿卜杜勒-阿齐兹（Abdul - Aziz）送给俄国沙皇阿列克谢·米哈伊洛维奇（Aleksei Mikhailovich）的礼物，其中不仅包括预料之内的马鞍、马刀、毛皮和虎皮，而且有各种不同的棉纺织品，范围从本地编织的，到印度的品

---

〔1〕 Irwin，“Golconda Cotton Paintings，” 5.

〔2〕 Crill，“Indian Painted Cottons，” 30.

〔3〕 镰田由美子提出，荷兰人在他们与日本的私人贸易中使用了德干的刺绣品，并作为送给日本达官贵人的外交礼物。1774 年，一件这样的刺绣品被京都商人获得，以装饰京都祇园祭的彩车。这是一个自 869 年以来便在“祇园神社”举行纪念活动的节日。Yumiko Kamada，“The Attribution and Circulation of Flowering Tree and Medallion Design Deccani Embroideries，” in *Sultans of the South：Arts of India' s Deccan Courts，1323－1687*，ed. Navina Najat Haidar and Marika Sardar（New York：The Metropolitan Museum of Art，2011），132－147.

〔4〕 Scott C. Levi，“India，Russia and the Eighteenth - Century Transformation of the Central Asian Caravan Trade，” *Journal of the Economic and Social History of the Orient* 42，no. 4（1999）：532.

种和精细平纹棉布。[1]

贸易和使节还把这样的精细纺织品带到了印度洋地区的王国。在17世纪下半叶，默苏利珀德姆的纺织品出现在泰国，正如法国公使们所评论的那样，在进入泰国都城大城府的盛大仪式上，他们对自己亲眼看到的印花棉布赞叹不已。[2] 1610年，法国人皮拉特·德·拉瓦尔（Pyrard de Laval）描述了马尔代夫国王的宫殿，宫墙装饰着“丝绸或棉布帷幔，有很多的工艺品、花和金枝，色彩绚丽，令人眼花缭乱，这样丰富的黄金和色彩让我们叹为观止”。[3] 据拉瓦尔说，这些东西不仅有来自中国的，而且有来自孟加拉、默苏利珀德姆和圣托马斯的。

土耳其人非常喜欢印度的纺织品，以至于经常仿造它们。帐篷不仅在土耳其精英当中，而且在匈牙利和特兰西瓦尼亚的王公贵族当中有着很重要的位置，他们是在伊斯坦布尔得到了这些帐篷。其中一顶帐篷是1638年为特兰西瓦尼亚的捷尔吉·拉科齐二世（György Rákóczi Ⅱ）获得的，被描述为“里外都是用一种叫做bogasia的棉布做成的。其内部装饰着花”。[4] 这些都是昂贵的物品。属于特兰西瓦尼亚的米哈伊尔·奥保菲二世（Michael Apafi Ⅱ）的寡妻凯瑟琳·拜特伦（Catherine Bethlen）的那顶帐篷，大概是在17世纪下半叶获得的，同样是用棉布做成的，背景是红色，“装饰着多彩纤维的实用图画，有白色的绲边。它的伞或盖是用天蓝色棉布做成的，有同样颜色的绲边……20面棉布墙都属于这些材料，组成了帐篷的‘庭院’。10面这样的墙需要12根木柱，另外10面墙需要11根木柱”。[5] 这个帐篷大概是用印

---

〔1〕 Richard Hellie, *The Economy and Material Culture of Russia, 1600－1725* (Chicago and London: University of Chicago Press, 1999), 294.

〔2〕 Lotika Varadarajan, “Syncretic Symbolism and Textiles: Indo-Thai Expressions,” in *Commerce and Culture in the Bay of Bengal, 1500－1800*, ed. Om Prakash and Denys Lombard (New Delhi: Manohar, 1999), 372.

〔3〕 Cit. in Irwin, “Golconda Cotton Paintings,” 28.

〔4〕 Cit. in Veronika Gervers, *The Influence of Ottoman Turkish Textiles and Costume in Eastern Europe, with Particular Reference to Hungary* (Toronto: Royal Ontario Museum, 1982), 8.

〔5〕 Cit. in ibid., 9.

度棉布做的，按照印度的模式构建。这顶帐篷的价值高达令人吃惊的 416 个金弗罗林。[1]

在南亚作为“仪式奢侈品”的棉纺织品

印度的精细棉纺织品不仅在次大陆，而且在亚洲各地宫廷都是关键性奢侈品。帐篷、床单和帷幔都是宫廷展示和装饰必不可少的物品，既作为“奢侈商品”，也作为外交礼物而获得了市场。它们处于印度纺织品的广阔市场的顶端，这个市场很大，关联甚广，在时间上可以追溯到罗马时期。[2] 到 9 世纪和 10 世纪，更精细的棉布通过海湾地区的各大港口到达中东，连同伊斯兰的陶器和玻璃，以及中国的瓷器。[3] 正是精细棉布，在亚洲各地更容易找到市场。“白叠”棉布（精细平纹布）被卖到了唐代中国，“榻布”是一种特别精细的棉布，通过斯蒂芬·戴尔（Stephen Dale）所说的“棉花之路”（与东西丝绸之路的方向相反）到达中国。这些精细的印度棉布使用了“芙蓉棉”和“旭日云”之类的名字，以表示它们分量很轻。[4]

像其他几个亚洲地区一样，中国自身也生产棉纺织品，但更精细的奢侈

---

〔1〕 土耳其人的帐篷是一个有待研究的主题，考虑到土耳其人帐篷现存的实例在伊斯坦布尔（在托普卡帕宫和军事博物馆）、维也纳、德累斯顿、威尼斯（海军博物馆）、慕尼黑和克拉科夫都可以看到。欧洲收藏中的那些帐篷大多是基督徒军队在 17 世纪对土耳其人的几场战斗中缴获的。See Nurhan Atasoy, *Otag - i Humayun: The Ottoman Imperial Tent Complex Nurhan Atasoy Aygaz* (Istanbul: Coach Publications, 2000). 关于德累斯顿的土耳其馆，参见：www. skd. museum/en/museums - institutions/residenzschloss/ ruestkammer/tuerckische - cammer/index. html (accessed 19 January 2015)。

〔2〕 John Peter Wild and Felicity Wild, “Rome and India: Early Indian Cotton Textiles from Berenike, Red Sea Coast of Egypt,” in *Indian Textiles in Indian Ocean Societies*, ed. Ruth Barnes (London and New York: Routledge, 2005), 11—16.

〔3〕 N. Chittick, “East African Trade with the Orient,” in *Islam and the Trade of Asia: A Colloquium*, ed. D. S. Richards (Oxford: Bruno Cassirer, 1970), 102.

〔4〕 Stephen F. Dale, “Silk Road, Cotton Road or... Indo - Chinese Trade in Pre - European Times,” *Modern Asian Studies* 43, no. 1 (2009): 84. See also Rudolf Pfister, *Les toiles imprimées de Fostat et l' Hindoustan* (Paris: Les Editons d' Art et d' Histoire, 1938), 13—14.

产品几乎完全由印度供应。[1] 就连在生产丝绸和地毯上有着悠久纺织品传统的伊朗，也只生产普通棉布，品质更精细的棉布从印度进口。[2] 早在 14 世纪，伊本·白图泰（Ibn Battuta）就评论了这样一个事实：印度棉布在伊朗被视为优于本地生产的任何棉布。[3] 奥斯曼帝国的情况也是如此，在 16 世纪和 17 世纪，富有的消费者购买数量可观的印度奢侈纺织品——主要是用金条和金币付账。[4] 到 17 世纪，信德生产的带有金银条纹的棉布卖到了埃塞俄比亚和东非的几个地区。[5]

正由于是进口的，印度纺织品在东南亚十分罕见，而且比平民百姓穿的本地棉布更为昂贵。[6] 展示和穿戴外国（印度）纺织品被视为社会声望的标志。它们的价值是一个“意思”，而不是简单的“现代”西方意义上的消费。进口的人工制品，特别是纺织品，对于个人和社群的生活来说必不可少，用途五花八门，从治疗疾病，到死亡仪式、偶像的神圣化、服务和税收的开支、

---

〔1〕 K. N. Chaudhuri, “The Structure of Indian Textile Industry in the Seventeenth and Eighteenth Centuries,” in *Cloth and Commerce: Textiles in Colonia India*, ed. Tirthankar Roy (New Delhi: Sage, 1996), 33.

〔2〕 Willem Floor, “Economy and Society: Fibres, Fabrics, Factories,” in *Woven from the Soul, Spun from the Heart: Textile Arts of Safavit and Qajar Iran 16th—19th Centuries*, ed. Carol Bier (Washington, DC: The Textile Museum, 1987), 27.

〔3〕 Joginder K. Chawla, *India' s Overland Trade with Central Asia and Persia during the Thirteenth and Fourteenth Centuries* (New Delhi: Munshiram Monoharlal Publishers, 2006), 87, 96.

〔4〕 Raymond W. Goldsmith, *Premodern Financial Systems: A Historical Comparative Study* (Cambridge: Cambridge University Press, 1987), 89.

〔5〕 Shri Pramod Sangar, “Export of Indian Textiles to Middle East and Africa in the Seventeenth Century,” *Journal of Historical Research* 17, no. 1 (1974): 5. For an overview of the Indian Ocean trade see Giorgio Riello and Tirthankar Roy, “The World of South Asian Textiles, *1500—1850*,” in *How India Clothed the World: The World of South Asian Textiles*, 1500—1850, ed. Giorgio Riello and Tirthankar Roy (Leiden, The Netherlands: Brill, 2009), 1—27.

〔6〕 Anthony Reid, *Southeast Asia in the Age of Commerce, 1450—1680*, Vol. 1: The Lands below the Winds (New Haven, CT and London: Yale University Press, 1984), 90. See also Hema Devare, “Cultural Implications of the Chola Maritime Fabric Trade with Southeast Asia,” in *From Nagapattinam to Suvarnadwipa: Reflections on the Chola Naval Expeditions to Southeast Asia*, ed. Hermann Kulke, K. Kesavapany, and Vijay Sakhuja (Singapore: ISEAS, 2009), 178—192; Kenneth R. Hall, “The 15th-Century Gujarat Cloth Trade with Southeast Asia' s Indonesian Archipelago,” in *Gujarat and the Sea*, ed. Lotika Varadarajan (Vadodhar: Darshak Itihas Nidhi, 2011), 439—466.

皇家场地的装饰、仪式性的展示、外交往来、地方神话，以及讲述时光的流逝。[1]

由于其“深远的意义”，它们常常起到了标示身份的作用，世世珍藏，代代相传。正如博物馆馆长和历史学家约翰·盖伊（John Guy）所指出的，在东南亚文化中，pukasa（字面意思是传家宝）包括中国人的印度纺织品、上釉的陶瓷、铜锣及其他进口物品，它们“被视为价值的衡量，以及财富、社会地位和权力的标志”。[2] 例如，印度人的kalamkari（字面意思是“手绘工艺品”）在东南亚很多地方都发现过，它们在那里被称作ma'a、mawa或mbesa。这些“生命之树”的布料有几米长，不仅是陈设物品，而且就其设计和所有权而言，还有具体的符号价值。[3] 权力和声望代代相传，就像纺织品通过家族世系传下来一样，它们都是珍贵的传家宝。[4] 从印度卖给东南亚托拉查人的异国情调的帷幔被代代珍藏，并获得了神圣的地位。[5] 尽管它们作为交换媒介和贸易物品的价值不容否认，但很多来自印度的布料被认为有其自身价值，由于人们普遍相信它们有魔性，因此它们在印度尼西亚的很多小岛上充当了神圣的传家宝。[6]

一些受到人类学启发的研究强调印度纺织品也是一些非商业交换过程的关键，比如外交和送礼，这些交换巩固了人与人之间的关系，特别是上级与下级之间的关系。[7] 如果说奢侈品的目的之一是——用今天的说法——强化

---

[1] Kenneth R. Hall, “The Textile Industry in Southeast Asia, 1400—1800,” *Journal of the Economic and Social History of the Orient* 39, no. 2 (1996): 93—94.

[2] Guy, “Sarasa and Patola,” 49.

[3] Robyn Maxwell, *Textiles of Southeast Asia: Tradition, Trade and Transformation* (Melbourne: Australian National Gallery and Oxford University Press, 1990), 26—27.

[4] Lee Chor Lin, “Textiles in Sino-South East Asian Trade: Song, Yuan and Ming Dynasties,” in *South East Asia and China: Art, Interaction and Commerce*, ed. Rosemary Scott and John Guy (London: Percival David Foundation of Chinese Art, 1995), 178.

[5] Gittinger, *Master Dyers*, 146.

[6] Fiona Kerlogue, “The Early English Textile Trade in South East Asia: The East India Company Factory and the Textile Trade in Jambi, Sumatra, 1615—1682,” *Textile History* 28, no. 2 (1997): 151.

[7] Lee, “Textiles in Sino-South East Asian Trade,” 175.

和标示差别，那么，在这种类型的交换中，纺织品肯定充当了奢侈的道具，把社会等级制物质化和仪式化了。这为我们提供了一个奢侈品的观念，它不是关于个人的表达，而是在人们与跨时代的社会关系构建中得以定义的。社会学家吉尔斯·利波维茨基（Gilles Lipovetsky）提出了这样一个论证：在其漫长历史中，奢侈品的定义不是根据有形物品的所有权，而是根据基于礼物交换的精神成分和社会成分。印度棉布显示，声望是通过特定物品的流通而获得的，这些物品创造了个人之间的仪式化关系。[1]

这种纺织品的角色和功能的一个例证可以在印度乌木海岸生产并卖到东南亚的那匹巨幅印花布中找到（图 17）。它们描绘了罗摩王和猴王与十头魔王罗波那战斗的场景，取材于史诗《罗摩衍那》（*Ramayana*）。这是一种昂贵的布料，在苏拉威西岛和巴厘岛特别受青睐。[2] 有人认为，《罗摩衍那》被归入了巴厘岛和印度尼西亚的伊斯兰文化，作为地方戏曲的组成部分。5 米长的

图 17　着色媒染棉布仪式帷幔，18 世纪印度乌木海岸生产，450×95 厘米。布面描绘了《罗摩衍那》中的场景，罗摩王与十头魔王罗波那在战斗，以及双方的猴部队和熊部队在交战

〔1〕 Gilles Lipovertsky, *Il tempo del lusso* (Palermo: Sellerio, 2007), 25.

〔2〕 John Guy, Woven Cargoes: *Indian Textiles in the East* (London: Thames and Hudson, 1998), 115—117.

布匹被置于两根卷轴之间，然后展开，叙述故事。[1] 尽管印度教的罗摩衍那传说在东南亚人当中没有什么具体意思，但随着时间的推移，这些类型的布料被赋予了很大的仪式意义。[2] 这些布料的规模和技术成就使得它们被归为早期现代从印度卖到东南亚的最精密的产品之一。然而，我们知道，这种布料并不是独一无二的。至少还有 15 个一模一样或几乎一模一样的版本现存于北美、欧洲、亚洲和澳大利亚的博物馆里。[3] 这种布料的价值并不在于其唯一性，就像地位奢侈品那样，而在于它被认为是一件充满了共同仪式价值的东西。

仪式性的奢侈布料并非东南亚所特有。印度布料的使用在印度洋各地的仪式化实践中都可以找到。Kalamkari 在南亚被用作寺庙布料，源自壁画。[4] 在马尔代夫节庆的场合，17 世纪初的旅行者德·拉瓦尔看到临时寺庙建筑“披挂着各种颜色的棉布或丝布，都是最精细、最奢华的那种”。[5] 正如洛蒂卡·瓦拉达拉金（Lotika Varadarajan）所显示的，印度为暹罗宫廷及各社会阶层生产的纺织品也是根据细致准确的说明制作的，进入了国王与贵族之间的送礼仪式。[6] 在日本，上好品质的 sarasa（印度染花纺织品）被用于家庭茶道。正是由于这个原因，17 世纪初，泰国派到日本的一个外交使团认为，在它的外交礼品中包含几件印花棉布是必不可少的。[7]

我们必须记住，仪式奢侈品的价值在于它打造特定场合或赋予社会仪式意义的能力。这使得密切监视供给的能力成为必要，即便不是稀有的珍品。

---

[1] *Féerie indienne*: *des rivages de l' Inde au royaume de France*, ed. Jacqueline Jacqué and Brigitte Nicolas (Paris: Somogy Editions, 2008), 93.

[2] Maxwell, *Textiles of Southeast Asia*, 155.

[3] 《罗摩衍那》中的场景的另外几个实例，可以在马德拉斯博物馆、艾哈迈达巴德的印花布博物馆、堪培拉的澳大利亚国家博物馆、德里的 TAPI 收藏、纽约的大都会博物馆和巴黎的吉美博物馆找到。还可参见：“Catalogue,” in *Féerie indienne*, 86.

[4] Crill, “Indian Painted Cottons,” 28—29.

[5] *The Voyage of François Pyrard of Laval to the East Indies*, *the Maldives*, *the Moluccas and Brazil*, Vol. 1 (London: Printed for the Hakluyt Society, 1887), 146—147.

[6] Varadarajan, “Syncretic Symbolism,” 368.

[7] Varadarajan, “Syncretic Symbolism,” 367.

欧洲人努力理解这样一个市场的逻辑：在这个市场中，即便是很小的改变也能使产品变得毫无价值。例如，英国商人吃惊地发现，马来消费者因为待售的布匹有“一条很窄的小白边”而不愿意接受它，因为“真正的马来布绝对没有白边”。他们得出结论，如果不是亲眼所见，他们绝不会“相信此事，一个如此小的缺陷，竟然导致如此大的贬值”[1]。欧洲人到达东南亚市场还显示，我们可以把什么定义为“奢侈品的脆弱性”亦即这样一个事实：曾经作为奢侈品而被看重的人工制品有可能失去它们的价值。例如，在17世纪台湾文化中，纺织品——无论是国产的还是进口的——作为财富和地位的标志而扮演了一个重要角色，尤其是在婚礼和葬礼上。拥有100～150匹康甘布（cangan）的富有父母可能送20～30匹给新娘的家庭。大量精细纺织品被用于送礼。但17世纪50年代随着荷兰人的到来带来了范围广泛的织物，其中就有昂贵的异国纺织品、棉花和丝绸外套，还有西装和帽子，这给现有纺织品价值制造了一次通货膨胀，它们不再被视为珍宝。[2] 邱馨慧（Chiu Hsin-hui）得出结论，台湾社会逃脱不了消费主义；你可以再补充一句：他们需要构建关于珍品和奢侈品的新观念。

在早期现代欧洲作为“愿望奢侈品”的棉纺织品

欧洲商人16世纪来到印度洋地区，这常常被解释为印度布匹销往欧洲和大西洋市场的一个扩张阶段的开端。然而，“棉纺织品全球化”并非基于简单的商品化。通过棉花，欧洲人精细化并完善了一个新的奢侈品概念，我称之为愿望奢侈品。印度棉布为服装流动性和竞争过程赋予物质和灵魂，自中世

---

〔1〕 *Peter Floris: His Voyage to the East Indies in the "Globe," 1611—1615*, ed. W. H. Moreland (London: Hakluyt Society, 1934), 71.

〔2〕 Hsin-hui Chiu, The Colonial "Civilizing Process" in *Dutch Formosa, 1624—1662* (Leiden, The Netherlands and Boston: Brill, 2008), 173, 175.

纪晚期之后，这个进程就十分明显。到印度棉布在16世纪末和接下来的两个世纪大量涌入欧洲的时期，禁奢法在欧洲大陆的很多地方让位于这样一种认识：消费品，特别是纺织品，是社会竞争新的支柱。[1]

新奇和时尚与琼·瑟斯克（Joan Thirsk）所说的对"精细"的需求密切相关：不是华贵而有力量的奢侈品，而是更小、更节俭的版本，诉诸更广泛的消费群体。[2] 这是丝带、休息用的舒适垫子和装饰服装的蕾丝花边的奢侈。印度棉布带有异国情调的图案、色彩的持久性，以及取代昂贵丝绸和亚麻的能力，它们缓慢而稳定地成为人们——甚至是平民百姓——能渴求的奢侈品的观念必不可少的组成部分。然而，我们要提出的问题是：印度棉纺织品为什么在欧洲没有成为地位奢侈品或仪式奢侈品？我的解释是，它们作为愿望奢侈品在欧洲的成功，其部分原因正是由于它们没能获得仪式奢侈品或地位奢侈品的身份。

葡萄牙人早期把印度纺织品卖到里斯本，其指导观念是：这些棉布属于精英阶层的奢侈品。[3] 商人们购买昂贵的刺绣和印花的床罩及帷幔，有时候是棉的，更多的时候是丝棉混纺的。这些都是非常精细的产品，交易量很小；其中最精细的床单在整个伊比利亚半岛及之外的地方找到了销路。[4] 它们与意大利、中国和波斯的丝绸争奇斗艳，尽管它们多半比欧洲消费的同类产品更便宜。尽管他们对精英消费者很有吸引力——这多亏了它们的美观和异国情调，但它们努力获得永久性的市场。我们必须记住，欧洲精英的品味并不

---

〔1〕 Beverly Lemire and Giorgio Riello, "East and West: Textiles and Fashion in Early Modern Europe," *Journal of Social History* 41, no. 4 (2008): 887—916.

〔2〕 Joan Thirsk, *Economic Policy and Projects: The Development of a Consumer Society in Early Modern England* (Oxford: Clarendon, 1978), 15—16.

〔3〕 这个已经被人们普遍接受的观点部分程度上被马里亚·胡奥·费雷拉最近的学术成果所修订。See Maria João Ferreira, "Asian Textiles in the Carreira da Índia: Portuguese Trade, Consumption and Taste, 1500—1700", *Textile History* 46, no. 2 (2015): 147—168.

〔4〕 Om Prakash, *The New Cambridge History of India*, Vol. II, 5: European Commercial Enterprise in Pre - Colonial India (Cambridge: Cambridge University Press, 1998), 36. 16世纪50年代之前，几乎没有纺织品卖到欧洲。但在那之后，它们至少占到了货物总量的10%。还可参见：Beverly Lemire, *Cotton* (Oxford: Berg, 2011), 24; Riello, *Cotton*, 115。

适合新观念，很多人更愿意选择荷兰的亚麻布或意大利的丝绸，而不是异国情调的亚洲纺织品。[1]

葡萄牙、英国及欧洲和北美其他地方的博物馆都显示了那些印度生产、欧洲人购买——特别是作为外交礼品——的精细工艺品的价格。英国东印度公司的代理商非常清楚地知道棉布作为地位奢侈品的价值，以及昂贵的印度"红布和最精细的紫色布"还有"奢华的金色布"深受印度统治者的欣赏，他们得出结论："对这些人来说，没有什么事情是做不到的。"[2] 棉地毯在欧洲也被看作合适的礼品和回礼。[3]

有两种物品可以让我们了解昂贵的陈设纺织品如何被认为既是地位奢侈品，也是仪式奢侈品。第一种物品是所谓的弗雷姆林地毯，在拉合尔生产的棉地毯上叠一层羊毛，是威廉·弗雷姆林（William Fremlin）委托制作的，他于1626—1644年在印度效力于东印度公司，在他职业生涯的最后阶段担任苏拉特政务委员会主席（图18）。这块地毯描绘了场面宏大的宰杀动物的场景，是17世纪三块已知的唯一带有欧洲盾形纹章的南亚地毯之一，就这一块而言，弗雷姆林家族的盾形纹章被包含在画面中和边缘上[4]。很显然，这是一件地位奢侈品，颂扬了家族的世系及其与印度的关联。同样重要的是所谓的贝尔地毯，也是在拉合尔生产的，如今展示在伦敦戈德勒尔斯同业公会的

---

〔1〕 James C. Boyajian, *Portuguese Trade in Asia under the Habsburgs, 1580－1640* (Baltimore and London: Johns Hopkins University Press, 1993), 140.

〔2〕 "President Wylde and Messrs: Skibbow, Page, Barber, Predys, Suffield, Mountney, and Norris at 'Sualy Mareene' to the Company, April 13, 1630," in *English Factories in India*, Vol. 1: 1618－1621, ed. William Foster (Oxford: Clarendon, 1906), 28－29.

〔3〕 "Captain John Sayers to be given two quilts for service done the Company in examining ships (19 Dec. 1645)" in *A Calendar of the Court Minutes of the East India Company, 1644－1649*, ed. Esthel Bruce Sainsbury (Oxford: Clarendon, 1912), 122.

〔4〕 Daniel S. Walker, *Flowers Underfoot: Indian Carpets of the Mughal Era* (New York: Metropolitan Museum of Art, 1997), 17－19. 另外两件是稍后将会审视的戈德勒尔斯地毯，最后一件据说是交给托马斯·罗爵士生产的，他在1615—1619年间是詹姆斯一世派驻莫卧儿宫廷的大使。参见：*Arts of India: 1550－1900*, ed. Deborah Swallow and John Guy (London: V&A Publications, 1990), 157, plate 132。

图 18　弗雷姆林地毯的局部，毛纺织品叠放在棉地毯上，约 1640 年在拉合尔生产。这是一件极其昂贵的物品，专门定做，在欧洲一般用作桌布

大厅。[1] 这块地毯是英国东印度公司的一位董事罗伯特·贝尔（Robert Bell）定制的，1634 年出自拉合尔的皇家作坊。同一年，它作为一件礼品被

[1] 这是一件有着鉴定传承的人工制品，它在戈德勒尔斯同业公会大厅收藏了 4 个世纪。我们对它的来源很有把握，我们在英国东印度公司工厂通信中可以读到："为约翰·沃尔斯斯腾霍尔姆爵士定做的 4 块地毯寄回了国内，还有一块是贝尔先生的。""霍普金森会长和苏拉特政务委员会致同业公会，1633 年 1 月 25 日。" See *English Factories in India*, Vol. 4: 1630—1633, ed. William Foster (Oxford: Clarendon, 1910), 277.

送给了德勒尔斯同业公会，贝尔是这个同业公会的会长。就这块地毯而言，它成了一件仪式奢侈品，是伦敦最负盛名的同业公会的重要传家宝。

在17世纪初，英国东印度公司认识到了印度高品质棉纺织品的商业潜力。1614—1620年，该公司获得了数量可观的印度纺织品，比如床单、床罩、天鹅绒、锦缎和地毯。价格不菲：塔夫绸和锦缎从19先令到4英镑不等，印花布刺绣床罩从6英镑到30英镑，床单从20英镑到难以置信的52英镑。[1]然而，这些东西都是需要细心和技巧的商品，很难以普通的价格买到，供给也很不稳定。[2] 在苏拉特，缺少技艺高超的裁缝，结果，床罩被送到英国改做。[3] 地毯的情况也好不到哪里去，生产者解释："阁下要求的这样长度和宽度的地毯我们没有能力生产。"[4] 类似地，在国内，买主不容易找到。用30英镑的标价买一套足以装饰一个画廊或房间的戈尔康达帷幔，就像丝绸一样昂贵。[5]

英国东印度公司因此采用不同的策略。如果说，印度棉布看上去似乎没有多少潜力成为地位奢侈品或仪式奢侈品，那它们可以吸引某些社会阶层，他们的目标在于拥有与众不同的东西，却又出不起"最高"价钱。这个问题不再是把贵重的印度纺织品引入精英阶层的选择中，而是把它们转变成商品，适合于商人阶层和专业阶层的品味和期望。到19世纪60年代，英国东印度

---

〔1〕 K. N. Chaudhuri，*The English East India Company*：*The Study of an Early Joint - Stock Company 1600—1640*（London：Frank Cass，1965），199.

〔2〕 Afzal Ahmad，*Indo - Portuguese Trade in the Seventeenth Century*，*1600—1663*（New Delhi：Gian，1991），104.

〔3〕 "Taylors in Suratt are not plentifull enough to worke what wee would sett them too，and time will not permit the making of any chintes into quilts；so they must be sent to England unmade. Urge the early dispatch of goods." "Thomas Kerridge at Broach to William Biddulph，Francis Fettiplace，&c.，at Agra，July 14，1619，" in *English Factories*，1：108.

〔4〕 接下来继续解释道："对于这样的尺寸，我们发现很少有人愿意做，而且根据这里少量订制的经验，我们觉得，工人的拖拉、缓慢和贫困到了这种程度，以至于订制对他们意味着无休无止的劳作，而且，那些已经订制的，其成本比其他的现货更为昂贵。这里生产的普通尺寸，今年我们把所有种类都寄给了你，而且数量不少，今后，你们会理解，另外一些尺寸你们根本不要指望，除非我们能说服工人把它们做得更宽，我们会努力这样去做。""托马斯·拉斯特尔和贾尔斯·詹姆斯于苏拉特，致布罗奇的托马斯·凯里奇，1619年12月15日，" *English Factories*，1：161。

〔5〕 Irwin，"Golconda Cotton Paintings，" 17.

公司在伦敦的董事们要求数百套"印花窗帘和床幔，由几个不同的种类和价格组成，坚固耐用，但并不贵，不会超过你所知道的英国最穷的人（他们没有任何窗帘和床幔）和最富的人（他们穿着绫罗绸缎）的平均购买力"。[1]这里透露的信息是，有一些产品既不是为很穷的人生产的，也不是为很富的人生产的。

仅次于更便宜的"印花被"，价格更贵的戈尔康达印花棉布、默苏利珀德姆印花棉布和大幅 palampore（源自 palangpush 一词，在印度语和波斯语中的意思是"床罩"）属于东印度公司交易的最好商品（图 19）。[2]这些商品依然是在贵族阶层寻找买主，但同样被社会阶层更低的消费者所追求。为了让它们更有吸引力，它们被定做得适合欧洲消费者的品味，因此包含了中国的场景、欧洲的公鸡，以及孔雀与其他异国情调的禽鸟。[3]

它们常常被置于一个明亮的背景里（欧洲消费者尤其喜欢），制作得恰好适合欧洲人的床。[4]东印度公司的董事们解释道，它们的成功完全取决于符合人们的期望，因此必须遵循准确的规格，床幔高 1 英尺、长 6.5 码，窗帘高 8～9 英尺。床罩必须宽 3.5 码、长 4 码，一半缝花，一半不缝花。每套必须有两块小地毯，12 个椅垫。他们认为，这些规定"在这里既可以赢得名声，又可能导致今后销路的扩大"。[5]

东印度公司助力创造了新的奢侈品观念，在这一观念中，奢侈品和日用品并非对立的事物。早在 1623 年，英国东印度公司的董事手册就指出，"白棉

---

[1] India Office Records, British Library (hereafter IOR), Letter Book VII, f. 208. Cit. in John Irwin, "Indian Textile Trade in the Seventeenth Century. II. Coromandel Coast," *Journal of Indian Textile History* 2 (1956): 31—32.

[2] Satya Prakash Sangar, *Indian Textiles in the Seventeenth Century* (New Delhi: Reliance Publishing House, 1998), 29.

[3] "Catalogues," in *Féerie indienne*, 120—139; and Marzia Cataldi Gallo, *Mezzari and the Cotton Route* (Genoa: San Giorgio Editrice, 2007), 41—44; Pascale Gorguet Ballesteros, "Indiennes et mousselines: le charme irréductible des cotonnades, 1650—1750," in *Le Coton et la mode: 1000 ans d'aventures* (Paris: Musée Galliera, 2000), 47—48.

[4] Giorgio Riello, "Asian Knowledge and the Development of Calico Printing in Europe in the Seventeenth and Eighteenth Centuries," *Journal of Global History* 5, no. 1 (2010): 20—21.

[5] IOR, Letter Book Ⅶ, 208. Cit. in Irwin, "Indian Textile Trade," 31—32.

图 19　Palampore（床罩），一块印花棉布帷幔，布满了绘制精美的花草。18 世纪在印度乌木海岸为荷兰商人或斯里兰卡商人生产

布是一种其用途并不为大众所周知的商品，必须打开销路，在所有地方都进行尝试”。[1] 正如让·德·弗里斯注意到的，这种“新的奢侈品”对富人没有什么冲击，但对普通消费者有影响。[2] 我所说的愿望奢侈品包括——据玛克辛·伯格说——“优质却不贵的消费品，以多样性、品味和时尚为标志”，特别是那些在亚洲为欧洲消费者生产的商品。[3] 通过使用这些消费品，人们渴望“一种文明的生活方式”。[4]

印度棉布的吸引力最早源自下面这一事实：欧洲买不到这种东西。不像亚洲的大多数地方，本地的棉花产品为平民大众提供了廉价品种，在欧洲，印度棉纺织品由于它的陌生性而有了一种“异国情调”的吸引力。“迄今为止，我们不知道当地人怎么如此成功地以这样一种方式把颜色应用于‘棉布’和‘印花布’，并且洗后不掉色”，法国人布莱-勒·古茨（Boullaye - le Gouz）这样解释，并补充道：“我在法国拿了一些布给几个染工看，他们赞佩不已。”[5] 另外几个人，比如奥文顿（Ovington），则声称，正是技艺的“别出心裁”，让印度棉布在“亮度和色彩寿命”上都高出一筹。[6] 人们不仅痴迷于产品，而且痴迷于在欧洲不为人知的生产样式、色彩和设计的神秘技巧。[7]

然而，它们的吸引力不仅仅在于它们的异域来源和制作。作为愿望奢侈

---

〔1〕 IOR, Court Book, August 1623, 6: 89. Cit. in K. N. Chaudhuri, “Some Reflections on the World Trade of the XVIIth and XVIIIth Century: A Reply,” *Journal of European Economic History* 7, no. 1 (1978): 224.

〔2〕 Jan de Vries, “Luxury in the Dutch Golden Age in Theory and Practice,” in *Luxury in the Eighteenth Century: Debates, Desires and Delectable Goods*, ed. Maxine Berg and Elizabeth Eger (New York: Palgrave Macmillan, 2003), 41—56.

〔3〕 Maxine Berg, “In Pursuit of Luxury: Global History and British Consumer Goods in the Eighteenth Century,” *Past and Present* 182 (2004): 104—105.

〔4〕 Maxine Berg, “Asian Luxuries and the Making of the European Consumer Revolution,” in *Luxury in the Eighteenth Century*, 239.

〔5〕 Boullaye - le - Gouz, *Voyages et observations du Sieur de La Boullaye - Le - Gouz, gentil - homme angevin* (Troyes: Nicolas Oudot, 1657), 166.

〔6〕 John Ovington, *A Voyage to Surat in the Year 1689*, ed. H. G. Rawlingson (Oxford: Oxford University Press, 1929), 167.

〔7〕 Berg, “Asian Luxuries,” 229.

品，印度棉布开始挑战很多根深蒂固的观念：关于奢侈品是什么，以及它意味着什么。在17世纪末，评论者约翰·卡里（John Cary）冥思苦想，试图理解没有特定内在价值的产品如何被人们渴求，并被理解为有价值的物品。他评论道："认为这些时尚在这个国家多么盛行的人很快就会明白，价值不大的东西如何被人看重，挤走了那些价值更大的东西。"[1] 实际上，棉布把材料价值与消费价值分离开了。一件陈设性的织物被视为奢侈品，其理由不只是它的货币价值，而是因为它充当社会流动、时尚和"文明生活"的工具的能力。印度棉布如今模仿更昂贵的丝绸，并把奢侈的物质表达扩散到更广泛的社会阶层。[2]

在17世纪最后25年里，当印度棉布不仅作为陈设性织物，而且作为衣料而被采用时，情况尤其如此。丹尼尔·笛福（Daniel Defoe）在一个经常被人引述的段落中解释，白棉布和印花棉布的使用如何"从铺在[人们的]地板上，到披在他们的身上"。[3] 1699年，约翰·卡里进一步解释，印度纺织品如何征服了底层社会的消费者："大约20年前很少有人想到，我们会看到印花布成为我们时髦人士的装饰品（它们就是这样，不管我们叫它们平纹细布、遮阳布，还是别的什么名称），那个时候，很少有人使用它们……可现如今，要是身上穿的不是用印花布做的，没几个人认为自己穿得好，不管男人还是女人。"（图20）[4]

有一本同时代的合同集，题为"打开商人的仓库"（*The merchant's*

---

〔1〕 John Cary，*A Discourse Concerning the East - India - Trade*（London：Baldwin，1699），4.

〔2〕 这不只是涉及与更昂贵的产品竞争。例如，贝弗利·勒迈尔使用物质文化的方法说明，印度的印花棉布和刺绣棉布以错综复杂的方式，取代却也影响和促进了欧洲刺绣纺织品的生产。16世纪，已经有很多印度刺绣工到里斯本旅行，向当地的手艺人传授他们的技艺。通过审视这些人工制品，你就会认识到本土与全球之间、地方特色与外国设计的影响之间的物质"污染"。勒迈尔声称，"对印度设计语言的跨文化翻译和重新解释发生了，具体化为窗帘、帷幔和床罩"。Beverly Lemire，"Transforming Consumer Custom：Linen，Cotton，and the English Market，1660—1800，" in *The European Linen Industry in Historical Perspective*，ed. Brenda Collins and Philip Ollerenshaw（Oxford：Oxford University Press，2003），194—195.

〔3〕 *Weekly Review*，31 January 1708.

〔4〕 Cary，*Discourse*，4—5.

图 20　衬裙，女人套装中的可见内衣，用媒染和套染棉布做成。约 1750 年在印度乌木海岸为欧洲商人生产

ware - house laid open，1696），详细描述了当时日常使用的从印度进口的布匹种类。其范围从用作“围巾或女人头巾”的平纹细布，到精美的印花棉布，“用非常漂亮的颜色印着各种印度图案，珍禽异兽或肖像，经常洗也不掉色，直至穿破”。[1]

这些描述以及另外一些同时代的评论都强调印度棉布，以及国内生产的

〔1〕 *The Merchant's Ware - house Laid Open, or, The Plain dealing Linnen - Draper* (London: Bell, 1696), 5—8.

越来越多的仿制品，在何种程度上进入了人们的衣橱。[1] 然而，它们还显示了棉布如何创造了其自身的奢侈品观念，更多的不是关系到挑战、模仿和取代更昂贵的织物，而是关系到其自身的等级制，基于几个打算用于特定用途的品种。因此，戈尔康达平纹细布“很精细，却很薄”，绝不可能用作男人的服装，因为它们“容易磨破”。而“原”平纹细布只用作“普通生意人”的围巾，“因为它们不仅牢固，而且很厚实”。[2] 正是存在十多个不同种类的棉布，使得有些种类能够比其他种类更时髦、更精细，或者只是更奢侈。

印度棉布及其他亚洲商品在挑战18世纪欧洲古老的奢侈品观念上的潜力是一个得到过透彻研究的主题，有着商业、政治和哲学的含义。[3] 通过包含越来越庞大的社会阶层，印度棉布所体现的愿望奢侈品同时成为谴责和赞同的对象。然而，你还可以注意到新工序的不断成熟，在这样的过程中，棉布不再是“挑战者”，而是反过来刺激了更新奢侈品的发明、替代和创造的新过程。比方说，亚麻布生产者开始用印度人的方式对其产品进行描绘和印花，使之类似于棉布，结果是，到1719年，英格兰和威尔士生产了将近300万码印花纺织品。[4] 抱持保守立场的笛福看不起这些印花亚麻布，它们在“穷人、仆人和贫穷的劳动者”当中有很大的需求，“穿这种新款式的人群异常庞大”。[5]

实际上，笛福为我们提出了一个重要问题：愿望奢侈品引发的活力是不是正在导致印度棉布的贬值和总体性的价值损失？一般说来，愿望奢侈品似乎总是落入回报递减的过程。然而，棉布的成功持续了几百年，这多亏了它维持奢侈品身份的能力。一旦其内在品质（材料的新颖、色彩的持久性和异

---

〔1〕 棉纺织品在17世纪和18世纪的英国流行是一个有争议的主题。有一篇综述，参见：Riello，*Cotton*，112—116.

〔2〕 *Merchant's Ware-house*，7.

〔3〕 See in particular Maxine Berg，*Luxury and Pleasure in Eighteenth-Century Britain*（Oxford：Oxford University Press，2005）.

〔4〕 Lemire，“Transforming Consumer Custom，”195.

〔5〕 Daniel Defoe，*A Humble Proposal to the People of England*...（London：Rivington，1729），50.

国情调）失去了，棉纺织品就获得了新的特征。消费者把它们看作时尚品，通常优于其他竞争性产品。正如娜塔莎·科克里所认为的，媒体广告有助于维持异国情调的魅力和奢侈品的表面，在18世纪的欧洲，很多东方商品迅速失去这些特征。这就是店主为什么通过他们自己的店名（“印度舰队”“印度之王”等）来强调其来源（“印式晨衣”或宣扬“来自东印度”的棉布）的原因。[1] 这些商品所带来的声望并不是永久性的，它们的奢侈品身份也不是永久性的。然而，这恰好就是它们为什么对于变化、时尚、贸易和扩大生产来说是至关重要的。

结 论

在本章，我提出了三个不同的奢侈品概念。我解释了印度棉布，不仅作为日用品，而且作为奢侈品，何以在全球范围大获成功。你可能会说，棉纺织品的多样性使得它们可以同时是地位奢侈品、仪式奢侈品和愿望奢侈品。它们有各种不同的类型，包括华丽漂亮的手绘床罩和错综复杂的编织地毯，但也有更普通的帕棱布和印花棉布。在这一语境中，日用品与奢侈品之分似乎没多大作用，因为这两个类别互相重叠。东南亚和欧洲的情况很好地说明了这一点，卖到东南亚的棉布被用于宗教仪式和社会仪式，或者作为传家宝，而在欧洲，它们装饰着墙壁，最后被穿在时尚人士的身上。

然而，本章还需要两个否认性声明。第一，我们不应该把地位奢侈品、仪式奢侈品到愿望奢侈品看作一个逐级递进的过程。这三个奢侈品概念同时共存，并依然与我们同在。在印度，棉纺织品不只是用作地位奢侈品，而且有仪式功能，并在某种程度上充当愿望奢侈品。你还可以在日本和西非一些

---

〔1〕 Natasha Coquery, “Luxe, Orient, consommation: la boutique parisienne et la diffusion des indiennes au XVⅢ e siècle,” in *Féerie indienne*, 29.

地方看到棉布具有时尚织物的功能，这使得声称棉布是一种“现代的”和“西方的”愿望奢侈品的观点站不住脚。第二，印度棉布在欧洲创造奢侈品新观念上所取得的成功，部分是基于它们没有满足更传统的奢侈品观念，无论是作为仪式奢侈品，还是作为地位奢侈品。从欧洲人的观点看，这个实例因此既是一个成功的实例，也是一个彻底失败的实例。[1]

【作者介绍】 乔治·里耶罗（Giorgio Riello）：华威大学历史系全球历史与文化教授。他出版了大量著述，论述18世纪和19世纪欧洲的时尚、产品创新和设计，以及全球贸易和纺织品制造。

〔1〕 本章的研究和写作之所以可能实现，要感谢以下项目所提供的支持：一是英国国家艺术与人文研究基金国际网络项目“全球商品：全球连接的物质文化”（Global Commodities：The Material Culture of Global Connections），二是利文休姆奖（Philip Leverhulme Prize）和利文休姆网络项目（Leverhulme Network）“奢侈品与欲望操纵：当代讨论的历史视角”（Luxury and the Manipulation of Desire：Historical Perspectives for Contemporary Debates）。本文的几个早期版本在下列场合提交过：2014年4月23—26日维也纳举行的欧洲社会科学史会议，2014年9月25—26日哈佛大学文艺复兴研究中心和维也纳欧洲大学学院举行的奢侈品网络会议“早期现代世界中的奢侈品与贪婪的伦理”（Luxury and the Ethics of Greed in the Early Modern World），以及牛津大学/阿斯麻林博物馆举行的专题讨论会“跨文化物品：思想与身份的交流，1000—1800年”（Transcultural Objects：Exchanges of Ideas and Identity，c. 1000－1800）。我还要感谢 Maxine Berg、Anne Gerritsen 和 Luca Molà 的评论。

第六章

南加纳性别化的奢侈品蜡印布：根在全球的全球奢侈品

关于西非的一个最明显的事实是，那儿到处都是布料。

——约翰·皮克顿（2001 年）

加纳市场以图案复杂、色彩绚丽的布料而著称。尤其是工业印花棉布，各种不同品质的所谓蜡印布主宰着市场。在非洲各地，在欧洲，以及自 21 世纪初开始在亚洲，都生产这种布料。图 21 中的材料主要由蜡印布组成。[1] 它被加工成衣服，主要是女人在日常生活中和在节日场合穿。但它也充当了结婚礼品、收藏品和投资品。

蜡印布很珍贵，尤其是著名的荷兰公司威力斯科（Vlisco）制造的蜡印布。[2] 在加纳和西非的广阔地区，威力斯科的布料被称作“真荷兰蜡印布”，是一种人们熟悉的奢侈品。它被用于各种服装，尤其是女装，涉及特殊编织的组合：一件衬衫模样的上衣、一件衬衫，以及一块额外的布料裹住身体的中部。在加纳，这一组合被称作“布”。真荷兰蜡印布常常以 6 码或 12 码宽的形式被储藏起来，作为投资品或传家宝，这恰恰是因为它被认为是一件永

---

〔1〕 关于本章统称为蜡印布的不同类型布料的分类，参见：Silvia Ruschak，2009。Stoffe die globale Geschichte machen. Stationen in der kulturellen Biographie von wax prints im urbanen，postkolonialen Südghana。维也纳大学历史系的专题论文。

〔2〕 See Robin van Koert，*Dutch Wax Design Technology from Helmond to West Africa*（Eindhoven：Lecturis，2007），10：“公司建立之初的名字是 NV P. F. van Vlissingen & Co' s Katoenfabrieken，或 P. F. van Vlissingen & Co [in 1846]，1965 年 6 月 1 日，公司改名为 Vlisco Textieldrukkerijen NV。1970 年，这个名字改为 Vlisco BV。1964 年 9 月，P. F. van Vlissingen & Co，Ankersmit 与 Stoomweverij Nijverheid 的合并导致 Texoprint NV 作为一家控股公司而成立，1972 年 9 月 21 日改名为 Gamma Holding。”

图 21　2007 年南加纳，塔科腊迪的一家商店里大多是蜡印布。Silvia Ruschak/摄

不过时的奢侈品。

把这种布料称为“真荷兰蜡印布”凸显了彼此纠缠或互相交织的蜡印布全球史。历史的现场并不只在非洲，还有荷兰和印度尼西亚。如今被认为是非洲特有的这种布料，事实上是全球经济史的产物和殖民贸易网络的结果，正是这个网络，在 19 世纪末以现在的形式把它带到了非洲。

“真荷兰蜡印布”由最古老、最著名的威力斯科公司制造，至今依然在荷兰生产。[1] 欧洲不仅是非洲所收集的原材料（例如黄金、钻石和象牙）的消费者和加工者，而且是非洲大陆所消费的奢侈品的生产者。尤其是，非洲女人一直是消费者，这有助于决定这种奢侈品的生产从非洲转到欧洲。

下面的实例清楚地表明，真荷兰蜡印布在何种程度上目前在加纳依然被视为一种奢侈品。在 2006 年为了研究档案而逗留伦敦期间，我和几个来自加

〔1〕 See Immanuel Wallerstein, *The Modern World - System*. 3 vols. (New York: Academy Press, 1974—1989).

纳的朋友住在一起。有一天，这个家庭17岁的侄子收到了一个加纳女性朋友写来的信，里面还夹有这位年轻女士的几张照片，他把这些照片拿给他的姑姑、堂姐和我看。在其中一张照片中，女孩穿着一件无袖连衣裙，这吸引了我的注意，也让在场的女人加入了一场活泼的讨论，探讨这个少女的连衣裙的布料究竟是不是“真荷兰蜡印布”。

在场的女人都肯定地说，情况并非如此。三十多岁的保姆贝蒂解释如下：“不，事实上我们不会用昂贵的荷兰蜡印布缝制这种类型的裙子。当我们用昂贵布料缝制衣服时，我们会做成那种可以穿很长时间的款式，这样才会物有所值。”[1]

除此之外，她还觉得，一个年轻的未婚少女不可能买得起这样昂贵的布料，她母亲也不会有多余的闲钱花在给未婚女儿买真荷兰蜡印布上。总之，这条裙子的款式，以及这个姑娘的年龄和社会地位，让我的对话者清楚地看出，布料不可能来自鼎鼎大名的威力斯科公司。

这次谈话显示，并非每个女人都穿真荷兰蜡印布：无论是它在南部加纳以服装为中心的讨论中的社会意义，还是它的经济相关性，都使之成为一种奢侈品，只有某些年龄和社会经济地位的女性才消费。它的名字代表了高品质、高获取成本和加纳布料市场的悠久传统。

但这场谈话还让我们看到了一般蜡印布，特别是真荷兰蜡印布的特定性别消费。不管是在欧洲、非洲还是亚洲生产的，蜡印布在加纳都是女人购买、穿戴和收藏，下文将更仔细地审视这一事实——在北美和欧洲消费史的框架内认识和探讨它与性别的关系。[2] 尽管在最近十年里，我们可以观察到社会和文化人类学家及历史学家对非洲消费的叙事和非洲大陆两性消费者越来越

---

〔1〕 Betty Amoako, October 2006, London.

〔2〕 See Victoria de Grazia and Ellen Furlough, eds., *The Sex of Things: Gender and Consumption in Historical Perspective* (Berkeley, Los Angeles, and London: University of California Press, 1996); Emma Casey, ed., *Gender and Consumption: Domestic Cultures and the Commercialisation of Everyday Life* (Aldershot, UK and Burlington, VT: Ashgate, 2007).

感兴趣[1]，但他们在非洲性别史和消费史上几乎没有做任何持续性的工作。[2]

利用“真荷兰蜡印布”这一奢侈品的实例，本章聚焦于在全球网络展开的蜡印布的历史，以及这段历史在加纳人日常生活中植入的性别化含义。我们首先将审视这种服装的形式和用法，它被认为是加纳所特有的。接下来将审视蜡印布的文化传记中的三个“站”。[3] 第一“站”提供对19世纪蜡印布全球史的概览。第二“站”探讨蜡印布在加纳的生产史，用加纳纺织品印染公司作为例证。这一探讨被置于与威力斯科公司的发展的关系中，阐明威力斯科作为一个奢侈品牌，是如何通过加纳布料生产的成功和失败而发展起来。第三“站”探讨威力斯科公司生产的“真荷兰蜡印布”，及其作为一种奢侈品在当今南部加纳城市的意义。在这里，我们将特别关注这种布料的经济价值、社会价值和文化价值，用它制作的服装，以及它被购买、作为礼物赠送、储

[1] Jeremy Prestholdt, *Domesticating the World: African Consumerism and the Genealogies of Globalization* (Berkeley: University of California Press, 2008); Hans Peter Hahn, ed., *Consumption in Africa: Anthropological Approaches* (Berlin: Lit, 2008); Timothy Burke, *Lifebuoy Men, Lux Women: Commodification, Consumption and Cleanliness in Modern Zimbabwe* (Durham, NC and London: Duke University Press, 2003); Margaret Jean Hay, "Hoes and Clothes in a Luo Household: Changing Consumption in Colonial Economy 1906—1936," in *African Material Culture*, ed. M. J. Arnoldi, C. M. Geary, and K. L. Hardin (Bloomington and Indianapolis: Indiana University Press, 1996); Jean Comaroff, "The Empire' s Old Clothes: Fashioning the Colonial Subject," in *Cross-Cultural Consumption: Global Markets, Local Realities*, ed. D. Howes (London and New York: Routledge, 2000).

[2] Karen Tranberg Hansen, *Salaula: The World of Secondhand Clothing and Zambia* (Chicago and London: University of Chicago Press, 2000); Burke, *Lifebuoy Men, Lux Women*; Andrew M. Ivaska, " 'Anti-Mini Militants Meet Modern Misses': Urban Style, Gender and the Politics of 'National Culture' in 1960s Dar es Salaam, Tanzania," *Gender and History* 14, no. 3 (2002): 584—607; Jean Allman, ed., *Fashioning Africa: Power and the Politics of Dress* (Bloomington and Indianapolis: Indiana University Press, 2004); Laura Ann Twagira, *Women and Gender at the Office Du Niger (Mali): Technology, Environment, and Food, ca. 1900—1985* (New Brunswick: Rutgers, State University of New Jersey, 2011).

[3] See Arjun Appadurai, ed., *The Social Life of Things: Commodities in Cultural Perspective* (Cambridge: Cambridge University Press, 1988); Igor Kopytoff, "The Cultural Biography of Things: Commoditization as Process," in *The Social Life of Things: Commodities in Cultural Perspective*, ed. A. Appadurai (Cambridge: Cambridge University Press, 2005).

藏或继承的场合。这一讨论旨在说明，一种被广泛认为是非洲特有的布料，事实上是一种奢侈品，有着错综复杂的全球性和性别化的历史：一种在欧洲生产、被非洲女人消费的商品的历史。

蜡印布衣服：形式和用法

我们在加纳遇到的蜡印布，不仅是作为集市上和商店里销售的布料，而且以已经加工的形式作为女人的服装，被称作“布”。“布”专门由本地女裁缝量身定做。它由 6 码（约 5. 5 米）蜡印布组成，用这块布缝制一件夹克般的短上衣（kaba）、一条裙子（slit），以及一块额外的布（余布）。对于长裙，有一条缩进的布带使之合身，一条不同尺寸的长裙让腿有了活动的自由。对于短上衣，有很多古典的和时尚的不同样式可用。余布在任何情况下始终是一样的：大约 2 码长，通常围在腰部，为的是强调腰部，使身材看上去更丰满。但它也可以折叠起来，搭在肩膀上，或者用作头巾。余布不仅有审美的目的，而且是有功能性的：母亲用它兜住婴儿的后背，它还可以用来遮风挡雨。

在加纳，“布”很受欢迎，以至于充当了民族身份和民族传统的一个符号。女人被视为民族的守护者[1]，在范围广泛的场合穿戴这种布料。尤其是 60 岁以上的女人，“布”成为其日常服装的组成部分；与此同时，在节日场合，各个年龄段和社会地位的妇女都穿——在一些特定场合（比如葬礼）没有一个女人会想到穿别的东西。与此同时，“布”绝不是一种非历史的材料，而是像其他所有服装一样，反映了与时俱变的品味。因此，它现在所采用的

---

[1] See Nira Yuval - Davis, *Gender and Nation* (London: Sage, 1998); Anne McClintock, "'No Longer in Future Heaven': Gender, Race and Nationalism," in *Dangerous Liaisons: Gender, Nation, and Postcolonial Perspectives*, ed. Anne McClintock, Aamir Mufti, and E. Shohat (Minneapolis and London: University of Minnesota Press, 1997).

常见形式是20世纪60年代的产物，尽管在裁剪和诠释上，它也经历了持续不断的改变。[1]

男人也穿“布”[2]；但不同于女人的情况，男人的不用缝制，而是裹在身上。它12码长，穿的方式是让右肩露出来。在“布”的底下，男人穿裤子或短裤。与女人比起来，男人只在特定场合才穿“布”，比如葬礼和大型家庭庆祝活动或政治事件。由于这个原因，作为这种布料的消费者，加纳的男人所扮演的角色相对次要。

正如前面所指出的，蜡印布的两个制造中心是荷兰威力斯科公司和加纳纺织品印染公司，后者的产品被称作GTP布。尽管这两家公司在20世纪60年代合并了，但消费者依然很容易区分不同的产品：在这两种蜡印布的底边，有一个标签提供了相关信息——材料的类型、经历了多少个印染阶段以及它的商标。通常，缝制服装的边缘——标签就缝在那儿——没有褶边，而是让它看得见，作为身份符号——显示材质是昂贵布料，标签是奢侈品牌。

标签越是耳熟能详和受人尊敬，布料就越昂贵。6码威力斯科蜡印布的价格相当于50～80欧元，而同等尺寸的GTP布的价格则在30欧元左右。如果参照加纳的最低工资，这个价格究竟有多昂贵就变得一清二楚了：日薪1.52欧元，或者月薪30.4欧元。[3]

在蜡印布之外，所谓的“仿蜡印布”提供了一个不太昂贵的选择：这些蜡印布经历了印染过程，但只印布的一面。自20世纪初以来，它们就一直流通且深受欢迎，因为，除了便宜之外，它们还提供了一种可能性：在布料上

---

〔1〕 据加纳人的记述，slit是夸梅·恩克鲁玛的埃及妻子法蒂亚·恩克鲁玛使之流行起来，夸梅·恩克鲁玛于1957年领导加纳走向独立，并成为这个国家的第一任总统。事先，用几匹宽幅布料巧妙地包裹住身体——据说法蒂亚·恩克鲁玛并没有掌握这一技术，这一技术也不是来自加纳。她的女裁缝因此给她缝制了长裙，类似于这些“包布”，由于她很喜欢它们以及她的中等外表，“布”变得流行起来。

〔2〕 20世纪50年代末和60年代初，夸梅·恩克鲁玛让穿戴本地编织的纺织品作为加纳民族身份的一个符号而变得流行起来；参见：Allman，*Fashioning Africa*.

〔3〕 加纳的法定最低工资是6个新塞地，参见：http：//en. wikipedia. org/wiki/List_of_minimum_wages_by_country (accessed November 25，2014)。

详细而准确地印染（比如）图片。然而，它们绝对比不上蜡印布的可欲性。仿蜡印布和中国的蜡印布仿制品——后者在最近十年变得深受欢迎——每 6 码的价格不超过 10 欧元。

当然，这种布料并没有关系到 GTP 布或威力斯科蜡印布所包含的社会资本，尽管它的价格让它深受消费者的欢迎。[1]

蜡印布：一部全球史
——从印度尼西亚到欧洲，再到西非

西非国家以纺织品的丰富而著称。在加纳，除了手工生产了几百年、只用于仪式和王室的肯特布（kente）和阿丁克拉布（adinkra）之外[2]，工业印花棉布在日常生活中被人们所珍视，因为它实用性强，同时又很高档。但这种布料是怎么到达西非的呢？在这种如今成为“非洲典型”布料的历史中，又能勾画出怎样的全球网络呢？

正如最早的此类布料一样，蜡印布也是 19 世纪下半叶在黄金海岸，亦即今天的加纳站稳了脚跟。它们的历史产生于欧洲、印度、东南亚和西非之间

---

〔1〕 正如上述年轻女性的实例所显示的，一匹布料的价格决定了准备这块布料的方式。一些并非经典的 kaba - slit 组合的服装，例如，年轻姑娘穿的那种裙子加短上衣和连衣裙，更容易用更廉价的蜡印布做出来。

〔2〕 关于这些类型的布料，参见：Doran H. Ross, ed., *Wrapped in Pride: Ghanaian Kente and African - American Identity*（Los Angeles: Fowler Museum of Cultural History, Newark Museum, 1998）; John Picton, “What to Wear in West Africa: Textile Design, Dress and Self - Representation,” in *Black Style*, ed. C. Tulloch（London: V&A Publications, 2005）; Vera Bendt, “Kente und Adinkra - Macht und Pracht einer matrilinearen Elite,” in *Afrikanische Textilien: Aus der Sammlung des deutschen Textilmuseums Krefeld: In Memoriam Brigitte Menzel*, ed. V. Bendt（Krefeld: Deutsches Textilmuseum, 2007）; Duncan Clarke, *The Art of African Textiles*（Rochester, UK: Grange Books, 2002）。

数百年之久的贸易关系，产生于欧洲内部的工业化。[1] 蜡印布是世界上几个不同地方发展出来的几种纺织品印染技术的结果。尽管自 19 世纪晚期之后，蜡印布就一直是工业化制造的，而且使用的是树脂，而不是蜡，蜡这个词指的是材料的起源：来自爪哇的蜡防印花法，通过反印来生产，就像为加纳市场准备的工业配制材料一样[2]，只不过不同于手工用蜡配制的材料。[3]

印度尼西亚的蜡防印花布，尤其是产自爪哇岛的布料，几个世纪以来举世闻名。其制造所依赖的精细手工在 17 世纪印度尼西亚殖民化开始时便吸引了荷兰商人的注意。正当与欧洲的香料贸易迅速发展时，纺织品也被运往欧洲；但印度尼西亚蜡染布的市场并没有发展起来，因其图样太过外来化，不符合欧洲人的品味。然而，在 18 世纪末和 19 世纪初，欧洲的制造商开始对在印度尼西亚深受欢迎的蜡防印花布的生产方法产生兴趣，这反映了纺织品分支日益增长的工业化。[4]

19 世纪初，爪哇总督托马斯·莱佛士爵士（1781—1826 年）写了一篇文

---

〔1〕 对于蜡印布的出现及其复杂的全球史，尚没有详细的研究，尽管自 20 世纪 60 年代以来，发表了一些关于它的个别方面的作品。参见：Robinson，*A History of Dyed Textiles：Dyes，Fibres，Painted Bark，Batik，Starch - Resist，Discharge，Tie - Dye，Further Sources for Research*（London：Studio Vista，1969）；Ruth Nielsen，“The History and Development of Wax - Printed Textiles Intended for West Africa and Zaire，” in *The Fabrics of Culture：The Anthropology of Clothing and Adornment*，ed. J. M. Cordwell and R. A. Schwarz（The Hague，Paris，and New York：Mouton Publishers，1979）；Christopher B. Steiner，“Another Image of Africa：Toward an Ethnohistory of European Cloth Marketed in West Africa，1873—1960，” *Ethnohistory* 32，no. 2（1985）：91—110；John Picton，“Technology，Tradition and Lurex：The Art of Textiles in Africa，” in *The Art of African Textiles：Technology，Tradition and Lurex*，ed. J. Picton（London：Barbican Art Gallery，Lund Hemphries Publishers，1995）；id.，“Colonial Pretense and African Resistance，or Subversion Subverted：Commemorative Textiles in Sub - Saharan Africa，” in *The Short Century：Independence and Liberation Movements in Africa，1945 — 1994*，ed. O. Enwezor（Munich，London，and New York：Prestel，2001）；id.，“What to Wear in West Africa.” 下文的综述构成了对这部作品的一个摘要和批评性的反思。

〔2〕 在反印中，一个图案不是直接印在布上，而是通过给被加工布面的周围印上一种被称作“保留物”的物质，图案变得可见。保留物底下的布面没有被染色。保留物可以是蜡或树脂构成的，还有其他的物质。

〔3〕 这种布料在加纳有英文名称，这一事实反映了殖民地与全球性的关联。现今加纳的南部在 19 世纪下半叶成了英国的殖民地，英语自然是官方语言。自加纳南部，那些生活在现今加纳的人接触到了来自欧洲的被称作蜡印布的工业印制布料；其英文名称保留了下来，没有被翻译成本地语言。

〔4〕 See Nielsen，“The History and Development of Wax - Printed Textiles，” 471.

章，准确描述了爪哇岛的蜡防印花技术，供欧洲的贸易商和纺织品制造商使用。他们对蜡防印花布的兴趣从进口手工制作的、昂贵的印度尼西亚产品到欧洲，转向了把欧洲机器制造得更廉价的仿造品出口到印度尼西亚。但是，英国的制造商很快认识到，生产这样的复制品极其耗时而昂贵，完全复制这种布料独一无二的色彩和复杂图样简直是不可能的事。

荷兰企业家同样试图复制爪哇的蜡防印花布，但直到 19 世纪初才用机器复制出来；相反，他们竭尽全力学习爪哇蜡防印花布设计师的技术，并使之合理化，使用他们自己的蜡防印花工厂。最早的一家工厂于 1853 年在莱顿建立，接下来另外几家分别在哈勒姆、鹿特丹、海尔蒙德和阿珀尔多伦建立。在《染色纺织品的历史》（*History of Dyed Textiles*）一书中，斯图亚特·罗宾逊（Stuart Robinson）解释道，"很多技艺高超的手艺人被请到荷兰，并在专门建造的村庄定居下来，他们把手艺传授给荷兰工人，后者再在荷兰实践，然后去东印度监督个体和家庭作坊进行合作，加入大规模的国家控制的联合体。"〔1〕

在 19 世纪中叶之前的那段时期，荷兰纺织品制造商也对机器生产蜡防印花布越来越感兴趣，因为手工模版印花只是取得了适度的成功——质量还不如印度生产的印花棉布。〔2〕此外，手工生产在荷兰太昂贵。

由于这些原因，荷兰纺织品制造商开始试验机器生产蜡防印花布。这些公司有普雷芬纳尔公司，它起初是以比利时为基地，但在 18 世纪下半叶与哈勒姆棉纺公司合并，从那时起便在哈勒姆生产。作为手工填蜡笔之外的可选方法——对法国印钞机进行了改造，使得在染色工序之前，可以把一层树脂印在布的两面。这台改造过的机器被称作"爪哇人"。尽管有这样一个令人浮

---

〔1〕 Robinson, *A History of Dyed Textiles*, 41.

〔2〕 See Rosemary Crill, ed., *Textiles from India*: *The Global Trade* (Calcutta, London, and New York: Seagull Books, 2006). 模版印花被用来模仿爪哇蜡防印花布的最早例证可以在威力斯科博物馆里找到，它的年代被推定为 1846—1849 年。参见：Picton, "Technology, Tradition and Lurex," 25. 关于 19 世纪欧洲蜡染布公司的影响，几乎没有任何研究。英国压印布在供给西非的蜡印布的发展中所起的作用代表了一条成果丰硕的研究路径。

想联翩的名字，但正如约翰·皮克顿（John Picton）告诉我们的，它很快就被一台更有效率的机器所取代，“一台改良的双型压花辊印刷机，是苏格兰人托马斯·贝尔（Thomas Bell）在1783年发明并取得专利的”。[1]

尽管在19世纪末，以工业规模在欧洲生产爪哇蜡防印花布在技术上已经成为可能，但依然没有取得成功：欧洲生产的布料在它打算销往的爪哇周围的东南亚市场没有人喜欢。染色时使用双辊技术涂敷的树脂导致裂缝，透过这些裂缝，原本打算盖住的地方被染色了，结果导致颜色分界线的断裂和缺口。第二个染色层的使用导致了问题和不精确。所以，在欧洲用机器生产的布料清楚地显示出与爪哇原产蜡防印花布有着明显的差别。对印度尼西亚的买主来说，不精确的染色缺乏美感。荷兰人为之而孜孜以求的印度尼西亚市场还没等打开就失去了。[2]

无论如何，高强度的殖民地贸易意味着一个新的市场很快就会被工业仿造品打开——在今天的加纳，而不是在印度尼西亚。即使是在1872年荷兰人把他们的要塞交给英国人之后，他们依然维持着与加纳的贸易接触。正如我们已经看到的，这种布料在那里被称作蜡印布，并大受欢迎——恰好是印度尼西亚人所不喜欢的不精确的分界线，南加纳的消费者认为特别有美感。每块布料上的模糊分界线意味着每一块都是独一无二的，尽管图案和色彩是一样的。这使得蜡印布特别有需求。[3]

欧洲贸易商和制造商很快认识到了蜡印布在西非的新市场，并开始迎合新的消费需求。蜡印布及其图案在黄金海岸如此迅速地大受欢迎，其原因几

---

〔1〕 Picton，“Technology，Tradition and Lurex，” 25. 我们依然缺乏准确的历史资料和文献来源。在这方面，平克顿证实，“就算有文献证据存在，也没有一件证据泄漏出来”；Picton，“Colonial Pretense and African Resistance，” 160. 然而，看来似乎是比利时人J. B. T. 普雷芬纳尔最早用机器为西非市场生产蜡防印花布，1893年为哈勒姆棉纺公司生产。这两种机器中，究竟使用哪一种，我们并不知道。参见：Nielsen，“The History and Development of Wax - Printed Textiles，” 474。

〔2〕 参见：Picton，“Technology，Tradition and Lurex，” 26；Picton，“Colonial Pretense and African Resistance，” 160。在他对这一发展的描述中，平克顿依赖于口头传播的公司史。依然没有——尽管非常需要——对书面材料的研究。

〔3〕 所谓的裂纹效果如今被故意生产出来，以满足加纳人的审美预期。

乎没有人研究过。

这里有两个因素在发挥作用。除了活跃的纺织品贸易活动发生在英国和荷兰的黄金海岸贸易前哨之外，那个世纪下半叶移民到那里的欧洲年轻未婚男性对这一发展也做出了贡献。[1]

用鲁思·尼尔森（Ruth Nielsen）的话说，“当他们安顿下来做生意时，他们很快就雇用……非洲女人参与他们的业务。这些女人教给他们当地的语言，作为回报，她们得到了缝纫机，以及如何使用缝纫机的指导，不久之后，蜡印布的销售就火爆起来。”[2]

蜡印布立即大受欢迎的另一个因素是1810—1872年因印度尼西亚战争而被荷兰军队征募的西非士兵的存在。[3] 当荷兰在1872年把埃尔米纳要塞交给英国时，很多幸存下来的士兵回到了黄金海岸，并在一些贸易活跃的地区定居下来。他们带回了印度尼西亚的蜡仿印花布，送给他们的妻子和家人，从而促使这些设计图样在如今的加纳被人们所熟悉。

印度印花棉布在19世纪的西非已经很普遍，手工印染小花装饰图案促使后来印花布在这一地区流行。[4] 此外，印花布非常实用，他指出：

> 印花平纹细布的柔软性使得人们可以穿更多这样的布，而没有本地织物那么沉重，因此，它可以操作和裁剪得更为合身，它的色彩范围使得更大范围的个人审美表达成为可能；而且……它的洗熨

---

〔1〕 See Femme S. Gaastra, *The Dutch East India Company: Expansion and Decline* (Zutphen: Walburg Pers, 2003); Désirée Marie Baumann, *The English East India Company in British Colonial History, 1599—1833* (Essen: Die Blaue Eule, 2007); Jaap R. Bruijn, and Femme S. Gaastra, eds. *Ships, Sailors and Spices: East India Companies and Their Shipping in the 16th, 17th and 18th Centuries* (Amsterdam: NEHA, 1993).

〔2〕 Nielsen, "The History and Development of Wax - Printed Textiles," 470.

〔3〕 参见：W. T. Kroese, *The Origin of the Wax Block Prints on the Coast of West Africa* (Hengelo: Smit, 1976)。克罗泽这本关于蜡印布及其在现今加纳建立的历史在其公司的焦点上是研究不充分的和有偏见的（这本书的序言由威力斯科公司的一位代表撰写）。然而，后来论述这个主题的大多数作品都引用了这一研究。

〔4〕 See Picton, "Technology, Tradition and Lurex," 25.

特性比本地编织布更好，尤其是在干旱时期，缺乏可用于洗涤的水时。[1]

此外，基督教传教士们改变了对黄金海岸的服装的态度。特别是，他们对他们所认为的更贫穷的女人的服装很感兴趣，这对于人们越来越多地穿蜡印布发挥了非常重要的作用。对于这些传教士来说，把女性身体遮盖起来是女人远离“野蛮非洲”、走上“文明之路”的一个标志。[2] 与此密切相关的是，留心遮盖赤裸的女性身体代表了控制女性身体并控制性行为的一种形式。[3]

到20世纪中叶，蜡印布非常深刻地渗入了日常文化中，以至于尽管是在欧洲制造的，但它们被视为加纳的和本地的。当它们开始充当仪式性的肯特布和阿丁克拉布的一个深受欢迎的补充物时，情况便是如此。女人对这种布料适应加纳市场的需要、表达她们的好恶做出了重要贡献，尤其是“市场妇女”。欧洲女人通过卖布的商人找出与消费者的联系。后者对消费者的偏好总是有准确的感知，她们经常通过推销特定的产品，积极影响消费者的行为。[4] 从19世纪末直到20世纪，“市场妇女”对布料生产的成败有着特别强大的影响力：她们给工业印染布料的特定图样取名字，给它们分派谚语，因此把它们整合到了关于布料和服装的地方习俗中。[5]

---

[1] Justine M. Cordwell, “Appendix: The Use of Printed Batiks by Africans,” in *The Fabrics of Culture: The Anthropology of Clothing and Adornment*, ed. J. M. Cordwell (The Hague, Paris, and New York: Mouton Publishers, 1979), 495.

[2] See Allman, *Fashioning Africa*, 147.

[3] 关于殖民地社会性别与服装的作用，除了其他作品之外，还可参看：Ann L. Stoler, *Carnal Knowledge and Imperial Power: Race and the Intimate in Colonial Rule* (Berkeley and Los Angeles: University of California Press, 2002); Nira Wickramasinghe, *Dressing the Colonialised Body: Politics, Clothing and Identity in Sri Lanka* (New Delhi: Orient Longman, 2003)。

[4] See Garcia Clark, *Onions Are My Husband: Survival and Accumulation by West African Market Women* (Chicago: University of Chicago Press, 1994); Jean Allman and Victoria B. Tashjian, *“I will not eat stone”: A Women's History of Colonial Asante* (Portsmouth: Heinemann, 2000); Claire C. Robertson, *Sharing the Same Bowl: A Socioeconomic History of Women and Class in Accra, Ghana* (Ann Arbor: University of Michigan Press, 1990).

[5] See Picton, “Technology, Tradition and Lurex.”

以这种方式，“市场妇女”起到的作用是把加纳消费者的需求和审美品味传达给荷兰生产者。这个过程就是研究纺织品的历史学家和收藏家约翰·皮克顿下面这个论题的背景：蜡印布不仅是（新）殖民剥削的一个符号，而且有着艺术史的意义和身份建构的意义，并对殖民主义批评做出了贡献。[1] 在皮克顿看来，蜡印布是“荷兰、印度尼西亚与黄金海岸之间独一无二的交锋的结果，这样一来，工业化欧洲语境下的设计过程被非常特殊的西非利益所驱动”。[2]

威力斯科：蜡印布的奢侈品牌

在 1957 年加纳脱离英国而独立之前，蜡印布完全是在欧洲生产，然后借助于诸如联合非洲公司（1929—1987 年）这样的分销商，在加纳销售。[3] 随着政治独立，加纳也渴望经济上的独立，恩克鲁玛（Nkrumah）政府制定了广泛的工业化政策。与此相关联的计划包括 1964 年建立加纳纺织品印染公司（简称 GTP），与（比方说）1966 年的沃尔特河计划相比，这个项目有点小。然而，它有着丰富的象征意义，反映了这个年轻国家需要体现其身份的形象和物品，而蜡印布十分理想地适合于这一目的。[4] 这个国家在纺织品印染领域的经济野心，以及脱离欧洲产品的相关举措引起了威力斯科公司的担心，他们担心自己失去作为蜡印布制造商在西非的优势地位。尽管就加纳独立的蜡印布生产而言，已经预期到了巨大的亏损，但事实上，对于如何生产

[1] See Picton, “Colonial Pretense and African Resistance.”

[2] Ibid., 160.

[3] See David K. Fieldhouse, *Merchant Capital and Economic Decolonization: The United Africa Company 1929—1987* (Oxford: Clarendon Press, 1994).

[4] See Anne McClintock, “No Longer in Future Heaven”; Alison L Goodrum, *The National Fabric: Fashion, Britishness, Globalization* (Oxford and New York: Berg, 2005); Dominic Kofi Agyeman, *Ideological Education and Nationalism in Ghana under Nkrumah and Busia* (Accra: Ghana University Press, 1988).

却没有充足的认识，再加上缺乏机器和原材料，不足以建立一家自给自足的加纳印染厂。

由于这些原因，1964 年，加纳纺织品印染公司在艰苦谈判之后得以建立，作为加纳政府与英荷非洲纺织品研究小组（ADATIG）之间一个联合冒险项目[1]，由荷兰公司和英国公司——包括威力斯科公司和联合非洲公司——的代表组成，由联合利华拥有。ADATIG 拥有加纳纺织品印染公司 49%的股份，打算提供技术和业务知识，因此维持着在加纳市场的存在，同时把 51%的股份让给加纳政府。[2] 加纳纺织品印染公司的创立既是加纳政治独立的结果，也是对前殖民强国持续依赖的一个标志。

威力斯科公司早在 19 世纪中叶就已经向印度尼西亚销售蜡印布，自 1852 年之后便活跃于西非市场，而且，它如今可以扩大它在奢侈纺织品部门所占据的位置。因为，即使在 1966 年加纳纺织品印染公司投产之后，人们依然热烈地争论荷兰人关于蜡印布生产的技术知识在加纳的权利。[3] 威力斯科公司希望仅仅在仿蜡印布的生产上支持加纳的公司，这些产品在质量和声誉上不可能与真蜡印布相比。威力斯科公司的管理层在 20 世纪 60 年代初就已经知道这一点。不仅销量说明了受欢迎的程度，而且 1960 年的一份内部报告谈到蜡印布已经渗入加纳的社会："我们有这样一个印象，蜡印布……被视为质量的保证，尽管价格不菲，但它们是各种各样的服装的支柱，每个女人都拥有。"[4]

---

[1] See Fieldhouse, Merchant Capital; id. *Unilever Overseas: The Anatomy of a Multinational, 1895－1965* (London and Stanford, CA: Croom Helm, Hoover Institution Press, 1978).

[2] 作为加纳政府转让给 ADATIG 成员的加纳纺织品印染公司 49%股份的回报，它得到了一家肥皂工厂 49%的股份，这家肥皂工厂由联合利华提供资金，由 1963 年在首都阿克拉以东创办的利华兄弟公司负责经营管理：看来，这是对其座右铭的一次自由改编，"为加纳人生产肥皂，为英国人和荷兰人生产纺织品"。参见：Koert, *Dutch Wax Design Technology*, 24。

[3] 关于加纳纺织品印染公司 1957—1967 年间创建的历史，更详细的描述参见：Ruschak, "Stoffe, die globale Geschichte machen: Stationen in der kulturellen Biographie von wax prints im urbanen, postkolonialen Südghana" (PhD diss., University of Vienna, 2009), 125－208.

[4] Report of W. J. Boulman, "First Report Ghana Investigation, 5. 12. 1962," Vlisco Museum, GTP file/ GTP folder, 1.

尽管经济压力导致威力斯科公司宣布1967年开始在加纳纺织品印染公司生产蜡印布，但只有颜色选择极其有限的某些样式可以直接在那里生产。[1]直到20世纪90年代中期，加纳纺织品印染公司的生产完全是以靛蓝作为基色，其他基色的布料偶尔在其间脱颖而出的西非工厂生产，但主要是由威力斯科公司生产。威力斯科公司的布料与加纳纺织品印染公司的布料相比，前者由于品质及图样与色彩的复杂性而更有吸引力，后者被当作低劣产品对待。[2]

加纳纺织品印染公司的创立是贸易网络收紧的一个标志，这一网络把欧洲的贸易公司和纺织品生产商与加纳政府捆绑在一起。后者将把布料——到20世纪中期它已经深受欢迎——的生产制度化，并牢固确立全球贸易网络中的本地存在。[3]

但与此同时，正如我们已经指出的，加纳纺织品印染公司的历史显示了加纳在多大程度上依旧陷于殖民经济结构。换句话说，政治独立并没有导致蜡印布生产上的经济独立：作为一家起初主要由国家经营、1982年之后完全由国家经营的公司，加纳纺织品印染公司并不成功。[4]

尤其是在20世纪80年代，加纳纺织品印染公司内部出现了很大的困难：

---

〔1〕 无论如何，威力思科公司花了一些时间进行技术准备，只是在1971年才有足够的车间生产蜡印布。参见：Koert，*Dutch Wax Design Technology*，64—65。

〔2〕 在1994—1996年间，加纳纺织品印染公司的多数股份被荷兰控股公司伽玛公司收购，后者也拥有威力思科公司。收购之后，也就是加纳纺织品印染公司创立30年之后，其他基色才逐步被引入公司。

〔3〕 See Jürgen Osterhammel and Niels P. Petersson，*Geschichte der Globalisierung：Dimensionen，Prozesse，Epochen* (Munich：C. H. Beck，2003).

〔4〕 在1957年加纳独立、1960年第一个加纳共和国创立和1993年依旧存在的第四个共和国的建立之间，前后有过五次暴动，其中四次是军人领导的。在20世纪60年代和70年代，由于政治动荡和腐败，加上全球的发展，比如70年代的石油危机，以及可可（加纳的主要出口品）价格的下跌，加纳的经济形势非常严峻。

1982 年后，其布料的分销彻底崩溃了。“市场妇女”整天排队收布料去卖[1]，即使能够生产的少量布料也经受了原材料的短缺。在 20 世纪 80 年代中期，染料的缺乏意味着只能生产以黄色为基色的布料，所以很多加纳人还记得那段以“黄热”为标志的时期。随着质量和耐用性的下降，消费者对这种布料的评价也急剧下降。

相比之下，威力斯科公司的纺织品在加纳政治和经济危机的那些年里从未失去声誉。实际上，由于很高的进口税，威力斯科公司在 1982 年没有直接向加纳出口布料，但布料依然通过多哥被走私到这个国家。在这一时期，能买到“真荷兰蜡印布”不仅是有钱的标志，而且是有社会地位的标志：你不仅需要现金，而且需要良好的社会关系，才能从荷兰弄到这些值得拥有的布料。在 20 世纪 80 年代，高需求和低供给使得威力斯科布料比过去更加是奢侈品。某些纺织品和图样的稀缺可导致更高的需求，并且更愿意为这种纺织品掏更多的钱，这一点在 1960 年的加纳就已经很明显，当时，这个现象尤其被下面这一事实所推动，女性商人察觉到了蜡印布的形式：“一种设计图样的相对稀缺——常常随着新的设计而发生——极大地增加了它的受欢迎程度，以至于购买者把它保留给特定的场合。这或许解释了这样一种贸易观点：你可能把一种设计图样做得过多，从而导致它死亡……如果这桩生意想要维持价格，你就必须让它停下来，直至恢复它的稀缺价值。”[2] 并非每个女人或男人都能拥有奢侈品。要想保持它的内在价值，奢侈品就必须是受控制的、稀缺的、不是人人都能得到的。加纳 20 世纪 80 年代的政治和经济危机，以

---

〔1〕 See Koert, *Dutch Wax Design Technology*, 71. 军事独裁者杰里·罗林斯对从事蜡印布生意的市场女性的影响一直没有得到详细的研究。See Kevin Shillington, *Ghana and the Rawlings Factor* (London and New York: Macmillan, 1992); Zaya Yeebo, *Ghana: The Struggle for Popular Power: Rawlings, Saviour or Demagogue* (London: New Bacon Books, 1991); E. Gyimah - Boadi, “The Search for Economic Development and Democracy in Ghana: from Limann to Rawlings,” in *Ghana under PNDC Rule*, ed. E. Gyimah - Boadi (Oxford: Codersia, 1993); Paul Nugent, *Big Men, Small Boys and Politics in Ghana: Power, Ideology and the Burden of History 1982—1994* (London and New York: Pinter, 1995).

〔2〕 Report of W. J. Boulman, 1.

及威力斯科布料的供给减少，无心插柳地提高了它作为一种奢侈品的地位。

1996 年，加纳纺织品印染公司创立 32 年后，公司的问题导致其多数股份被伽马公司收购，那是一家荷兰控股公司，属于威力斯科公司。[1] 从那以后，加纳纺织品印染公司与威力斯科公司一直有密切合作。[2] 深受欢迎的设计图样和各种各样的颜色如今可以在 GTP 的标签下印制——销售蜡印布的妇女和她们的顾客注意到了这一改变。[3] 实际上，很多消费者并不知道加纳纺织品印染公司属于威力斯科公司，总是说"我们加纳的蜡印布"。尽管比"真荷兰蜡印布"更便宜，但加纳纺织品印染公司的蜡印布依然是加纳最昂贵的纺织品。

接管和复兴加纳纺织品印染公司非常正面地影响了威力斯科作为奢侈品牌的发展和维护。然而，自千禧年开始，这两个商标，连同西非蜡印工业的其他品牌，一直处在相当困难的境地。以人们喜爱的设计图样更廉价地生产出来的中国仿制品淹没了市场，导致本地生产的布料销售大降。[4] 作为对这一发展的回应，自 2006 年开始，纺织品进口便征收很高的关税，而且只能从塔科腊迪港进入加纳。尽管有这些管制，但这一发展趋势似乎不可阻挡，而且，也是在 2006 年，威力斯科公司已经做出反应，改变了它的生产方法：从

---

[1] 不同于被打上社会主义烙印的恩克鲁玛时代的情况，自 20 世纪 90 年代开始，在加纳的政治精英看来，公司的国家所有制并不是经济独立的前提条件。自 2007 年后，伽玛控股公司拥有加纳纺织品印染公司 70. 98%的股份。参见内部文件：Tex Styles Ghana Limited，Tema (received January 25，2008)。我们并不清楚谁拥有余下的股份。

[2] 2004 年，公司改名为 Tex Styles Ghana Limited。商标名 GTP 依然保留，用于蜡印布，因为它被人们所熟悉，而且深受欢迎。参见：Koert，*Dutch Wax Design Technology*，10。

[3] 关于加纳纺织品印染公司，参见南加纳塔科拉迪市场上一个买主的观察："他们改变了品质。品质如今更好，属于最好的。他们的蜡印布并不是非常精细的布，但如今非常漂亮。颜色也不同。"GK 11. 1. 07.

[4] 自 21 世纪开始以来，社会人类学家妮娜·西尔瓦努斯一直在研究西非与中国之间密集的蜡印布贸易。参见：Nina Sylvanus，"Negotiating Authentic Objects and Authentic Selves：Beyond the Deconstruction of Authenticity，" *Journal of Material Culture* 15，no. 2 (June 2010)：181—203；id.，"Chinese Devils，the Global Market，and the Declining Power of Togo' s Nana - Benzes，" *African Studies Review* 56，no. 1 (April 2013)：65—80；Nina Sylvanus and L. Axelsson，"Women Traders' Responses to the Entry of Chinese Wax Prints in Accra (Ghana)，and Lome (Togo)，" in *The Rise of China and India in Africa：Challenges，Opportunities and Critical Interventions*，ed. F. Cheru and C. Obi (London：Zed Books，2010)，132—141。

那个时间点起，它集中于高端奢侈纺织品部分，如今的目标不仅是要生产布料，而且要制造时尚。这一决定在公司的主页上被总结如下：

> 据估计，在此时，非洲75%的蜡印布显示是威力斯科的设计图样，但其中只有一部分是真的。一些深受喜爱的设计图样有很多仿制品。为了与这一趋势作斗争，威力斯科决定聚焦于成为非洲首屈一指的时尚品牌。这一战略迫使威力斯科调整其工作方式。这一战略的内容之一就是要生产时尚纺织品系列，且转变很快，不可能轻易被模仿。

2007年，威力斯科首先开始每年生产4个系列。[1]不迎合具体地区或国家的需求，也不与“市场妇女”协调配合，而是为整个非洲市场生产。与此同时，引入了单独的时尚产品线，第一次让蜡印布呈现为服装及其搭配物的形式，在科托努（贝宁）、洛美（多哥）、阿比让（象牙海岸）、卡拉巴尔（尼日利亚）、金沙萨（刚果民主共和国）和海尔蒙德（荷兰）的高档专卖店里销售。尽管威力斯科继续以远远低得多的数量为不同的非洲国家生产某些经典图样，但公司新的营销策略的目标明显是针对这些国家日益增长的精英人口。

在我们的历史框架中，不可能预测威力斯科生产上的这一转变所带来的具体影响。能够证实的是，它代表了一次根本性的决裂，告别了蜡印布制造从前的历史。我们再也看不到加纳及其他非洲国家的“市场妇女”清楚地表达客户的需求，把他们的审美偏好传达给蜡印布生产者，相反，是生产者的产品系列影响并实际决定了具体消费部门的品味。荷兰、印度尼西亚和加纳之间曾经有着非同寻常的关联，一个工业化国家内部的设计过程取决于西非消费者的品味，而如今，由于威力斯科的新战略专攻为非洲各国统一设计的

---

〔1〕这些系列追踪国际时尚产业，后者也是按季度生产时尚趋势。精心组织的网络展示、广告战和时尚秀故意让人回想起一些大的时尚奢侈品牌的实践。参见：www. vlisco. com/ (accessed June 21, 2010)。

奢侈纺织品，这种关联被改变了。不管怎么说，面对这一改变，有一件事情始终未变：一家在欧洲生产的纺织品公司为不同的非洲国家提供奢侈品。我们对蜡印布的历史，尤其是威力斯科公司和加纳纺织品印染公司的历史，所作的概述指向又一个实例：如今，非洲大陆不仅为欧洲生产和消费的奢侈品生产原材料，而且消费欧洲生产的奢侈品。

女性消费者赋予布料意义

在我们这篇蜡印布的文化传记的前两“站”，女人的角色以一种边缘的方式反复被提及。例如，在19世纪末，把欧洲工业化制造的、为印度尼西亚量身定做的蜡仿印花布送给女人，以及在20世纪，自己也穿戴蜡印布的女售货员展示一系列设计图样，并冠以各种不同的恰当名字，把它们整合到本地的语境中。第三“站”涉及蜡印布作为一种奢侈品在南加纳的重要性。在这里，女人扮演了一个特殊角色，因为她们作为消费者，把意义刻进了这种布料以及用它制作的服装里。

加纳女人常常被描述为有这样一种激情：多多益善地拥有蜡印布和“布”套装。一个女人所拥有的这种套装和蜡印布服装的数量透露了她的社会地位和财富，正如图22所示。这一事实不仅被21世纪初的一些受访者所确认，而且在20世纪中叶的一些文献材料中得以证实。[1] 在前面引述过的1962年威力斯科公司关于蜡印布根植于加纳社会的报告中，我们读到了下面这段话：“据估计，普通的非洲女性花在蜡印布上的开销占其总支出的1/3至1/2。很自然，并没有确凿的数据适于核对，但它们表明了重要性的顺序。有一种强烈的愿望，想拥有某些众所周知的、普遍接受的设计图样。”[2]

---

〔1〕在2003—2007年间几次为期两三个月的研究逗留期间，我参与了一些谈话，谈话的内容聚焦于南加纳边境城市塞康第－塔科拉迪的蜡印布的使用和历史。

〔2〕Report of W. J. Boulman，2.

图 22　一小批精选的短上衣（kaba），拥有者是一位四十多岁的妇女。南加纳，塔科腊迪（2004 年）。Silvia Ruschak/摄

但是，并非每个女人都拥有昂贵的知名商标的蜡印布。未婚年轻女性穿一件用“真荷兰蜡印布”制作的衣服，这在加纳女人看来似乎是不可能的，因为在加纳，穿这种来自荷兰的昂贵布料被赋予了社会的、文化的和经济的意义。真荷兰蜡印布和昂贵的GTP蜡印布不仅透露了一个加纳女人的经济地位，而且透露了她的社会综合力。它们既代表了衣橱的构成特征，又代表了已婚女性和母亲所投入的财富形式。通常，一批蜡印布和用其制作的“布”的收藏，起始于未来新郎家送的彩礼。除了日用物品及其他东西外，送给新娘的衣箱里至少还有6匹6码长的蜡印布和/或仿蜡印布。[1]按照事先商定

〔1〕送给新娘的礼物经常还有内衣、香水、肥皂等。从匣子向衣箱转变的发生时间很清楚。从20世纪80年代中期开始，加纳的女人和母亲越来越多地移民欧洲、美国和加拿大，与此同时，人们开始送衣箱作为礼物，这之间的平行应该不是巧合。关于衣箱作为彩礼容器的日益流行，尚没有人进行研究。

的，蜡印布的品牌取决于新郎家的财力。中产之家常常选择威力斯科、GTP和其他品牌的混合。显然，家境越兴旺，送给新娘的蜡印布就越昂贵，数量也越多。

毕竟，这些礼物是为新娘从单身女孩转变为妻子而准备的，在一些仪式性的场合，一个被社会锚定的妻子抛头露面，应当穿着丈夫家送给她的布料所制作的“布”。

除了布料的品牌和质量外，颜色也很重要。每一份彩礼都包含蓝白或黑白相间的布料。不管品牌是什么，这块布料被称作“白布”，在节庆的场合穿，比如结婚或小孩出生，在葬礼之后的答谢仪式上也穿；至少还要送一块红黑或棕黑组合的布料，因为这些布料代表居丧，也要为妻子准备。南加纳的妻子不能穿颜色鲜艳的布料或除“布”之外的其他任何衣服参加葬礼。

在购买这种布料时，不管是作为彩礼，还是个人购买，设计图样起到了重要作用。图样有名字或象征意义，使得通过布料进行交流成为可能。因此，任何一个女人，只要是欢迎她走进这个家庭，就不会送给她名字不好的布料，比方说叫“人皆有一死”，不管是什么品牌。某种类型的布料所代表的名字或谚语继续强有力地决定着它的销售，连同穿戴它的场合。

因此，作为彩礼的布料既有实用价值，又有象征意义。它代表了妻子的财务独立，尤其是昂贵的布料，常常被收藏在衣箱里，正如图23所示，由于它的材料价值可作为一笔投资，女人有了财务上的灵活性。一个女人年纪越大，拥有的布料就越多，死后则传给女儿。布料的这种社会含义对设计图样做出了贡献，目前我们所知道的最早的这种图样是20世纪上半叶生产的。

蜡印布以及用它们缝制的“布”套装标志着向已婚身份过渡，从而使这一身份在外表上可见。它们也是向母亲身份过渡的重要标志。在南加纳，孩子是家业兴旺的标志。芳蒂语单词mame（妈妈）含有兴旺及相关社会地位的

图 23　一个大约 40 岁的厨子的衣柜。没有缝制的布料作为投资而被储存。南加纳，塔科腊迪，2007 年。Silvia Ruschak/摄

意思。[1] 母亲身份还意味着一个女人穿衣习俗的改变，至少是在生孩子后的那段时期。一位来自塔科拉迪的老师这样写道："你就要当母亲了，所以你开始穿上我们的'布'，我们本地的'布'。我们背着我们的孩子，用'布'系住他们。所以，如果你穿这种短裙……紧身裤，你就不可能背你的孩子，因此你要开始缝制并使用我们本地的'布'。"[2]

正如前面已经提到的，对母亲来说，kaba 和 slit 组合中的"余布"有一

[1] 尽管在南加纳，结婚和生儿育女是不可分的，但生儿育女并不总是与结婚紧密相关。正如在别的地方一样，有一部分女人在没有配偶的情况下生育一个或多个孩子。当了母亲的女人，其衣着的改变由于大家庭的收入而在已婚女人那里更明显，但不应该认为只是与婚姻相关。结婚和生儿育女在很多人类学研究中是作为一个单一单位来审视的——到上个世纪末，情况尤其如此。参见：Ifi Amadiume，*Male Daughters*，*Female Husbands*：*Gender and Sex in African Society*（London and Atlantic Highlands，NJ：Zed Books，1998），69—88。由于关系模式的改变，这种关联在未来的作品中需要解开。

[2] Mrs. Amadakah，Teacher Mary 22. 3. 2004，Takoradi，South Ghana.

个额外的功能：充当背孩子的兜布。为此，布料的质量和把它加工成“布”是一个基本问题，正如我的受访者所坚持认为的，穿宽松裤或短裙不可能背孩子。不过颜色也很重要，正如一位 60 岁的老师所解释的：“如果你生了孩子……你就要穿白‘布’，大约穿 3 个月……如果你生了孩子，每件东西都是白的。你带出门的每件东西都是白的，连同你的手袋。”[1]

生孩子之后穿白蓝或白黑相间的蜡印布表明这个女人已经当妈妈了。这个身份成了社会资本，通过穿某些蜡印布来传达。

皮埃尔·布迪厄（Pierre Bourdieu）的一句话用在这里很合适：“从与这样一个群体的亲密关系中，物质利益出现了，比如‘宠爱’常常与有用的关系密切相关。”[2]

无论是在印刷媒体中，还是在电视上，以及在南加纳城市里的所有日常谈话中，都反复提到道德崩溃和优良传统衰落所构成的威胁，正如我们在女性服装的明显改变中所看到的那样：短裙和低腰窄腿牛仔裤是蔑视本地价值的标志。

正视这些担心是蜡印布在加纳女人日常穿着习俗中植入的经济、社会和文化的含义。不管时尚如何演变，蜡印布依然与一生中的过渡事件和过渡阶段（比如结婚、生子和死亡）密切相关，特定颜色和图样的蜡印布更是如此。尤其是与这些阶段和事件有关的节庆活动，都要穿蜡印布参加，我的很多受访者都强调了此事。“我们是关系亲密的家庭，”一个 40 岁的普通公司雇员这样解释，“所以我们都参加庆祝，对于这样的活动，你不可能跑开。不管你的手提箱里有什么，除非你穿上 kaba，下身穿白的，否则你就不可能是家庭的组成部分。”[3]

---

[1] Auntie Ama 14. 5. 2004，Takoradi，South Ghana.

[2] Pierre Bourdieu，“Ökonomisches Kapital，kulturelles Kapital，soziales Kapital，” in *Soziale Ungleichheiten*，ed. R. Kreckel（Göttingen：Verlag Otto Schwartz and Co.，1983），192. 在塔科腊迪，婴儿的母亲尤其得到女性和男性家庭成员的支持。一个女人生孩子之后最初的几周是和自己的母亲或其他女性亲属一起度过的，后者负责照料她和婴儿。

[3] Auntie Ama 14. 5. 2004，Takoradi，South Ghana.

结 论

蜡印布在加纳及其他西非国家的纺织品消费中扮演了一个至关重要的角色。它们成了非洲的一个象征，这种布料常常被认为是非洲典型物品，无论是在非洲大陆内部还是之外。但是，正如本章所概述的，这种布料有一段复杂的全球史，以独一无二的方式，与文化史和经济史，以及印度尼西亚、西北欧和西非的纺织品生产史密切相关。我们已经看到，这种布料如何通过欧洲蜡印布生产对西非传统的适应，从而发展为加纳身份的一种典型物品；通过命名和整合，这种布料可以适用于加纳许许多多的日常文化和节庆文化。

正如我们已经看到的，这种布料不仅是日常使用和定期节庆使用的物品，而且，如果是某些公司生产的，它还是一种奢侈品。尽管价格不菲，但是，威力斯科生产的“真荷兰蜡印布”几乎从不缺席加纳已婚女人的衣箱，因为这种布料不仅是一种奢侈品，而且是支持其消费文化和社会实践的组成部分。这就是几乎每一个女人平生至少会得到一匹威力斯科蜡印布——作为彩礼——的原因。

“真荷兰蜡印布”，以及其他蜡印布品牌，是一种特定性别的产品，主要是女性购买和穿戴。这种布料更清楚地渗入了女人的生活而不是男人的生活中。女性生活的改变——从女人到妻子，从女人到母亲——伴随着她们穿戴某些种类的蜡印布，因此，这种布料似乎注定要保持它的流行性，只要它依然是以女人一生中截然不同阶段的文化实践为中心。因此，正是非洲女人和女人的生活从根本上决定并维持了蜡印布的消费。由于非洲女性消费者在2006年威力斯科公司改变生产方式之前一直决定着欧洲的生产，因此，我们在这里呈现的是性别史和经济史中一个独一无二的篇章。

图 24　荷兰（资料来源：百度图片）

正如我已经强调的，在 20 世纪中叶之前，蜡印布只在欧洲生产，而且只在西非销售。它们是打破旨在研究中心与边缘之间关系这一经济史模型的少数产品之一，把非洲国家标识为有着特定审美需求的消费国，而满足这些需求的是欧洲生产者。就“真荷兰蜡印布”而言，欧洲、荷兰生产者与非洲消费者三者之间的关系尤其清楚：真荷兰蜡印布必须在荷兰生产，因为产地决定了铭刻在这种布料中的传统、意义、品质和外表，以及与此相关的奢侈性。来源赋予这种布料奢华的氛围，以及——在与这个词的本义相反的意义上——异国情调的魅力。

【作者介绍】　西尔维亚·鲁施克（Silvia Ruschak）：获得维也纳大学史学博士学位，目前在维也纳大学经济和社会史系讲授全球史硕士课程。主要研究兴趣在全球纺织品和性别史，尤其关注西非。

第七章

从威尼斯到东非：玻璃珠的历史、用途和意义

1828 年，一位探访穆拉诺岛的法国旅行者把当地的玻璃珠制造定义为这样一个产业："它给平民百姓提供闪闪发光的、看上去像是富人使用的奢侈品"，而且，"像时尚品的生产一样，它毫无价值，不可能是一个国家切实可用的资源，因为它并不能满足任何真正持久的需要"。[1] 他肯定是错的。一方面，他完全忽视了玻璃珠在世界上很多地方不仅被用作装饰物，而且被用作货币。另一方面，他不知道这样一个事实：威尼斯的玻璃珠生产和出口从 15 世纪一直增长到了 19 世纪末，极大地支撑了当地经济。

全世界这么多社会如此迅速地同意用玻璃珠交换贵重商品，这一事实被认为清楚地证实了这些社会的"原始"，他们没有能力区分某种物品有无价值。事实上，这一点也不奇怪，有关美国的一个创始神话是，曼哈顿岛是荷兰移民用价值 24 美元的玻璃珠及"其他"小饰物买来的，这是一宗大买卖的典范，正如有人定义的那样。[2] 然而，要正确地评估世界上不同地区为什么有这么多人接受玻璃珠作为一种支付手段，就必须深入研究玻璃珠在使用它们的社会里所获得的意义和功能。

在其生命历程的不同阶段，商品并不总是有相同的意义，生产地对这些

〔1〕"[Q] ui permet *à* la médiocrité l' éclat et le luxe apparent de la richesse," and "frivole, comme la fabrication des ouvrages de mode, ne saurait être pour un Etat une véritable ressource, puisqu' elle ne satisfait point *à* des besoins réels et durables"; M. Valéry, *Voyages historiques et littéraires en Italie pendant les années 1827, 1827 et 1828, ou l' Indicateur Italien*, Vol. 1 (Paris: Le Nomant, 1831), 471, as quoted in Giuseppe Morazzoni and Michelangelo Pasquato, *Le conterie veneziane* (Venice: Societ*à* veneziana conterie e cristallerie, 1953), 66.

〔2〕David Graeber, "Beads and Money: Notes toward a Theory of Wealth and Power," *American Ethnologist* 23, no. 1 (1996): 4.

商品的认知限制了我们理解它们在非洲社会所扮演的角色。与此同时，某些进口品在进入非洲经济循环时所获得的价值关系到当地人认知它们的方式，以及关于它们如何生产、在哪里生产的观念，这些观念常常带有神话色彩。[1] 理查德·F. 伯顿（Richard F. Burton）是第一个到今天的坦桑尼亚内陆旅行的欧洲人。在 1857 年探险期间，戈戈的一些酋长向他打听 Uzungu（白色的国度），“神秘的世界尽头，玻璃珠就是在那里的地底下找到的……”[2] 正如我们即将看到的那样，玻璃珠在 19 世纪东非的很多地区被用作货币，即便它们不是来自世界尽头，也是来自与东非相距遥远的某个地方。它们因此是一条漫长商品链的结果，自然限制了流通的数量，并限制了伪造或取代它们的可能性。[3]

研究欧洲与世界其他地区之间的联系，常常是以欧洲作为奢侈品的消费者，以非洲、美洲和亚洲作为异国商品的生产者。结果，很少有研究聚焦于作为消费者的非洲人，很少有人关注非洲消费模式以什么样的方式被外国商品的进口所改变，尤其是那些已经具体化为一种货币形式的商品，譬如玻璃珠。[4] 正如戴维·理查森（David Richardson）所指出的，关于欧洲向非洲

---

[1] Arjun Appadurai, “Introduction: Commodities and the Politics of Value,” in *The Social Life of Things: Commodities in Cultural Perspective*, ed. Arjun Appadurai (Cambridge: Cambridge University Press, 1986), 3—63; Wim Van Binsbergen, “Commodification: Things, Agency and Identities: Introduction,” in *Commodification: Things, Agency and Identities: The Social Life of Things Revisited*, ed. Wim van Binsbergen and Peter Geschiere (Münster: Lit, 2005), 9—52.

[2] Richard Francis Burton, *The Lake Regions of Central Africa*, Vol. 1 (London: Longman, Green, Longman and Roberts, 1860), 261.

[3] 据杰里菲和库兹涅维茨说，一条商品链就是一个劳动和生产过程的网络，其最终结果是一件已经完成的商品；商品链内每个连续节点都涉及输入（原材料和半成品）的获取和/或组织，劳动力及其供应、运输、分配和消费，参见：Gary Gereffi, Miguel Korzeniewicz, and Roberto P. Korzeniewicz, “Introduction: Global Commodity Chains,” in *Commodity Chains and Global Capitalism*, ed. Gary Gereffi and Miguel Korzeniewicz (Westport, CT: Greenwood Press, 1994), 2—3。

[4] 对非洲的贴切解释，除了其他作品之外，还有：David Richardson, “West African Consumption Patterns and Their Influence on the Eighteenth - Century English Slave Trade,” in *The Uncommon Market: Essays in the Economic History of the Slave Trade*, ed. Henry A. Gemery and Jan S. Hogendorn (New York: Academic Press, 1979), 303—330 and Jeremy Prestholdt, *Domesticating the World: African Consumerism and the Genealogies of Globalization* (Berkeley: University of California Press, 2008).

出口的讨论，“通常局限于粗略地列出某些众所周知的贸易商品，而没有严肃地分析这意味着什么”。[1] 这一路径有利于制造这样的印象——非洲人不能区分有价值的商品和无价值的商品，这正是菲利普·柯廷（Philip Curtin）正确地定义的“便宜货神话”的来源；或者是这样一种被广泛接受的观念——非洲人在经济上很天真，接受没有价值的商品，譬如廉价的小装饰品、玻璃珠或朗姆酒，交换远为珍贵得多的商品，譬如奴隶、象牙和黄金。[2] 这是由于对非洲社会如何实际利用这些进口商品，尤其是对这些商品在进入非洲经济循环时所获得的价值缺乏分析性的研究。

本章的主旨在于提出用传记的方法研究玻璃珠的历史，并让人们关注这种商品在其生产和使用的历史、文化和经济的语境中所获得的不同功能和意义。[3] 与此同时，本章采用商品链的研究路径，聚焦于威尼斯和穆拉诺岛的生产和 19 世纪东非的消费，为的是解释商品网络中各个不同的节点如何彼此相连，不同的互动模式如何出现。作为结果而呈现的图景将会显示，非洲不仅是一个为欧洲市场获取奢侈品的地区，而且是一个进口欧洲商品以满足不断增长的对外国商品的需求的地方，这些商品深刻地改变了当地的经济实践。

本章的第一部分将简短地回顾威尼斯和穆拉诺岛生产玻璃珠的历史，其中特别提到威尼斯与外国市场的关联。第二部分将展现 19 世纪东非交易和使用玻璃珠的历史语境。[4] 正如戴维·理查森（David Richardson）所指出的，关于欧洲向非洲出口的讨论，“通常局限于粗略地列出某些众所周知的贸易商

[1] Richardson，“West African Consumption Patterns”，304.

[2] Philip D. Curtin，*Economic Change in Pre - colonial Africa*：*Senegambia in the Era of the Slave Trade*（Madison：University of Wisconsin Press，1975).

[3] 这是奥格迪兰追踪贝宁湾的玻璃珠和货贝的变迁史时所使用的方法；参见：Akinkumi Ogundiran，“Of Small Things Remembered：Beads，Cowries，and Cultural Translations of the Atlantic Experience in Yorubaland，” *International Journal of African Historical Studies* 35，no. 2 —3（2002)：427—457。

[4] 在本章，我所说的东非，大致上指的是在 19 世纪成为桑给巴尔岛商业腹地的组成部分的那片地区，由很多区域组成，它们属于今天的坦桑尼亚、肯尼亚和乌干达，还有刚果民主共和国的一部分。本章给出的很多实例涉及如今位于坦桑尼亚联合共和国的一些地区，但玻璃珠在桑给巴尔岛商业腹地的其他地区也被广泛交易和使用。

品，而没有严肃地分析这意味着什么”。[1] 接下来的第三部分将集中于玻璃珠在东非的不同用途，聚焦于它们的货币功能，以及它们一旦离开经济循环后所获得的意义。第四部分将解释对玻璃珠的需求如何随着时间的推移而改变。最后一部分对玻璃珠在 19 世纪东非的不同用途和意义做了评论。

生产侧：穆拉诺岛和威尼斯

传说，13 世纪末，威尼斯探险家马可·波罗回到家乡，告诉同胞们，远东人对珍珠、宝石及其仿制品有着巨大的需求。穆拉诺岛两个足智多谋的玻璃制造商克里斯托佛罗·布里亚尼（Cristoforo Briani）和多梅尼科·米奥蒂（Domenico Miotti）抓住了这个机会，引入了专门的技艺，使用玻璃模仿马可·波罗在旅行期间看到的真正的珍珠，他们制造的珠子是威尼斯的历史与玻璃珠制造之间持久关联的开端。[2] 这则记述并没有历史依据，正如几项研究所证实的，因为玻璃珠生产的开始是为了模仿用琥珀、象牙和石英做成的念珠，主要在中世纪使用。然而，马可·波罗的故事证实，自其起源以来，玻璃珠的历史如何深刻地关联到外国的市场和需求。[3]

14 世纪，威尼斯开始大规模生产玻璃珠。然而，只是从 15 世纪初起，威尼斯才在世界玻璃珠生产上获得了它的霸主地位，当时，威尼斯的玻璃珠制造商填补了西亚工业衰落留下的空白。[4] 为了确立和维护它的霸权，威尼斯

---

〔1〕 Richardson，“West African Consumption Patterns，” 304.

〔2〕 Morazzoni and Pasquato，*Conterie Veneziane*，8—9.

〔3〕 关于这个神话的来源及其意义，参见：Francesca Trivellato，“Out of Women’s Hands：Notes on Venetian Glass Beads，Female Labour and International Trades，” in *Beads and Bead Makers：Gender，Material Culture and Meaning*，ed. Lidia D. Sciama and Joanne B. Eicher（Oxford and New York：Berg，1998），63—64；see also Elena Bertagnolli，Maria Teresa Sega，and Rossella Urbani De Gheltof，*Perle Veneziane*（Venice：Consorzio Venezia Perle，1991），27—28。

〔4〕 Lois Sherr Dubin，*The History of Beads：From 30，000 BC to the Present*（London：Thames and Hudson，1987），107.

共和国政府制定了限制性的法律。第一部法律于1318年颁布，接下来是1490年的一部法律和1547年的另一部法律。根据这些法律，所有玻璃珠制造商都有义务不透露玻璃珠制造的秘密，不得移居国外。[1] 保守这项技艺的秘密在威尼斯人心里被认为至关重要，以至于一个移居国外的玻璃珠制造商可能被指控叛国。从这个意义上讲，颇有象征意义的是玻璃吹制工吉奥万·安东尼奥·维斯托西（Giovan Antonio Vistosi）的案子，他由于贫穷而接受了利奥波德二世（Leopold Ⅱ）国王的大使的邀请，到佛罗伦萨大公国建造一个玻璃炉，因此在1754年移居佛罗伦萨。由于他的行动十分成功，接下来，他的三个兄弟在同年年底也跟着去了。为了说服维斯托西回国，威尼斯共和国派出了几位使者去找他，但全都无功而返。他因此被指控犯有叛国罪，并被判决用药毒死。一个受雇杀手被派去佛罗伦萨找他，但幸运的是，维斯托西意识到了危险，因此逃过一劫。[2] 尽管威尼斯人试图保守生产玻璃珠的秘诀，不让它传到国外，但在17世纪初，它们开始在国外生产，特别是在阿姆斯特丹和波希米亚。[3]

从13世纪直至18世纪末，威尼斯和穆拉诺岛制造玻璃珠的方法几乎从未透露过。[4] 1524年，perleri（玻璃珠制造者）同业公会创立，它控制着学徒和师傅的资格，帮助控制生产和保守玻璃珠制造的秘密。[5] 威尼斯的玻璃珠生产比普通玻璃和镜子的生产更加复杂。穆拉诺岛只能生产玻璃棒。1291年的法律制定之后，出于安全的理由，所有玻璃炉都要从威尼斯搬到穆拉诺岛。当时存在两种不同的玻璃棒：实心棒（canna massiccia）和空心棒（canna forata）。用实心棒制造玻璃珠是个体的工作，玻璃棒在油灯上熔化，玻璃

---

〔1〕 Morazzoni and Pasquato，*Conterie Veneziane*，15. The visit to the glass furnaces was，e. g.，forbidden；see ibid.，19.

〔2〕 Morazzoni and Pasquato，*Conterie Veneziane*，45—46.

〔3〕 Bertagnolli et al.，Perle Veneziane，39；Trivellato，"Out of Women's Hands，" 70.

〔4〕 Trivellato，"Out of Women's Hands，" 71.

〔5〕 Francesca Trivellato，*Fondamenta dei Vetrai*，*Lavoro*，*Tecnologia e Mercato a Venezia tra Sei e Settecento*（Rome：Donzelli Editore，2000）.

珠一个个地生产出来。[1] 相比之下，用空心棒生产玻璃珠涉及不同的阶段。最开始，依据厚度把玻璃棒分开，然后把它们切割成小段。这些小段再次经过选择，挑出破的。这之后，用火把它们改变成珠子。经过抛光后，把珠子串在一起，准备销售。[2] 模仿自然的能力非常重要，以至于在这个过程的最后，玻璃珠看上去就像真正的珍珠或宝石。为避免欺诈，威尼斯共和国颁布了一些约束性的法律，禁止把玻璃珠镶嵌在黄金中；1445 年，又制定了一部法律，惩罚那些试图把它们当作真珍珠销售的人。[3]

女人在生产过程中很有帮助，因为她们通常扮演挑选玻璃棒和玻璃珠并把它们串在一起的角色。[4] 即使我们并不知道玻璃珠工业所雇佣女人的准确数量，但估算一番还是有可能的。在 18 世纪和 19 世纪，估计有几千个女人在威尼斯工作。[5] 这支女性劳动大军在底层阶级的经济中发挥了重要作用。女人离家工作，用劳动挣得即便很少的工资。她们的工作不仅有经济意义，而且有文化意义和社会意义。串珠子的活各干各的，串珠子的女人一起坐在自家的门前，坐在威尼斯的 calli（过道）里和 campielli（小广场）上。这巩固了邻里友谊和社会关系。[6]

正如最近几十年富有成果的田野调查所显示的，商品的文化、经济和社会作用最终离不开技术、生产和贸易的问题。[7] 19 世纪西方世界发生的工业化过程为生产和出口数量庞大的产品创造了条件，威尼斯也不例外。1814—

---

〔1〕 Trivellato，“Out of Women’ s Hands，” 50.

〔2〕 Ibid.；see also Morazzoni and Pasquato，*Conterie Veneziane*，70—71.

〔3〕 Morazzoni and Pasquato，*Conterie Veneziane*，23；提到一般的玻璃，玛克辛·伯格强调，它的重要性不仅取决于其原材料的价值和稀有，而且还取决于其模仿自然的能力，参见：Maxine Berg，*Luxury and Pleasure in Eighteenth - Century Britain*（Oxford：Oxford University Press，2005），117。

〔4〕 八岁以上的孩子被雇佣来挑选玻璃棒，参见：Morazzoni and Pasquato，*Conterie Veneziane*，10.

〔5〕 Nadia Maria Filippini，“Un Filo di Perle da Venezia al Mondo，” *La Ricerca Folklorica* 34（1996）：8；Trivellato，“Out of Women’ s Hands，” 51.

〔6〕 Filippini，“Un Filo di Perle，” 9；关于女人在玻璃珠生产中所起的作用，参见：Trivellato，“Out of Women’ s Hands”。

〔7〕 Appadurai，“Introduction：Commodities and the Politics of Value，” 35.

1848年，出现了一次威尼斯玻璃珠生产的复兴，制造、投资和贸易都有增长。[1] 新的发明引入了生产技术的改良，比如锐化玻璃珠的管子（1817年）和切割玻璃棒的机器（1822年），后来甚至有了更多的改进。[2] 接下来，从1848年开始，威尼斯的玻璃珠制造经历了大规模的机械化，生产玻璃珠所需要的时间减少了，随之而来的是生产成本的降低。[3] 这显著地增加了出口，19世纪70年代，威尼斯获得了世界玻璃珠生产的垄断地位。[4] 这不仅导致了产量的增长，而且导致了最终产品质量的提升。[5] 另一个发明对外国市场尤其重要，这就是新色调的发明。例如，在1866年，一个玻璃珠制造者最早生产出了金色玻璃珠，当时在全世界都有需求，特别是装饰一些宗教性的陈设。[6] 从同时代的报告看，有一点很明显，威尼斯产品最重要的方面之一是提供了新形式和新色彩的玻璃珠，能更好地满足外国的需求。[7]

事实上，大部分产品是出口到遥远的外国市场，即使在16世纪和17世纪，玻璃珠也在欧洲交易。例如，在16世纪的米兰，玻璃珠被广泛用来装饰织物和毯子。而在17世纪的那不勒斯，当地的女人用玻璃珠装饰她们的织物。然而，自17世纪以后，玻璃珠就主要成了出口商品，对威尼斯的经济特别重要。在17世纪末，它们占到了威尼斯共和国玻璃总产量的一半。[8] 籽

---

[1] Alberto Errera, *Storia e Statistica delle Industrie Venete* (Venice: Giuseppe Antonelli, 1870), 185.

[2] Sega et al., *Perle Veneziane*, 60—62.

[3] Errera, *Storia e Statistica*, 328.

[4] Sega et al., *Perle Veneziane*, 72。在之前的几十年里，威尼斯饱受外国竞争之苦，特别是波希米亚的竞争；有一部作品论述波希米亚与东非之间的玻璃珠贸易，参见："Die Spur der Glasperlen: Akteure, Strukturen und Wandel im europäisch - ostafrikanischen Handel mit Glasperlen" (PhD diss., University of Bayreuth, 2006), 331—332。

[5] 关于棉花生产的类似讨论，参见：Giorgio Riello, *Cotton: The Fabric That Made the Modern World* (Cambridge: Cambridge University Press, 2013), 214. 31 Sega et al., Perle Veneziane, 71.

[6] Giorgio Riello, *Cotton: The Fabric That Made the Modern World* (Cambridge: Cambridge University Press, 2013), 214.

[7] Cesare Vignola, *Alcuni Dispacci di Cesare Vignola Residente in Londra per la Repubblica di Venezia sull' Argomento delle Conterie di Venezia* (Venice: Tip. Cordella, 1884), 22.

[8] Ibid.

珠，亦即用空心棒做的小玻璃珠，属于需求量最大的威尼斯出口品，特别是来自非洲和亚洲市场的需求，在威尼斯被称作 conterie。这个名字的来源我们不能确定。有人把它的意思归于拉丁文的 comptus（装饰），另一些人认为它源自 contare（计数）这个单词，因为籽珠在世界上很多地方被用作货币。[1]凡是到非洲航行的贸易商或出口商都会带上大量的这种玻璃珠。除了别的用途外，小籽珠成了西非沿海地区获取奴隶的专用交换手段之一。[2]

从西非出口的奴隶数量在学者中依然是一个争论不休的问题，但毫无疑问，18 世纪下半叶是出口美洲奴隶数量最大的时期。[3] 关于 18 世纪威尼斯玻璃珠生产和出口的资料支离破碎，常常很不靠谱。[4] 然而，可用的材料显示，在 18 世纪下半叶，从威尼斯出口到欧洲（它通常只是一个中间市场）以及印度和非洲的玻璃珠有所增长，至少直到 1784—1785 年。[5] 例如，有一个材料来源报告，从 1745 至 1754 年，威尼斯被来自巴黎、伦敦、西班牙、葡萄牙和亚历山大港的玻璃珠需求淹没了，以至于本地的生产商没有能力满足这些需求，即使仓促雇用了 52 个新童工以提高产量。[6] 对威尼斯玻璃珠的最大需求来自那些更多地卷入奴隶贸易的国家，比如荷兰、英国、西班牙和葡萄牙。英国、法国和葡萄牙竭尽全力，试图减少他们因玻璃珠在非洲贸易中极其重要而对威尼斯的依赖。例如，他们试图通过与移居本国的威尼斯玻璃珠制造者合作，生产他们自己的玻璃珠。[7] 玻璃棒被出口到伦敦和里斯

---

〔1〕 Morazzoni and Pasquato，*Conterie Veneziane*，7.

〔2〕 Stanley B. Alpern，“What Africans Got for Their Slaves：A Master List of European Trade Goods，” *History in Africa* 22（1995）：22—24.

〔3〕 See，among others，Philip D. Curtin，*The Atlantic Slave Trade*：*A Census*（Madison：University of Wisconsin Press，1969），esp. Tables 33 and 34；and Paul Lovejoy，“The Volume of the Atlantic Slave Trade：A Synthesis，” *Journal of African History* 23（1982）：Tables 2—6.

〔4〕 Adolfo Bernardello，“ Venezia 1830—1866：Iniziative Economiche，Accumulazione e Investimenti di Capitale，” *Il Risorgimento* 1（2002）：4.

〔5〕 Trivellato，*Fondamenta dei Vetrai*，Table 15，230—231.

〔6〕 Morazzoni and Pasquato，*Conterie Veneziane*，29.

〔7〕 从威尼斯进口玻璃棒非常合适，因为在 18 世纪末，它在伦敦的价格比威尼斯高 3 倍；参见：ibid.，41。

本，然后在那里生产玻璃珠。[1]

在玻璃珠需求连续不断的增长——仅仅被短时间的危机所打断——之后，威尼斯的生产在19世纪达到顶峰。在19世纪，玻璃工业受到了一次严重危机的影响，既涉及艺术玻璃的生产，也涉及普通玻璃的生产。促成这次危机的，部分是行业公会的废除，部分是奥地利的统治权，这使得德国和波希米亚的竞争更加便利。[2]

然而，玻璃珠并没有受连累，在一段困难时期，它们极大地维持了威尼斯的经济。多亏了前面已经指出的机械化过程和外国需求的持续增长，玻璃珠生产在19世纪依然是威尼斯玻璃制造中最具贸易导向的，也是就业和利润的一个主要来源。[3]

1845年，玻璃珠是威尼斯最重要的出口品，占到了总产量的50%。[4]从1860至1905年，平均年产量是23 500公担，在1867年达到高峰，出口60 152公担。有几年产量下降（例如1857—1863年），[5]但产量依然很高，这在很大程度上要归功于外国的需求。[6]

在19世纪，威尼斯并不直接出口非洲、印度和美洲。威尼斯玻璃珠出口的主要目的地依然是英国和法国，后者反过来把玻璃珠运到它们的殖民地及世界上的其他地区。这使得重构玻璃珠的历史轨迹尤为困难，因为，它们一旦离开威尼斯，便被运往各个不同的目的地，然后才到达商品链的消费端。然而，威尼斯商人有时候也能发展他们自己的商品化体系，特别是在埃及和印度。[7]埃及有一个威尼斯商人的社群，这使得与红海地区的商业关系更加

---

[1] Morazzoni and Pasquato, *Conterie Veneziane*, 34.

[2] According to Trivellato, *Fondamenta dei Vetrai*, 54 and Sega et al., *Perle Veneziane*, 55.

[3] Trivellato, *Fondamenta dei Vetrai*, 54.

[4] Trivellato, "Out of Women' s Hands," 78n60.

[5] Errera, *Storia e Statistica*, 87.

[6] 玻璃珠出口的一次重大减少只是从1890年之后开始，部分是因为外国竞争的增加，源于阿尔巴尼亚、埃及和土耳其建立新厂；Morazzoni and Pasquato, *Conterie Veneziane*, 64。

[7] 贝纳尔德罗指出，一个很大的威尼斯商人社群定居在埃及的亚历山大港和开罗；参见：Bernardello, "Venezia 1830—1866," 31—32。

便利，而定居孟买的威尼斯商人则有利于与印度及东非的商业接触。[1]

世界各地的信息来源是威尼斯玻璃珠大获成功的另一个关键因素，并且，用阿帕杜莱的话说，消弭了“知与无知”的鸿沟——这是不同价值体制的典型特征——亦即生产侧与消费侧之间的鸿沟。[2] 关于不同外国市场上所需求的玻璃珠的类型的信息是从不同的渠道获得的，信息来源既有在国外经营的威尼斯商人，也有间接的信息来源。例如，1843 年，一位在苏伊士经商的威尼斯商人写了一份很长的报告，交到了威尼斯法院院长库贝克（Kübeck）男爵的手里。报告强调了威尼斯玻璃珠出口桑给巴尔岛市场的巨大潜力。还附上了一个在桑给巴尔岛经商的商人撰写的一份报告，详细讨论了当地玻璃珠需求的特征。[3]

事实上，在 19 世纪，东非是威尼斯玻璃珠最早的目的地之一。例如，1870 年，这一地区是威尼斯玻璃珠直接出口的第三目的地，排在印度和英国之后。[4] 在东非的很多地区，玻璃珠获得了不同的角色和意义，被广泛使用，既用作装饰品，也用作货币。

不同的语境，不同的意义

商品并不总是有同样的意义。在其生命历程的不同阶段，它们的价值和意义经常改变，因为它们在不同的“价值体制”中流通，乃是特定历史条件

---

〔1〕 据哈丁说，中国和欧洲的玻璃珠通过孟买被发往东非；参见：Joan R. Harding, “Nineteenth - Century Trade Beads in Tanganyika,” *Man* 62 (1962): 104；关于玻璃珠 19 世纪在埃塞俄比亚的使用，参见：Richard Pankhurst, *Economic History of Ethiopia*, 1800—1935 (Addis Ababa: Haile Sellassie I University Press, 1968), 465—466。

〔2〕 Appadurai, “Introduction: Commodities and the Politics of Value,” 42；这对于像玻璃珠那样的容易受需求快速改变影响的商品至关重要。

〔3〕 Venetian State Archive, Chamber of Commerce, Busta 150, Fascicolo 1, 1843.

〔4〕 第一是印度 1 860 000 里拉，然后是英国 1 470 000 里拉，接下来是东非 650 000 里拉，再接下来是西非 520 000 里拉；这些是 1874 年的数据；参见：Filippini, “Un Filo di Perle,” 6。

和文化条件的产物。[1] 正如本书导论中所提到的，消费模式在地理上是特有的，很大程度上取决于文化偏好。当我们审视东非与世界其他地区在 19 世纪发展起来的商业交换时，这一点尤其明显，当时，玻璃珠和进口布料进入了本地的经济循环，被拿来交换象牙、古巴胶和奴隶。象牙和玻璃珠在其生产语境和消费语境中都有不同的意义。

通过审视这些商品在截然不同的经济和社会语境中的认知和用途，我们能够看出，非洲不仅是欧洲市场异域奢侈品的生产者，而且是进口商品的消费者，这些进口品在非洲的市场上和社会中成了很有价值的物品，尽管在生产地它们被认为只是一些小玩意儿。

交换的不对称是一个反复出现的主题，经常出现在非洲的欧洲旅行者和传教士的报告中，但它并不适用于 19 世纪东非的情况。正如当时的一位观察者所写的："在欧洲，人们普遍认为，非洲内陆的野蛮人接受一串玻璃珠或一码布料作为几十个象牙的充足报偿，一次拜访的荣耀便可以换来一车食物。这样幸运的日子早前就过去了。"[2]事实上，正如我们即将看到的那样，对玻璃珠的需求非常复杂，商人不可能轻易把人给骗了。

与此同时，当成吨的玻璃珠在非洲海岸被卸下，欧洲和美洲的商人互相争夺象牙，而这种商品长期以来在非洲内陆社会中并无经济价值。著名的奴隶贩子蒂普·提普（Tippu Tip）发现，1870 年，在曼耶马（今天的刚果）那边，

> 当地人依然不把象牙用作交换品。他们猎杀大象，吃掉肉，长牙做家里的栅栏。其他牙齿则做成杵和臼，用于烹制香蕉；他们把这些香蕉做成炖菜吃掉。另一些象牙被他们做成笛子，有些则扔进灌木丛里，被动物吃掉，比如老鼠。还有的烂掉了，腐烂时散发出

---

[1] Appadurai, "Introduction: Commodities and the Politics of Value," 4.

[2] Charles Rigby, " Mr. J. M. Hildebrandt on His Travels in East Africa," *Proceedings of the Royal Geographical Society* 22, no. 6 (1877): 452.

恶臭。[1]

19 世纪之前，在今天的坦桑尼亚的一些内陆地区，象牙只有象征价值。例如，当地的一些酋长佩戴象牙装饰，为的是让自己与众不同，而在乌尼杨韦齐地区，酋长们被埋葬在两根长象牙之间。[2]

只是从 19 世纪初叶起，象牙的价值和意义才改变了，因为这种商品的国际需求有了巨大的增长。[3] 东非象牙很有价值，因为它特别适合雕刻，比西非和印度的象牙更软。19 世纪，东非象牙开始在欧洲和美国日益增长的西方中产阶级中有了广泛的需求，为此，象牙被制成奢侈品，比如雕像、器具部件、梳子、台球，诸如此类，成了高标准生活水平的象征符号。[4] 对象牙的需求还来自印度，在那里，象牙首饰是一个姑娘嫁妆的重要组成部分。

沿海商人向内陆地区渗透，起决定作用的不仅有对象牙的兴趣，而且有来自桑给巴尔岛和奔巴岛的丁香种植园和马斯克林群岛的蔗糖生产对奴隶的需求。国际市场需求的另外两种东非商品是用于生产清漆的古巴胶和美国及欧洲制革厂使用的兽皮。所有这些产品在 19 世纪的国际市场上的价格都不断上涨，这给了非洲生产商和贸易商有利的贸易条件。1826—1857 年，桑给巴尔岛的象牙价格翻了倍，在接下来的 30 年里再次翻倍。[5] 这些产品的国际需求成了一个很大的刺激，激励那些在沿海地区经营的印度、斯瓦希里和阿拉伯的商人把他们的商业活动扩大到东非内陆。沿海商人之所以能够渗透到

---

〔1〕 Hamid ibn Muhammad, al - Murjabı, *Maisha ya Hamed bin Muhammed el Murjebi Yaani Tippu Tip kwa maneno yake mwenyewe*, trans. W. H. Whitley (1902; repr., Kampala, Nairobi, and Dar es Salaam: East African Literal Bureau, 1959), 91.

〔2〕 Andrew D. Roberts, *Tanzania before 1900: Seven Area Histories* (Nairobi: East African Publishing House, 1968), 125; Père Mènard, *Journal de la Troisième Caravane*, 1880—81, White Fathers Archive, Rome (hereafter WF) C 11—48.

〔3〕 Abdul Sheriff, *Slaves, Spices and Ivory in Zanzibar: Integration of an East African Commercial Empire into the World Economy, 1770—1873* (London: James Currey, 1987), 156.

〔4〕 Raymond W. Beachey, "The East African Ivory Trade in the Nineteenth Century," *Journal of African History* 8, no. 2 (1967): 274.

〔5〕 Francis P. Nolan, "Christianity in Unyamwezi, 1878—1928" (PhD diss., University of Cambridge, 1977), 43.

内陆，多亏了支持本国商业的阿曼政府，以及非洲商品——特别是象牙——在整个 19 世纪所享受的极其有利的商业条件。[1] 与此同时，已经在内陆地区经营的非洲商人组织他们自己的车队去沿海。特别是尼亚姆韦齐的商人，开拓了通往沿海的贸易路线（参见地图 2），随着远程贸易的发展，他们开始招募人员，在阿拉伯-斯瓦希里贸易车队中充当脚夫，并组织他们自己的车队去沿海地区。[2]

与沿海地区建立牢固的贸易关系导致外国商品进口的巨大增长，特别是布匹、玻璃珠和金属丝，非洲商人要用这些东西来交换象牙和奴隶。这个过程的一个结果是本地经济的所谓“商品化”。[3] 新商品的进口创造了与国际经济的牢固关联，对 19 世纪的本地经济变革有着深远的意义。从先前相距遥远的经济秩序——沿海地区和内陆地区——的相互交叉起，人们开始以新的交换价值投资于玻璃珠和布匹，它们作为新的流通货币而出现。[4]

欧洲旅行者和探险家感到奇怪，“几百年来一吨接一吨”进口到东非的所有这些玻璃珠最终都去了哪儿。[5] 例如，理查德·伯顿注意到，“尽管像印第安人那样的民族总是随身携带他们的财富，但是，佩戴数量还算可观的[玻璃珠] 的人口不到 1/3。”[6]事实上，进口到东非的玻璃珠不仅被用来制作装饰品，而且有仪式和货币的用途，这就是我们下一节将要讨论的内容。

---

〔1〕 Sheriff, *Slaves, Spices and Ivory in Zanzibar*, 156.

〔2〕 Andrew D. Roberts, “Nyamwezi Trade,” in *Pre - colonial African Trade: Essays on Trade in Central and Eastern Africa before 1900*, ed. Richard Gray and David Birmingham (London and New York: Oxford University Press, 1970), 649—701; Stephen J. Rockel, *Carriers of Culture: Labor on the Road in Nineteenth - Century East Africa* (Portsmouth, NH: Heinemann, 2006).

〔3〕 关于这个问题的讨论，参见：Jonathon Glassman, *Feasts and Riot: Revelry, Rebellion, and Popular Consciousness on the Swahili Coast, 1856—1888* (Heinemann: Portsmouth, 1995), 36。

〔4〕 Jean Comaroff and John L. Comaroff, “Colonizing Currencies: Beasts, Banknotes, and the Colour of Money in South Africa,” in *Commodification: Things, Agency and Identities*, ed. van Binsbergen and Geschiere, 155.

〔5〕 Jean Comaroff and John L. Comaroff, “Colonizing Currencies: Beasts, Banknotes, and the Colour of Money in South Africa,” in *Commodification: Things, Agency and Identities*, ed. van Binsbergen and Geschiere, 155.

〔6〕 Richard Francis Burton, “The Lake Regions of Central Equatorial Africa,” *Proceedings of the Royal Geographical Society* 29 (1859): 424.

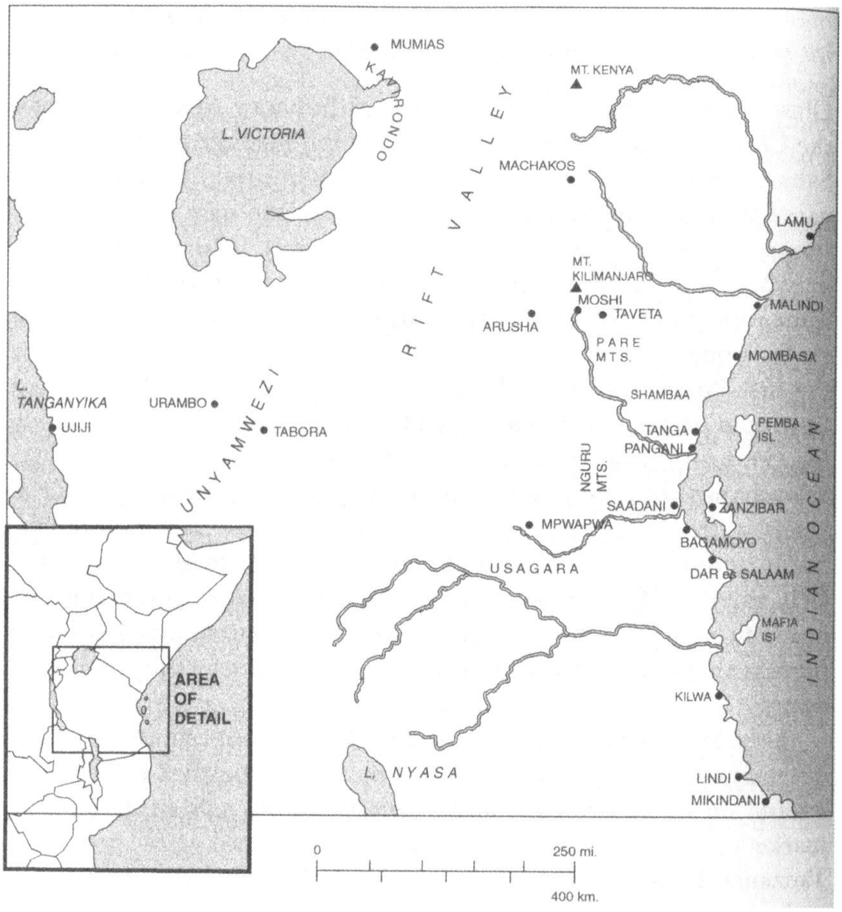

地图 2　斯瓦希里沿海地区与内陆地区
（资料来源：剑桥大学出版社绘制）

奢侈装饰品和小改变：玻璃珠的不同用途

玻璃珠从公元前起就被进口到撒哈拉以南的非洲，从地中海地区一路穿越撒哈拉沙漠。在东非，沿海地区的一些考古遗址出土了源自印度的玻璃珠，其年代为公元 200 年。[1] 从沿海地区，玻璃珠通过贸易网络进入内陆，这使得人们熟悉了进口珠子。与此同时，用不同材料（石头、鸵鸟蛋壳、骨头等）制作的珠子在当地已经生产了几百年。[2] 当最早的葡萄牙人到达东非海岸时，源自欧洲的玻璃珠并没有被当地商人接受。[3] 然而，在接下来的几个世纪里，威尼斯的玻璃珠被广泛需求，可以拿来换取象牙、奴隶及其他商品。我们并不清楚玻璃珠何时何地开始在内陆地区被用作货币。玻璃珠无疑有某些特征，使得它们特别适合被用作货币。正如格雷伯所指出的，玻璃珠契合于经济学家认为货币应该有的几乎所有规范标准：便于携带，大体上可衡量，不会朽烂。[4]

在 19 世纪东非的远程贸易交换中，使用不同的商品货币。桑给巴尔岛内陆（指的是桑给巴尔岛市场上销售的商品所来自的地区）面积巨大，横跨今天的坦桑尼亚、肯尼亚、乌干达和刚果。布料、玻璃珠、金属丝和货贝在内陆地区被用作流通货币，不过有一些地区差异。例如，在布干达，货贝是最为公认的货币；在坦桑尼亚的中部地区，布料是最受欢迎的支付手段；而在别的地方，在马萨伊人当中和维多利亚湖以南，玻璃珠是接受程度最广泛的货币。[5] 非洲商人需要这些商品来交换象牙和奴隶；它们被用来支付脚夫的工资和缴纳 hongo（本地酋长对贸易车队征收的税赋），还被用来购买食物和淡水。特别是布料，在 19 世纪的东非成了最广泛的积累和储存财富的手段，

---

〔1〕 Dubin, *The History of Beads*, 125; see also Stephanie Wynne Jones, "Lines of Desire: Power and Materiality along a Tanzanian Caravan Route," *Journal of World Prehistory* 23 (2010): 219—237.

〔2〕 有一篇综述，参见：*Dubin*, *The History of Beads*, 119—151。

〔3〕 Wicher G. N. van der Sleen, "Ancient Glass Beads: With Special Reference to the Beads of East and Central Africa and the Indian Ocean," *The Journal of the Royal Geographical Institute of Great Britain and Ireland* 88, no. 2 (1958): 211—212.

〔4〕 Graeber, "Beads and Money," 4.

〔5〕 Carol J. Sissons, "Economic Prosperity in Ugogo, East Africa, 1860—1890" (PhD diss., University of Toronto, 1984), 34—68; on Buganda, see Richard Reid, *Political Power in Pre-colonial Buganda: Economy, Society and Warfare in the Nineteenth Century* (Oxford: James Currey, 2002), 144—145.

因为拥有它直接关系到政治权利。[1] 布料经常以一种互补的关系与玻璃珠一起使用。[2] 即使布料有时候可能被用来购买食物，玻璃珠经常也是更方便的货币。事实上，小额货币的可用性对于这些小买卖来说是必不可少的，因为与布料不同，玻璃珠可以分成很小的单位，它们成了商队旅行期间购买食物最广泛的交换手段。分发给脚夫的每日食物配给常常是用玻璃珠支付。

玻璃珠的另一个特性是，在坐落于商队沿途的市场上，比如塔波拉和乌吉吉，它们被用作公认的货币。由于在这些市场集镇经营的商人来自不同的地方，因此需要一种流通货币可以被参与市场的所有商人所接受，而且能够被用作商业交换的媒介。

例如，在塔波拉的集市上，烟草被压缩，然后被切成小方块，每块等价于一串玻璃珠，而 30 串玻璃珠可以换一个铁锄头。[3] 在乌吉吉的集市上，也使用玻璃珠货币，它们由圆柱体的红蓝（或白黑）威尼斯玻璃珠组成，被称作 sofi。据德国探险家赫尔曼·冯·威斯曼（Hermann von Wissmann）报告，在乌吉吉的集市上，红蓝玻璃珠代表最小的钱币；棉布和铜十字架代表银币和奴隶；牲口和象牙代表“欧洲的”黄金。[4] 探险家约瑟夫·汤姆森（Joseph Thomson）告诉我们，在乌吉吉的集市上，“他们朝向货币的使用迈出了第一步，采用了一种玻璃珠货币，履行我们的铜币的所有功能，布料则是大宗购买的交换媒介。”[5] 玻璃珠货币在这些市场集镇上的存在取决于对公认汇率的需要，借此，内陆地区的商路及其使用的不同类型的货币可以

---

〔1〕 Sissons，“Economic Prosperity，” 42—52.

〔2〕 关于这些货币的互补性，参见：Akinobu Kuroda，“What Is the Complementarity among Monies? An Introductory Note，” *Financial History Review* 15，no. 1 (2008)：7—15。

〔3〕 Mary A. Quiggin，*A Survey of Primitive Money：The Beginning of Currency* (New York：Barnes and Noble，1970)，102.

〔4〕 Hermann von Wissmann，*Unter deutscher Flagge quer durch Afrika von West nach Ost von 1880 bis 1883* (Berlin：Walther e Apolant，1890)，235.

〔5〕 Joseph Thomson，*To the Central African Lakes and Back：The Narrative of the Royal Geographical Society' s East Central African Expedition 1878 — 1880*，Vol. 2 (1881；repr. London：Cass，1968)，90.

彼此关联起来。[1] 在19世纪90年代初，即德国殖民时期的开端，玻璃珠依然是内陆地区需求最大的商品，每年被大量进口到殖民地。例如，1891年，在塔波拉的集市上，红色玻璃珠依然是最有价值的商品之一，紧随其后的是白色玻璃珠。[2] 在德国殖民时期，玻璃珠在乌吉吉集市上依然被印第安店主用作货币。[3]

玻璃珠有一些特征，使得它们特别适合被用作货币。它们是经久耐用的物品，几乎不可能仿造，而且，它们是超长的供应网络的结果，流通数量天然受限。[4] 特别相关的是这样一个事实：玻璃珠的单位价值很低，这使得它们尤其适合于那些收入和物价也很低的地方。在东非，玻璃珠可以用来购买数量甚少的商品。例如，蒂普·提普报告，在基萨莱湖（今刚果），买一条小鱼只需要一颗玻璃珠。[5] 被用来在集市上买食物，以及被用在其他很多小额商业交易中，玻璃珠在内陆地区实现了毛细血管一般的扩散。结果，很有可能，玻璃珠非常类似于西非的货贝，比其他任何进口品都更多地影响了东非人的日常生活。[6]

在作为支付手段而被人们接受后，玻璃珠便可以用在其他的商业交易中，

---

〔1〕 Beverly Brown, "Ujiji: History of a Lakeside Town" (PhD diss., University of Boston, 1973), 72; Karin Pallaver, "A Recognized Currency in Beads: Glass Beads as Money in Nineteenth-Century East Africa," in *Money in Africa*, ed. Catherine Eagleton, Harcourt Fuller, and John Perkins (London: British Museum Research Publications, 2009), 22—23.

〔2〕 *Deutsches Kolonialblatt* 3 (1892): 165, and 4 (1893): 82. For an account of glass-bead import in German East Africa, see Vierke, *Die Spur der Glasperlen*, 319—342.

〔3〕 Brown, "Ujiji: History of a Lakeside Town," 72.

〔4〕 Paul Lovejoy, "Interregional Monetary Flows in the Precolonial Trade of Nigeria," *Journal of African History* 15, no. 4 (1974): 563—585.

〔5〕 Hamid ibn Muhammad, al-Murjabı, *L'Autobiographie de Hamed ben Mohammed el-Murjebi Tippo Tip (ca. 1840—1905)*, trans. François Bontinck (1902; repr., Brussel: Académie Royale des Sciences d'Outre-Mer, 1974), 81. 在东非的某些地区，玻璃珠也是新娘彩礼的重要组成部分，参见：Philippe Broyon-Mirambo, "Description of Unyamwezi, the Territory of King Mirambo, and the Best Route Thither from the Coast," *Proceedings of the Royal Geographical Society* 22, no. 1 (1877—8): 34—35。

〔6〕 Ogundiran, "Of Things to Be Remembered," 440. 关于西非的货贝，参见：Jan Hogendorn and Marion Johnson, *The Shell Money of the Slave Trade* (Cambridge: Cambridge University Press, 1986)。

或者也可以离开经济循环。有时候，它们获得了仪式价值。探险家卡梅伦（Cameron）和斯坦利（Stanley）都报告过用玻璃珠作为献祭，安抚坦噶尼喀湖上的神祇。例如，斯坦利的向导告诉他，沿海商人和本地人当中都有一个习俗，把白色玻璃珠扔进水里安抚湖神卡博戈（Kabogo）。他的向导警告他，“那些扔玻璃珠的人通常可以平安无事地过去，而那些不朝湖里扔玻璃珠的人则会迷路，并被淹死”。[1] 卡梅伦中尉证实了这个说法，他说，当他在坦噶尼喀湖探险时，在马查赫兹河附近的某个地点，他的吉吉人向导把3个fundo[2]的玻璃珠扔进了水里，以安抚卡博戈。[3]

一旦它们离开了经济循环，玻璃珠便可以获得某些特征，正如本书导言中所解释的，这些特征使得一种日用品成为奢侈品。首先，它们的用途超出了日常实用的领域，因为它们被用来制造各种不同的装饰物，比如项链、手镯和腰带，被用来装饰身体。例如，在乌桑巴拉山脉，伯顿发现，“女人装饰着装在皮袋里的护身符，以及笨重的白色玻璃珠项圈，如今在整个这一地区都很时髦：一个‘受人尊敬的人’会佩戴3～4磅这种野蛮人的装饰”[4]。玻璃珠还被广泛用来装饰胡子和头发，或者被绣在织物或其他物品中，比如面具和玩偶。卡梅伦报告，在坦噶尼喀湖地区，没有孩子的女人用葫芦做成玩偶，以这个地区抱孩子一样的方式抱着它。[5]

它们特定的来源，以及其材料特征，制造出了一些特殊的品质，在审美上让那些佩戴它们的人感到愉悦。从沿海地区到达维多利亚湖之后，“白衣神父”们必须等待很长时间，才能等到过湖所需要的小船。在等待的时候，他

---

〔1〕 Henry Morton Stanley, *How I Found Livingstone* (1872; repr., Vercelli: White Star, 2006), 347; Harding, "Nineteenth - Century Trade Beads," 106.

〔2〕 Fundo 是玻璃珠的度量单位，一个 fundo 相当于 10 khete（或 kete），这个度量单位相当于从拇指到肘和背的距离。

〔3〕 Verney Lovett Cameron and Clement P. Markham, "Examination of the Southern Half of Lake Tanganyika," *Journal of the Royal Geographical Society* 45 (1875): 199. 他们不是称之为“卡博戈神”，而是称之为“卡博戈鬼”。

〔4〕 Richard Francis Burton, *Zanzibar: City, Island and Coast*, Vol. 2 (London: Tinsley Brothers, 1872), 231.

〔5〕 Cameron and Markham, "Examination," 212.

们不得不讨好本地的酋长（manangwa）。他们因此做了一条项链，先是用大大小小的蓝色玻璃珠，然后是绿色、白色、红色和黄色的玻璃珠，对称地串在一起。当他们把项链送给酋长时，他立即把它戴上了，揽镜自照，顾盼流连。据传教士们说："他十分高兴，夸奖了自己好几分钟。"〔1〕

拥有和展示玻璃珠还有重要的符号价值和文化价值。正如莉迪亚·D. 夏玛（Lidia D. Sciama）所指出的，"不同颜色、排列和风格的玻璃珠对于很多社会群体来说是重要的集体身份和个体身份的符号。"〔2〕作为一个欲求的目标与成为一件奢侈品之间有着直接的联系。一件物品的可欲性不仅通过物品本身传达出来，而且通过那些拥有或展示它们的人传达出来。〔3〕佩戴玻璃珠既是显示一个人生活幸福的方式，还是与统治精英关系密切的一个标志。在本地酋长佩戴玻璃珠的社会里，玻璃珠事实上被认为是贵族身份的标志。在这个意义上，不仅玻璃珠的物理特征，而且还有"举止、姿态和风格"，都使得它们成为一个可欲的对象。〔4〕例如，卡梅伦报告，在坦噶尼喀湖以南，"有些人用一排玻璃珠做成的 sofi（管串）把自己的头完全盖住了，每根管子串在一束单独的头发上……另一些买不起玻璃珠的人就模仿它，把羊毛做成一个个的小团给它们涂上油脂，直至分不开纤维。"〔5〕玻璃珠因此被那些买得起它们的人作为装饰品来炫耀，而那些买不起的人则为了同样的目的而仿造它们。

玻璃珠还与政治权力有关。拥有大量的玻璃珠和布匹，对于政治权力的维护，有时候对于政治权力的实现，是至关重要的。〔6〕在某些内陆地区，它

〔1〕"Il est ravi；il s'admire，se contemple pendant plusieurs minutes"；*Diaire du Nyanza*，WF C 11—26，entry of April 12，1879.

〔2〕Sciama，"Gender in the Making，" 18.

〔3〕Berg，*Luxury and Pleasure*；*Christopher J. Berry*，*The Idea of Luxury*：*A Conceptual and Historical Investigation*（Cambridge：Cambridge University Press，1994），3.

〔4〕Maxine Berg and Helen Clifford，eds.，*Consumers and Luxury*：*Consumer Culture in Europe 1650—1850*（Manchester，UK and New York：Manchester University Press，1999），9.

〔5〕Cameron and Markham，"Examination，" 213.

〔6〕Hamid ibn Muhammad，al - Murjabı，*L' Autobiographie*，86.

甚至被认为比世袭权利还要重要。例如，在19世纪40年代之前，在乌尼杨韦齐酋长国，王位的继承是母系的。然而，当酋长斯维图（Swetu）去世时，斯维图姐姐的长子没有成为新酋长；相反，推选的继承人是斯维图的儿子丰迪基拉（Fundikira）。本地的贵族之所以选择丰迪基拉作为当然继承人，是因为他几次探访沿海地区，并在进口商品上积累了财富。自这次推选之后，王位的继承就不再是母系的，而是关系到候选人的商业能力和财富。[1] 随着本地经济的商品化，拥有新财富的新人可以挑战旧的政治秩序。[2]

19世纪东非出现的商业领域在本土交易惯例的基础上发展起来了，并扩大了它的地理范围。[3] 如果不是对于“什么是可欲的，什么样的牺牲是合理的，以及谁被允许行使何种需求”取得了更广泛的一致，这些都是不可能的。[4] 玻璃珠既被用作货币，又被用作装饰品，它在这个过程中至关重要。

随着这一地区被欧洲人商品化，玻璃珠作为货币的效用缓慢衰减，殖民地当局引入的货币逐步发挥作用。殖民地边境的确立，以及金属硬币在德属东非、乌干达和肯尼亚的引入，让玻璃珠作为货币的效用转到了刚果自由邦，在20世纪的头十年，它们在那里依旧在很大程度上被用来购买象牙。然而，在殖民地时期，玻璃珠继续被用来生产装饰品，依然是东非殖民地的主要进口品之一。[5]

在19世纪的东非，玻璃珠通过经济网络而获得，被用作支付和交换的手段。在离开经济循环后，它们被广泛用作装饰品，作为财富的展示在社会上很重要，成了奢侈物品，其使用超出了日常实用的领域。

---

〔1〕 Alfred C. Unomah, “Vbandevba and Political Change in a Nyamwezi Kingdom Unyanyembe during 1840 to 1890” (paper presented at the Universities of East Africa Social Science Conference, Dar es Salaam, 27－31 December 1970); John Iliffe, *A Modern History of Tanganyika* (Cambridge: Cambridge University Press, 1979), 61—62.

〔2〕 Ogundiran, “Of Things to Be Remembered,” 446.

〔3〕 Jane Guyer, *Marginal Gains*: *Monetary Transactions in Atlantic Africa* (Chicago: University of Chicago Press, 2004).

〔4〕 Appadurai, “Introduction: Commodities and the Politics of Value,” 57.

〔5〕 在殖民早期，玻璃珠是从乌干达进口到刚果盆地地区，在那里被用来购买象牙；参见：The National Archives, London, CO 536/2。

数百种玻璃珠在商队的沿途都有需求，它们在威尼斯生产，尤其是为非洲市场而生产，就像图 25 中的样本卡片所显示的那样。正如我们前面已经指出的，当我们讨论生产侧时，很多不同颜色和尺寸的玻璃珠事实上要在威尼斯生产，以满足外国的需求。

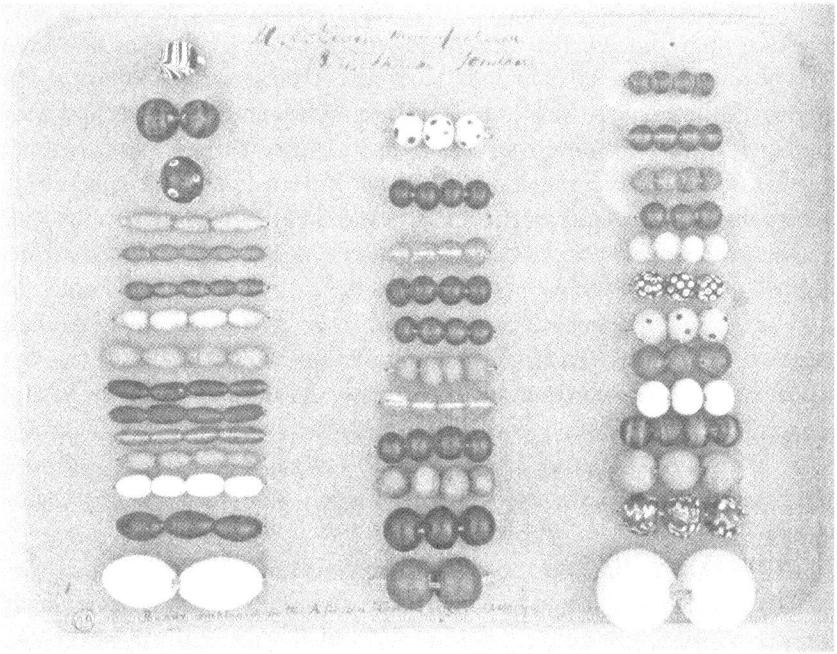

图 25　贸易珠样本卡。“伦敦制造商 M. L．莱文提供的珠子，在非洲贸易中用来换取象牙”

“非洲女人的挑剔品味”：不断变化的玻璃珠需求

当地居民不断变化的欣赏玻璃珠的品味是那个时代的欧洲贸易商和旅行

者一直抱怨的话题。事实上，选择错误类型的玻璃珠注定让一次远征彻底失败。[1] 斯坦利报告，斯皮克和伯顿不得不扔掉很多被认为毫无价值的玻璃珠。在沿海地区，他们购买了错误类型的玻璃珠，这些玻璃珠在内陆地区毫无价值，甚至作为礼物送人都没人要。[2] 进入内陆地区的贸易商和探险家因此不得不特别留心购买正确类型的玻璃珠。通常，他们会咨询最近回来的商队领头人、贸易商或脚夫，生活在内陆地区的人口当中流行哪种玻璃珠。[3] 再一次，正如欧洲的领事和商人把何种玻璃珠有需求的信息通报给欧洲的生产商，商品链中特定的行为人也尽可能消弭“知与无知”之间的鸿沟，这正是不同价值体制的典型特征。[4]

但这样做未必就足够了。例如，约瑟夫·汤姆森在沿海地区组织他的商队时问他的探险队首领朱玛（Chuma），内陆地区使用哪种玻璃珠。朱玛列出了坦噶尼喀湖地区当时使用的玻璃珠的所有颜色和尺寸。汤姆森很信任朱玛，“按照所需尺寸、构成和颜色，储备了数量可观的玻璃珠。当我们到达坦噶尼喀湖时，发现各种玻璃珠都无人理睬，颜色鲜艳的布料倒是有需求，我们劳心费力运来的玻璃珠迄今为止被证明毫无用处”。[5] 据汤姆森说，“时尚”变了，朱玛不可能知道这个。据一些材料来源，品味和时尚事实上可能每年，甚至每个月都在变化。例如，伯顿描述过西乌尼杨韦齐地区的玻璃珠货币，他解释，他所得到的信息只有对去年，亦即1858年才被认为是有效的，因为通行货币的种类连续不断地改变，这让商人损失惨重，“他们囤下一大批某种玻璃珠之后，突然发现它们已经过时，毫无用处”。[6]

---

〔1〕 在西非可以发现同样的情境，那里只有特殊种类的玻璃珠才被接受；参见：Pierre Edoumba，“Aperçu sur les monnaies d’ Afrique,” *Revue numismatique* 6，no. 157（2001）：113。

〔2〕 Stanley，*How I Found Livingstone*，32.

〔3〕 例如，斯坦利曾请教商队的首领（Stanley，*How I Found Livingstone*，204）；杰罗姆·贝克曾请教脚夫（（Jerome Becker，*La vie en Afrique ou Trois Ans dans l’ Afrique Centrale*，Vol. 1 [Paris and Brussels：J. Lebègue et Cie，1887] 470）；而伯顿曾请教阿拉伯商人（Burton，“The Lake Regions,” 423）。

〔4〕 Appadurai，“Introduction：Commodities and the Politics of Value,” 42.

〔5〕 Thomson，*To the Central Lakes*，1：35—36.

〔6〕 Burton，*The Lake Regions of Central Africa*，1：271.

贸易商和探险家哀叹，每个人口群体对于色调、颜色和尺寸都有自己特有的偏好。例如，在伯顿时代，有需求的玻璃珠多达 400 个不同种类。[1] 后来，1871 年，当斯坦利在沿海地区组织商队去探索利文斯顿时，他花了很长时间来决定带上哪种玻璃珠。到最后，他决定，在当前大量使用的玻璃珠中购买 11 种不同的类型，他的结论是：

> ［带到内陆的］不同种类的玻璃珠，需要大量的时间来了解，因为非洲的女人对玻璃珠的品味十分挑剔，就像纽约的女人对首饰一样。还要掌握度量标准，要知道，我所从事的是一宗全新的生意，相当复杂，一度把我彻底搞糊涂了。[2]

据很多同时代的观察者说，玻璃珠的价值与其时尚携手并进。“白衣神父”佩尔·利维纳克（Père Livinhac）写道，作为易货贸易品，玻璃珠在重要性上仅次于布料，但更容易受制于他沿途遇到的那些人的“反复无常”。[3] 约瑟夫·汤姆森提出了同样的观点，他写道：“有一年，一个部落疯狂地痴迷于某种特定类型的玻璃珠；但是，商人根据最新消息囤下一批时尚款式后，如果旅途漫长的话，他可能发现，时尚已经变了，他储备的货物完全成了卖不出去的垃圾。”[4] 然而，正如我在其他地方讨论过的，需求的有限弹性应当更多地归因于这些商品被用作货币和价值度量，而不是归因于“非洲女人的挑剔品味”或她们的“反复无常”。[5] 货币的流通是建立在其可接受性的基础上的，就商品货币而言，这种可接受性只能源于其材料特征。

玻璃珠需求的快速改变似乎主要影响的是籽珠。相比之下，那些特别罕见，因此也更昂贵的玻璃珠，似乎并不受这些不断改变的需求影响。例如，

---

〔1〕 Burton, “The Lake Regions,” 424.

〔2〕 Norman R. Bennett, ed., *Stanley's Despatches to the New York Herald*, 1871—1872, 1874—1877 (Boston: Boston University Press, 1970), 5.

〔3〕 Pére Livinhac, S. Marie près de Roubaga, September 9, 1879, WF C 11—12.

〔4〕 Thomson, *To the Central*, 1: 353.

〔5〕 Pallaver, “A Recognized Currency in Beads.”

珊瑚色玻璃珠被称作 sami - sami，在 19 世纪的东非属于更昂贵的玻璃珠，在 19 世纪 50 年代伯顿旅行期间，在乌尼杨韦齐地区需求最大。在 1871 年斯坦利第一次旅行期间，它们依旧有需求，1878 年，“白衣神父”们发现，在从乌尼杨韦齐到维多利亚湖的商路中段，这种珊瑚色玻璃珠依然被广泛接受。[1] 这就是为什么在发现色彩鲜艳的玻璃珠比他带去的白色玻璃珠更受人喜爱之后，约翰·汉宁·斯皮克（John Hanning Speke）得出了以下结论：

> 旅行时不带上一堆五花八门的玻璃珠总是愚蠢的，因为不同部落的品味千变万化；从长远看，在桑给巴尔岛组建商队时购买高价玻璃珠比购买低价玻璃珠更经济，因为每个小商贩都购买廉价品种，在当地不断积存，从而让它们变得稀松平常。[2]

世界各地的威尼斯通信者都报告过同样的问题。19 世纪，一家基地在印度的重要贸易公司写信给威尼斯一家最有实力的玻璃珠生产商，要求他们限制发运玻璃珠，为的是避免本地市场存货过多，从而导致玻璃珠价格下跌。[3]

关于整个 19 世纪威尼斯玻璃珠的出口，无论是直接出口还是间接出口，即使我们尚没有详细数据，但我们所掌握的信息依然证实东非市场对 19 世纪威尼斯的玻璃生产极其重要。1889—1898 年间从威尼斯出口到全世界重要港口的玻璃珠的年平均数量显示，主要目的地是伦敦（6 644 公担）和利物浦（3 154 公担），接下来是印度的卡利卡特（3 472 公担）和孟买（3 154 公担），然后是两个欧洲港口——安特卫普（3 005 公担）和马赛（1 930 公担），桑给巴尔岛以 1 215 公担紧随其后，其重要性超过汉堡（1 074 公担）、亚历山

[1] See Pére Livinhac, S. Marie près de Roubaga, September 9, 1879, WF C 11—12; Harding, “Nineteenth - Century Trade Beads,” 104; Stanley, *How I Found Livingstone*, 32—33.

[2] John H. Speke, *What Led to the Discovery of the Source of the Nile* (Edinburgh: William Blackwood, 1864), 281.

[3] Errera, *Storia e Statistica*, 681.

大港（612 公担）、新加坡（304 公担）、蒙巴萨岛（170 公担）、伊斯坦布尔（430 公担）等。[1] 我们还必须考虑到这些数据只涉及直接出口，但我们已经提到，伦敦、马赛和孟买常常只是中间市场，玻璃珠要被再次出口到不同的非洲港口。与东非之间的贸易总量因此要高得多。

威尼斯满足外国市场不断增长的需求的能力要归功于组织的灵活性和发明创新。在 19 世纪工业革命的框架内，由于创新，玻璃珠生产商能够使生产过程机械化从而降低生产成本。威尼斯的制造业体系尤其宜于适应需求波动。事实上，工作是季节性的，在夏季，以及其他依据市场趋势而定的被称作 cavata 的时期，工厂关门歇业。[2] 威尼斯制造业体系的另一个特色是：挑选玻璃棒和玻璃珠并把玻璃珠串在一起的工作，是由威尼斯妇女在家里完成，依据工厂的需要分派任务。[3] 当需求量大时，最后的生产阶段因此很容易通过雇用大批临时工而得以加速。这有助于生产组织的灵活性，特别是在最后的生产阶段，很容易根据需求变动而增减。这是威尼斯工厂适应需求变动的能力的关键因素之一。[4]

采用商品链的方法，在分析东非地区与国际经济的关联方面特别有效。推动这一关联的，既有 19 世纪东非新经济模式的发展，也有欧洲发生的机械化过程。通过商品链的方法，我们可以理解玻璃珠在 19 世纪的东非如何被看重和使用，以及在与外部世界的关系迅速发展的那段时期，它们如何影响了很多人的日常生活。与此同时，灵活性和创新，作为 19 世纪威尼斯玻璃珠生产的典型特征，是全球商品链组织化和这种商品在东非市场大获成功的关键因素。[5] 追寻玻璃珠从生产到消费的商品轨迹，产生了一个去中心的、跨文化的视角，让我们审视在使用玻璃珠的社会中，什么是奢侈品，或者什么不

---

〔1〕 C. Ricchetti，“L’industria delle conterie a Venezia，” *La Riforma Sociale* 9 (1899)：989.

〔2〕 Bertagnolli et al.，*Perle Veneziane*，77.

〔3〕 Anna Bellavitis，“In Fabbrica e in Casa：Il Lavoro Femminile nelle ‘Conterie’ a Venezia，” in *Perle e Impiraperle：Un lavoro di donne a Venezia tra ‘800 e ‘900* (Venice：Arsenale，1990)，9—21；Bernardello，“Venezia 1830—1866，” 5—66.

〔4〕 Gereffi et al.，“Introduction：Global Commodity Chains，” 6.

〔5〕 Ibid.，2.

是奢侈品。

是不是奢侈品？几条结论性评论

有很多特征可以用来把一种物品定义为奢侈品，这些特征玻璃珠都有。它们有特定的来源，在日用领域之外被使用，成为积累财富的一种方式，是权力和社会地位的一个象征符号。玻璃珠代表了一个绝佳的例证，说明了物品由于从生产地到消费地的物理距离而获得价值的方式。这让它们有了一种“异域”——如果允许使用这个词的话——风味，使得它们成为全世界所渴求的目标。

玻璃珠在很多远离生产中心的地方成了奢侈品，并不是因为它们的内在价值，而是因为它们的稀有性和材料特征，以及很多非洲、亚洲和美洲社会对进口玻璃珠的利用。分析玻璃珠在东非的不同用途，可以帮助我们更好地理解玻璃珠为什么在世界上很多地区有需求，以及它们在其生命历程中所获得的意义。

玻璃珠的价值关系到它们作为装饰品的用途，以及被赋予不同玻璃珠装饰品展示的意义。但玻璃珠“不止是因为统治精英的个人嗜好而成为奢侈品”。一旦去内陆搜寻象牙和奴隶的商人把它们带到东非沿海地区，玻璃珠就获得了公认的价值，成了复杂流通体系的组成部分。在这一体系中，布料被用作更高单位的货币，而玻璃珠则被用作小额货币。如果我们考虑到在东非的很多地区，玻璃珠普遍被用来购买食物，我们就能够理解，对于很多本地社会来说，获取玻璃珠多么重要。与此同时，作为商品，玻璃珠还是可互换的物品，一旦离开了经济循环，它们就可以获得各种不同的社会意义、仪式意义和文化意义。

图 26　象牙（资料来源：百度图片）

正如本章开头所提到的，全世界有这么多人接受玻璃珠交换贵重物品，比如土地、奴隶和象牙，这一事实在流行想象中成了一个证据，证明他们很天真，证明他们没有能力区分有价值的和无价值的物品。这一假设乃是基于这种商品在其生命历程开始时，在其生产中心是如何被认知的，那里有不同的“价值体制”。然而，在非洲，对于什么是奢侈品，其认知可能截然不同于那些把非洲商品用作奢侈品的地方。[1]

【作者介绍】　卡林·帕拉弗（Karin Pallaver）：博洛尼亚大学历史与文化系的副教授。她在卡利亚里大学取得博士学位，并在不列颠博物馆“非洲货币项目”担任研究员。她的研究聚焦于19世纪东非经济和贸易，尤其关注货币史。

[1] 116. Edna G. Bay, *Wives of the Leopard: Gender, Politics and Culture in the Kingdom of Dahomey* (Charlottesville: University of Virginia Press, 1998), 123, quoted in Ogundiran, "On Things to Be Remembered," 428.

第八章

进口与自给自足：玳瑁在早期现代日本

塑料是现代生活必不可少的组成部分，不是奢侈品。然而，塑料所取代的大多数材料都很昂贵。玳瑁曾经被用作发夹、首饰和眼镜框，被用来制作匣子，制成刀叉和工具的手柄，一直是奢侈品。[1] 奢侈品是必需品的反义词，但也履行一部分社会功能，远远超出了生存需要。它是流动的，随着个人地位和整体社会的变迁而改变。因此，一些曾经是奢侈品的东西后来成了必需品。例如，25 年前，移动电话只有少数人才拥有，它们是奢侈品。而在当今世界，它们成了必需品。此外，需求可以得到充分或完全的满足，你可以拥有一部座机或 iPhone。这就像是玳瑁在日本的轨迹。它最开始是作为奢侈品，局限于顶端的精英阶层，但是，当它被纳入早期现代日本不断变革的社会中，玳瑁便成了各阶层女性的必需品。

玳瑁漂亮、耐用、轻薄、防水。这些特征使它成为最有可能发挥各种用途的天然材料。其中大多数应用可以通过其他材料或仿造品来满足，但玳瑁是最雅致的。奢侈并不在于暂时性，而在于花费，因为很多消费玳瑁的地区不得不进口它，它的加工需要一定的技能。因此，即使在今天，它依然被描述为“宝石材料”。

在西方，消费革命把奢侈品带到了新近形成的中产阶级中，这场革命常常被看作工业革命的必然结果。技术进步不仅导致生产的增长，而且带来了

〔1〕 它在 1977 年被禁止作为国际贸易品。

更有效率的运输，把外国商品，特别是来自亚洲的商品带到欧洲。[1] 然而，仔细审视玳瑁在早期现代日本的状况，将会让我们看到，原工业化（protoindustrialization）和生活水平的提高导致了建立在进口品基础上的奢侈品的意义，尽管缺乏工业革命或运输革命和自给自足的官方政策。用进口材料玳瑁制作的梳子、文具盒，甚至假阴茎到18世纪急剧增长。特别是对于女人来说，玳瑁成了一种必需品。因此，玳瑁提供了一个很好的案例，可以用来研究不断变化的对必需品的认识如何颠覆了官方和社会对奢侈品的制裁，逐步削弱了日本的贸易管制。

玳瑁的自然史

当我们说到玳瑁时，我们实际上说的是海龟，而非乌龟，准确地说是海里的乌龟。尽管有很多种海龟壳在不同的时代被利用，但是，制造奢侈品使用最广泛的材料由几种海龟的背甲（壳顶）或胸甲（壳底）组成。真正的玳瑁取自其中最小的品种：玳瑁龟（Eretmochelys imbricata）。俗名来自它鸟喙般的鼻子，但拉丁文种名源自下面这一事实：壳片呈叠瓦状。由于其品质和颜色，玳瑁壳迄今为止使用最为广泛，价格也很高。因为壳而被使用的所有海龟种类都是在热带海域内找到的。每一种眼下都受到生存威胁或濒临灭绝，但是，相对于栖息地和生殖循环所受到的其他一大堆威胁，对龟甲物品的需求只是促成因素之一。

玳瑁由角蛋白组成，因此形成了与其他角蛋白物质类似的热塑特性，比如角和鲸须。因此，其某些使用方式是一样的。然而，玳瑁还有一些独一无

[1] See Maxine Berg and Elizabeth Eger, "The Rise and Fall of the Luxury Debates," in *Luxury in the Eighteenth Century*, ed. Maxine Berg and Elizabeth Eger (New York: Palgrave Macmillan, 2003), 8—9.

图 27　绞染、发夹和唇膏碗。蓬莱英信画（1818 年）

二的品质。它可以削成薄片，结合起来组成薄片镶饰，但它足够硬，可以在车床上车削。正如你对海龟可能预期的那样，它还抗潮。如果破了，玳瑁还可以通过再次运用压力和加热来修复，几乎看不出来。耐用性结合其很轻的分量及温和的中性色，在塑料研制出来之前，很难用其他材料生产出来。有限的供应，以及较强的功能性，结合这些本质上“令人愉悦”的品质，使得玳瑁成为一种奢侈品。[1]

玳瑁的世界简史

海龟身上广泛分布着可用的龟甲，这确保了人类利用玳瑁的悠久历史。在东南亚和加勒比海地区，玳瑁是本地土产，它被用作首饰以及各种不同的工具和器具。例如，在泰国的古墓遗址中发现了坠子、雕刻装饰品和手镯。[2] 玳瑁同样被古埃及人视为珍宝，至少在五千年前，在早王朝时期，他们就用玳瑁制作首饰。[3] 在大约同一时期的美洲土著遗址中也发现了玳瑁制品。[4] 在古希腊，玳瑁很被看重，并从红海地区贩卖过来。它甚至被用来制作里拉琴。尤利乌斯·恺撒（Julius Caesar）占领了亚历山大城的一个玳瑁库房后欣喜若狂，并用玳瑁作为他这次胜利的一个象征符号。

中世纪想必切断了欧洲工匠与其材料来源的联系，因为直至 17 世纪初，随着通往亚洲的海上通道的扩大，玳瑁在欧洲才再次被广泛使用。自那以后，需求随着欧洲生活水平的提高而增长。它被用作某些物品上的薄片镶饰板，比如鼻烟壶和茶叶罐；用作眼镜框；用作科学、医学和音乐等器具的把手和零部件。

在东亚，玳瑁的使用同样古老。海龟壳在商代中国被用来占卜。玳瑁被

---

〔1〕 克里斯托弗·贝里认为“令人愉悦”就是对奢侈品的需要。Christopher Berry, *The Idea of Luxury: A Conceptual and Historical Investigation* (Cambridge: Cambridge University Press, 1994), 12.

〔2〕 C. F. W. Higham and R. Bannanurag, *The Excavation of Khok Phanom Di: A Prehistoric Site in Central Thailand* (London: The Society of Antiquaries and Thames and Hudson, 1990).

〔3〕 See, e. g., Tine Bagh, “Jewelry and Amulets: Finds from the Royal Naqada Tomb,” in *Egypt and Its Origins*, ed. Stan Hendrichs (Leuven: Peeters Publishers, 2004), 599. 有些学者争论这些物品是不是用玳瑁龟壳做的。参见：Peter L. Lutz and John A. Musick, eds., *The Biology of Sea Turtles* (Boca Raton: CRC Press, 2003), 22。

〔4〕 James Spotila, Sea Turtles: *A Complete Guide to Their Biology, Behavior and Conservation* (Baltimore: Johns Hopkins University Press, 2004), 66.

用作一种货币形式，直至货币在公元前2世纪秦始皇治下被标准化。[1] 古代时期加工玳瑁的证据可以在孔子的《论语》中找到，包含在一个有点冗长的轶事中，讲的是发动战争的智慧：

> 危而不持，颠而不扶，则将焉用彼相矣？且尔言过矣，虎兕出于柙，龟玉毁于椟中，是谁之过与？[2]

正如这个问题所显示的，在中国，玳瑁被视为珍宝，进口数量可观。它被用作乐器中的镶嵌片，用来装饰宫廷服装和器皿。[3] 广州是市舶司的所在地，至少在唐代（618—907年）就是一个重要的玳瑁雕刻中心。[4]

从朝鲜陵墓中出土的一些玳瑁梳子可以追溯到大约公元45年。[5] 因此，玳瑁有着如其他宝石材料和贵金属一样的国际吸引力。然而，尽管与这些国家接触频繁，而且采用了很多来自国外的政治、宗教和物质文化的成分，但日本人直到晚近才开始采用玳瑁。

玳瑁在日本

日本人吃海龟，但并不普遍，也不经常。涉及海龟摄取的最广泛习俗大

---

〔1〕 Nishijima Sadao, " The Economic and Social History of Former Han," in *The Cambridge History of China*, Vol. 1, ed. by Denis Twichett and John F. Fairbank (Cambridge and New York: Cambridge University Press, 1986), 579.

〔2〕 Roger T. Ames and Henry Rosemont, trans., *The Analects of Confucius — A Philosophical Translation* (New York: Ballentine Books, 1998), 195.

〔3〕 See Edward Schafer, *The Golden Peaches of Samarkand* (Berkeley: University of California Press, 1963), 115, 135.

〔4〕 Ptak, "China and the Trade in Tortoise - Shell (Sung to Ming Periods)," in *Emporia, Commodities and Entrepreneurs in Asian Maritime Trade, c. 1400—1750*, ed. Roderich Ptak and Dietmar Rothermund (Stuttgart: Steiner Verlag, 1991), 203.

〔5〕 Sarah M. Nelson, "Bound Hair and Confucianism in Korea," in Cultures, ed. *Alf Hiltebeitel and Barbara D. Miller* (Albany: State University of New York Press, 1998), 114.

概是喝啮龟血，它依然作为兴奋剂和春药而被消费。然而，龟壳更为重要。甲骨占卜术使用龟壳，是古代日本践行的很多占卜技术之一。这一实践在某些地区一直延续到了现代。[1] 龟壳还作为一种药材而受到珍视。据信它可以降温，用来治疗肾病。然而，尽管有海龟可用，而且有加工角及其他材料的技术能力，但玳瑁在古代日本并没有被加工。最早提到玳瑁制品是在 9 世纪初的一部历史书中。这部作品在 799 年的条目下记载了一条镶嵌着宝石的龟壳腰带，但这件物品的奇特性暗示它来自中国。[2] 类似地，建于 756 年的皇家宝库正仓院藏有一些龟甲制品，比如一个盒子和一个琵琶琴的琴拨，但所有这些物品看来都同样源自中国。[3]

到平安时代（935—1185 年），表示玳瑁龟的词汇出现在日语词典中。[4] 然而，像《源氏物语》（*Tale of Genji*）和《枕草子》（*Pillowbook of Sei Shonagon*）之类的文学作品中没有任何地方提到玳瑁制品，这些作品事无巨细地描述了贵族的衣着打扮，这暗示，即使在平安时代日本最富有消费者的生活中，玳瑁也没有扮演任何角色。日本与中国及其他东亚和东南亚国家之间的外贸在接下来的 500 年里一直增长，但没有任何重要记录提到 17 世纪之前玳瑁在日本的使用。

对奢侈的态度

17 世纪末是经济增长迅速的一段时期，无论是在农业领域，还是在工业领域。德川时代的日本有时候被描绘为原工业的（protoindustrial），但它并没有经历工业革命。尽管也没有运输革命，但为了沿海贸易而建造了更大、

---

〔1〕关于对马岛，参见：Ozaki Takashi，“Japan and the Continent,” in *Cambridge History of Japan*，Vol. 1，ed. Delmer M. Brown (Cambridge：Cambridge University Press，1993)，292。

〔2〕*Nihon koki* (Enreki 18).

〔3〕Schafer，*Golden Peaches*，245.

〔4〕*Iroha Jiruisho* (1144—1181).

更好的船只，而且，阻碍国内运输的障碍被消除了，比如公路收费。不断增长的经济导致生活水平更高，以及随之而来的关于奢侈品在18世纪日本的兴盛所带来的道德影响的讨论，情形很像欧洲，很多理由也是一样的。

在18世纪的欧洲，奢侈品被负面地与女性和柔弱联系在一起。[1] 在早期现代日本，情况同样如此。[2] 朴素是武士阶级的上层精英提倡的一种理想。它使得纪律严明和集中思想成为可能。从创建时期起，德川幕府时代就以节俭而著称。早期现代日本的主导知识趋势"新儒家"强化了这些理念。耻文化、忠诚于群体的压力，以及对等级制度的尊重，养育了对奢侈的蔑视。[3] 因此，和平时期江户时代（1603—1868年）的很多作者都强调这些价值。一些有影响的新儒家学者也提倡这一观点。例如，荻生徂徕（Ogyu Sorai，1666—1728年）写道："节俭是伟大统治者的生活方式，是国王的伟大美德。"[4] 武士阶级通俗入门读本的作者大道寺友山（Daidōji Yūzan，1639—1730年）扩大了这个概念，他提出，节俭是向长官显示忠诚的一种方式。[5] 同样，另一部很有影响的大部头著作《叶隐》（*Hagakure*）的作者山本常朝（Yamamoto Tsunetomo，1659—1719年）声称："酗酒、自傲和奢侈是一个武士应当避免的。"[6] 医生和学者贝原益轩（Kaibara Ekiken，1630—1714年）写过很多有影响的文本，他甚至认为奢侈有害健康，他写道："当你不能控制自己的口腹之欲，不能约束贪婪放纵的享乐，你就会超出你的自然界限，

---

〔1〕 Berg and Eger, "Rise and Fall," 18.

〔2〕 德川家康被描述为天生吝啬。这与他在统一过程中的前辈们形成鲜明对照，那些人以奢侈挥霍而著称，包括奢侈的服装和豪华的城堡。参见：Donald Shively, "Sumptuary Regulation and Status in Early Tokugawa Japan," *Harvard Journal of Asiatic Studies* 25 (1964—1965): 138。

〔3〕 Pierre Xiao Lu, *Luxury Consumer Behavior in China* (Singapore: John Wiley and Sons, 2008), 6—7.

〔4〕 Ogyu Sorai, "Benmei," in *Ogyu Sorai's Philosophical Masterworks*, ed. John A. Tucker (Honolulu: Association of Asian Studies and University of Hawaii Press, 2006), 244.

〔5〕 Daidoji Yuzan, *Budoshoshinshu*, trans. William Scott Wilson (Santa Clarita, CA: Ohara Books, 1984), 65—66.

〔6〕 Yamamoto Tsunetomo, *Hagakure: The Book of the Samurai*, trans. William Scott Wilson (Tokyo and New York: Kodansha International, 1979), 71.

损害你的身体，并因此显示缺乏常见的体面。”[1]

类似的简朴理想在商人阶层中也很常见，不过理由略有不同。一方面，商人阶层的过度行为受到政府管制，遵照把商人置于最低社会等级的儒家理想。如果商人没能实践儒家理想，他们的财产就可以被没收，偶尔确实有人被没收过。另一方面，商人提倡节俭，以确保其家族企业的经济连续性。商行颁布的规章尤其强调节俭。尽管这些都是个人文献，五花八门，因人而异，但基本上，对每个作者而言，目标都是商行的连续性。有一份早期规章是岛井宗室（Soshitsu Shimai）制定的，他告诫其继承人要戒绝过多的休闲活动，包括赏月、游戏和茶道。[2] 三井家族 1722 年的规章同样强调节俭，即使不是以如此严格的方式。这篇规章的作者三井高房（Mitsui Takafusa，1684—1748 年）提出，听任家族衰落要被罚下地狱。[3]

井原西鹤（Ihara Saikaku，1642—1693 年）是商人阶层的一个现实主义小说家，为同行写作，他的作品里满是类似的说教性寓言故事和谚语，详细论述了节俭的价值和奢侈的危险。例如，在那个强迫儿子学会自己挣钱的富商的故事中，他写道：

> 一个年轻人通过使用父母送的现金而成功地挣钱谋生，正如一个武士靠自己的世袭俸禄为生一样。如果一个人从出生那天起每天只存一文钱，一百天后，这笔钱就可以按 10%的利息存入银行，60 年后，他就会有 60 贯。如果你停下来这样想想，就没有任何理由不努力节省。[4]

---

[1] Kaibara Ekiken, *Yojokun - Life Lessons from a Samurai*, trans. William Scott Wilson (New York and Tokyo: Kodansha International, 2008), 12.

[2] J. Mark Ramseyer, "Thrift and Diligence: House Codes of Tokugawa Merchant Families," *Monumenta Nipponica* 34, no. 2 (1979): 209—229.

[3] Ichirou Horide, "The House of Mitsui: Secrets of Its Longevity," *Journal of Marketing Theory and Practice* 8, no. 2 (2000): 31—36.

[4] Ihara Saikaku, *Some Final Words of Advice*, trans. Peter Nosco (Rutland, VT and Tokyo: Charles E. Tuttle, 1984), 84.

女人常常被视为奢侈挥霍的一个原因，她们妨碍了节俭的丈夫进步。井原西鹤经常发表这样的评论："从他向妻子求婚的那个晚上起，这个男人就知道——尽管听上去可能有些悲哀——如果他娶了一个喜欢花钱的女人，他就挣不到财富，不管他工作多么刻苦。"[1] 或者，"近年来……几乎所有家庭主妇都变得越来越挥霍"。[2] 家族的安全被视为取决于女人的节俭。例如，在颇有影响的《女大学》（*Onna Daigaku*）中就可以看出这一点，这本书被归入儒家学者贝原益轩的名下。文中这样劝诫家族的女人："在每件事情上，她都必须避免挥霍，不管是食物，还是服饰，都必须依照其在生活中的位置而行事，绝不屈从于奢侈和傲慢。如果妻子邪恶而挥霍，家族就会败亡。"[3]

然而，大多数人都渴望舒适，对奢侈的道德指责并没有阻止这一欲望的活跃。挥霍几乎是一种反叛。城市居民的流行文化，特别是江户的流行文化，因此反过来赞赏挥霍者。夜晚结束时口袋空空回到家里被认为很酷。谚语云："出门大名，回来乞丐。"[4] 井原西鹤来自大阪，那里的人以节俭著称，他说："在江户，不仅贵族，而且市民都出手大方。"[5] 正是这一环境，让玳瑁这样的手工艺得以兴盛起来。

进口品的奢侈

尽管玳瑁龟在现代日本境内发现过，但在前现代时期的很长时间里，情况并非如此。现今日本帝国的起源是在奈良周围地区形成的，远在玳瑁最近来源的南边。没有清楚明确的理由表明玳瑁加工为什么在 17 世纪突然成了一

---

〔1〕 Ihara Saikaku, *Some Final Words of Advice*, 102.

〔2〕 Ihara Saikaku, *This Scheming World*, *trans. Masanori Takatsuke and David C. Stubbs* (Rutland, VT and Tokyo, 1965).

〔3〕 L. Kranmer - Bing and S. A. Kapadia, eds., *Women and Wisdom of Japan* (London: John Murray, 1909), 41.

〔4〕 *Edoko wa yoigoshi no zeni wa motanu*; *Edoko no yuki wa daimyo*, *kaeri kojiki*.

〔5〕 Saikaku, *Scheming World*, 126.

种在日本实践的手艺。长崎的一位学者越中哲也（Etchu Tetsuya）把这个问题理论化了，他说，玳瑁加工的手艺是葡萄牙商人传播来的，他的论证是基于这一事实：一些葡萄牙玳瑁制品在16世纪被带入日本，而且，对玳瑁手工艺的认识已经存在，正如传教士们编纂的日葡词典中所显示的那样。尽管这一理论获得了一些认可，但江户时代的作者们另有解释，他们提出，玳瑁的使用是经由琉球王国传过来的，那是一个群岛，如今作为冲绳县被并入日本。[1] 尽管没有多少过硬的证据支持上述任一理论，但有很多理由认为，后面这个支持琉球群岛的论点是正确的。首先，海龟栖息地只是在17世纪才并入日本国。九州东南角上的萨摩藩在1609年让琉球王国成为一个藩属国。部分程度上是为了减少中国商品对葡萄牙贸易的依赖，琉球贸易在17世纪初尤其被鼓励。[2] 其次，葡萄牙、西班牙、荷兰或英国的船只可能装运过玳瑁制品，但它们不大可能装运玳瑁的手工艺匠人。成品与自然状态的玳瑁相去甚远，这暗示了需要某种形式的传播，而不是试错。与西班牙人和葡萄牙人之间半个世纪的接触并没有留下实物证据或书面证据，证明17世纪之前日本就有玳瑁制品。唯一的例外——真实性存疑——是一篇带有传奇色彩的记述，提到臭名昭著的强盗石川五右卫门（Ishikawa Goemon，1558—1594年），据说他在1592年偷窃了一些玳瑁头饰。[3] 最后，玳瑁在日本被用来制造的主要产品头饰，正是琉球人所戴，而不是欧洲的水手。此外，有一个先例，大约出自同一时期，琉球人的影响到达日本体现在三弦琴中，那是一种三根弦的无品乐器，用一个琴拨演奏，而琴拨有时候是用玳瑁做的。它是在17世纪的日本从琉球群岛演奏的一种蒙蛇皮的乐器发展而来的。

玳瑁在东方和西方的加工方式非常类似，所以加工并没有提供来源的线

---

〔1〕 *Nakayama denshinroku*, and cited in Kitamura Nobuyo, *Kiyushoran*, 2 vols. (Tokyo: Nihon zuihitsu taisei kankokai, 1929), 134.

〔2〕 Richard Sakai, "The Satsuma - Ryukyu Trade and the Tokugawa Seclusion Policy," *Journal of Asian Studies* 23, no. 3 (1964): 391—392.

〔3〕 Shimada Tadamasa, "Edo jidai no Nagasaki to bekko," *Nagasaki chihoshi dayori* 11 (1978): 7. There is no evidence that hair ornaments were even worn in this period.

索。例如，在诺埃尔·普鲁什（Noël Pluche）1733年的《自然奇观》（*Spectacle de la Nature*）中，西方使用的常见方法是这样描述的：

> 玳瑁壳……被工人随心所欲地塑造成形，先放在温水中软化，再强行塞入一个木模中，借助强有力的烙铁，立即留下压纹；然后，给它抛光，用黄金雕刻或其他修饰来装饰它。[1]

日本工匠同样使用加热、水和金属夹具，把薄片熔接成厚片，再加工。用剪刀切割龟甲片。有时候把龟甲片压入木模。龟壳在温水中软化，晾干加热，使得壳片随后可以被拉伸、弯曲、劈开或熔接在一起。然后用锉、锯、凿子以及带有光滑宽口的铁钳加工壳片。[2] 日本工匠通常接收已经从龟背上取下的壳板。以这种方式运输它们更为明智。在来源地购买时，分离的龟壳也是评估其品质的基础。

进口到日本的几乎全都是玳瑁龟壳。[3] 尽管可以从琉球群岛获得玳瑁，但人们更偏爱更大的龟壳，它们只有在更远的南边才能找到，因此不得不进口。[4] 尺寸很重要，因为相应更厚的龟壳使得产品有可能更加多样化。此外，据信更大的龟壳颜色更好，大概也更轻、更清晰。人们认为，海龟原产地的气候越热，龟壳就越有光泽。[5]

长崎作为大多数外国货——无论是欧洲货还是琉球货——的进入点，成了玳瑁手工技艺的中心，而不是——比如——萨摩藩的港口。即使在今天，它也是玳瑁的最大消费者。以一种如玻璃吹制之类手艺中的复制模式，这门新的手艺始于长崎，进口的商品和信息就是从那里进入，再传播到京都、大

---

〔1〕 Noël Antoine Pluche，*Spectacle de la Nature*，or，*Nature Display' d*，trans. Samuel Humphreys（London：J. Pemberton，1733），474—475.

〔2〕 J. J. Rein，*The Industries of Japan*：*Together with an Account of Its Agriculture*，*Forestry Arts and Commerce*（Surrey：Curzon Press，1995），422.

〔3〕 Ibid.，421—422. 雷因声称，红海龟也被使用，但这可能是一个误会，或者是他那个时代所独有的供应问题。

〔4〕 Kajishima Takao，*Nihon dobutsushi*（Tokyo：Yasaka Shobo，2003），356.

〔5〕 Santo Kyosan，*Kinseirekise josoko*，Nihon zuihitsu taisei series 1，Vol. 6（Tokyo：Yoshikawa kobunkan，1976），212.

阪和江户（如今叫东京）等其他人口中心。不像日本的大多数手艺强调手艺的某些重要方面的保密，玳瑁制品的生产需要合作，需要一个人供热而另一个人弯曲龟壳，这意味着这门手艺的技术传播相对比较迅速。[1]

贸易矛盾

17 世纪末是一段经济急剧增长，但幕府将军的收入却不断下降的时期。对外贸易是经济增长的来源之一，被幕府将军的政策有目的地削弱。金银矿不断下降的产出导致日本国内的货币贬值和通货膨胀。大多数对外贸易由消费品组成，比如，用金银交换的药品和纺织品。新井白石（1657—1725 年）是 17 世纪末一位颇有影响力的政府官员，他成功地提倡了贸易封顶的政策，以减少贵金属的流出。此外，新井白石还提倡自给自足，以减少对进口的依赖。然而，正是在这一时期，玳瑁的使用传播开来。

到 1639 年，日本唯一的主要外商是荷兰人和中国人。一部早期的百科全书《和汉三才图会》（*Wakan sansai zue*）把玳瑁定为荷兰进口品，但是，当 1644 年明朝垮台，与中国的贸易关系重新建立起来之后，中国人也成了重要的供应商，大概比荷兰人还要重要。然而，很难比较每个贸易国家卖给日本的玳瑁的质量。尽管荷兰人记载了中国人带来的东西，但大约 1680 年之后，荷兰人运来的玳瑁在被称作 kambang 的私人交易拍卖中销售。荷兰东印度公司并不赞成它的雇员自己做生意，担心这样会和它自己竞争市场。然而，在日本，该公司却被迫同意一次妥协：某些产品保留给公司，而其他产品则可以私下交易。即使在荷兰东印度公司 1799 年倒闭之后，这些习惯做法依然持续。由于玳瑁是私下交易的，因此相关记录甚少。例如，我们知道，1836 年，

[1] Santo Kyosan, *Kinseirekise josoko*, Nihon zuihitsu taisei series 1, Vol. 6, 210.

通过荷兰商人大约进口了 60 斤[1]玳瑁。[2] 玳瑁可能很赚钱，正如下面这段引文所显示的，它摘自前商号主管伊萨克·蒂进（Isaac Titsingh）1801 年发给亨利·泽拉尔船长的一份备忘录，建议他带什么东西到日本来卖：

> 玳瑁龟壳——厚片，尽可能找最白的，聚成 1.25 索或 5 索一捆。
>
> 玳瑁龟的头或脚，越厚越好。目前他们在私人贸易中可以卖到每斤 12～18 个小判[3]——美洲的最好，尤其是在加拿大周围找到的。当供应不足时，这些东西价格陡涨。[4]

玳瑁成为私人交易商品的理由我们并不清楚，但是，在中国及其他地区有着持续的强大需求，这否定了在日本需要冒险的可能性。尽管这一年关于中国贸易商的数据不可用，但在 1832 年，中国商人带来了 164 斤玳瑁和 2 906 斤“爪子”（更小的龟壳边角料），比如，1 斤玳瑁可以生产大约 15 个发饰，所以，进口数量——尽管是一个变量——暗示了能够生产的手工艺品数量很大。[5]

商人获得玳瑁的渠道是通过与各个不同的海龟栖息地热带港口的本地猎人做交易，比如，马来半岛沿海的望加锡和武吉士周围的海上游牧部落。中国商人甚至提前一年给预付款，以确保供应。[6] 在锡兰（1798 年前一直被荷兰人占领）使用的方法完全不同。据英国政府官员 J. W. 贝内特（Bennett）说，僧伽罗人在海龟上岸的交配季猎杀海龟。这一地区的捕鱼权利承租人会

---

[1] 1 斤大约等于 625 克或 1. 1 磅。这个度量单位基于马来语或爪哇语，在东南亚和东亚贸易中被广泛使用。

[2] See Martha Chaiklin, *Cultural Commerce and Dutch Commercial Culture* (Leiden, The Netherlands: CNWS, 2003), 179, 182.

[3] 一种日本金币。

[4] Frank Lequin, ed., *The Private Correspondence of Isaac Titsingh*. 2 vols. (Amsterdam: J. C. Gieben, 1992), 2: 755. Letter 294. 我们并不清楚蒂进为什么认为海龟来自北方水域。

[5] Shimada Tadamasa, “Edo jidai no Nagasaki to bekko,” 7.

[6] Gerrit Knapp and Heather Sutherland, *Monsoon Traders: Ships, Skippers and Commodities in Eighteenth - Century Makassar* (Leiden, The Netherlands: KITLV Press, 2004), 40, 98—99.

把他手下的人聚集到海龟交配地的附近，搭建起临时棚屋和一个买卖日用品的集市。让海龟太平无事地产下卵，但是，当这个过程完成后，便发出一个信号：

> 沿着整个埋伏线低声相告；整个一帮人同时发起袭击，每人拿一个粗壮的竹竿，以及用某些丛林树的树皮搓成的带子，为了抓牢海龟，把它们底朝上翻过来，把相对的蹼或脚绑在一起……[1]

一旦抓住了海龟：

> 在现场点着火，用一根竹竿纵向穿过每个海龟被绑住的脚与胸甲之间，把它悬在烈火上方，直至背甲……变热，从水平位置开始，迅速剥下背甲，首先从离头最近的壳板开始，直至盖住圆盘的13块壳板被摘下……剥壳的工作刚一结束，就放掉被掠夺的动物，让它自由地逃向大海。[2]

很显然，这套程序并没有阻止海龟返回，它们每年都要回来。一位1794年负责这一地区的荷兰绅士证实了这一点[3]：

> 为了消除了对这一点的怀疑，他让人给一定数量的为此而挑选出来的被俘海龟的一只脚套上铜环，上面用荷兰语和马来语标上俘获的日期。[4]

1826年，一个渔民给贝内特拿来了一个铜环，是从一只重达400磅的海龟身上摘下的，据这个渔民说，同一只海龟32年来每年都回到同一个小海湾。[5] 尽管这看上去似乎很残忍，却可以做到提取玳瑁而不杀死海龟。如果

---

[1] J. W. Bennett, *Ceylon and Its Capabilities* (London: W. H. Allen, 1843), 273—275.

[2] Ibid.

[3] 此人要么是威廉·雅各布·范·德·格拉夫，1785—1794年间他是总督，要么是约翰·杰拉德·范·安吉尔比克，他于1794—1796年间负责这一地区。

[4] J. W. Bennett, *Ceylon and Its Capabilities* (London: W. H. Allen, 1843), 273—275.

[5] Ibid.

动物死的时间太久，会影响壳的颜色。[1] 这与（比方说）西里伯斯岛的做法形成鲜明对照，在那里是砸碎海龟的头，然后用水煮，取下龟甲板。

18 世纪初的贸易限制无疑没有阻止玳瑁的贸易。然而，这些限制确保了价格不至于跌得太低。供应的不可靠，贸易中涉及的困难，以及异国来源，再加上功能性和“令人喜爱”的品质，使得玳瑁在日本消费者眼里成为一种奢侈品。

性别化消费

玳瑁的传播与生活水平的提高同时发生。这轮经济增长导致了物质文化的爆炸，与西欧的发展平行。消费主义赖以建立的基础是已经增长的收入和闲暇，而不是工业化。奢侈品基于进口材料，以及费工耗时、制作精美的本地产品。显著不同的是玳瑁的消费者，占主导地位的是女人。

玳瑁之所以受到女人的青睐，是因为玳瑁的进口、奢侈之风兴起及女人发式的改变三者同时发生。此外，女人的继承权及其他积累财富的方法自 12 世纪晚期武士社会的兴起以来逐步恶化。[2] 因此，个人物品是女人能够合法拥有财产的少数途径之一。直到 17 世纪，女人才逐步留起了长发，简单地扎一下。自 17 世纪中叶以后，女人的头发被绑上五花八门、精细复杂的假髻，装饰着大量饰物。[3] 尽管这些装饰品是用范围广泛的材料生产的，包括木料、象牙和珊瑚，但到了大约 17 世纪 60 年代，玳瑁开始受到青睐，因为它

[1] James Emerson Tennent, *Ceylon: An Account of the Island* (London: Longman, Green, Longman, Roberts, 1859), 190.

[2] See Hitomi Tonomura, "Women and Inheritance in Japan's Early Warrior Society," *Comparative Studies in Society and History* 32, no. 3 (1990): 592—623.

[3] See Martha Chaiklin, "Up in the Hair — Strands of Meaning in Women's Ornamental Hair Accessories in Early Modern Japan," in *Asian Material Culture*, ed. Marianne Hulsbosch et al. (Amsterdam: University of Amsterdam Press, 2009), 37—64.

用在头饰中有很多可欲的特性：漂亮、耐久、轻便。[1]

玳瑁还有一个优势：假如一件装饰掉下来摔破了，它可以修复，而大多数为此而使用的其他材料却不能。对玳瑁的偏爱由于 1774 年执行的金银禁令而受到了进一步的刺激。[2] 白银和黄金也被人欣赏，但出口和持续不断的需求对货币供应产生了影响。因此，幕府将军的回应是，禁止金银用于货币之外的用途，旨在让贵金属保持流通。玳瑁对货币没有这种直接的冲击，不受相同性质的约束。

时尚偏爱清洁的玳瑁，带有斑点的龟甲便黯然失色。然而，纯色装饰品逐渐被视为更适合正式场合。[3] 尽管最初仅限于上层阶级，但佩戴玳瑁发饰的习惯后来向下层传播。早在 1719 年，儒家学者西川如见（Nishikawa Joken，1648—1724 年）不仅抱怨玳瑁发饰的奢侈和流行，即使过去人们并不常使用它们，而且抱怨就连底层阶级的妇女也佩戴它们。[4]

不受很多禁奢法约束的艺妓，由于佩戴发饰的数量而成为玳瑁的最大消费群体。有可能（但没有文献记载）这一时尚起源于长崎，那里有一个被称作丸山的著名的红灯区，为外国人提供服务。具有讽刺意味的是，在早期现代日本，大多数艺妓是为了帮助她们的贫苦家庭而卖身为奴，但对她们的主顾来说，她们是奢侈品。这一认知通过身体环境、对这些女人的训练以及她们穿衣打扮的方式而得以培养。因此，尽管正常妇女可能有一把梳子和一两根簪子，但到 18 世纪晚期，艺妓却可能有半打这样的饰物。正如一位西方观察者所指出的：

> 女人的大量头发被梳成缠头巾的形状，插满了精美的玳瑁饰品，

---

〔1〕 Kato Eoin，"Ware koromo，" in *Nihon shokumin seikatsu shiryo shusei*，31 vols.（Tokyo：Sanichi shobo，1968—1984），15：13.

〔2〕 Ibid.，16.

〔3〕 Kitagawa Morisada，*Morisada manko*，5 vols.（Tokyo：Tokyodo shuppan，1990），2：104.

〔4〕 Nishikawa Joken，*Chonin bukuro*，*Hyakusho bukuro*，*Nagasaki yobanshi gusa*（Tokyo：Iwanami Shoten，1942），66.

> 15 英寸长，一个男人的手指那么粗，重量很轻，打磨得看上去就像黄金。它们卖得很贵；一个女士头发里伸出的这种装饰越多越好。[1]

有时候，这些梳子刷过精心细致的油漆，价格可能高达两个金币。[2] 由于玳瑁的消费者主要是女人，而她们已经被视为喜爱奢侈的人，可能导致一个男人败家，因此，玳瑁发饰常常被用来象征这一恶行。井原西鹤在《西鹤织留》中两次使用玳瑁梳子作为证明女人奢侈挥霍的证据。第一个实例是一个寓言故事，关于糟糕婚姻的危险性，婆婆用三个段落描述了儿媳妇的奢侈挥霍，其中有这样一个事实："她花两个 chokin（贮金，一种银币）定做了一把袖珍梳子，是用最精美的龟甲的透明甲片做成的……"[3] 这是那种会让商号倒闭的妻子，这个故事讲的是离婚的代价。在第二个实例中，一个女仆寻求一份临时职业，漫步走进一家职业介绍所，她穿戴过于讲究，并且炫耀一个"透明的玳瑁梳子"。[4] 这个故事的暗示是，为了支持她的奢侈嗜好，她转向了用性魅力来诱惑男人。

同样是那些使得玳瑁对于个人装饰很有吸引力的品质，也使得它在卧室中私下使用是可欲的。尽管把假阴茎定义为奢侈品可能取决于一个人对人类性行为的定义，但一个用玳瑁做成的假阴茎就是一件奢侈品。生殖器崇拜自新石器时代以来就在日本存在，今天依然是一个颇有活力的传统。这究竟是与假阴茎的使用有关，还是像一位学者所提出的，假阴茎最早是从中国进口的，这个问题只能是推测。[5] 能够肯定的是，从 17 世纪晚期起，提到它们的文学作品和绘画材料都显著增加了。闲暇的增加促进了读书识

---

〔1〕 *Japan and the Japanese in the Nineteenth Century: From Recent Dutch Travels, Especially the Narrative of von Siebold* (London: John Murray, 1852), 22.

〔2〕 Kato, *Ware koromo*, 16.

〔3〕 Ihara, *Final Words*, 62.

〔4〕 Ibid., 198.

〔5〕 Tanaka Yuko, *Harigata to edo onna* (Tokyo: Yosensha, 2004), 25. 作者认为它们来自中国，但没有提出真正的支持证据。

图 28　静冈市的艺妓高尾戴着 3 把梳子、8 个簪子和一个格外长的玳瑁钗子。“三浦屋高尾”。歌川贞景画，约 1818—1830 年

字，导致了对图书的更大需求，这反过来又导致了更生动逼真的绘画技术。更多的图书意味着更低的价格，从而导致了更多的色情作品。

玳瑁被视为制作假阴茎的首选材料。一些插图显示了做工精细的物件，阴茎上筋脉毕现。[1] 玳瑁相对一些廉价材料的优势有很多。它不大可能裂成碎片。在抛光状态下它非常光滑，减少了拖拉和摩擦的可能性。它重量很轻。最后， 使用前放在热水里可以让它变暖和。同样是由于这些特性，一个用角

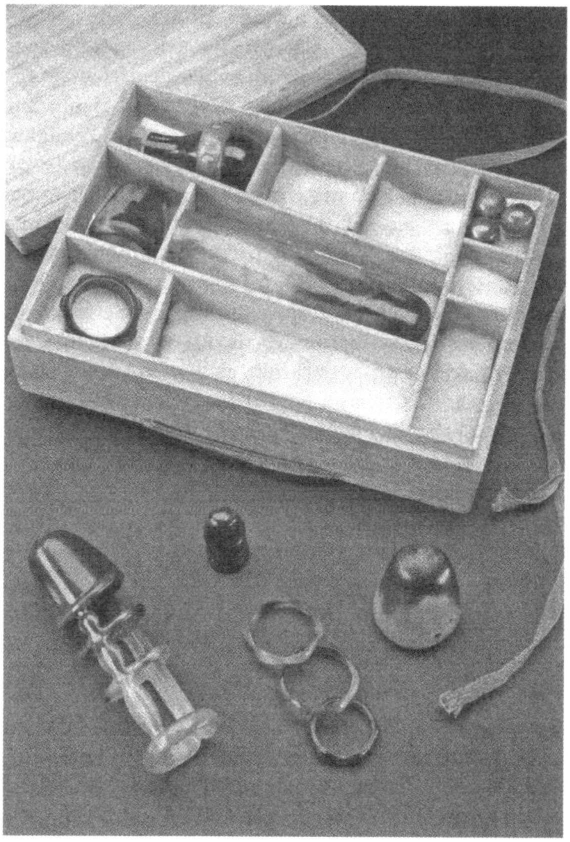

图 29　4 个阴茎鞘、4 个阴茎环、1 个指鞘（全都是用玳瑁做的）

〔1〕 Yasaburo Ikeda, *Seifuzoku*, 3 vols.（Tokyo: Yuzankaku, 1989), 2: 386.

或玳瑁做成的硬鞘有时候也被用作避孕套。[1] 有人提出，这些避孕套起到了双重作用，男性伙伴不在时可用作假阴茎。[2]

毫无疑问，玳瑁也以性中立的方式使用，甚至用来制作只有男人使用的物品，比如印笼（inro）。[3] 最重要的用途大概是制作眼镜框。例如，德川幕府的创立者德川家康（Tokugawa Ieyasu，1543—1616 年）拥有一副玳瑁框的眼镜，现被保存在东照宫。然而，根据进口记录，进口眼镜框最受青睐的材料是象牙或兽骨，只是偶尔提到玳瑁或白银。[4] 另外一些物品，比如墨水盒、茶果盘和书信盒，全都是用玳瑁做的。玳瑁还与其他材料相结合。有一件独一无二的东西，据推测来自江户时代早期，1876 年在费城百年纪念博览会上展出。"它是一个珠宝箱的窝，镶嵌在一个雕刻精美的龟壳里。装在这个框架里的四个珠宝箱用四种主要的漆器风格做成……"[5]然而，幸存的各地物品当中，没有一种比得上现存发饰的数量，而这种物品经受的损坏可能更多，所以，玳瑁最大的消费群体几乎肯定是女人。

名字有关系吗？政治、经济和禁奢法

禁奢法被称为"西方历史上已知的最古老、最重要、最无处不在的组织社会的否定性原则之一"。[6] 在日本，针对玳瑁的禁奢法因为各种不同的理

---

[1] T. Scott Matsumoto, Akira Koizumi, and Tadahiro Nohara, "Condom Use in Japan," Studies in *Family Planning* 3, no. 10 (1972): 251—255, esp. p. 251.

[2] H. Youssef, "The History of the Condom," *Journal of the Royal Society of Medicine* 86 (1993): 227.

[3] 一个挂在腰带上的分段盒子。起初，它被用来装印和朱砂印泥，但也被用来装随身携带的药物。

[4] Chaiklin, *Cultural Commerce*, 132—133.

[5] J. S. Ingram, *Centennial Exposition: Described and Illustrated* (Philadelphia: Hubbard Bros., 1876), 562.

[6] John Sekora, *Luxury: The Concept in Western Thought, Eden to Smollett* (Baltimore: Johns Hopkins University Press, 1977), 2.

由而被采用，包括但不只是为了社会分层的目的。针对一般奢侈的提倡，它们经常被用作节俭措施。新儒家的意识形态被政府用来确保用家长式的方法对待道德问题，包括禁奢法的颁布。这样的法律是在幕府制度的“黄昏”时期颁布的，且迟至 1862 年。[1]

在更古老的文本中，玳瑁龟及龟壳都被称作 taimai（玳瑁），这个词取自汉语。它被收入在日本最古老的汉语复合词典《和名抄》（*Wamyosho*）中。玳瑁是通用名称，直至 17 世纪初，bekko（别甲）这个名称被推广开来，至今还在使用。江户时代的作者相信这一术语的改变是一次努力，试图避免政府对玳瑁进口的禁止，因为这个名称的第一个字指的是国产的啮龟。但这个名称比德川幕府的任何贸易管制都要早，在 1603 年传教士们编纂的日葡词典中可以找到。[2] 不过这依然显示了公众对禁奢法所禁止的奢侈品的认知。

最早对海龟的禁令针对的是龟肉消费。1630 年，海龟在一年中的某几个月里被禁食，为的是遵从宇宙论规定。[3] 半个世纪后，1687 年，海龟的消费完全被禁，作为幕府将军德川纲吉（Tokugawa Tsunayoshi，1646—1709 年）颁布的所谓“消费法”的一部分。这一系列法令是打算通过禁止使用、消费和杀死动物，从而强制推行佛教对生命的慈悲。有趣的是，我们注意到，并没有直接禁止像龟甲和兽皮这样的动物产品。然而，1683 年，颁布了全面禁止进口商品的禁令，作为提高道德水平的一种方式。尽管德川纲吉在世时影响很大，但在 1709 年他去世之后，这些法令都被废除了。

颁布禁止龟甲的禁令与关于奢侈品的观念直接有关。这一点在其他对个人服饰的管制措施中格外显著，这些管制主要是限制贵金属的使用，以防止耗尽供应从而影响整个经济。相反，1743 年颁布的一部关于龟甲的法令是典型的关于龟甲的禁奢法。这部法令谴责了选择高品质的、昂贵的龟甲来制作

---

[1] Ishii Ryosuke, ed., *Tokugawa Kinreko*, 11 vols. (Tokyo: Sobunsha, 1959), 5: 272.

[2] Etchu Tetsuya, *Nagasaki no bekko* (Nagasaki: Privately printed, 1983), 21.

[3] Hans Krämer, " Not Befitting Our Divine Country: Eating Meat in Japanese Discourse of Self and Other from the Seventeenth Century to the Present," *Food and Foodways* 16, no. 1 (2008): 39.

发饰，并高价销售，法令要求发饰回归过去那种更朴实的尺寸和风格。[1] 这部禁奢法的颁布是作为被称作“享保改革”的一系列法律的组成部分。这些改革是对幕府时代的饥荒和财政危机的一个回应，包括一系列禁奢法，导致各种个人服饰的成比例缩减。[2]

接下来对玳瑁的限制是类似政府改革的结果。像1783年浅间山火山爆发这样的自然灾害，由此带来的饥荒，以及幕府国库的耗空，导致了18世纪最后几十年间的新一轮改革（宽政改革）。1789年3月颁布了一部法令，规定玳瑁发饰的尺寸不得过大。[3] 负责这部法律实施的幕府官员松平定信（Matsudaira Sadanobu，1759—1829年）大概出于两个原因把目标对准了玳瑁。第一，他通常试图遏制商人的活动，限制对外贸易，作为经济缩减政策的一部分，这一政策是基于设法遏制商人阶层的儒学原则。第二，他想促进节俭的社会氛围。结果，在这一年年末，所有政府雇员都收到警告：他们的妻子和孩子“不得穿任何丝绸衣服，不得佩戴用玳瑁或白银、精纺毛料、其他荷兰布料或中国布料做成的发饰，违者入狱”。禁令扩大到了整个长崎市。[4] 这一禁令起初被强制执行，正如在一个实例中所看到的那样：一个穿着丝绸、佩戴玳瑁梳子的女人被要求完全脱光，她穿戴的违禁物品随后被没收。[5] 此外，下一年已经申请的供应被取消。失去这个有利可图的收入来源导致工厂人员生活困难，他们只有靠私下交易才勉强度日。[6] 禁令一直延续到了1799年，但禁令一旦废除，政府便竭力控制价格，要求玳瑁必须通过政府机构来销售，而不是自由拍卖。[7]

然而，长期来看，控制价格的努力徒劳无益。玳瑁禁令废除之后不到10

---

〔1〕 Ishii，*Kinreiko*，5：366.

〔2〕 Kato，*Warekoromo*，16.

〔3〕 Ishii，*Kinreiko*，5：381.

〔4〕 Cynthia Vialle and Leonard Blusse，eds.，*Deshima Dagreisters*，Vol. X（Leiden，The Netherlands：University of Leiden，1997），8.

〔5〕 Ibid.，9.

〔6〕 Ibid.，64.

〔7〕 Ibid.，155.

年，比从前更大、更厚的玳瑁梳子便流行起来。[1] 尽管政府努力遏制，但整个江户时代，玳瑁梳子的价格一直在下跌。结果，它们越来越成为必需品，而不是奢侈品。

假冒和赝品

奢侈品的一个必然结果是伪造，玳瑁仿制品的五花八门证实了它是一种深受欢迎的奢侈品。仿制品很流行。生产这样的赝品可能是为了欺骗消费者，但在大多数情况下，目的更有可能是蒙骗观看者。到 18 世纪晚期，对于出席正式场合的女人来说，玳瑁梳子大概已经从奢侈品演变为必需品。[2] 玳瑁已经成为社会身份的组成部分，但它还是太昂贵，不可能人人都有，这就解释了为什么赝品泛滥。

起初，朝鲜玳瑁指的是红海龟壳或绿海龟壳。然而，从 18 世纪 70 年代起，所谓的朝鲜玳瑁指的是用水牛角生产的复制品。不到 10 年的时间，可用合适水牛角的数量下降，价格上涨。日本牛的角和马蹄成为替代品。来自路上没有石头的平原地区的马被认为有特别干净的马蹄，因此，来自练马区的马蹄尤其被看重。[3] 有时候把牛角或马蹄的内核包在真正的玳瑁镶板里。这些材料的热塑性意味着它们可以足够天衣无缝地熔接在一起，使得外行很难发现它们是假的。[4]

在 18 世纪中叶，假玳瑁用鹌鹑蛋壳做成。[5] 另有一种技术，后来被称

---

〔1〕 Kitagawa，*Morisada manko*，2：103.

〔2〕 Ibid.，2：117.

〔3〕 在早期现代，这是江户郊外的一个村庄，但它现在在东京城内。Tamura Eitaro，*Nihon shokunin gijutsu bunkashi*（Tokyo：Yuzankaku，1984），2：693.

〔4〕 Ibid.，72，103.

〔5〕 *Rekisei fuzokshi*，*Nihon shokunin gijutsu bunkashi*，2：693.

作“长崎技术”——用涂漆的木头复制玳瑁的视觉特征。[1] 赝品甚至可以有一丝奢侈品的意思。

图 30　玳瑁制品（资料来源：百度图片）

结 论

玳瑁有很多特性使它被人们所接受，但它在日本直到 17 世纪才成为一种奢侈品，理由有三：首先，欧洲的运输革命和日本的商业扩张使得能够带到日本的商品数量比以前任何时候都要多。其次，更高的生活水平让人们有更多的收入可以投资于奢侈品。这个过程并没有伴随一场工业革命。最后，对玳瑁的最大需求是在女人当中产生的，她们逐步失去了其他积累财富的方式。尽管日本直到 19 世纪晚期幕府制度终结时才经历一场工业革命，但不断增长的经济导致了奢侈品的传播，以及与工业欧洲的发展相平行的对奢侈品的态度。在根据儒家教义把奢侈品谴责为一种道德偏离的做法中，也可以找到类似的平行。女人在儒家思想中被认为道德上有缺陷，她们之所以成为玳瑁的

〔1〕 Raymond Bushell，*Inro Handbook*（New York：Weatherhill，1979），129－130。我们并不清楚，这一技术究竟是在禁止时期为了取代玳瑁而研究出来，还只是为了实施一项困难技术的乐趣，为的是生产审美上令人愉悦的图案。

最大消费群体，是因为玳瑁很适合制作她们使用的个人物品，导致性别导向的消费模式。这些条件使得玳瑁在早期现代日本成为女性社会身份的一种必需品。

1859 年孤立的终结意味着自给自足这一幻想的终结。日本被来自欧洲的廉价制造品所淹没。玳瑁手艺兴盛起来，因为手工艺被提倡，以抵消贸易逆差。在新的世界秩序中，主要被用来制造成卖给富有旅行者的纪念品和眼镜框。对发饰的需求逐渐下降，因为传统发饰很大程度上被西方发饰所取代。当日本按照西方模式工业化时，传统生活方式成了某种意义上的奢侈品，正如和服并不适合工厂里干活。不久，塑料在很多用途上取代了玳瑁，包括发饰的生产，以至于 1907 年，弗里德里希·伯克曼（Fredrich Böckman）写道："赛璐珞成了最适合的玳瑁仿制品，以前做梦也没想到过……"[1] 我们用塑料取代了玳瑁的大多数用途。塑料可能看上去像玳瑁，但摸上去绝不可能像，因此对玳瑁依然有数量很少但很稳定的需求。所以，玳瑁这种已经成为必需品的奢侈品，作为工业化的直接结果，又从必需品恢复为奢侈品。

【作者介绍】　玛尔塔·查克林（Martha Chaiklin）：在扎耶德大学任教。在研究物质文化史上有着丰富的经验，研究过象牙、荷兰东印度公司的贸易、送礼文化和国际展览。

[1] Friedrich Böckmann, *Celluloid: Its Raw Material, Manufacture, Properties and Uses* (London: Scott, Greenwood and Son, 1907), 97.

第九章

轻叩象牙：一种19世纪全球商品的变形记

在美国象棋制造商斯丹顿之家的网页上，我们可以选择范围广泛的不同象棋子。最便宜的棋子是塑料做的，价格在 4 美元左右；最贵的是用长毛猛犸象的长牙做的，价格高达 12 995 美元。[1] 象牙棋子的使用有着悠久的传统。例如，据说拿破仑就有象牙棋子[2]，在华盛顿的美国国家历史博物馆，我们欣赏到一套属于约翰·昆西·亚当斯（John Quincy Adams）的象牙棋。象牙工匠 F. J. 卡尔登伯格（Kaldenberg）的产品目录中，除了大量盥洗室用品之外，比如梳子和刷子，还包括象牙棋子。[3] 对于下象棋来说，使用何种材料的棋子毫无意义。因此，购买象牙棋子的人所关注的，并不纯粹是拥有一副棋子，而是一种高档的氛围，尤其是涉及高价格。由于象牙棋子的使用无疑无关乎日常生活，因此，它们的主要功能不是使用，而是把象棋游戏——国王的游戏——作为一件特殊的事情来表演。这样一来，它们证明了这样一个事实：象牙制品一直是奢侈品。

在 19 世纪和 20 世纪，象牙因此是一种高价材料。在本章，我们将以一系列步骤重构象牙的历史，包括它的全球维度、价值体制、材料品质和不断变化的价值。

---

〔1〕 "Chess Sets，Chess Pieces." The House of Staunton，www. houseofstaunton. com (accessed November 8，2014).

〔2〕 "Napoleon' s Unique Ivory Chessmen," *American Chess Bulletin* 17，no. 8 (1920)：174—176.

〔3〕 The National Museum of American History，Archives Center，"Kaldenberg，F. J.，1875—1880? Manufacturer of Ivory Toilet Articles，Stationary and Fancy Goods，New York，" Warshaw Collection of Business Americana：Business Ephemera：Ivory，box 1，folder 5.

象牙的全球维度

在今天的伦敦，能够让人想起过去象牙贸易的东西殊不多见，不过还是有的，只要你从伦敦塔出发，循着塔桥下面的指示牌，到达圣凯瑟琳码头。如果从南侧踏上码头，我们就会经过一扇巨大的铁门，它的两根侧柱上蹲着大象。我们从这道门往前走，直接走到一幢有塔钟的L形砖楼：象牙宫。打从象牙在欧洲是一种有着强大需求的原材料的时代起，这幢建筑就一直叫这个名字。作为大英帝国的支柱，伦敦占据着象牙贸易的中心位置。码头区博物馆档案中的图片显示，在象牙宫的楼上、地板上到处铺满了大量的象牙。[1] 在19世纪下半叶与第一次世界大战之间象牙贸易的高峰时期，这个象牙地板处在活动的中心（安特卫普象牙拍卖行有它的对应物）。在这里，潜在的买家可以在拍卖之前查验货物；在这里，跨越全球的象牙供应链四海归一。[2]

在非洲，各个不同的部落都猎杀大象。在东亚，特别是马库阿人部落猎杀大象。随着时间的推移，马库阿人因此成了大象猎人的总称。[3] 这些部落用收集起来的象牙换取布料、玻璃珠、铜丝、武器和酒[4]。商队贸易基本上被来自桑给巴尔岛的阿拉伯商人控制。欧洲人试图瓦解阿拉伯人的优势地位，但这些努力均以失败而告终，正如象牙商人海因里希·阿道夫·梅尔（Heinrich Adolph Meyer）的汉堡商号时而辉煌、时而惨淡的情形。在从塔波拉到

---

[1] Museum of London Docklands Archive, Photo Cab 2. 3, Ivory Folder.

[2] 象牙宫所在的那幢建筑至今尚存，如今包含一家餐馆和一些奢华包间。

[3] Oscar Baumann, *Durch Massailand zur Nilquelle: Reisen und Forschungen der Massai - Expedition des deutschen Antisklaverei - Komite in den Jahren* 1891—1893 (*Berlin*, 1894), 62.

[4] 关于商队贸易的详细情况，参见：Michael Pesek, *Koloniale Herrschaft in Deutsch - Ostafrika: Expeditionen, Militär und Verwaltung seit* 1880 (*Frankfurt: Campus*, 2005), 40—101。

巴加莫约的旅行中——这是从东非海岸通往内陆的三条商路中的一条[1]——梅尔的代理商被人谋杀了。阿拉伯人的优势地位一直持续到铁路的修建。[2]

就其部分而言，跨大陆贸易占支配地位的是以桑给巴尔岛为基地的印度商人，他们充当了商队商人的主要信贷来源。他们在象牙贸易中的关键角色是基于这一个事实：印度是购买象牙原料的重要国家之一，另外就是欧洲和美国。[3] 欧洲和美国的商行也活跃在非洲，交易象牙及其他殖民地商品。正如前面已经暗示的，去往美国和欧洲的大多数象牙都是首先在安特卫普和伦敦拍卖。在某种意义上，拍卖起到了生货交换的作用，在这样的交换中，那些自己没有象牙储备的国家可以满足它们的需求。有两个重要的象牙加工中心，一个在康涅狄格州的艾弗里顿，另一个在德国奥登森林地区的埃尔巴赫。在那里以及别的地方，原材料被制成钢琴键、台球、刀把和雕刻工艺品——它们在西方中产阶级消费社会里都有很大的需求。[4]

然而，象牙贸易并不是一个局限于 19 世纪、产生于非洲殖民地区的现象。在古代，象牙已经是一种人们渴求的原材料和奢侈品，最早的地理学家和旅行者的报告都提到了象牙贸易。[5] 在阿蒙霍特普三世（Amenophis Ⅲ，约公元前 1388 至公元前 1351 年）统治时期，埃及商人的贸易联系就延伸到了东非海岸，定期进口象牙；象牙在埃及文化中很受重视，国王谷出土的很多墓葬品显示了这一点。在罗马帝国扩张到北非后，罗马商人的贸易联系同样延伸到了东非——对于罗马上层阶级的成员来说，象牙是展示财富和权力

〔1〕 有三条商队通道：（1）南路穿过林迪和基尔瓦到尼亚萨湖；（2）中路从巴加莫约和潘加尼，穿过塔波拉，到坦噶尼喀湖畔的乌吉吉；（3）北路从坦噶穿过莫希和阿鲁沙，到维多利亚湖。

〔2〕 Normann R. Bennett，*Arab versus European：Diplomacy and War in Nineteenth - Century East Central Africa*（New York：Africana Pub. Co.，1986），211—213.

〔3〕 Abdul Sheriff，*Slaves，Spices and Ivory in Zanzibar：Integration of an East African Commercial Empire into the World Economy*，1770—1873（London：Currey，1987），108.

〔4〕 有一篇综述，参见：Ruth Rempel，“Trade and Transformation：Participation in the Ivory Trade in Late 19th - Century East and Central Africa，” *Canadian Journal of Development Studies* 19（1998）：529—552。

〔5〕 R. W. Beachey，“ The East African Ivory Trade in the Nineteenth Century，” *The Journal of African History* 8，no. 2（1967）：269—290，esp. p. 269.

的一种颇受青睐的方式。例如，罗马执政官的椅子被称作 sella curulis（象牙椅），部分是用象牙做的。[1]

无论如何，象牙贸易绝不局限于地中海地区，而是——尤其是——进入了印度洋地区。大约自公元 7 世纪以后，印度商人和阿拉伯商人的独桅帆船便追寻着季候风。在这一时期，只有很少一部分象牙去了欧洲。[2] 数百年来，大多数象牙是在印度和中国加工并消费。[3] 只是到了 19 世纪，在非洲成为殖民地并被瓜分的过程中，象牙商品流才改变方向，从它的标准路线转到北大西洋地区。

象牙的价值体制

象牙的全球供应链因此从东非的马库阿人，经由阿拉伯商队的商人，以及以桑给巴尔岛为基地的印度商人和欧洲商人，延伸到了安特卫普和伦敦的拍卖行，再向前延伸到艾弗里顿的象牙雕刻业和钢琴键制造业。看来很有可能卷入其中的人——通过供应链互相联系——都对象牙有着浓厚的兴趣。但是，考虑到他们扎根于各种迥然不同的社会文化语境，谈到象牙时，他们应该不大可能享有共同的价值体制。[4] 因为，在从大象到钢琴键的路上，象牙

---

〔1〕 Edward A. Alpers, "The Ivory Trade in Africa: A Historical Overview," in *Elephant: The Animal and Its Ivory in African Culture*, ed. Doran H. Ross (Los Angeles: Fowler Museum of Cultural History, 1992), 352.

〔2〕 在中世纪，象牙在欧洲主要用于宗教物品的制造。例子参见：Johannes Duft and Rudolf Schnyder, *Die Elfenbein - Einbände der Stiftsbibliothek St. Gallen* (Beuron: Beuroner Kunstverlag, 1984)。

〔3〕 Abdul Sheriff, " Ivory and Commercial Expansion in East Africa in the Nineteenth Century," in *Figuring African Trade: Proceedings of the Symposium on the Quantification and Structure of the Import and Export and Long Distance Trade of Africa in the 19th Century* 1800—1913, *ed. Gerhard Liesegang et al.* (*Berlin: Reimer*, 1986), 415—442.

〔4〕 关于价值体制的概念，参见：Arjun Appadurai, "Introduction: Commodities and the Politics of Value," in *The Social Life of Things: Commodities in Cultural Perspective*, ed. Arjun Appadurai (Cambridge: Cambridge University Press, 1986), 3—63。

是在完全不同的价值框架中流通。沿着这条路，我们可以观察到，象牙如何从一种日常的、有用的工具，转变成奢侈品中的一个重要成分。

就非洲大象而言，象牙，或者更准确地说，是象的长牙的价值在于它作为工具，用来寻找食物和水〔1〕，以及作为武器，用来与大象和人及其他外部敌人战斗所发挥的功能。对于常常冒着生命危险杀死大象的非洲猎人来说，象牙首先有仪式价值：在东非的很多地区，把所谓的地牙——每头大象死时首先触地的一根长牙——在一个仪式框架内交给酋长是有益的，这一仪式的目的在于安抚土地的魂灵。〔2〕在非洲，象牙的价值起初相对较小，因此，探险家理查德·伯顿报告，长牙被用作牧场栅栏或装饰坟墓。〔3〕用长牙雕成的号角也很普遍。〔4〕但大象本身要重要得多：这种大型动物进入村庄可能成为一个致命威胁，它在搜寻食物时会毁坏整片农田。在不同的部落社会，猎人的声望相对较高，成功的猎人担任酋长的实例反复出现。〔5〕一次成功的猎杀后，从死去的大象身上摘下的第一件东西是它的尾巴，而不是长牙——尾巴充当了动物死亡和猎人成功的证据。大象随后几乎物尽其用：肉被吃掉，皮做成衣服，以及诸如此类。〔6〕

阿拉伯贸易车队的到来意味着非洲象牙价值体制的一次改变。除了它对酋长和猎人具有仪式价值外，如今它还有了交换价值。蒂普·提普（Tippu Tip）是最重要的阿拉伯商队的商人之一，他在自传中描述了象牙换商品的交

---

〔1〕由于非洲大象每天大约吃200千克食物，喝100升水，因此象牙是一个必不可少的工具。

〔2〕Bernhard Gissibl，"Jagd und Herrschaft：Zur politischen Ökologie des deutschen Kolonialismus in Ostafrika，" *Zeitschrift für Geschichtswissenschaft* 6（2008）：508.

〔3〕Richard Francis Burton，"The Lake Regions of Central Equatorial Africa，" *Journal of the Royal Geographical Society* 29（1859）：441.

〔4〕Doran H. Ross，"Imagining Elephants：An Overview，" in *Elephant：The Animal and Its Ivory in African Culture*，ed. Doran H. Ross（Los Angeles：Fowler Museum of Cultural History，1992），24. 这些号角发出的音调据说非常类似于大象吹喇叭。

〔5〕Burton，*Lake Regions*，126.

〔6〕Paul Reichardt，"Das afrikanische Elfenbein und sein Handel，" *Deutsche Geographische Blätter* 12（1889）：144—145.

易[1]——这个过程并不总是和平的。因此，蒂普·提普还异常坦率地报告了一次暴力劫掠象牙，在这个过程中，他征服了整个整个的村庄和部落，从此之后，强迫他们把象牙交给他。[2] 这个实例清楚地显示，商队贸易以及获得其商品——特别是枪——的机会，是如何挑战了传统的统治形式，并导致它们被新的统治形式取代。[3]

对印度和欧洲的商人来说，象牙的价值在于它在桑给巴尔岛或伦敦的拍卖中可以卖到高价。撇开一些小的偏离不谈，象牙原料在拍卖中的价格逐年上涨。因为商队贸易的交易品由于工业制造方法而变得更加便宜，所以，利润率大到足以雇用脚夫把象牙从内陆运到沿海。反过来，加工象牙的手艺人看重它适合雕刻，这是由于它结合了弹性和硬度，以及它总的来说还算温润。而在西方象牙制品的消费者看来，象牙的价值更多地并不在于——比如——弹奏象牙键的钢琴，而在于拥有一件配得上其雄心壮志的产品，充当了一种显示卓越地位的手段，就像中产阶级客厅里的钢琴一样。[4]

象牙的材料维度

本杰明·伯拉克（Benjamin Burack）在他论述象牙的书中非常宽泛地把它定义为“某些类型的牙齿中一种改良的象牙质，通常是一对从嘴里伸出的长牙，适合于用来获取食物；它们有时候还被用来攻击或防御”。[5] 如果我们遵循这个定义，那么，海象和角鲸（比如）的长牙就是由象牙质构成的。但是，象牙通常被理解为非洲大象的长牙，这一理解反映了这个英语单词的

---

[1] Wilfred Howell Whitley, ed., *Maisha ya Hamed Bin Muhammed el Murjebi, yaani Tippu Tip: Kwa maneno yake mwenyewe* (Nairobi: East African Literature Bureau, (1966), 61.

[2] Ibid., 69, 75.

[3] Pesek, *Koloniale Herrschaft*, 49, 72, 91.

[4] Gissibl, *Jagd und Herrschaft*, 230—231.

[5] Benjamin Burack, *Ivory and Its Uses* (Rutland, VT: Charles E. Tuttle, 1984), 28.

词源（连同其罗曼语的对应单词）：它似乎源自拉丁文单词 ebur，既表示“大象”，也表示“象牙”的意思，明显源于古埃及语单词 abu。[1]

正如所有其他动物的牙齿一样，象牙主要由象牙质组成，既有无机成分（约 35%），也有有机成分（约 65%）。有机部分基本上由胶原蛋白组成，赋予象牙弹性；无机部分由磷酸钙组成，提供了象牙的硬度和稳定性。[2] 大象长牙的硬度依据原产地的不同而有所不同，软象牙与硬象牙之间有明显差别。大象食物的构成在长牙硬度上具有相当重要的作用。最近的研究分离出了大象长牙中 17 种不同的化学成分，使得关于大象生活在哪个地区能够得出相对比较准确的结论（这一能力在与象牙走私作斗争中有潜在价值）。[3]

非洲公象的长牙可以达到 3 米以上，重量超过 110 千克，尽管目前重量超过 20 千克的长牙很少到达市场——平均重量是 6. 7 千克。长度 1. 6～1.7 米的长牙，其底部直径大约有 16 厘米。母象的长牙比公象的要短很多、细很多。[4] 被称作牙髓的槽位于长牙的底面。其开端很宽，像一条很细的沟渠几乎一直延续到长牙的末端，这样一来，长牙的将近 1/3 显然是空的。在过去，这个很宽的空洞部分——在桑给巴尔岛它被称作“竹筒”——常常在非洲的贸易地被锯穿并分段，长牙段随后被运到印度，制造手镯。[5]

在桑给巴尔岛，象牙会依据后期使用的可能性被分成不同级别。重量超

[1] 这里的主要焦点将集中于非洲象牙。在本章所涵盖的时期，绝大多数象牙来自非洲，在欧洲和美国用于各种不同的目的。亚洲象作为一种有生产力的家畜被广泛使用，也因为象牙而被猎杀。广泛的偷猎导致亚洲象数量的下降。例子参见：Daniel Stiles，*The Elephant and Ivory Trade in Thailand*（Petaging Jaya [Malaysia]：TRAFFIC Southeast Asia，2009），1。

[2] Erika Fischer，*Ägyptische und ägyptisierende Elfenbeine aus Megiddo und Lachisch：Inschriftenfunde，Flaschen，Löffel*（Münster：Ugarit - Verl.，2007），54.

[3] E. J. Raubenheimer et al.，“Geographic Variations in the Composition of Ivory of the African Elephant（Loxodonta africana），”*Archives of Oral Biology* 43（1998）：645.

[4] Bundesamt für Veterinärwesen BVET/Artenschutz. Elfenbein，2－3. www. blv. admin. ch/themen/handel _ wild/05116/05144/05158/index. html? lang = de&downl oad = NHzLpZeg7t，lnp6I0NTU042l2Z6ln1acy4Zn4Z2qZpnO2Yuq2Z6gpJCDdn95gWym162epYbg2c _ JjKbNoKSn6A -（accessed November 8，2014）.

[5] *Zanzibar Gazette*，December 5，1894，4. 在印度的很多地区，这些手镯是订婚仪式上的一个固定成分。现如今，塑料或其他合成材料取代了象牙。Prem H. Bhalla，*Hindu Rites，Rituals，Customs and Traditions*（Bangalore：Hindology Books，2009），103.

过40磅的长牙被称为头等大牙（pempe bab - ulya），25～40磅的是中等牙（bab cutch），25磅以下的被称为“球牙”（pembe calasia）。而球牙又依据其直径被分为三个级别：2. 5～3. 5英寸的是一级，2. 25～2. 4英寸的是二级，2. 25英寸以下的是三级。受损象牙被称作bab china。除了重量分级外，区分硬象牙和软象牙也很有用。[1]

但是，对象牙的材质要求可能差别更大，正如我们在美国象牙商人恩斯特·R. 多曼斯基（Ernst R. Domansky）那份长达5页的分类文件中所看到的那样。[2] 多曼斯基在非洲工作多年，包括在桑给巴尔岛的一段时期。推测起来，他应该是从非洲回来之后琢磨出了这些分类，基于他自己的经验，以及伦敦象牙商刘易斯和皮特公司一本信息含量颇大的小册子。多曼斯基首先区分了7个重量级别：头等牙、中等牙、手镯、轻手镯、小手镯、平均重量为7磅的小象牙，以及平均重量为3. 5磅的小象牙。此外，他还建议把象牙品质添加到分类谱中，区分完好的长牙、有缺陷的好牙、有缺陷的牙、有缺陷的差牙和病牙。为了准确区分个体的质量等级，他甚至研究出了一套记分制，比如，长牙上部有裂缝将导致减去1分或2分。在这一体系中，完好的长牙为100分，有病的长牙少八九分。多曼斯基还按照百分比来分类，以25%为基础，上好的象牙适合做成钢琴键。[3] 无论如何，多曼斯基的分类方案从未被应用过，而一直是一个前商人纯私人性的问题。我们可能认为它太细，太复杂。

就伦敦的拍卖而言，象牙中间商按照下面的方案经营：象牙首先按来源地（桑给巴尔岛、阿比西尼亚、莫桑比克、埃及或非洲西海岸）区分，然后分为软象牙和硬象牙，并且依据尺寸（长牙、小牙、尖头、手镯等）和重量

---

〔1〕 *Zanzibar Gazette*，December 5，1894，4.

〔2〕 多曼斯基后来改了他舅舅德怀特·摩尔的姓，之后便自称恩斯特·D. 摩尔。他就是用这个名字出版了自己的书（*Ivory：Scourge of Africa*，New York and London：Harper and Brothers，1931）；这本书阐述的是他作为非洲象牙商人的那个时期。E. D. 摩尔的文件保存在美国国家历史博物馆档案中心，参见：“Ernst D. Moore Papers，1888—1932”。

〔3〕 “E. D. Moore Papers，” 312，box 4.

来区分。拍卖行的报告还包含关于长牙状况的信息（完好、几乎完好、有缺陷等）。[1] 为此，圣凯瑟琳码头那些受过训练的人员小心翼翼地对长牙进行查验、测量和称重，然后给每根象牙盖上一个印戳。[2] 伦敦码头区博物馆档案中的老照片反复显示码头工人拿着灯检查长牙髓；伦敦港务管理局杂志中的一份报告显示，这是要看看是否有人在槽里塞入了石头、金属物或其他重物，为的是对长牙的重量造假，获得更高的价格。[3]

在伦敦民辛巷的商品交易所拍卖之前，象牙被铺开在伦敦码头象牙宫的地板上，好让潜在的买主进行评估。象牙分类的首要目标是让买主更容易找出最适合其特定需要的象牙。因此，台球制造商选择直径和台球大致相当的长牙尖端，为的是最后的损耗尽可能最小。由于整个象牙都可以用来制作钢琴键，在这种情况下，买主就检查整个长牙。[4]

象牙的准确分类可以理解为一种试图确定购买标准或建立产品线的努力，其背景是象牙产品的功能作为已经机械化生产的、以劳动分工为标志的各种不同产品的组成部分。不管是在佐林根或谢菲尔德制作刀把，还是在艾弗里顿制作钢琴键，都需要质量始终如一、数量充足的象牙来维持持续性生产。[5] 但是，就像其他天然产品一样，分类的努力不可能确保一根长牙具有想要的质量；只有当象牙被雕刻成想要的形状时才有可能进行最终的评估。因此，分类的主要目标是组织简化，方便供应商和购买者综览整批货——这样也方便了价格比较和交易。[6]

除了海象和角鲸的长牙外，猛犸的长牙，以及河马与抹香鲸的牙齿，也

---

〔1〕 Auction reports of the firms，ibid.

〔2〕 在现藏伦敦码头区博物馆的老照片中，可以非常清楚地看到评估和测量长牙，伦敦港务管理局的档案保存在那里。

〔3〕 为了他发表在《PLA月刊》（*PLA Monthly*）中那篇文章的研究工作，编辑A. G. 林尼与一位有能力的工人交谈过，后者告诉他，在20年的时间里，他只见过一根长牙以这种方式被处理过。但同样是这位工人，据说曾经在一根长牙里发现了一个石化蛙。*PLA Monthly*，March 1927，146.

〔4〕 *PLA Monthly*，March 1927，148.

〔5〕 Ludwig Trainer，"Das Elfenbein im Welthandel"（PhD diss.，Universtität Berlin，1935），19. 据作者估计，谢菲尔德和佐林根刀叉工业对象牙的需求差不多占到了欧洲整个需求的1/3。

〔6〕 "E. D. Moore Papers，" 312，box 4，General Information regarding Ivory，3.

作为某种形式的象牙而被交易。自1989年的国际象牙禁令正式批准后，猛犸的长牙，所谓的化石象牙，便成了这种材料的主要来源。在过去，特别是北欧，使用角鲸和海象的长牙，那里没有大象。但这些象牙变种在北方地区之外也被看重，因此，16世纪英国买主购买海象长牙的价格是大象长牙的两倍。[1]

奢侈品一个独有的特征是，它们容易被模仿或者被类似物品所替代，象牙也是如此。比如，替代材料有兽骨、角和象牙椰的干果。毫无疑问，这样的材料与象牙相比有一些劣势，要不然就是它们有一些品质偏离了象牙。例如，有尺寸的问题：由于它们的长度和直径，象牙长牙与（比如）拳头大的象牙椰子比起来，前者提供了更加复杂的加工可能性，后者主要被用来制造纽扣。[2] 此外，象牙的化学成分使得它成了雕刻工渴求的材料。它结合了硬度、密度和弹性，使得远比兽骨更细腻的雕刻才有可能，因为兽骨的硬度更大。象牙也远比兽骨更加半透明，所以，这种材料被赋予了鲜活的温度。而且，象牙抛光的方式可以赋予象牙表面光泽，以及它的半透明性赋予它独一无二的、不可模仿的外观。此外，象牙是一种导热很差的材料，这让它十分适合于各种操作。最后，这种材料还关系到一种奢华的氛围，关系到古已有之的异域风情。[3]

轻叩象牙

在一种被称作“线索”的流行侦探游戏的经典版本中，游戏者试图找出谋杀约翰·博迪（John Boddy）先生的凶手。为了找凶手，他们走遍受害者

---

〔1〕 Burack, *Ivory and Its Uses*, 31.

〔2〕 Alan W. Meerow, “Phytelephas spp. tagua,” in *The Encyclopedia of Fruit and Nuts*, ed. J. Janick et al.（Wallingford：CABI Publishing，2008），151－153.

〔3〕 Fischer, *Ägyptische und ägyptisierende Elfenbeine*, 55；BVET, *Elfenbein*, 3.

的宅邸，寻找可能存在的武器和谋杀行为发生的房间——有一个可能性是台球室。[1] 因为传统上，凡是自视甚高而且出得起钱的人，都有一间台球室来证实自己的身份地位。从 17 世纪法国开始，台球游戏传遍了欧洲。尽管起初台球是用木头做的，但在 19 世纪，象牙成了深受喜爱的材料，因为在打球期间，它们产生了最理想的“咔嗒声”。[2]

诚然，对于西方资产阶级来说，音乐比台球更重要。[3] 钢琴在西方音乐文化中扮演了一个核心角色，正如钢琴制造商不断增长的产量中直接反映出来的：1859 年，贝希斯坦在柏林仅仅生产了 176 台钢琴；12 年后，这个数字是 2 855 台。[4] 类似地，1860—1909 年间，美国钢琴制造商的数量翻了将近 3 倍，从 110 家增长到了 294 家，产量相应地从每年大约 20 000 台增长到了 374 000 台。[5] 以这种方式，钢琴在 19 世纪变得无处不在，出现在客厅、咖啡馆、学校和酒店里，再到医院里和远洋轮船上。钢琴因此成了有文化的中产阶级最喜爱的区别性标志，正如制造商们的宣传册中清楚表明的那样。贝希斯坦在它的宣传册中这样告诉潜在购买家庭的女人：

> 美女！这几页是专门写给你的，因为你给家带来了美丽的、个人化的氛围。因为钢琴对你来说不仅仅是一件乐器。你知道，即使你自己并不演奏音乐，钢琴放在你家里是为了你的客人们，而且你会感觉到它对空间的艺术影响，这让它成为整体的一部分，成为你

---

〔1〕 在后来的一些版本中，这些房间变了，不再包括台球室，倒是包括一个电影院。

〔2〕 后来的制造商常常特别强调咔嗒声是一个重要品质，例如，奥尔巴尼台球公司在它 1899 年的产品目录中对此就有提及。The National Museum of American History，Archives Center，“Albany Billiard Ball Company Records，1869—1973.”

〔3〕 中产阶级生活方式的这一核心方面常常被着重强调。参见：Volker Kalisch，“Studien zur ‘bürgerlichen Musikkultur’”(PhD diss.，Universität Tübingen，1990)，1。

〔4〕 数字来自 Hagen W. Lippe - Weißenfeld，“Das Klavier als Mittel politischer Distinktion im Zusammenhang mit der Entwicklung des Klavierbaus in London und Berlin an den Beispielen Broadwood und Bechstein”(PhD diss.，Freie Universität Berlin，2006)，193. 与此平行，雇佣工人的数量也增长了。

〔5〕 Cyril Ehrlich，*The Piano*：*A History*(Oxford：Clarendon，1990)，129.

家的装饰。[1]

以第一次世界大战之后 1 000～5 000 马克那样的价格，钢琴作为一种身份符号的角色进一步受到重视。[2] 对于中产阶级来说，客厅里的钢琴成了一种重要的身份符号。[3]

在 20 世纪初的美国，“轻叩象牙”作为弹钢琴的一个说法出现了。在艾弗里顿，制造钢琴键的公司是帕蒂兰德公司。[4] 未加工的象牙交到那里之后，首先被放入仓库，以确保万一交货出问题时有足够的象牙可用。加工长牙随后在象牙车间里开始，首先把它们锯成大致 4 英寸一段，然后由工头给它们做上横向标记。这些标记对应于一个白键的尺寸——黑键是用黑檀木做的，以圆形投入使用，为的是尽可能减少材料浪费。象牙段随后沿着标记被锯断，由此产生的小段被切割成薄板，最终充当琴键的象牙镶饰板。接下来，把这些薄板放在过氧化氢和水中漂白，然后清洗。紧接着这个过程之后，象牙板被带到公司里专门建造的晒白室里。这些晒白室看上去就像温室，有一个三角形的横截面。在晒白室里，琴键被放在木架子里，然后在太阳底下晒白大约两周。当晒白工序完成时，象牙板依据品质和颜色进行分类，共分成六级，然后放进专门的盒子里晾干大约三天，直至再也没有明显的缩水。琴键镶板有两个部分：头和尾。这两个部分如今被粘在一起，然后再次储藏起来，小心控制温度和湿度，以防止变形——直至最后在象牙铺设车间被粘到琴键上。[5]

用象牙制作钢琴键被认为完全正常，从来都没有人质疑。实际上，漫画

---

[1] Cited from Lippe - Weißenfeld，“Das Klavier，” 211.

[2] Trainer，“Elfenbein im Welthandel，” 27.

[3] Craig H. Roell，*The Piano in America*，*1890 — 1940*（Chapel Hill：University of North Carolina Press，1989），xii. 截至 1915 年，大多数中产阶级家庭都拥有一架钢琴（ibid.，70）。

[4] The National Museum of American History，Archives Center，“Pratt，Read Corporations Records，1838—1990.” 起初，这家公司的名字是 Comstock，Cheney & Co。1936 年，公司与来自深河附近的竞争对手帕蒂兰德公司合并并采用了后者的名字。

[5] “Pratt，Read Corporations Records，1838—1990，” series 3，box 51，folder 7.

中一直以很幽默的方式表现这个主题。1949年，沃尔特·迪斯尼（Walt Disney）描绘了一头微笑的大象，它后面有两只猿猴在讨论它为什么这么快乐。答案是："它将让音乐成为自己的职业。"[1] 直至20世纪70年代，甚至在帕蒂兰德公司不再使用象牙之后，公司的标志依然是一个长着长牙的大象头。[2]

用象牙制作台球也是漫画表现的对象。在台球制造商不伦瑞克-巴尔克-科伦德公司1901年12月出版的一本小册子中，我们看到两头大象在打台球，旁边是一张象牙球价格表。[3] 正如前面已经指出的，在早先的几十年里，象牙已经成为制作台球的主要材料。由于一套完整的台球设备，包括球桌、球和球杆，相对比较昂贵，这种游戏一直主要在咖啡馆、酒店及其他公共场所玩。（第一次世界大战之后，一套台球的价格为1 000～1 600马克。）19世纪初，在巴黎大约有1 500张台球桌以这种方式可用[4]——咖啡馆代表了一个特别受青睐的场所。（这一时期的绘画反映了这一点，比如梵·高的《夜晚的咖啡馆》和高更的《在咖啡馆》就是两个著名的实例。）

从19世纪中叶开始，除了钢琴键和台球外，欧洲物质文化让象牙有了很多其他的奢侈用途。其中包括象牙柄的刀子，以及各种"花里胡哨的东西"。在史密森尼学会的华肖收藏中，关于象牙的文件中有一份来自卡尔登伯格的产品目录。在这份目录中，我们发现了几乎每一种能够用这种材料制作的东西，从带有象牙把手的梳妆镜到温度计。[5]

我们还要指出，伴随着对象牙的这种——在最宽泛的意义上——资产阶级消费，还有一些零零散散的怪人把它用作装饰。"野牛"希科克（Hickok）和乔治·巴顿（George Patton）在这里可以充当例证，这两个人都携带象牙

---

[1] 这张漫画是作为帕蒂兰德公司档案中一张剪报被发现的，ibid.，series 3，box 35，folder 3。

[2] Ibid.，series 3，box 42，folder 10.

[3] The National Museum of American History，Archives Center，"Albany Billiard Ball Company Records，1869—1973."

[4] Franz Schiffer，*Billard：Pool，Snooker，Karambol：Regeln，Technik，Geschichte*（Munich：Hugendubel，1994），13.

[5] The National Museum of American History，"Kaldenberg，F. J.，" Ivory，folder 5.

柄手枪。据说巴顿甚至用下面这番话向一位困惑的记者澄清这件事："它们是象牙。只有新奥尔良廉价妓院的皮条客才会拿一把珍珠柄的手枪。"[1]

替代品

在谈到1856年12月皇家艺术学会的理查德·欧文（Richard Owen）教授的一次讲座时，一个名叫科尔曼（Coleman）的人士指出：

> 我并不认为这个主题已经被穷尽，并相信，任何一个化学家，如果他愿意做一系列实验，着眼于生产人造象牙，即使每磅价格只有20先令或40先令，他也会得到丰厚的回报……我相信，有朝一日我们的必需品会需要这样的物质，尽管利文斯顿博士认为，在非洲，大象的供应几乎是用之不竭的，但做出这样的假设似乎是合理的：随着文明的进步，以及对象牙质的需求不断增长，我们会耗尽江河湖海、高山平原上生产象牙质的动物。正如煤田弥补了森林的缺乏，正如油泵有朝一日大概会弥补煤窑的匮乏，人造象牙质也会取代天然象牙质，第一个生产出没有牙齿的人造象牙质的社群将会是人类的大恩人。[2]

就他担心由于过度猎杀导致象牙供应下降的这番表述而言，科尔曼无疑领先于他的时代。几十年后，海因里希·阿道夫·梅尔（Heinrich Adolph Meyer）也注意到了对大象的大量捕杀，他表达了这样一种明确的担心：美国和欧洲居高不下的需求很快会耗尽象牙原料的供应之源。在他的公司1876年

---

〔1〕 引自富兰克林·J. 沙夫纳执导的电影《巴顿将军》。我们并不清楚，巴顿是否真的说过这些话。

〔2〕 Richard Owen, "Ivory and Teeth of Commerce," *Journal of the Society of Arts* 5 (1865): 73.

出版的一本小册子中，梅尔甚至谈到一场针对大象的灭绝战。〔1〕 1891年，探险家奥斯卡·鲍曼（Oscar Baumann）要求下令禁止象牙交易，为的是恢复非洲大象的种群。〔2〕 而两年后发表的一份旅行报告中，约瑟夫·汤姆森指出，坦噶尼喀湖与东非海岸之间的地区20年前依然盛产象牙，如今几乎完全没有象牙。很显然，在东非的某些地区，大象种群已经大幅减少。〔3〕

然而，如果我们看看伦敦和安特卫普一些大拍卖行的统计数据，那么，情况似乎大不相同，基本上，交易量的有力增长一直持续到了第一次世界大战，价格相对稳定。交易量和价格只是在战后才下降了，然后是迅速下降。因此，针对科尔曼、梅尔及其他人的观点，我们对19世纪的象牙问题实际上无话可说。事实上，正在兴起的对可以取代象牙的人工材料的研究，只是表面上与虚构的象牙问题有关，其源头是一个非常真实的不同问题：象牙的材料品质不适合做台球。

实际上，由于它的弹性，象牙在一个基本方面优于先前使用的各种类型的木材；但它还有一个主要劣势，尤其是，象牙球对温度极其敏感，制造商因此明确告诉消费者，在这方面要十分小心地对待象牙球。在1901年12月的价格表中，不伦瑞克公司用整页的篇幅登载“对购买和养护象牙球的建议”。大多数建议是关注象牙球的温度敏感性：它们至少需要一周的时间适应使用地点的环境，然后才可以开始使用；否则，它们可能产生裂缝，尤其是在寒冷的天气里。出于这个原因，最好是在夏天购买象牙球，如果在冬天订货，与寒冷有关的损害索赔将被拒绝。一般来说，尽管它们只用产自桑给巴尔岛的最好的软象牙制作，但对于台球来说，温度的改变似乎代表了一个严

---

〔1〕 Heinrich A. Meyer, *Ivory* (Hamburg: G. J. Herbst, 1876), 11.

〔2〕 Oscar Baumann, *Usambara und seine Nachbargebiete: Allgemeine Darstellung des Nordöstlichen Deutsch - Ostafrika und seiner Bewohner auf Grund einer im Auftrag der Deutsch - Ostafrikanischen Gesellschaft im Jahre* 1890 ausgeführten Reise (*Berlin: Reimer*, 1891), 283.

〔3〕 Joseph Thomson, ed., *To the Central African Lakes and Back: The Narrative of the Royal Geographical Society's East Central African Expedition, 1878—1880*. 2 vols. (London: Sampson Low, 1881), 2: 17—18.

重问题。伴随着关于冬天损害的警告，另外还有一些警告，涉及打球期间把象牙球暴露于通风设备之下，因为，读者被告知，通风设备里的空气是最危险的。最后，不能用油来清洗象牙球，它们会吸收油，这会让它们变得更重，导致过早碎裂。相反，每一局之后，应该用湿布擦洗它们，然后用皮布擦干。[1] 鉴于材料的负面品质过多，因此一点也不奇怪，纽约台球批发商飞龙公司指出，“如果任何有创造力的天才发现了象牙的替代品，拥有那些让它对台球玩家很有价值的品质，他准会为自己挣到可观的财富，并赢得我们最真诚的感激。”[2] 为了支持自己说的话，他悬赏 10 000 美元，征求这种材料的发现者。

被这种方式所激励的一个发明者是约翰·韦斯利·海厄特（John Wesley Hyatt）[3]，他在 1869 年和他的兄弟艾萨克（Isaac）一起创立了奥尔巴尼台球公司。同年，他为“模仿象牙成分的改进方法”申请了专利。他在这一框架里所做的有些实验是用硝化纤维（非正式名称叫作硝棉）。但这种物质用来制作台球被证明非常不合适：在海厄特的工厂发生一次爆炸之后，1875 年 9 月 16 日，《纽约时报》的一位匿名作者在“爆炸的牙齿”这个标题下评论道：“要是知道台球随时可能爆炸，而且是一连三次紧密相连的爆炸，因此糟蹋一局很有希望的比赛，并把玩球者埋在球桌和球杆的残骸底下，谁也不可能心安理得地玩球。”[4] 在奥尔巴尼台球公司后来的产品目录中，赛璐珞产品的说明被“合成球”[5] 的说明所取代——保质期 3 年，与象牙球形成鲜明对照。除了质量担保之外，公司还提出了这样一个保证：合成球是唯一完美的象牙替代品。与此同时，强调了人造球特有的材料品质：平衡，以及和象牙

---

[1] The National Museum of American History，Warshaw Collection (60)，Billiard，folder 5.

[2] Michael Phelan，*The Game of Billiards* (New York：H. W. Collender，1858)，34.

[3] 在主页上，德国合成材料博物馆甚至有关于海厄特的条目：“John Wesley Hyatt”，Deutsches Kunststoffmuseum，www. deutsches - kunststoff - museum. de/rund - um - kunststoff/erfinder/john - wesley - hyatt - celluloid/ (accessed November 9，2014)。

[4] “Explosive Teeth，” New York Times，September 16，1875.

[5] 这些球是用纤维素生产的，但由于营销技术的原因，在名字上并没有清楚地表明。

一样的咔嗒声、硬度、重量和弹性。[1]

奥尔巴尼台球公司自然不是市场上的唯一公司。兰开斯特的科伊象牙公司拿出了它自己的合成象牙，取名Eburnea（象牙的拉丁文）；这家公司比奥尔巴尼公司更强调其材料的化学成分。该公司声称，它优于原初的材料，要花3～4周的时间生产。[2] 这样一来，新材料不仅在品质上优于象牙，而且更迅速地可用，正如制造商不屈不挠地解释的那样。直接的比较几乎不再可能，但对它们的评估貌似有理：一方面，象牙从非洲内陆到欧洲和美国要走很长时间，然后才经历精细复杂的加工；另一方面，它的温度敏感性和天然产品的典型劣势是永久性的，反复出问题。

无论如何，人工材料台球需求增长的主要因素还是价格。即使在第一次世界大战后，一整套象牙台球也要120马克，占到了一整套台球设备（球桌、球杆和球）成本的10%。此外，球的预期寿命是1. 5年，这意味着10年花在球上的钱等于最初花在整套设备上的钱。[3] 塑料球的价格只有象牙球的零头，且使用时间长得多（保质期3年）。

同样的模式对于钢琴也管用。在这里，塑料琴键与象牙琴键之间的价差也很大。一整套象牙琴键平均30马克，而用人工材料做成的琴键只要它的1/10。在一个稳步收缩的市场上，这对钢琴制造商来说是一个重要因素。因此，在1913年至1929年间，德国的钢琴生产从140 000台缩减到了65 600台，用象牙制作的白键的比例在1913年是75%，1929年是35%。[4] 象牙继续只被用在特别有价值的钢琴上，因为很多钢琴家觉得塑料镶板太硬、太凉。在这一点上，当1989年完全禁止象牙贸易的禁令生效、完全改变为塑料白键时，研究者研究出了一种特殊的人工材料，再现了象牙不平的表面结构，因此为钢琴家们提供了他们想要的摩擦阻力，并在盲测试验中证实了很难把这

---

[1] The National Museum of American History, Warshaw Collection (60), Billiard, folder 1.

[2] The National Museum of American History, Warshaw Collection (60), Ivory, folder 9.

[3] Trainer, "Elfenbein im Welthandel," 35.

[4] Ibid., 28—29.

种材料与象牙区分开来。[1]

保护大象

与人工象牙替代品的发展相平行，在19世纪末，狩猎法在非洲殖民地实施。1900年5月9日在伦敦举行的一次限制狩猎国际会议上签署了一份协定，除其他内容外，签约方有义务关注母象和幼象的保护。[2] 然而，这项措施起初看上去似乎针对因持续利用而受到威胁的资源，但仔细审视之下便暴露出其本身不过是欧洲精英试图依据其自身的需要来决定非洲狩猎的一项策略。4年前，德属东非总督赫尔曼·冯·威斯曼（Herrmann von Wissmann）——一个热心的猎手——颁布了一项在殖民领地"保护野生动物种群的法令"。这项法令规定每一次狩猎远征都需要有执照，费用是非洲人5卢比、运动猎手20卢比、专业大象猎人500卢比。尽管非洲人的费用看上去似乎微不足道，但这样一笔钱对绝大多数非洲人来说很难出得起，超过了他们每年的税赋。对欧洲的运动猎手来说，费用就相对较少了。[3] 对于德属东非，1908年11月5日和1911年12月30日相应的狩猎法令都包含如下规定：只允许那些持有"大猎物狩猎执照"的人猎杀大象，执照的价格是450卢比，对第一头大象征收额外的狩猎费150卢比，第二头征收400卢比。更多的大象只有征得德国政府的特别许可才能猎杀。[4]

但这些狩猎法只是表面上关乎物种保护。实际上，它们的背后就是大猎物游说团体的利益。这个游说团体对德国立法机关发挥了特别大的影响，因

[1] "Plastik statt Elfenbein," Der Spiegel 23 (1993), 194.

[2] Franz Stuhlmann, "Elfenbein," in *Deutsches Kolonial - Lexikon*, ed. Heinrich Schnee, 3 vols. (Leipzig: Fines Mundi, 1920), 1: 556—558.

[3] Conradin von Perbandt, *Hermann von Wissmann: Deutschlands größter Afrikaner* (Berlin: Schall, 1906), 439—444.

[4] Stuhlmann, "Elfenbein," 557.

此一直在各种不同的法令中关照事业兴旺的上层阶级，让狩猎和运动的途径对于他们能够实现。因此这里的焦点在于高级的奢侈享受是保留给享有特权的欧洲人。随着狩猎法的引入，这项活动在非洲经历了深刻的改变：由于禁猎费，非洲猎人要么被推到边缘，要么被迫犯罪。填补他们位置的是数量不断增长的欧洲大猎物猎手，对他们来说，有了新的狩猎法，东非有点像一个“黄金国”。[1]

大象变形记：从原材料提供者到魅力动物

除了象牙被人工材料取代，狩猎变成了一项精英运动外，象牙领域还有第三个显著的改变：大象形象的改变。[2] 19世纪之前，大象是一个奇物——广大公众很少能见到的景象。随着马戏团和动物园的出现，这种情况迅速改变。现代动物园的先驱是贵族阶级的奇兽馆（menagerie），在那里也可以欣赏到零星的异域动物——当然只有贵族血统的公众才能欣赏到。[3] 在德国，特别是动物商人卡尔·哈根贝克（Carl Hagenbeck），从世界各地进口异域风情的大型动物，供一般公众观赏。[4] 在美国，巨象“金宝”制造了强烈的轰动效应——P. T. 巴纳姆（Barnum）花10 000美元从伦敦动物园购买了这头大象；1882年4月9日，它到达新世界。伴随而来的是媒体巨大的回声，巴

〔1〕 John M. MacKenzie, *The Empire of Nature: Hunting, Conservation and British Imperialism* (Manchester, UK: John MacDonald, 1988), 149; and Juhani Koponen, *Development for Exploitation: German Colonial Policies in Mainland Tanzania, 1884－1914* (Hamburg and Münster: LIT, 1995), 536.

〔2〕 可以借助动物研究的田野调查来说明这一改变。参见：Mieke Roscher, "Forschungsbericht Human‐Animal‐Studies," *Informationen zur modernen Stadtgeschichte* 2 (2009): 94－103; Pascal Eitler, "In tierischer Gesellschaft: Ein Literaturbericht zum Mensch‐Tier‐Verhältnis im 19. und 20. Jahrhundert," *neue politische literatur* 54 (2009): 207－224。

〔3〕 Eric Baratay and Elisabeth Hardouin‐Fougier, *Zoo: Von der Menagerie zum Tierpark* (Berlin: Klaus Wagenbach, 2000).

〔4〕 Lothar Dittrich and Annelore Rieke‐Müller, *Carl Hagenbeck, 1844－1913: Tierhandel und Schaustellungen im deutschen Kaiserreich* (Frankfurt: Lang, 1998).

图 31　非洲象（资料来源：百度图片）

纳姆带着金宝和大拇指汤姆（一头侏儒象）巡游全国。在 3 年的巡回演出中，大约 900 万人观赏了金宝，尽管它没有经过训练，不能表演把戏。1885 年 9 月 14 日，巡演在安大略火车站以悲剧而告终：金宝直接撞上了一列正在行驶的列车，金宝去世的消息随后通过电报传遍整个北美和全世界。这头大象被称作“两个国家的巨型宠物”，它的死在美国和英国引发了人们巨大的悲痛。[1] 沃尔特·迪斯尼在 1941 年用他的动画片《小飞象》（*Dumbo*）给它竖起了一座纪念碑（它在电影中的实际名字叫小金宝），电影中的故事——一个长着大眼睛的飞象的故事——大致上基于金宝的真实叙事。通过这样的电影，大象越来越远离它们在非洲的自然环境，被描绘成了可爱的家庭宠物。[2]

除了《小飞象》之外，让·德·布吕诺夫（Jean de Brunhoff）的《小象巴巴尔》（*Babar*）的故事对大象形象的演变有着特别有力的影响。这个系列

---

〔1〕 Stephan Oettermann, *Die Schaulust am Elefanten*: *Eine Elephantographia curiosa* (Frankfurt: Syndikat, 1982), 184—190.

〔2〕 Eric Scigliano, *Love*, *War*, *and Circuses*: *The Age - Old Relationship between Elephants and Humans* (Boston: Houghton Mifflin, 2002), 213.

的第一部《巴巴尔的故事》（*L' histoire de Babar*）于 1931 年上映。[1] 在这个故事中，小象巴巴尔在妈妈被一个猎人杀死之后逃到了巴黎。在这个法国大都会，一个好心的老太太收养了他，把他当人一样抚养。他甚至穿上了给人做的衣服：绿西装、板球帽和带有鞋罩的鞋子。老象王去世后，他回到了丛林，成了新的象王，创建了塞勒斯特维尔城，大象们按照人类的模式在那里生活。让·德·布吕诺夫于 1937 年去世之后，他的儿子洛朗（Laurent）继续创作"小象巴巴尔"系列。1989 年，这部电影，连同 78 集的电视连续剧，在 150 个国家上映；目前，在全世界卖出了超过 1. 2 亿本书。[2]

作为个头最大的陆地动物，在 20 世纪，人们怀着越来越浓厚的科学热情研究大象。像辛西娅·莫斯（Cynthia Moss）以及伊恩（Iain）和奥里亚·道格拉斯-汉密尔顿（Oria Douglas - Hamilton）这样的研究者都出版过关于他们和大象一起生活的书。这里着重强调的是动物的社会能力（没有提到它们给人类定居地带来的威胁），号召给予它们特殊的保护。[3] 就保护的语境而言，法兰克福动物园园长伯恩哈德·格日梅克（Bernhard Grzimek）的工作特别有影响力。他 1957 年执导的纪录片《塞伦加蒂不该死》（*Serengeti Shall Not Die*）上映两年后，在国际上大获成功，赢得了 1960 年的奥斯卡最佳纪录片奖。一本标题相同的书（德文版有一个副标题，可译为"367 000 只动物寻找城市"）截至 1974 年被翻译成 19 种语言，仅在德国就卖出了 735 000 本。[4] 格日梅克这样解释他的意图：

---

〔1〕 起初，让的妻子塞西尔·德·布吕诺夫给孩子们讲了一个关于大象的睡前故事。她丈夫后来重新加工并扩充了这个故事，添加了彩色插图。她甚至让人把自己的名字从第一本巴巴尔故事书的标题页上拿下，因为她认为自己在创作这个故事上只扮演了一个次要角色。参见：Paul Lewis, "Cécile de Brunhoff, Creator of Babar, Dies at 99," *New York Times*, April 8, 2003。

〔2〕 Dan Wylie, *Elephant* (London: Reaktion, 2008), 97.

〔3〕 Ian and Oria Douglas - Hamilton, *Wir kämpfen für die Elefanten* (Munich: Droemer Knaur, 1994); Cynthia Moss, *Elephant Memories: Thirteen Years in the Life of an Elephant Family* (New York: W. Morrow, 1988).

〔4〕 Johannes Paulmann, "Jenseits von Eden: Kolonialismus, Zeitkritik und wissenschaftlicher Naturschutz in Bernhard Grzimeks Tierfilmen der 1950er Jahre," *Zeitschrift für Geschichtswissenschaft* 56 (2008): 549—550.

> 图书，即使是畅销书，也只有几万或者几十万人阅读。但我们很愿意向数百万欧洲人和美国人清楚地表明，狮子和大象、犀牛和长颈鹿——人人赞叹的动物——正在慢慢地消失；而且，它们最后的避难之地——国家公园——正越来越小。而我们只有通过电影、电视和时尚杂志才能（将我们的意图）传达到数百万人的手里。[1]

说到大象，总动员的策略被证明非常成功。20世纪70年代，非洲大象因为象牙而被大规模偷猎。西方媒体惊恐地做出反应，展示了令人动容的血淋淋的大象尸体的照片。

最终，1989年，大象被收录在被称作《濒危野生动植物种国际贸易公约》（CITES）的华盛顿条约的附录一，这标志着现行的全面禁止象牙贸易的开始。

然而，这一禁令并不意味着象牙故事的结束。偷猎和走私这一对孪生问题依然存在，像禁令之前一样，它们的源头如今是中国和日本对象牙的需求——尽管价格超过每千克300美元。[2]

在2010年《濒危野生动植物种国际贸易公约》签署国的多哈会议上，坦桑尼亚和赞比亚要求部分允许象牙交易的提议再次失败。[3] 自从这一禁令引入之后，这样的努力已经反复多次，有些成功了。

因此，2007年（最近的这种实例），允许南非、纳米比亚和博茨瓦纳共同销售60吨象牙给日本，在那里雕刻一些很小的象牙图章，用于签署各种日常契约（例如房屋买卖）。这些图章极大地提高了其拥有者的声望。[4] 因此，

---

〔1〕 Bernhard and Michael Grzimek, *Serengeti darf nicht sterben*: 367 000 Tiere suchen einen Staat (*Berlin*: *Ullstein*, 1959), 12.

〔2〕 Wylie, Elephant, 159.

〔3〕 "CoP15 Committee I Results," Convention on International Trade in Endangered Species of Wild Fauna and Flora, www. cites. org/eng/news/meetings/cop15/Com - I _ results. pdf (accessed November 9, 2014).

〔4〕 Judith Raupp, "Der Lockruf des weißen Goldes," *Süddeutsche Zeitung*, June 4, 2007.

直到今天，我们不可能说“后象牙时代”已经到来，正如一位德国商人害怕向前看一样。象牙制品依然是人们渴求的奢侈品，即使从地理上讲需求已经换了地方。

【作者介绍】　乔纳斯·克兰泽（Jonas Kranzer）：康斯坦茨大学的博士研究生，其博士论文是关于 19 世纪和 20 世纪象牙的全球商品链。

第十章

奢侈的保护：20世纪的游猎与野生动物消费

有组织的猎杀或观赏野生动物的文化实践通常被称作游猎（safari），是欧洲人在东非的殖民统治最持久的遗产之一。

把非洲的旅行和狩猎文化与猎杀大猎物在欧洲帝国扩张中的物质意义和象征意义结合起来，东非的大猎物游猎在 20 世纪头十年作为一种彻底仪式化和商业化的奢侈实践而出现。

来自欧洲和北美的王公贵族与财富精英，通过把大象、狮子、犀牛或野牛转变成五花八门的战利品，从而表达阶层地位、洁白肤色、男儿气概、世故和权威。

狩猎作为一种奢侈爱好，促进了连接各大洲的野生动物旅游区的发展，推广了东非作为大猎物狩猎者天堂的观念，创造了对原始野生动物的想象，这一想象在整个 20 世纪被证明引人注目地稳定。

相比之下，非洲人逐渐被限制性的狩猎法排除在外，无法接触野生动物，而从狩猎转变为偷猎，常常是为了生存。游猎明显是作为富人和强人的一种休闲追求，在 20 世纪 30 年代至 50 年代达到了鼎盛，然后逐步被野生动物旅游业中对猎物的纯视觉消费所补充，在道德上被后者所罢黜，最终黯然失色。

自 20 世纪 60 年代之后，游猎这个术语便与这种与野生动物之间的非消耗的视觉邂逅牢固地关联在一起，1973 年和 1977 年坦桑尼亚和肯尼亚制定的彻底禁止狩猎的法律看来要终结东非游猎的魅力时代。[1]

战利品狩猎从那以后一直在肯尼亚被禁，在这个标志性的狩猎之乡，禁令只不过标志着撒哈拉以南其他国家一次新的开始。在缺乏东非竞争的情况下，它们扩大了狩猎区，常常是在游猎经营者和专业人员的帮助下，这些人在肯尼亚和坦桑尼亚已经被迫歇业。在东非，禁令在肯尼亚获得通过仅仅一年后，观光狩猎便在坦桑尼亚重新获得许可，为"伟大的白人猎手"逐步回归铺平了道路。[2] 自 20 世纪 80 年代末，国家对坦桑尼亚狩猎区的控制逐渐弱化为鼓励外国投资和私人企业[3]，最近几十年，作为基于社群的资源管理的关键手段，战利品狩猎在南非各地回归。潜伏在一些协同努力中——将野生动物部门分散经营，增强野生动物管理的社会参与，通过野生动物的可持续利用从而用环保来促进乡村发展[4]——曾经是欧洲帝国主义的"典型符号

---

〔1〕 笔者要感谢托马斯·勒坎、卡塔琳娜·尼德奥、安娜-卡塔琳娜·沃布瑟及本书的两位编者对早期文稿给出有价值的评论和批评性的质疑。参见：Edward I. Steinhart，*Black Poachers，White Hunters：A Social History of Hunting in Colonial Kenya*（Oxford：James Currey，2005）；see also John M. MacKenzie，*The Empire of Nature：Hunting，Conservation and British Imperialism*（Manchester，UK：Manchester University Press，1988）；Kenneth Cameron，*Into Africa：The Story of the East African Safari*（London：Constable，1990）。一些通俗记述很大程度上不加批评地对大猎物猎手的英雄主义和冒险津津乐道，但也包含了一些很有价值的细节，譬如：Bartle Bull，*Safari：A Chronicle of Adventure*（New York：Viking，1988）；Brian Herne，*White Hunters：The Golden Age of African Safaris*（New York：Holt，1999）。

〔2〕 Antony Barnett，"The Return of the Great White Hunters，" *The Observer*，October 12，2003.

〔3〕 关于坦桑尼亚狩猎的法律发展的研究，参见：Fred Nelson，Rugemeleza Nshala，and W. A. Rodgers，"The Evolution and Reform of Tanzanian Wildlife Management，" *Conservation and Society* 5（2007）：232—361，and Nigel Leader - Williams，"The Effects of a Century of Policy and Legal Change on Wildlife Conservation and Utilization in Tanzania，" in *Wildlife Conservation by Sustainable Use*，ed. Herbert H. T. Prins，Jan Geu Grootenhuis，and Thomas T. Dolan（Boston，Dordrecht，and London：Kluwer Academic Publishers，2000），219—245。

〔4〕 See David Hulme and Marshall Murphree，eds.，*African Wildlife and Livelihoods：The Promise and Performance of Community Conservation*（Oxford：James Currey，2001）；J. Peter Brosius，Anna Lowenhaupt Tsing，and Charles Zerner，eds.，*Communities and Conservation：Histories and Politics of Community - Based Natural Resource Management*（Lanham，MD：AltaMira Press，2005）.

和活动”[1] 的大猎物狩猎改头换面，成为一种不太显眼的高端旅游的形式，以及一个扶贫环保的慈善工具。对野生动物的休闲性猎杀如今被概念化为“对野生动物的高附加值消费利用”[2]，并作为对缓解农村贫困的一个重要贡献来推广。[3]

我们不妨换个方式来表述非洲战利品狩猎在 21 世纪初的悖论：猎杀魅力野生动物的样本是保护和可持续利用的一种不可或缺的手段。作为奢侈旅游的一种形式，战利品狩猎还被认为可以缓解农村地区的贫困。

从彻头彻尾的帝国权力的行使，转变为一个地方赋权的工具，战利品狩猎的这一变形十分显著。

然而，整个 20 世纪东非野生动物的历史更加令人吃惊的方面是：仪式化猎杀野生动物作为富人的一种爱好而持续存在。战利品狩猎越来越多地被恢复为一种利用野生动物的合法形式，这挑战了东非环保史的“标准历史叙事”[4] 中所暗含的道德进步主义。仿效肯尼亚野生动物的历史，这一标准叙

[1] Harriet Ritvo, “Destroyers and Preservers: Big Game in the Victorian Empire,” *History Today*, January 2002, 34; Bernhard Gissibl, “Hunting and Empire”, *The Encyclopedia of Empire*, eds. John M. MacKenzie et al. (Hoboken: Wiley - Blackwell 2016), DOI: 10. 1002/9781118455074. wbeoe403.

[2] Peter Rosa and Patricia Joubert, “Entrepreneurial Wildlife Exploitation in Sub - Saharan Africa,” in *Tourism and Entrepreneurship: International Perspectives*, ed. Stephen Page and Jovo Ateljevic (Oxford: Butterworth - Heinemann, 2009), 189.

[3] Vernon R. Booth, *A Comparison of the Prices of Hunting Tourism in Southern and Eastern Africa* (Budapest: FAO/CIC, 2009); Nigel Leader—Williams, J. A. Kayera, and G. L. Overton, eds., *Tourist Hunting in Tanzania: Occasional Paper of the IUCN Species Survival Commission* (SSC), no. 14 (Gland: IUCN, 1996); P. A. Lindsey, P. A. Roulet, and S. S. Romanach, “Economic and Conservation Significance of the Trophy Hunting Industry in Sub - Saharan Africa,” *Biological Conservation* 134 (2007): 455—469; Barney Dickson, Jon Hutton, and William M. Adams, eds., *Recreational Hunting, Conservation and Rural Livelihoods: Science and Practice* (Chichester, UK: Blackwell Publishing, 2009).

[4] William M. Adams, “Sportsman’s Shot, Poacher’s Pot: Hunting, Local People and Conservation,” in *Recreational Hunting*, ed. Dickson, Hutton and Adams, 127.

事聚焦于环保主义的兴起和国家公园的激增。[1] 它把大猎物狩猎描绘为先是挥霍浪费的，然后是运动休闲的，最后是被边缘化的方式，关系到非洲大陆更大的动物种群。[2] 殖民征服的那些年里不受控制的杀戮猎物在悔过自新的狩猎爱好者当中产生了大量环保主义思潮，他们的鼓吹促进了自 19 世纪 90 年代以来限制性狩猎法和保留地的引入。自 20 世纪 30 年代以后，这一思潮逐步被一种关切所补充，并最终被取代，这种关切就是要为子孙后代把东非独一无二的野生动物遗产保护在不可侵犯的国家公园里。[3] 结果，环境保护的兴起、科学的猎物管理，以及东非和南非保护区的政治，在学术议程中高居榜首。环境史家和政治生态学家忙于揭露国家公园里与“堡垒式保护”相关联的暴力和排外，而国家公园之外的野生动物的命运，其保护的另类形式、奢华狩猎的持续存在，及其与环保主义的思考和实践不断变化的兼容性，在整个 20 世纪依然在很大程度上被忽视了。

本章将重新思考东非野生动物的历史，利用奢侈品作为一个入口来分析其侵占和保护的历史。介于人类学、经济学和伦理学之间，奢侈品是人类不平等的一个结果，是衡量经济价值的一个天平，是社会交流的一种手段。奢

〔1〕 Conservation 和 preservation 这两个术语依据其在国际环境史上的既定意义来使用，也就是说，conservation 指的是自然保护措施，考虑了管理和持续利用，以确保人类对动物的继续使用，而相比之下，preservation 指的是不干涉主义的保护形式，基于生态完整和自然平衡的假设，参见：Libby Robin，“Conservation and Preservation，” in *The Palgrave Dictionary of Transnational History*，ed. Akira Iriye and Pierre - Yves Saunier (Basingstoke，UK：Palgrave Macmillan，2009)，191—194。猎物（game）和野生动物（wildlife）这两个术语可交换使用，尽管必须指出，早期的保护主义努力，其目标几乎完全是被归类为“猎物”的动物，亦即那些实际上被猎杀的动物，而野生动物是后来的更广泛的术语，参见：Mark Cioc，*The Game of Conservation：International Treaties to Protect the World' s Migratory Animals* (Athens，OH：Ohio University Press，2009)，5—7；Etienne Benson，“From Wild Lives to Wildlife and Back，” *Environmental History* 16，no. 3 (2011)：418—422。

〔2〕 Steinhart，Black Poachers，3，212；MacKenzie，*Empire of Nature*. Cf. John S. Akama，“Controversies Surrounding the Ban on Wildlife Hunting in Kenya：An Historical Perspective，” in *Tourism and the Consumption of Wildlife：Hunting，Shooting and Sport Fishing*，ed. Brent Lovelock (London and New York：Routledge，2008)，73—86.

〔3〕 Studies following this narrative include MacKenzie，*Empire of Nature*；*Steinhart*，*Black Poachers*；Thomas P. Ofcansky，Paradise Lost：*A History of Game Preservation in East Africa* (Morgantown：West Virginia University Press，2002).

侈品使得个人能够通过某些物品和行为的消费来传达身份、地位和差别，这些物品和行为在一个给定的社会里被认为是非必需的，却是可欲的。它们的典型特征是相对稀缺，这使得利用它们的机会局限于社会精英或经济精英。作为阶层和地位的一个标志，奢侈消费是社会差别的一种颇有争议的形式。它被野心勃勃的社会下层人士所仿效，作为道德上不可接受的事物而被一些批评性的或心怀妒忌的非践行者所拒绝。在其践行者中，奢侈消费陷入了一个上升螺旋中：持续不断地改良和商品化。无休无止地寻求终极卓越，产生了不同的、更精良的实践或装备，然后被仿效，被商品化，并启动新一轮的改良循环。[1]

脑海里最早浮现的联想大概是野地里的奢华，私人厨师、空调帐篷、游猎专用的冰镇酒精饮料，囊括了颓废与古老那种笨拙却界定清晰的结合。但是，作为一件奢侈品，游猎却超越了其表演的行头。它关乎西方社会中远程旅行的奢华身份，也关乎野生动物经济。把奢侈品纳入对非洲环境保护的分析有助于凸显如下事实：大约自 1900 年后，非洲野生动物的未来保护不仅被一场文绉绉的“抵抗灭绝”讨论所驱动[2]，而且盘根错节地与其作为奢侈品的各种消费形式交织在一起，尤其是通过西方社会的成员。奢侈品并没有产生保护，但它是其政治经济学的一个不可或缺的成分。

游猎是一项奢侈实践，兴盛于对“在原产地”观赏魅力野生动物的痴迷。只有数量甚少的物种动员了数量极少却不断增长的西方人为了猎杀或观赏这些动物而去东非旅行，要不然就是捐献数量可观的钱，为了在国家公园或其他保护区保护它们。像狮子、大象、犀牛、河马、野牛和斑马这样一些物种，其魅力的产生是由于“被目击的非人类存在以及目击者身陷其中的社会结构

---

〔1〕 See Christopher J. Berry, *The Idea of Luxury: A Conceptual and Historical Investigation* (Cambridge: Cambridge University Press, 1994); Tobias Thomas, *Luxus: Statusstreben und demonstratives Konsumverhalten* (Marburg: Tectum, 2007).

〔2〕 William M. Adams, *Against Extinction: The Story of Conservation* (London: Earthscan, 2004).

的双重作用”。[1] 例如，在非洲语境中大象也有魅力，但正是它们“在西方的”魅力对于奢侈消费至关重要，并成为它们的全球商标。这些动物的可见性和形态学，它们所谓的20世纪在科学上得到证实的行为模式，以及它们的地理学和时态性，全都发挥了作用。观光客的文化价值和文化背景、对稀缺性和独特性的讨论，以及具体遭遇的五味杂陈和情感诉求，莫不如此。如果没有具体化的经历、刺激冒险、热血汗水、期盼、疲劳、敬畏、失望和胜利，也就不可能解释人们为什么会发现“在原产地”与有着潜在危险的动物打交道并以某种形式的确凿证据记录这一遭遇如此重要。

在原产地与动物亲密接触必定涉及跨大陆旅行，需要一条环环相扣的劳动分工链，把猎手带到那里，再把战利品带回来。正如南部阵营（Global South）生产的其他奢侈商品的情形一样，野生动物的“生产”把西方人的消费与殖民地背景中的生态剧变关联起来——不同之处在于，就野生动物而言，生产和消费在空间上并未分离。通过狩猎和观赏来消费野生动物不仅利用了那里“天然”就有的东西，而且从根本上改变了消费对象：西方人渴望在真正的自然环境中重新追猎野生动物，这导致了保护地复杂的环境立法和地理分布，就坦桑尼亚而言，保护地包含了这个国家1/3的领土。保存和维护野生动物是一种真正有生产力的土地使用形式，是国家在全球经济中打上地方烙印和形象烙印的一个重要成分，而且不屈不挠地与跨大陆旅游业的形式交织在一起，这样的旅游对践行者来说是一种奢侈品。

下文对作为一种奢侈品的游猎的分析分六步进行。在最初勾勒19世纪的狩猎世界后，我将描述在1900年前后的殖民全球化中东非游猎的形成。接下来，本章将讨论游猎所涉及的政治经济学和奢侈品成分，然后追踪从前的“古典”东非游猎由于环保主义所实现的道德霸权而走向终结，这多亏了去殖民化，以及国家公园理想在全球的兴起。最后一节讨论环保史通过关注它与

---

[1] Jamie Lorimer, “Natures, Charismatic,” in *International Encyclopaedia of Human Geography*, ed. Rob Kitchin and Nigel Thrift, 12 vols. (Oxford: Elsevier, 2009), 7: 324—345; see also id., “Nonhuman Charisma,” *Environment and Planning D: Society and Space* 24 (2007): 911—932.

奢侈品的关联而获得的洞察。

全球游猎战利品：19世纪的狩猎世界

尽管名气最大，但东非游猎只是更广泛的大猎物狩猎狂热的一次地区性发散，这一狂热与19世纪中叶至20世纪中叶期间欧洲帝国主义的高峰相平行。早在1808年，托马斯·威廉森（Thomas Williamson）的大部头著作《东方野外运动》（*Oriental Field Sports*）便推广了在英属印度打野猪、驯服猎豹和猎杀老虎。在这里，控制食肉动物的必要性结合了英国人的运动观念，以及莫卧儿帝国的狩猎和驯化大象的传统，融入在印度狩猎的跨文化壮观场面。[1] 在南部非洲，19世纪上半叶白人定居点的向北延伸为一些挥霍型猎手的自我塑造提供了舞台，例如，作为帝国建设者的罗尔林·戈登·卡明（Roualeyn Gordon Cumming）或弗雷德里克·考特尼·塞卢斯（Frederick Courtney Selous）。[2] 北美西部的狩猎"给绅士运动的英国传统添加了边疆自力更生这一美国传统的风味"，吸引了东海岸的实业家和来访的欧洲贵族去表演与大猎物之间的边疆遭遇。[3] 在英属哥伦比亚，加拿大太平洋铁路公司盗用了大猎物狩猎的形象和老规矩，为了公司的利益而加以利用。自19世纪80年代后，这一地区被宣传为"狩猎爱好者的天堂"，用野牛、灰熊和驼鹿来

---

[1] Thomas Williamson, *Oriental Field Sports*, 2 vols. (London: William Bulmer and Co., 1808), 1: v; Julie E. Hughes, *Animal Kingdoms: Hunting, the Environment, and Power in the Indian Princely States* (Cambridge, MA: Harvard University Press, 2013); Kevin Hannam, "Shooting Tigers as Leisure in Colonial India," in *Tourism and the Consumption of Wildlife*, ed. Lovelock, 99—111; Anand S. Pandian, "Predatory Care: The Imperial Hunt in Mughal and British India," *Journal of Historical Sociology* 14 (2001): 79—107.

[2] William Beinart and Peter Coates, *Environment and History: The Taming of Nature in the USA and South Africa* (London: Routledge, 1995), 17—33; MacKenzie, *Empire of Nature*, 85—119.

[3] Daniel Justin Herman, *Hunting and the American Imagination* (Washington, DC: Smithonian Institution Press, 2001), 125; Harry Liebersohn, *Aristocratic Encounters: European Travelers and North American Indians* (Cambridge: Cambridge University Press, 1998).

诱惑富有的猎手。[1] 从 19 世纪中期开始，北极地区和斯匹次卑尔根岛，还有东南欧和斯堪的纳维亚半岛，被纳入了环球猎手的常规行程中，这显示了——尽管很大程度上伴随着欧洲商业和政治的海外扩张——凡是人类与环境的关系给被视为“大猎物”的动物留出了生存空间的地方，狩猎热都很盛行。[2]

流动的跨国环球猎手阶层的存在表明，一个地区已经越过它的边疆阶段，通过全球运输路线可以到达，并得到了足够的控制，允许紧跟着征服之后开展自愿的休闲狩猎。

西方人在全世界的休闲狩猎依靠这样一个悖论：只有西方现代性的出口结构——殖民政府以及一个全球化的后勤网络——才给猎手们提供了遭遇荒野的机会，这样的荒野应该存在于轮船航线、铁路车站和欧洲人最后的前哨之外。

大猎物狩猎作为一项旅游活动，其兴盛靠的是这样一个充满感情的隐喻：狩猎是白人对“野性”殖民空间的非人类居住者和人类居住者表现男儿气概阳刚之力的一项复杂的多功能活动。狩猎为欧洲扩张的征服先锋提供了蛋白质补贴，为欧洲人的定居和耕作清理了地面，给履行帝国职责的人提供了少有的消遣，帮助殖民者熟悉未知的环境。如果说狩猎对帝国建设做出了贡献，那不可否认的是帝国使狩猎“现代化”了，因为它也是“科学”知识的一个重要来源。

像早期的生态学、兽医学和热带医学这样一些五花八门的学科，都以这样或那样的方式利用了狩猎。生物分类学、进化论和动物地理学在自然史博物馆中的视觉展现也是如此，这些博物馆在整个北美和欧洲及其帝国各地迅

[1] Greg Gillespie, *Hunting for Empire: Narratives of Sport in Rupert's Land, 1840—1870* (Vancouver: University of British Columbia Press, 2007); Karen Wonders, "Hunting Narratives of the Age of Empire: A Gender Reading of Their Iconography," *Environment and History* 11 (2005): 269—291.

[2] Pia Sillanpäa, "The Scandinavian Sporting Tour 1830—1914," in *Tourism and the Consumption of Wildlife*, ed. Lovelock, 59—72.

速涌现。[1]

尽管偶尔也有女性和非欧洲人闯入，但对猎杀大猎物的痴迷依然是白人男性的现象。它彻底被文化、意识形态和英帝国主义的实践所玷污，各自在北美边疆。大猎物狩猎与帝国的政治和文化之间的密切关联导致了“帝国猎手”的理想，它囊括了很多的美德和价值，人们认为，这些对于缔造和管理帝国的男人来说是必不可少的要求——勇气、自我组织、忍耐力、个人主义、足智多谋、运动员精神、枪法，以及对环境的掌控。这一理想的类型珍藏在数不清的旅行日志和冒险故事中；它鼓舞了美国童子军的理想；在大英帝国的边境之外，它受到人们的赞佩、嫉妒和仿效，也遭到讽刺和批评。[2] 欧洲在东非建立统治之前的“英雄”探险，以及支持这种探险的猎获象牙，赋予“帝国猎手”的典范以新的活力。它还激励了休闲旅行者追随官方帝国主义的先驱，尽情享受与野性第一次接触的仪式化的、想象中的再现。

东非游猎的形成

自19世纪80年代以来，紧随英德殖民征服之后的不断发展，东非游猎相对较晚才添入狩猎国家全球地理中。但是，到第一次世界大战前夕，它成了帝国狩猎热最显著、最商业化的地方性的和跨文化的改编版本。如果说殖民统治扩展到撒哈拉以南，非洲动员了行政官员、军人、传教士、移民者和科学家，那么，通信革命和运输革命，以及西方社会的社会和经济的变化就

---

〔1〕 John M. MacKenzie, *Museums and Empire: Natural History, Human Cultures and Colonial Identities* (Manchester, UK: Manchester University Press, 2009); Susanne Köstering, *Natur zum Anschauen: Das Naturkundemuseum des deutschen Kaiserreichs 1871—1914* (Cologne, Weimar, and Vienna: Böhlau, 2003).

〔2〕 John M. MacKenzie, “The Imperial Pioneer and Hunter and the British Masculine Stereotype in Late Victorian and Edwardian Times,” in *Manliness and Morality: Middle - Class Masculinity in Britain and America, 1800—1940*, ed. J. A. Mangan and James Walvin (New York: Manchester University Press, 1987), 176—198.

构成了特别有力的推动因素，方便了新型休闲旅行者的出现：全球游猎的狩猎爱好者。[1] 苏伊士运河的开通，定期轮船的连接，以及铁路在殖民地领土上的延伸，导致旅行时间极大缩短，使得东非与欧洲的联系比从前任何时候都更加紧密。当每周一趟从伦敦起飞的帝国航空服务在 20 世纪 30 年代中期开通，以及又过 20 年后定期喷气式飞机使得从伦敦和法兰克福到内罗毕的时间不到 24 个小时[2]，从前耗时 3 个月的狩猎旅行如今不到两周就可以完成，以匹配更紧凑的事务日程表。此外，全球电报线路和海底电缆网络自 19 世纪 80 年代之后便延伸到了东非，使得猎手和游猎装备商有效的预先组织和短期安排成为可能。[3] 欧洲和美国的第二波工业化增加了财富，改变了休闲和消费的模式，意味着越来越多的资产阶级实业家和中产阶级向上流动的成员掌握了可以自由支配的时间以及非职业航行所需要的收入。这使得他们能够仿效此前一直是特权贵族才享有的旅行、休闲和绅士行为的模式，比如狩猎，及其与贵族派头的奢华、世故和权力之间的悠久关联。与此同时，贵族、欧洲王室家庭的成员，以及最重要的政治家，都发现大猎物狩猎是一种很好的方式，可以把他们拥有土地的生活方式的一个关键习惯投射到殖民地空间，并象征性地确立他们要求得到社会和政治领导权的主张。[4] 这次“盛大旅行”装备齐全且跨大陆延伸，全球战利品游猎接续了贵族阶级的既定惯例，并通过与当代议程的联合而“现代化”了，比如科学探险和帝国扩张。

---

〔1〕不存在全球游猎爱好者的集体传记，但很多大猎物猎手的传记证明了跨大陆战利品狩猎的无处不在，东非游猎只是其组成部分。关于这种旅行的早期实例，参见来自莱茵兰一个天鹅绒制造家族的德国猎手冒险家的记述：Paul Niedieck, *With Rifle in Five Continents* (London and New York: Rowland Ward, 1909); similarly, Max C. Fleischmann, *After Big Game in Arctic and Tropic: A Sportman's Notebook of the Chase off Greenland and Alaska; In Africa, Norway, Spitzbergen, and the Cassair* (Cincinnati, OH: The Jennings and Graham Press, 1909).

〔2〕Robert McCormack, "Imperialism, Air Transport and Colonial Development: Kenya, 1920—1946," *Journal of Imperial and Commonwealth History* 17 (1989): 374—395.

〔3〕Dwayne R. Winseck and Robert M. Pike, *Communication and Empire: Media, Markets, and Globalization, 1860—1930* (Durham, NC and London: Duke University Press, 2007), 105—110.

〔4〕Roderick P. Neumann, "Dukes, Earls and Ersatz Edens: Aristocratic Nature Preservationists in Colonial Africa," *Environment and Planning D: Society and Space* 14 (1996): 79—98.

大猎物狩猎的流行，并进入富豪休闲活动的常规节目单，因世纪之交欧洲和北美不断改变的自然文化而进一步促进。美国对荒野和边疆的崇拜、大西洋两岸自然保护的发展和自然主义改革运动，以及像童子军那样的登山和户外导向的运动全都证实了，对于工业现代性的广泛焦虑清晰地表达在各种不同形式的“回归自然”中。[1] 大众社会对家长主义社会模式的挑战并没有解决这个问题，狩猎被描绘为一剂解毒药，可以解除城市和工业现代性那令人柔弱无力的复杂性，以及令人神经紧张的进步速度，简言之，就是“超文明”。[2] 悄悄追踪非洲大猎物大概是当代人能想象到的离“自然”最近的方式，猎手们把自己与非洲猎物的遭遇理解为一个有教育意义的实例，激活并恢复了在欧洲被文化化掉了的“自然的”男儿气概。庸俗化的达尔文主义鼓励把狩猎理解为一种返祖性的自然本能，它把当代人与人类遥远的祖先关联起来[3]，与此同时，一种表面上非常古老的巨型动物看起来似乎具体体现了深层时间，并让东非热带无树草原成为活着的更新世。几乎所有的旅行见闻录都把东非游猎描绘为一次不受约束的自由经历，一次远离“文明”的假期，一次跨越时空进入人类黎明的旅行。

非洲之外的发展有助于解释全球游猎现象，但是，作为一种遭遇野生动物的真正的跨文化实践，它们解释不了游猎特有的形式、组织、地理和政治经济学。它的非洲之根，必须到贩卖奴隶和象牙的远程商队贸易中去找，它产生了东非截然不同的文化，及其搬运和旅行的基础结构，把狩猎管理变成

---

〔1〕 See, e. g., Nash, Wilderness; John Alexander Williams, *Turning to Nature in Germany: Hiking, Nudism and Conservation, 1900—1940* (Stanford, CA: Stanford University Press, 2007); Robert H. MacDonald, *Sons of the Empire: The Frontier and the Boy Scout Movement 1890—1918* (Toronto: University of Toronto Press, 1993).

〔2〕 Clive Phillipps-Wolley, “On Big Game Shooting Generally,” in *Big Game Shooting*, ed. Clive Phillipps-Wolley (London: Longmans, Green, 1895), 3.

〔3〕 进化论把狩猎理解为一种返祖现象，以及属于“旧石器时代”的短暂快乐，并得到了一位西班牙哲学家的哲学认可，参见：Ortega y Gasset, *Meditations on Hunting* (Belgrade, MT: Wilderness Adventures Press, 2007), 125 [first published in Spanish in 1944]。

了政治当局的一个关键机制。[1] 爱德华·施泰因哈特（Edward Steinhart）认为，“随从的规模，商队的军事行为，以及狩猎在日常行动中的核心作用”，是帝国游猎从19世纪贸易商队那里吸收来的主要成分。[2] 然而，它们的遗产远不止这些，还涉及术语、人事和地理学。英国和德国的殖民主义者把斯瓦希里语单词 safari（游猎）作为一个技术术语吸收进了殖民地的用语中，把它的原意“游历”或“旅行”狭窄化了，表示一帮脚夫纯粹为了打猎而进行的旅行。从前的象牙猎手、“职业”脚夫和商队头领把商队贸易的技能、价值观、等级制度和男性气质转到了殖民地探险和商业化游猎中，而像瓦塔（Waata）那样专门以打猎为生的人则赢得了卓越的侦查者和追踪者的名声。游猎的装备供应商继承并受益于搬运和职业迁徙的文化，这构成一种常常被忽视的与观光猎手的远程航行互补的流动性，至少是直至20世纪30年代，汽车的使用让脚夫变得越来越多余。

西方旅行者自愿的远程流动性结合了本土脚夫、追踪者和商队头领所贡献的地区流动性和本地知识技能，这种联合既是游猎魅力的组成部分，也是关系紧张的一个原因。欧洲猎手认为自己完全掌握了狩猎的叙事和视觉图像，游猎的微观世界内部社会关系的典型特征是：身在异乡的猎手几乎完全依靠当地同伴的技能、向导和知识，这二者之间存在明显的差异。这些不对称对于殖民统治所依赖的种族等级制是一个持续的威胁。因此，装备供应商引入了专业“白人猎手”的角色，作为中间人，为到访的种族主义猎手免去了把自己直接交到“土著人”手里所造成的无礼。[3] “白人猎手”很像是更早的商队贸易的一个延续，正如他们试图改变和利用其早已确立的角色和惯例。他除了接管商队贸易中土著头领的后勤、组织和谈判等职责之外，“白人猎

〔1〕 关于这些连续性的广泛讨论，参见：Michael Pesek，*Koloniale Herrschaft in Deutsch - Ostafrika*：*Expeditionen*，*Militär und Verwaltung seit 1880*（Frankfurt and New York：Campus，2005）；Stephen J. Rockel，*Carriers of Culture*：*Labor on the Road in Nineteenth - Century East Africa*（Portsmouth，NH：Heinemann，2006）。

〔2〕 Steinhart，*Black Poachers*，113—114.

〔3〕 See Cameron，*Into Africa*，158—172；Steinhart，*Black Poachers*，131—137.

手”还充当翻译和私人顾问，绘制行程地图，负责让客户在“有惊无险”的情境中遭遇他所渴望的各种战利品动物。[1] 他熟悉季节性猎物的活动以及最适合的狩猎区域，这些知识使他的服务变得不可或缺，即使是在第二次世界大战后强制海外游客必须雇用一名专业白人猎手之前。

当商业游猎在世纪之交出现时，前殖民时期的商队贸易还决定了它的地理布局。因为，刚果盆地和非洲中部大湖地区与斯瓦希里海岸连接起来的大部分商路都止于 1885 年之后归德国人统治的港口城市，肯尼亚继承了象牙贸易中较小的份额，象牙是东非当时最重要的出口商品。开发非洲内陆象牙储备的意愿是修建乌干达铁路背后的动因之一，1901 年完工之后，这条铁路被证明对于刚刚起步的狩猎旅游业是一个完美的发动机。最后，象牙狩猎不断增长的热度极大地消耗了英国和德国东非殖民领地的大象种群，以至于到 19 世纪 90 年代中期，双方当局确信，如果不共同努力制止这样的肆意破坏，就会面临地区性物种灭绝的风险。[2] 只有引入狩猎法，才能使接触魅力猎物的机会具有足够的排他性，并能够考虑到游猎的仪式化特征。

作为奢侈品的猎物：游猎的政治经济学

英属东非和德属东非具有类似的特征——优美的自然风景以及猎手们渴望的有魅力的大猎物物种，在这两个国家的殖民地，备受谴责的对大猎物不受约束的杀戮（主要是为了商业目的）自 19 世纪 90 年代中期之后便设法通过法律规章来解决。但是，正是政治意愿、帝国狩猎的传统、鼓励企业家精神的法律框架及旅游业与基础设施的优势和生物地理学的结合，让肯尼亚占

[1] Steinhart, *Black Poachers*, 132.

[2] See Bernhard Gissibl, “German Colonialism and the Beginnings of International Wildlife Preservation in Africa,” *GHI Washington Bulletin Supplement* 3 (2006): 121—143; Cioc, *Game of Conservation*, ch. 1.

了上风，成为东非最重要的狩猎目的地。英国当局很快认识到，与德国人的管制相比，更有前途的做法是：把肯尼亚的狩猎法设计得“稍稍有利于富有的狩猎爱好者，他们把钱带入这片领地……应当鼓励而不是阻止他们探访这里”。[1]

相比之下，德国当局在 19 世纪 90 年代晚期依然考虑把象牙的商业开发作为一个财政收入之源，低估了观光狩猎的潜力。德国人演化出了牧场正义（Weidgerechtigkeit）的狩猎伦理，着重强调中欧小片土地上的可持续的狩猎管理，与英国人把狩猎理解为运动精神相比，这种观念不太有助于商业性质的狩猎途径。

但是，正是乌干达铁路的开通，让英属殖民地有了决定性的基础设施优势。当坦噶尼喀的德国人最终于 1912 年采用了旨在吸引富有休闲猎手的狩猎法时，肯尼亚的游猎生意已经繁荣了十年。[2] 坦桑尼亚在实现其旅游潜力上经常被人抱怨“成绩欠佳”[3]，其深层根源在于德国的殖民政策，肯尼亚随后的环保主义体制支持非功利主义的、休闲性的、仪式化的绅士“殖民者猎手”和来自欧洲及北美的观光狩猎爱好者的狩猎。它们把边疆狩猎的意识形态与欧洲贵族的狩猎习惯、社会偏见和排他传统混合在一起，创造了大猎物游猎，作为“肯尼亚对狩猎传统最有特色的贡献”。[4]

历史学家们正确地强调了野生动物作为环保主义政策背后核心主题的情感意义和心理意义。他们还强调了从前的象牙收割者摇身一变，成为“悔过

---

〔1〕 PRO FO 403/302, no. 31: Hardinge to Salisbury, Zanzibar, 27th August, 1897.

〔2〕 关于坦噶尼喀狩猎立法在德国人统治下的广泛讨论，参见：*The Nature of German Imperialism: Conservation and the Politics of Wildlife in Colonial East Africa* (New York and Oxford: Berghahn, 2016)。

〔3〕 See, e. g., Vojislav Popovic, *Tourism in Eastern Africa* (Munich: Weltforum, 1972); for a survey Noel B. Salazar, “A Troubled Past, a Challenging Present and a Promising Future: Tanzania’ s Tourism Development in Perspective,” *Tourism Review International* 12 (2009): 259—273.

〔4〕 Steinhart, *Black Poachers*, 69—77, 91 (quotations); similarly, John M. MacKenzie, “Chivalry, Social Darwinism and Ritualised Killing: The Hunting Ethos in Central Africa up to 1914,” in *Conservation in Africa: People, Policies and Practice*, ed. Richard Grove and David Anderson (Cambridge: Cambridge University Press, 1987), 41—61.

自新的屠夫"，他们敲响了猎物迅速耗尽的警钟，为限制性的狩猎立法四处游说。[1] 但他们常常忽视了奢侈品也在东非野生动物保护体制的发源地。这场关于物种和自然保护的新讨论可能强调了野生动物的内在价值，但其市场价值至少同等重要。同样重要的是，殖民地政府在何种程度上通过把魅力猎物保留给奢侈消费，从而强调这一市场价值。给作为休闲活动的游猎搭建舞台，在个体猎手方面不能说是道德改良，相反是一项这样的立法（自 19 世纪 90 年代晚期后）：它旨在创造一个奢侈狩猎的排他性市场，从而把保护与殖民地发展协调起来。

不可否认，从猎手在北美和南非的其他帝国边疆所制造的毁灭中汲取了一个教训，肯尼亚于 1897 年和 1899 年颁布的狩猎法令引入了昂贵的"猎手执照"（后者是游客执照），在以下两个重要方面增强了大猎物狩猎的排他性：一方面，它把大象、犀牛、河马、野牛和长颈鹿的狩猎完全保留给了那些能够买得起执照的人。隐含地，非洲人或欧洲殖民者所形成的猎杀这些动物的一切其他形式、传统或授权都被定为非法，变成了偷猎。为了狩猎爱好者的奢侈消费而保护最有魅力的物种，这一意愿不可避免地制造出偷猎者，作为英雄狩猎爱好者的邪恶孪生兄弟。[2] 另一方面，狩猎法把这些物种的狩猎限制在每张执照不超过两头，从而制造了人为的稀缺。[3] 乍一看，下面这个论点似乎是违反直觉的：这种限制可能使数千英里的旅行变得更有吸引力。但是，不像在德属东非，那里在第一次世界大战之前没有猎杀大象的上限吸引

---

〔1〕 David K. Prendergast and William M. Adams, " Colonial Wildlife Preservation and the Origins of the Society for the Preservation of the Wild Fauna of the Empire, 1903—1914," *Oryx* 37 (2003): 251—260; Richard Fitter and Peter Scott, *The Penitent Butchers*: *75 Years of Wildlife Conservation* (Reading: Collins, 1978).

〔2〕 关于最近偷猎者的言说史，参见：Roderick Neumann, "Moral and Discursive Geographies in the War for Biodiversity in Africa," *Political Geography* 23 (2004): 813—837。迫切需要一部"偷猎者"的社会和言说的历史，大概是 20 世纪非洲社会和环境史最能唤起记忆的、最少去殖民化的原型。

〔3〕 *Correspondence Relating to the Preservation of Wild Animals in Africa* (London 1906) (—Parliamentary Papers, Vol. lxxix, 25), enclosure in no. 36: Game Regulations of the East Africa Protectorate 1899, § 4. 同样的条件被应用于价格更便宜的公共官员的执照。

了大量的象牙猎手，人为的稀缺创造了一种超群出众的环境：猎手之所以来，正是因为它的排他性。

尽管有对这些狩猎法的规避、豁免和修改，但它们的总推力是清楚的：绅士猎手的行为准则成了法律，来访的猎手受到优待，尤其是，法律管制让猎手变得文明起来，尽力克制。非洲动物群中最有魅力的种群变成了商品，种族、财富和地位的不平等通过这种商品得以表达。

帝国野生动物保护主义者热情地拥抱奢侈品与保护之间建立起来的关联，坚持不懈地强调，售卖执照使得大猎物成为一笔“具有很大金钱价值的资产”。“这是一个功利主义的时代”，一位环保主义猎手在1906年提出，公众“可能心满意足，除了是一个公众情绪的问题外，保护猎物在商业上和财政上也是有利的……而且，由此得来的财政收入完全可以用来实施和执行猎物保护的法律”。[1] 自然保护的商业途径——猎物可以而且应该为保护它们而付账，通过把狩猎权局限于富有的战利品猎手——在1900年前后就已经吸引了捉襟见肘的殖民地政府。在接下来的几十年里，源自来访休闲猎手的财政收入为猎物保护提供了强有力的、令人信服的经济理由，尤其是针对欧洲殖民者和兽医官连续不断的要求：迁走那些作为家畜疾病宿主的野生动物，消除农业发展的障碍。尽管其口头上的购买千变万化，而且常常只是在违反时才兑现，但是，观光狩猎带来的财政收入支付了保护费用这个论据在这一世纪始终有效。目前普遍执行的“要么利用，要么失去”的保护方法被纳入了可持续狩猎计划，这其实只是重新发现殖民地狩猎政策背后最古老的理由之一。

研究20世纪早期的材料和数据让我们看到，野生动物保护主义者的热情并非没有根据。销售猎手执照带来的财政收入从1902年的1 600英镑增长到

[1] “Recommendations of the Society Sent to the Secretary of State for the Colonies in June 1906,” *Journal of the Society for the Preservation of the Wild Fauna of the Empire* 3 (1907): 14—15; “Minutes of Proceedings at a Deputation from the Society for the Preservation of the Wild Fauna of the Empire to the Right Hon. The Earl of Elgin, His Majesty's Secretary of State for the Colonies, June 15, 1906,” ibid., 27.

了 1906 年的 9 000 英镑。[1] 其中部分收入通过创立狩猎管理局而被投入保护中，但这个部门长期人手不足，经费短缺。到 1907 年，游猎迅速增长，而且深受欢迎，以至于殖民地部用这样的论点来安抚人们对开发过度的担忧：每年发放的猎手执照不超过 500 张。[2] 当德国男爵和巴登议会的议员鲁普雷希特·伯克林·冯·伯克林索（Ruprecht Böcklin von Böcklinsau）于 1911 年 1 月从为期三周的游猎中回到内罗毕时，他发现"大约 80 个游猎队"正准备出发——"很庆幸我赶在了他们的前面！我得到了我所有的大猎物——après moi le déluge（法语：我死之后，哪管洪水滔天）——那就像皮卡迪利在我身后两英里。"[3]

把壮观的猎物种群保留给富有的猎手的这一做法陷入了一场全面论战，围绕的是东非殖民地社会各个不同的利益集团当中各自对野生动物"所有权"的使用权。财力不那么雄厚的殖民者痛苦于他们被排除在一场紧张激动的仪式之外。然而，绅士殖民者常常作为职业猎手而卷入狩猎生意，受益于狩猎繁荣。作为广袤土地的拥有者，他们也属于最早的批评者，批评为了富有的外人而进行猎物保护的程度、地理分布和具体手段。尽管狩猎法变得对白人殖民者更加方便，例如，通过引入旅行者执照，使得殖民者能够邀请观光客去他们的庄园狩猎，但非洲人依然无权利用野生动物，直至 20 世纪 50 年代引入更具分享性的方案。

为了西方猎手的消费而保护大猎物，使得奢侈品与必需品之间的关系重

---

〔1〕 *Correspondence Relating to the Preservation of Wild Animals in Africa*（London1906）（= Parliamentary Papers，Vol. lxxix，25），enclosure in no. 220：Memorandum of Deputy Commissioner Frederick J. Jackson on the question of game preservation，February，1906；the figures ibid.，enclosure in no. 203，Commissioner Jackson to CO，August 25，1905，and no. 224，Colonel Hayes Sadler to Earl of Elgin，Secretary of States for the Colonies，June 9，1906.

〔2〕 *Further Correspondence Relating to the Preservation of Wild Animals in Africa*（London 1909），Enclosure to no. 5，Report by Arthur Blayney Percival，19；ibid.，no. 23：Colonial Office to SPWFE and the editor of The Field，May 22，1907. 一位德国狩猎企业家估计，1913 年造访英属东非的狩猎队的数量为 300～400 只，参见：Friedrich Wilhelm Siedentopf，"Deutsch - Ostafrika und Britisch - Ostafrika，"*Wild und Hund* 19（1913）：335.

〔3〕 Staatsarchiv Freiburg U 101/1，No. 9：Diary entries January 12 and 14，1911.

新洗牌。

排他性不可避免地使得猎物对于观光猎手来说成了一种奢侈品，而对于那些承受排外冲击的人来说，猎物又成了他们与大型食肉动物和食草动物同时共存的日常生活中的必需品。排外的狩猎权不仅严重干预了当地的生存狩猎，而且有野生动物所造成的危险疾病的传播，以及农作物的损害，这些构成了野生动物保护与农业和畜牧业用地之间的结构性冲突。此外，由于人口增长和农业扩张，人和动物对土地和水的竞争性索取在频率和强度上都增加了。自 20 世纪 20 年代以后，狩猎管理局的主要任务之一便是减缓由于大规模野生动物控制计划而造成的对农作物的掠夺。

人与野生动物的冲突在猎物保留地附近特别激烈，德属东非和英属东非自 19 世纪 90 年代后引入了这些保留地。这些保留地首先是作为猎物的庇护所，因此是为了保存物种而建立的，它们同样构成了游猎背后的部分经济理由。

从一开始，它们就被赋予了这样的意图：生产溢出种群，使得人们可以在紧邻保留地的周边地区狩猎。然而，关于明确具体的游猎空间生态学，我们所知道的少得令人吃惊——不断改变的繁荣地区，以及狩猎装备商如何根据客户的愿望调整狩猎目的地；观光狩猎队如何与本地社群互动；他们带走猎物如何影响了本地的生态，以及观光狩猎在何种程度上关联到为了缓和野生动物对农作物造成的损害而实施的猎物控制计划。[1] 几十年来，肯尼亚南部保留地外面的阿西平原可算作狩猎队最重要的目的地，很多狩猎区和野生动物管理区自 20 世纪 50 年代后便被指定为游猎的目标地带，遵循的是类似的保护和利用互补的逻辑。其中最受欢迎的常常是作为缓冲地带设立的，坐落于国家公园外边的区域。[2]

〔1〕 例如，1921 年的德国法令把额外的授权授予角马，假如执照持有人在南马萨伊保留地射杀了它们，这大概是为了让这一地区的马萨伊人和白人殖民者的牲畜减少一个传染源和对牧草的竞争。

〔2〕 有一个批评，参见：Roderick P. Neumann，“Primitive Ideas：Protected Area Buffer Zones and the Politics of Land in Africa，” *Development and Change* 28（1997）：559—582。

古风的颓废：作为一种奢侈实践的游猎

东非游猎把狩猎中古老的生死大戏与奢侈的昂贵花费结合了起来，乍一看，这种结合似乎格格不入，不适合对原始的幻想。然而，正是这种颓废与古风的典型并列，使得游猎成为一种奢侈品，不管它本身是什么。享乐主义的乐趣与禁欲主义的自然之间始终存在一种张力。几十年来，游猎手和他们的崇拜者始终不知疲倦地把他们的活动描绘为对真实、原始和简单的必要回归，正如一位抱有同情心的观察者所写的："是对过于精致优雅的一次宏大纠正和奢侈的撒野。"〔1〕

具有讽刺意味的是，游猎在这里被欢呼为针对女里女气的柔弱奢侈的一种疗救办法，其本身却越来越多地与奢侈关联在一起。但是，必需品结束于何处，奢侈品又从何处开始？这个问题的答案不仅取决于个人的判断和狩猎的社会化，而且取决于跨文化协商，以及正在进行中的差别政治——这是游猎的典型特征。例如，对于"习惯于北美野营"的猎手们来说，"带上25～40个脚夫，再加上厨子、头领和帐篷侍者，不消说还有几个土著士兵"，在初次遇到时看上去"确实荒唐"。〔2〕实用主义的美国边疆猎手与娇生惯养的英国人奢侈挥霍之间的这种区别，指向了不同文化和意识形态框架的重要性，国外狩猎正是在这样的框架内被赋予意义。混合着批评和妒忌，它们恰好就是奢侈品讨论赖以蓬勃兴旺的东西。然而，在实践中，必需与享乐之间的界线始终是模糊的。被外部观察者认为过多而大皱眉头的方方面面和各种名堂，比如庞大的随从、浴缸、刀叉或白色晚宴服，在实践中被认为是必不可少的，

---

〔1〕 See, e. g., Hilda V. Moffat, "On Safari," *Cornhill Magazine* 12 (March 1902): 376.

〔2〕 Arthur Radclyffe Dugmore, *Camera Adventures in the African Wilds, Being an Account of a Four Months' Expedition in British East Africa for the Purpose of Securing Photographs of the Game from Life* (New York: Doubleday, Page and Company, 1910), 200; see also Stewart Edward White, *The Land of Footprints* (London et al.: Doubleday, Page and Company, [1912]), 443-447.

尤其是，使用和展示这些便利设施标志着猎手是“有教养的”。[1] 关于什么在道德上是可以接受的，什么是不可接受的，什么构成了必需，什么形成了放纵，有一些互相竞争的、狡猾多变的假说，由此产生的持续不断的紧张和协商促使人们对于游猎作为一项特色实践的诱惑力，以及它在道德上的可疑性提出了质疑。在 20 世纪下半叶，这种道德质疑越来越盛行。

使得游猎成为一项奢侈实践的其他因素有点直截了当。在 19 世纪 90 年代及 20 世纪 60 年代，去东非休闲旅行成了一种奢侈品，只有少数特权人士才有这样的机会，他们掌控着享受这种实践所需要的财富。一般而言，对一种奢侈品的攀比消费和炫耀消费迟早会导致这种消费向较低社会阶层渗透。在某种程度上，大猎物狩猎也是如此。有了殖民统治所担保的旅行安全，装备商越来越广泛地参与其中，偶尔有青少年被他在非洲的父亲允许参加狩猎。蜜月狩猎也越来越流行。女人和夫妇在狩猎现场的出现虽说不能削弱男猎手的话语霸权，但至少有助于暴露所谓狩猎“天然”具有男儿气概的说法究竟是什么性质。[2] 20 世纪 50 年代和 60 年代的战后游猎繁荣也吸引了越来越多的“对狩猎兴趣不大甚至毫无兴趣的人”，他们不过是赶时髦，“逃离单调乏味的老一套”。[3]

然而，社会攀比有其清楚的局限。狩猎的个人主义特性、对野生动物不可避免的打扰，以及不能太过严重地消耗动物种群的全面强制，全都给每个狩猎季能够接受的消费者数量设定了结构性上限。狩猎的社会化是另一个重

〔1〕 Helen Callaway, “Dressing for Dinner in the Bush: Rituals of Self - Definition and British Imperial Authority,” in *Dress and Gender: Making and Meaning in Cultural Contexts*, ed. Ruth Barnes and Joanne B. Eicher (Providence: Berg, 1992), 232—247.

〔2〕 Cf. Kenneth P. Czech, *With Rifle and Petticoat: Women as Big Game Hunters, 1880—1940* (Lanham, MD and New York: Derrydale Press, 2002), 123—160; Andrea L. Smalley, “ ‘I Just like to kill things’: Women, Men, and the Gender of Sport Hunting in the United States, 1940—1973,” *Gender and History* 17 (2005): 183—209.

〔3〕 Elspeth Huxley, “The Safari Business Is Booming,” *New York Times*, June 19, 1960, SM11, 23, 25; Stephen R. Conn, “Safaris Give the Social Set Another Way to Get Out of the Rut,” *New York Times*, April 28, 1968, 84.

要倾向。但最重要的限制依然是资金。依赖于个体的要求和嗜好，旅行、装备、税收、执照和子弹费的总成本可能达到很大的数额。在20世纪初，据英国的资料估计，必不可少的开支为每个月100～200英镑，包括从伦敦或纽约出发的旅行费用。[1]

据同时代德国的资料估计，每3个月游猎的成本在8 000～10 500马克——是同时代一个德国工人平均年收入的8倍。[2] 第二次世界大战后，汽车和无线电作为游猎标准装备的引入使得成本更高。1960年前后，美国狩猎客户一个月游猎的费用据估计大约为8 000美元。[3]

20世纪60年代末，美国一个游猎组织者傲慢地评论道："如果一个家伙20岁时打定主意去游猎，那等到40岁时，他应该可以成行了——如果他存钱的话。"[4]

然而，创造奢侈品的，并不只是财富的守门效应，还有立志像富人一样行事者的愿望。从一开始，这种妒羡就被公司的营销所煽动，这样的营销同样创造、利用和强化了游猎的排他性。游猎之所以成为一种奢侈品，还因为航运和铁路公司把它作为奢侈品来推销，新兴的游猎产业包括一批有事业心的英国人、德国人、美国人和澳大利亚人，他们成了第一次世界大战前肯尼亚主要的装备商。与运输公司一起，这些商业先驱把大猎物狩猎商业化了，并展开了一次令人吃惊的精巧复杂的商业营销，成功地给肯尼亚打上了"游猎之国"的标记。

---

〔1〕 Cameron, *Into Africa*, 57—58.

〔2〕 A. Hauter, " Einiges über Jagdreisen nach Ostafrika," Deutsche Jägerzeitung 60 (1912—1913): 681—682; "Zoologie und Sport, Löwenhöhe (Britisch - Ostafrika)," *Deutsch - Ostafrikanische Zeitung* 10, no. 88 (14 November 1908), 12; Chas. A. Heyen, "Kosten einer Jagdexpedition in Britisch - Ostafrika," *Wild und Hund* 13 (1907): 539—540.

〔3〕 Ibid. and Huxley, The Safari Business; Robert M. Lee, "Safari Costs," *New York Times*, July 10, 1960, SM 2. See also "Easier Tracks to Big Game," *The Times*, June 14, 1958, 7. The figures provided by Bull, *Safari*, 295, are even higher.

〔4〕 Conn, *Safaris*, 84.

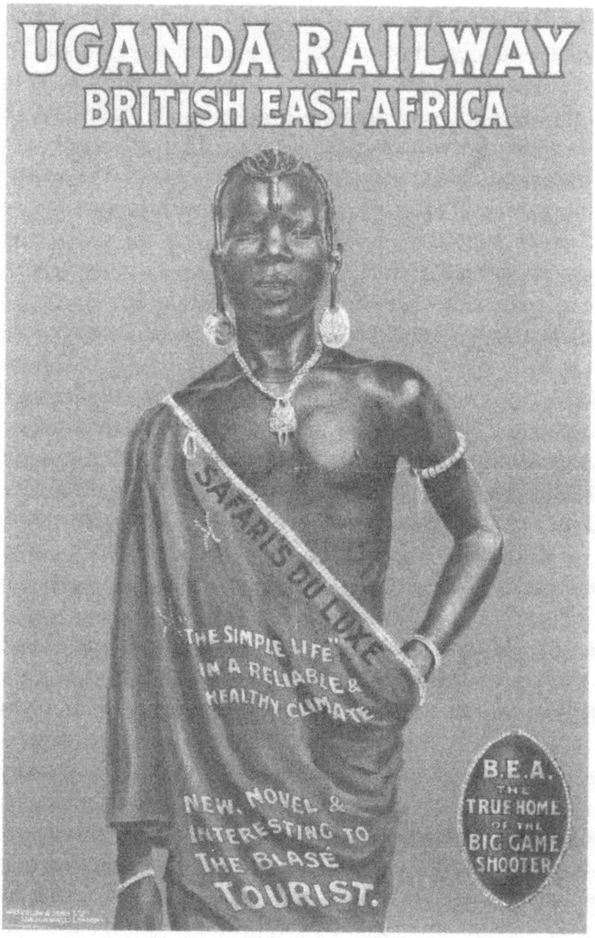

图 32　第一次世界大战前，乌干达铁路公司的一张异国情调的、种族主义的广告，宣传肯尼亚的大猎物狩猎

最早上市的大概是1905年末蒙巴萨（东亚银行）贸易和发展集团印行的一本篇幅很长的宣传册《在东非猎杀大猎物》。[1] 一年后，在乌干达铁路沿线的基布韦济建立了一个狩猎远征基地的德国侨民理查德·休伯纳（Richard

〔1〕 例如，有一本宣传册收录于：Bundesarchiv Berlin - Lichterfelde R1001/13，enclosure to fol. 59，Mombasa Trading and Development Syndicate to German Foreign Office，Colonial Department，February 16，1906.

Huebner）所写的《英属东非狩猎远征笔记》吸引了说德语者的狩猎世界的关注。他的宣传册在奥匈帝国土地贵族当中产生了特别强烈的共鸣。自 1908 年起，乌干达铁路公司便发布它著名的招贴画，宣传“穿越自然动物园”的铁路旅行，以及“最大舒适和最小风险”的“豪华游猎”。[1] 在 1909 年或 1910 年初，这家公司出版了另一本宣传册，标题页上最显眼的是一头母狮子，允诺猎手们“真正的运动”，乘坐“乌干达铁路的 303 或 450 特快列车”。大约在同一时期，这家公司还与德属东非轮船公司合编了一本 40 页的小册子，在德国市场上推广肯尼亚游猎——这是跨越帝国边境的一个引人注目的商业合作实例。[2]

游猎装备商早期的宣传册和广告显示，跨大陆媒体对西奥多·罗斯福（Theodore Roosevelt）于 1909—1910 年的游猎所作的报道并没有把东非暴露在观光狩猎的聚光灯下。肯尼亚游猎生意在过去已经实现了程度惊人的包装和整合，与野性的观光遭遇已经是组织化独特场合——全球化的后勤网络和西方现代化的成就使得彻底合理化的业务成为可能。20 世纪初铺天盖地的宣传册还显示，猎手们在身体行动之前就经过想象力的动员，形成了强大而持久的“目的地想象”。[3] 它们全都利用了这样的神话——从未改变，无拘无束，原始野蛮——这些被视为所谓第三世界国家旅游业营销的核心[4]，事实上深刻固定在狩猎和探险的帝国叙事中。对原型的幻想，首先是人与兽在一片年代久远的风景中邂逅，是游猎营销所利用的几个往昔经历之一。后来，广告还利用了对殖民地时代的怀旧，推销的卖点是重现据说是先驱游猎

〔1〕 Deutsche Ost - Afrika - Linie，Uganda Railway：Die Uganda - Eisenbahn，Britisch - Ostafrika（[London，around 1908]），adverts following p. 31.

〔2〕 这些宣传册的副本收录于：Staatsarchiv Freiburg U 101/1，Papers of Rupert Böcklin von Böcklinsau.

〔3〕 See Salazar，*Envisioning Eden*，and Andrew Norton，“Experiencing Nature：The Reproduction of Environmental Discourse through Safari Tourism in East Africa，” *Geoforum* 27（1996）：355—373.

〔4〕 Charlotte M. Echtner and Pushkala Prasad，“The Context of Third World Tourism Marketing，” *Annals of Tourism Research* 30（2003）：660—682.

猎手们才能获得的真正的体验。对地点和实践的想象是猎手游猎经营者的出版物的典型特征，很容易登上大众媒体，而大众媒体往往会对异国情调、名流介入和强烈情绪的新闻价值做出响应。一些通俗插图杂志或时尚杂志，像《伦敦新闻画报》（*Illustrated London News*）或美国的《生活》（*Life*）和《时尚先生》（*Esquire*），反复报道"撂倒危险的庞然大物"，赞许地称之为一种可取的男儿气概的休闲方式。[1] 西德一些高档报纸的旅行版面不断为精英猎手提供论坛，宣传游猎在整个 20 世纪 50 年代是国际旅游市场上"最大的吸引力"。[2] 借此，它们不仅帮助招徕新顾客，而且创造了游猎及其战利品作为一种社会交流形式发挥作用所需要的文化背景。

游猎作为一种奢侈的却是标准化的休闲实践，它的商品化触发了一个自创生过程：发明创新，重新定义，以及差异性和独特性不断变化的形式和实践。一旦铁路公司和装备商把肯尼亚游猎变成了一件可靠而舒适的事，猎手们便开始把"真实的"和"地道的"游猎体验转移到别的地方，在肯尼亚之内和之外。由此，其他地方便作为原始和野性之地而被殖民化，并进入了国际旅游业的视野。20 世纪 60 年代，一对美国夫妇宁愿选择乍得，而不是东非，因为——除了其他原因之外——"我们在那儿用手吃饭；而在东部，他们用刀叉"[3] ——越原始，越优雅。对差异的寻求不仅通过地点来实现，而且可以通过时间、实践或猎物实现：打包销售的 3 个月游猎在奢侈上输给时间更长的版本；汽车的引入为真正的徒步游猎创造了适当的位置；常常与持照战利品狩猎相随的贪得无厌使得通过选择性来体现差异成为可能。在 20 世纪 60 年代，达拉斯的美国自由石油公司董事长和达拉斯牛仔橄榄球队的部分

---

〔1〕 See, e. g., "Helicopter Safari in Africa," *Life*, June 10, 1957, 80—93; "A Sentimental Safari in 'T. R.' Tradition," *Life*, November 10, 1961, 52—58; "A Sentimental Safari," *Life*, April 19, 1963, 88—99; cf. Bill Osgerby, *Playboys in Paradise: Masculinity, Youth and Leisure-style in Modern America* (Oxford: Berg, 2001).

〔2〕 See, e. g., "Heia Safari: Auf Jagd mit Büchse und Kamera," *Frankfurter Allgemeine Zeitung*, September 6, 1958, 45; "Eine Safari ist kein Spaziergang," ibid., January 12, 1955, 8; "Elefanten sind billiger als kapitale Hirsche," ibid., November 17, 1958, 12.

〔3〕 Conn, *Safaris*, 84.

拥有者小托迪·李·韦恩（Toddie Lee Wynne Jr.）很骄傲自己成为据说是第一个在同一次游猎中“射杀了一只大羚羊和一只林羚”的人。[1] 即使“第一”最不可能作为差异的标志来使用。

通过旅行代理商和动物标本剥制师之口的散布，确保了把游猎作为奢侈品推销的早期努力能够到达其目标受众。销售手册用著名客户的名字、战利品和赞颂之词来做广告，这些客户不仅经常出借他们的名字，而且充当游猎公司在欧洲的荣誉代表。游猎经营者的营销努力与上层阶级寻欢作乐的其他竞技场及排他性的通信网络相互作用。很多的游猎源自贵族的、商业的或专业的精英网络，私人朋友，或者伦敦绅士俱乐部的世界性氛围。[2]

实际上，想要猎获一头狮子的愿望并不只是源自个人对体验的渴望，还因为那些被认为社会地位平等或更高的人用它来传达身份和差别。此外，名流的认可赋予这项活动体面，面对日益减少的野生动物数量，以及日益增长的主张完全保护的要求，这项活动越来越请求给予正当的理由。政治领袖、社会名流、作家、商业大亨和百万富翁纷纷步罗斯福的后尘，这份名单涉及人员广泛，以至于不可能一一点名，在此只能提几个最引人注目的名字。欧洲几乎所有王室家庭的代表都借助热带地区的狩猎远征参与了帝国的扩张。英国王室成员，像威尔士亲王（后来的爱德华八世）在 1928 年和 1930 年，[3] 或者伊丽莎白公主和菲利普亲王在 1952 年，去参加游猎，既是作为一项证实领袖身份的行为，也是作为体验和整合帝国的组成部分。20 世纪 50 年代欧洲的时尚名流和绅士花花公子，像冈特尔·萨赫斯（Gunter Sachs）和阿里汗（Ali Khan）王子，在肯尼亚游猎战争陷入休眠后重新点亮了它耀眼的光芒。英国的菲利普亲王与荷兰的贝恩哈德王子提供的大猎物狩猎的实例说明了欧洲自 20 世纪 60 年代后名流与野生动物之间不断变化的关系：这两

---

〔1〕 Conn，*Safaris*，84.

〔2〕 Cf. Amy Milne - Smith， “Club Talk：Gossip，Masculinity，and the Importance of Oral Communities in Late Nineteenth - Century London，” *Gender and History* 21（2009）：86—106.

〔3〕 威尔士亲王的游猎在 20 世纪 30 年代初引发了一阵名副其实的竞相仿效的狂潮，参见：Kenya National Archives DC/TTA/1/1，Annual Report，Taita District 1931，28。

个地方的狩猎网络在争取商业圈子和社会精英支持1961年创立世界自然基金会（WWF）上至关重要。刚刚起步的世界自然基金会，其很多国家分会的领头人都是那些对于通过狩猎的中间作用来保护特殊野生动物种群感兴趣的人。然而，在短短几年内，这两位名人不得不放弃他们有争议的娱乐消遣，因为这一消遣已经变得与这一组织的保护主义使命和公共形象越来越不可调和。[1] 在美国，数不胜数的工业巨头和百万富翁以罗斯福为榜样，其中有柯达公司的乔治·伊士曼（George Eastman）、《洛杉矶时报》（*LA Times*）的出版商奥蒂斯·钱德勒（Otis Chandler），长期担任孟山都化学公司董事长的埃德加·M. 奎尼（Edgar M. Queeny），或者爱好打猎的百万富翁乔治·范德比尔特（George Vanderbilt），这位富翁买得起自己的小飞机，在1935年的蜜月游猎中用于猎物侦查。[2]

接下来，当然还有欧内斯特·海明威（Ernest Hemingway）。除了给大猎物狩猎添加了心理自我探索和带有性暗示的隐喻外，他的作品还把这个主题从经常是耸人听闻的旅行记述的深渊提升到了高端文学领域。除了卡伦·布里克森（Karen Blixen）的《走出非洲》（*Out of Africa*）以及20世纪30年代的其他肯尼亚长篇小说中对狩猎和专业白人猎手的浪漫化外，海明威把游猎的伤感形象打造为喜欢冒险的男子汉气质在野生动物天堂里的一个出口。这些作品的盛行促使东非游猎1945年后在美国兴盛起来，并招来了一些追随者，比如报纸专栏作家罗伯特·鲁克（Robert Ruark）。鲁克的题为“猎人的号角”（*Horn of the Hunter*）的报道于1953年出版，成了有史以来最成功的狩猎作品之一，并使得游猎从文学中得到的推动力继续。[3]

撇开攀比和社会差别的关联不谈，游猎猎手的社会构成及其来源的地理

---

〔1〕关于世界自然基金会那一代创始人中的伯恩哈德亲王和欧洲王室，参见：Alexis Schwarzenbach，*Saving the World's Wildlife*：*The WWF's First Fifty Years*（London：Profile，2011），77—81.

〔2〕Czech，*With Rifle and Petticoat*，154.

〔3〕Terry Wieland，*A View from a Tall Hill*：*Robert Ruark in Africa*（Camden：Countrysport Press，2000），115.

分布尚需得到经验主义研究的支持。[1] 1914 年前欧洲贵族无疑主宰着现场，自两次世界大战之间那些年，美国百万富翁和工业巨头又加入其中，而美国的财富据估计在 20 世纪 50 年代和 60 年代提供了“9/10 的客户”。[2] 所有那些“得克萨斯石油商、德国暴发户、偶尔的法国总裁、五花八门的多民族主义富翁或有闲的退休贵族”[3]，其明确的主题和价值需要进一步调查研究。他们参与的可能是相同的实践，但对于在一个快要独立的殖民地狩猎的大英帝国精英来说，对于一个在从前的“德属东非”狩猎的正经历经济奇迹的德国实业家来说，或者对于那个鼓励自己 14 岁的女儿在战后肯尼亚射杀一头最大大象并把它变成一个废纸篓的“田纳西州孟菲斯的棉花大亨”来说，这一实践究竟意味着什么?[4] 同样未知的是那些把自己的价值铭刻在西方霸权的文化实践中的非西方名流，以及其游猎背后的文化政治。阿迦汗三世、伊斯玛仪穆斯林的伊玛目、苏丹穆罕默德·沙阿（Muhammad Shah）自 20 世纪初期便把他对东非伊斯玛仪派社群的探访与游猎的机会结合了起来[5]，达迪亚的土邦主或焦特布尔的乌麦·辛格（Umaid Singh）也效法他。尼泊尔的马亨德拉（Mahendra）国王于 20 世纪 50 年代晚期隐姓埋名去肯尼亚狩猎，波斯王室成员阿卜杜勒礼萨·巴列维（Abdorreza Pahlavi）亲王在 20 世纪下半叶成了最多产的全球猎手之一。[6] 他们在肯尼亚屡次三番的高端游猎显示，名人效应绝不局限于欧洲和美国。游猎之所以深受欢迎，不仅是作为一项有

---

〔1〕 以下文献提供了少量线索，但他的方法显然是类型学的：Steinhart, *Black Poachers*, 136。

〔2〕 Huxley, *The Safari Business*, SM11, 23, 25.

〔3〕 MacKenzie, *Empire of Nature*, 308—309.

〔4〕 “Speaking of Pictures... a 14 - Year - Old Big - Game Huntress Poses with Her Trophies,” *Life*, September 29, 1947, 18—20. The uncritical picture story of the “Diana heroine” evoked some disgusted letters to the editor, see *Life*, October 20, 1947, 12, 14.

〔5〕 “The Aga Khan’ s Tribute to British Rule,” *The Times*, March 13, 1937, 11; [Muhammad Shah], *The Memoirs of Aga Khan: World Enough and Time* (London: Cassell, 1954), and picture opposite p. 271. 关于他在伦敦俱乐部的成员身份，以及他对于像赛马那样的英国绅士活动的激情，参见：Anne Edwards, *Throne of Gold: The Lives of the Aga Khans* (London: Harper Collins, 1995)。阿迦汗四世后来成为东非国家公园高档游猎小屋的主要投资者。

〔6〕 William R. Quimby, *Royal Quest: The Hunting Saga of H. I. H. Prince Abdorreza Pahlavi of Iran* (Long Beach, CA: Safari Press, 2004).

资格属于国际精英的实践，而且是作为王室和精英狩猎的亚洲传统的一个延续；作为展示奢华排场和非工业财富的一个舞台；对于数以百计的印度王侯统治者来说，它也是对1947年印度联邦组成后失去政治地位的一种表面上的补偿。实际上，原始户外生活与坐在石头上喝香槟酒和威士忌（西方人游猎的商标）相结合，跟一位印度土邦主所展示的（大概在20世纪50年代）盛大排场相比，看上去还算节俭。或许是过度补偿的一个标志，他动员了来自欧洲和美国的一个车队，"携带着移动无线电收发台，一辆放电影的厢式货车，包括一块银幕和放映机，扶手椅座位，这位土邦主可以坐在那里观看野生动物电影，还有一个精心装备的厨房，发电厂"，以及更多的卡车，带有X射线装置，一个有钢琴的起居室，尤其是，还有几个化学盥洗室。[1]

很明显，一个移动式厕所能成为游猎的一个区别性特征，但是，让猎手们"在丛林中"所做的事情更加引人注目的是文字、图片和狩猎战利品。自19世纪晚期，照片便充当了狩猎文字描述的视觉补充。帝国猎手端坐于一头被杀动物的顶部，身边环绕着看热闹的非洲人，这一形象算得上帝国时代一个持久的通用符号。[2] 就照相机捕摄的范围而言，被打败的动物对手在死后再次被镜头捕捉，照片是猎手所渴望的最具体的终极目标的派生物：被猎杀的猎物的尸体——被作为实际的战利品以及猎手获胜和控制猎物的证据。依据目的和财务投入的不同，狩猎战利品被制作成各种不同的形式。不仅有身体部件，比如角、长牙和毛皮，而且有安放在底座上的头，或者按实际尺寸制作的"活物虚构"[3]：复活的真皮模型传达了猎手与被赋予被打败对手的

---

〔1〕 J. A. Hunter, *Hunter's Tracks* (New York: Appleton - Century - Crofts, 1957), 212.

〔2〕 James R. Ryan, *Picturing Empire: Photography and the Visualization of the British Empire* (Chicago: University of Chicago Press, 1997); Dunaway, *Hunting with the Camera*; Wonders, *Hunting Narratives*; Bernhard Gissibl, "Exotische 'Naturkunden': Tierfotografie im Kontext des deutschen Kolonialismus," in *nützlich, süß und museal: Das fotografierte Tier*, ed. Ute Eskildsen and Hans - Jürgen Lechtreck (Göttingen: Steidl, 2005), 60—69.

〔3〕 Jane Desmond, " Displaying Death, Animating Life: Changing Fictions of 'Liveness' from Taxidermy to Animatronics," in *Representing Animals*, ed. Nigel Rothfels (Bloomington: Indiana University Press, 2002), 159—179.

特征和价值之间的关联。这些战利品试图把最小限度的尊严还给被杀戮的标本，在野生动物的身体部件变成了家庭装饰和家的情况下，这样的尊严完全丧失了，比如大象的脚被加工成伞架，用斑马皮做软垫的沙发、表带和钱包，或者是巴罗达土邦主的劳斯莱斯汽车里的豹皮衬里。[1]

观光猎手把他们的战利品加工成纪念品，使最初的猎物去个体化，这种做法在战后游猎繁荣的广阔语境中变得更为广泛。然而，它们依然是例外，而不是常规，因为猎手通常把战利品视为独一无二的参照物，以证明与一个特定猎物标本之间的一次特定的个人遭遇。它被视为“公平”竞赛的结果，应当尽可能保存个体动物的特征。[2] 一件战利品是买不来的，必须去获取，它的价值是个人的、排他的、独一无二的，因此是不能兑换成现金的。如果一件战利品被拿出来展示，猎手始终也被展示。[3] 通常被遮蔽的依然是使战利品获取成为可能的整个劳动力动员和组织链，包括追踪者、剥皮工和脚夫的劳动。相反，战利品在一种象征性的关系中把猎手和猎物合而为一，几乎可以把这种关系描述为交感巫术（sympathetic magic）[4]，猎手把被归于各自物种的品质及其栖息地据为己有就显示了这一点。因此，并非巧合的是，那些变成战利品的身体部件表达了雌雄双形物种的力量和健壮，比如兽角或狮子的鬃毛。

游猎猎手的物质成果首先成了私人收藏的组成部分，在地主庄园以及纽约闹市区银行家的公寓套房里，装饰着楼梯、门厅或单独的狩猎战利品收藏

---

[1] “Maharaja’s Birthday,” *Life*, May 24, 1948, 40—41.

[2] 游猎进入商品世界的更普遍的趋势，以及摄影游猎作为中产阶级休闲活动兴起的补充，超出了本章的范围。从户外装束开始，游猎（safari）这个术语被赋予五花八门的东西，如冒险精神、异国情调和运动氛围，像电视机、打字机、旅行车，以及可以装“两瓶墨水”的钢笔，正如同时代此类产品的广告所显示的那样，例如《生活》杂志。游猎风格的室内装饰作为一种商品，不再限于个人猎手的战利品陈列室，而是这个过程的组成部分，有待进一步的研究。

[3] See Linda Kalof and Amy Fitzgerald, “Reading the Trophy: Exploring the Display of Dead Animals in Hunting Magazines,” *Visual Studies* 18 (2003): 112—122; Wonders, *Hunting Narratives*.

[4] 在人类学家詹姆斯·乔治·弗雷泽的经典定义中，交感巫术指的是“同类相生”(like produces like)，以及“曾经彼此接触过的东西在物理接触断开之后继续互相发挥作用”，参见：James George Frazer, *The Golden Bough: A Study in Magic and Religion*, Abridged Version (New York: Macmillan, 1922), 11。

室的墙壁。它们服务于个人的享受、回忆和自我肯定，在来访者的眼里标志着其拥有者的男儿气概、亲近自然和游历遍天下。尽管一块狮子皮或斑马皮做的地毯可能给珍藏在狩猎战利品中的回忆和体验增加触觉和感官的维度，但一堵挂满兽角和兽头的墙壁，其最显著的效果是创造出一种氛围，颇有共鸣的旁观者常常把这种氛围描述为神圣的氛围，令人肃然起敬。[1] 放在其他的语境下，狩猎战利品可以传达更多的信息。在殖民地和国际展览中，它们为猎手积累了文化资本和社会认可，与此同时，它们维护了帝国的统治，把殖民地统治简化为异国情调的冒险，预示了丰富的自然资源，或者表达了一个失去的殖民天堂的修正浪漫主义。第一次世界大战后，德国殖民地博览会

图 33　德国殖民地官员弗里茨·布隆萨特·冯·舍伦多夫（Fritz Bronsart von Schellendorff）的东非战利品展览（卡尔斯鲁厄，1903 年）

---

〔1〕例子参见：Lutz Heck，Vorwort（Foreword）to *Auf großer Pirsch in Eis und Tropen*，by Carl Horst Andreas（Gütersloh：S. Mohn，1965），5；还可参见：Donna Haraway，*Primate Visions*：*Gender*，*Race*，*and Nature in the World of Modern Science*（New York and London：Routledge，1989），26。

上展出的来自坦噶尼喀或纳米比亚的狩猎战利品便是这样的情形。最后，那些最终成为真皮模型或自然史博物馆生境群的组成部分的战利品，赋予猎手一种科学研究的氛围，常常用于为杀死动物作辩解。

自第二次世界大战后，展览，还有自然史博物馆，不再为范围广泛的观众提供展示狩猎战利品的语境。狩猎战利品的消费成为一件越来越私人性的事务，至少，在互联网给猎手们的交换和交流提供了一个新的竞技场之前是这样。然而，一直有一个连续不断的、完全是虚拟的展示狩猎战利品的平台，它对于猎手的意义再怎么高估都不为过，这就是罗兰·沃德（Rowland Ward）权威性的《大猎物记录》（*Records of Big Game*）。这本书最早出版于1892年[1]，自那以后便充当了一本手册，向猎手们告知全世界作为猎物被猎杀的所有物种的地理分布和典型特征。尤其是，它还搜集了各种猎物就尺寸、重量和体积而言构成一件战利品的基准数据，以及对各个物种及其战利品的描述，接下来是长长的清单，列出了那些获得成文狩猎史上最大战利品的猎手。猎手按照尺寸来衡量勇猛高超的技艺，不可否认，沃德的记录推动了猎手们追求记录，并指导他们在野外的行动。尽管专业猎手偶尔抱怨客户试图收集“尽可能多的世界纪录”，[2] 但帮助客户尽可能获得最好的战利品符合他们的既得利益。在1955年至1977年东非专业猎手协会（EAPHA）解体期间，该协会每年把颇有威望的“丛林与猎手”奖颁发给其客户——射杀了本季最引人注目的猎物的专业猎手。

无力者的业余消遣？游猎的终结

可以断定，动物保护主义最终将会盛行，爱德华·施泰因哈特的肯尼亚

---

〔1〕 1982年的第一版题为“*Horn Measurements and Weights of the Great Game of the World*”（London，1892），是一本供狩猎爱好者和博物学家使用的记录。自1896年后，这本书便一直以“*Records of Big Game*”为标题，后续版本的副标题各不相同。

〔2〕 Hunter，*Hunter's Tracks*，213.

狩猎社会史几乎没有提及第二次世界大战后的狩猎，差不多30年后才有了1977年的禁令。如果我们避免这样向后读史，便会出现一幅不同的图景。尽管战后重建和茅茅起义期间出现了大幅度的下降，但探访肯尼亚的游猎队比从前更多。EAPHA成员数屡创新高，晚期殖民政府的发展和计划性的攻击导致了一次“战后动物保护的兴起”，其反响超过了肯尼亚第一个永久性国家公园的建立。[1] 试图重建帝国合法性的多方面努力还包括为观光狩猎而精心设计的土地规划，以及试图与非洲社群分享野生动物利用的某些好处的努力。在20世纪50年代，肯尼亚和坦噶尼喀都创建了狩猎控制区（GCAs）。进一步细分为狩猎区，它们追求的目标是在边缘地区产生财政收入，鼓励非洲居民关心其土地上的动物保护。肯尼亚全境总共有88个狩猎区，其中任何一个狩猎区都要提前很长时间登记，目标之一是使来自游猎的收入多样化，引导观光猎手进入没有人游猎过的地区。管理员对狩猎地块持续不断的评估应当确保可持续的产出，对狩猎控制区的进入许可证征收的费用应当最终进入各自非洲区议会的金库。很难评估这样的计划事实上是不是让社区必定得到切实有形的利益，尤其是肯尼亚独立后，政府部门决定收回战利品狩猎，作为“中央政府的职责”。[2] 然而，狩猎区制度依然在运转，1972年，观光猎手们贡献了肯尼亚旅游收入的9%，尽管他们在所有观光客中所占的比例不到1%。[3] 不可否认，观光狩猎给在国家公园之外保护猎物提供了激励，而且有助于在这些地区控制种群数量。计划者强调进一步扩展狩猎控制区的潜力，有一些试验性的项目由联合国特别代表处提供经费，努力巩固观光狩猎、野

〔1〕 Roderick Neumann，“The Postwar Conservation Boom in British Colonial Africa，” *Environmental History* 7 (2002)：22—47. 关于战后发展和计划的架构，参见：Frederick Cooper，“Reconstructing British and French Empire after 1945，” *Past and Present* 210，no. 6 (2011)：196—210。

〔2〕 *Ramogi Achieng Oneko，Minister of Information，Broadcasting and Tourism，in the Kenya National Assembly，August 1，1963* (= Official Report，Vol. I，Pt. II)，1624.

〔3〕 Philip Thresher，*Some Economic Problems of Wildlife Utilisation in Kajiado District*. Working Paper 124 (Nairobi：Institute for Development Studies，University of Nairobi，1973).

生动物保护和本地社群之间的关联。[1] 直至1975年，一份政府文件警告："消费性的野生动物利用，其产品有着潜在的巨大而可靠的市场"，不要"由于无知的'动物保护主义者'的压力，而被逐出"这个市场。[2]

热爱战利品的猎手们源源不断地涌入，已经实现的财政收入致力于把游猎与可持续野生动物管理及社群发展协调起来的计划，还有私人狩猎牧场的日益流行，以及在南部非洲很多国家的国家公园之外利用和管理野生动物的其他方案，[3] 所有这些都是一个警告：不要从20世纪70年代肯尼亚和坦桑尼亚狩猎禁令的通过中解读出太多的必然性。当然，动物保护主义者的批评和人道主义者的责难自19世纪晚期以来就一直伴随着游猎："最愚蠢的奢侈形式——纯粹为了富人的消遣而杀戮动物。"[4] 失控的城市化，西方社会与"自然"的进一步分离，20世纪60年代新的左翼环保主义，野生动物相关科学的进展，以及即将发生的去殖民化，全都有助于所谓原生态荒野的进一步神圣化，以及普遍把野生动物重新评价为一笔独一无二的遗产，超越切实有形的消费。不断增长的收入使得越来越多的观光客能够安全地从四个轮子的汽车里近距离面对野生动物，与此同时，深受欢迎的野生动物电影使得那些

---

〔1〕 Ibid.；Wendell Swank，*Cropping，Processing and Marketing of Wildlife in Kajiado District，Kenya*（Nairobi：FAO，1974）；Reuben M. Matheka，"Antecedents to the Community Wildlife Conservation Programme in Kenya，1946－1964，" *Environment and History* 11（2005）：239－367.

〔2〕 Quoted after Ngeta Kabiri，"Historic and Contemporary Struggles for a Local Wildlife Governance Regime in Kenya，" in *Community Rights，Conservation and Contested Land：The Politics of Natural Resource Management in Africa*，ed. Fred Nelson（London：Earthscan，2010），136；Nigel Leader－Williams，"The Effects of a Century of Policy and Legal Change on Wildlife Conservation and Utilization in Tanzania，" in *Wildlife Conservation by Sustainable Use*，ed. Prins，Grootenhuis，and Dolan，219－245.

〔3〕 Jane Carruthers，"'Wilding the Farm or Farming the Wild?' The Evolution of Scientific Game Ranching in South Africa from the 1960s to the Present，" *Transactions of the Royal Society of South Africa* 63（2008）：160－181.

〔4〕 Henry Salt，"The Sportsman at Bay，" *International Journal of Ethics* 16（1906）：491；cf. Ernest Bell，"Big Game Hunting，" in *Killing for Sport：Essays by Various Writers*，ed. Henry S. Salt（London：G. Bell，1914），101－115；Dan Weinbren，"Against All Cruelty：The Humanitarian League，1891－1919，" *History Workshop* 38（1994）：86－105；Mieke Roscher，*Ein Königreich für Tiere：Die Geschichte der britischen Tierrechtsbewegung*（Marburg：Tectum，2009）.

待在家里的人甚至更近距离地虚拟亲近非洲的野生动物，颠覆了猎手们对其魅力的构想。危险野兽的形象被无害的、宠物般的动物魅力所取代，它们有复杂的社会生活和个性，正受到人类的贪婪和愚蠢的威胁。[1]

这一重新评价究竟在何种程度上削弱了大猎物狩猎作为一种表现男儿英雄气概的形式的合法性，国际知名动物保护主义者伯恩哈德·格日梅克在20世纪50年代下半叶与两个德国战利品狩猎工业和政治精英之间的一场论战给出了最好的概括。后者援引了文明的白人猎手和野蛮的黑人偷猎者的陈词滥调，列举了各种论据来证明狩猎是动物保护的一种融资和管理形式。他们怀疑野生动物的总体减少，这大概比伯恩哈德·格日梅克不分青红皂白的、令人沮丧的“没有野生动物的生存空间”这种危言耸听的说法更加中肯，至少在当时是这样。[2] 然而，正是格日梅克赢得了这场论战的胜利。他剥去了大猎物狩猎英雄壮举的荒唐外表，把它描述为心理自卑和道德堕落的实例，他在1959年写道：“现如今，富商们可以靠上个世纪真正的猎手这一名声风光度日，廉价宣传出来的政治家可以通过大猎物狩猎买到一件勇敢无畏的斗篷。我认为，他们比普通人更经常地饱受无力之苦。他们不得不让自己被视为勇

---

〔1〕 Greg Mittman, *Reel Nature: America's Romance with Wildlife on Film* (Cambridge, MA: Harvard University Press, 1999); id., "Pachyderm Personalities: The Media of Science, Politics, and Conservation," in *Thinking with Animals: New Perspectives on Anthropomorphism*, ed. Lorraine Daston and Greg Mittman (New York: Columbia University Press, 2005), 176－195; Franziska Torma, *Eine Naturschutzkampagne in der Ära Adenauer: Bernhard Grzimeks Afrikafilme in den Medien der 50er Jahre* (Munich: Martin Meidenbauer, 2004). 最近的对这份文献的一篇评论，参见：William Beinart and Katie McKeown, "Wildlife Media and Representations of Africa, 1950s to the 1970s," *Environmental History* 14 (2009): 429－452。

〔2〕 Manfred Behr and Hans Otto Meissner, *Keine Angst um wilde Tiere: Fünf Kontinente geben ihnen Heimat* (Munich et al.: BLV Verlagsgesellschaft, 1959); 还可参见：Walter Frevert and Henry Makowski, "Zu Großwildjagd in Afrika," *Wild und Hund* 62 (1959－60): 330－337。一些同时代的评估证实，“不同殖民领地之间有很多的物种变化和地理分布的变化”，而不是普遍减少，参见：Neumann, *Postwar Conservation Boom*, 25－27。

敢的猎狮者，以此来补偿他们的自卑情结。"[1] 格日梅克肯定不是第一个用这种方式来羞辱猎手的人，但他是第一个赢得大规模受众的人——通过他的几本书，一系列定期播出的德国电视节目，以及两部在20世纪50年代赢得国际反响的野生动物纪录片，尤其是获得奥斯卡奖的纪录片《塞伦加蒂不该死》。[2]

西方社会这种正在改变的情感态度推动世界自然基金会的王室名人在20世纪60年代初撤出了引人注目的狩猎活动，因为它"可能影响自然基金会作为一个动物保护组织的名声"。[3] 然而，这样的态度并没有自动转化到东非政治中。肯尼亚和坦桑尼亚的狩猎禁令，与其说是动物保护主义的必然胜利，不如说是联结东非与广阔世界的一系列事态和名人的产物。[4] 后殖民时代报仇雪恨的情绪，以及推进非洲化野生动物部门的一般推力，使得更容易下定决心消灭白人猎手顽固的种族主义，以及一种充斥着帝国主义往昔象征的实践。[5] 腐败、滥用狩猎体制和精英卷入非法象牙出口的具体实例起了重要作用。然而，归根到底，正是保护主义者的压力，迅速增长的野生动物旅游业，以及日益加剧的偷猎问题，使得战利品狩猎在道德上不可接受，在政治上站不住脚，在经济上对于东非"看门人国家"（gatekeeper state）的精英来说可

[1] Bernhard Grzimek，*Serengeti Shall Not Die*（London：Hamish Hamilton，1960），234；see also id.，"Zeitvertreib für schwache Männer：Löwenjagd，" *Die Welt*，June 6，1959. For East African elites reciprocating this view，see，e. g.，the opening address of the Kenyan Minister of State Joseph Murumbi，in *Proceedings of the Eighth General Assembly of the IUCN，Nairobi，Kenya，September 1963*（Morges：IUCN，1964），37—38.

[2] 关于格日梅克在坦桑尼亚殖民晚期和独立早期的行动主义的广阔语境，参见：Thomas Lekan's *Saving the Serengeti：Tourism，the Cold War，and the Paradox of German Conservation in Postcolonial Africa，1950—1985*（forthcoming with Oxford University Press）。

[3] Schwarzenbach，*Saving the World's Wildlife*，81.

[4] 关于对肯尼亚禁令的讨论，参见：Raymond Bonner，*At the Hand of Man：Peril and Hope for Africa's Wildlife*（New York：Knopf，1993），235—250；Steinhart，*Black Poachers*；Akama，*Controversies*；Kabiri，*Struggles*。

[5] 关于坦桑尼亚，参见：Elizabeth Garland，"State of Nature：Colonial Power，Neoliberal Capital，and Wildlife Management in Tanzania"（PhD diss.，University of Chicago，2006）。

有可无。[1] 源自战利品狩猎的财政收入与数十万热爱野生动物的人带来的外汇相比微不足道，他们成群结队地涌向东非的国家公园，给野生动物拍照。经济学家们估算，一头狮子，作为一个狩猎爱好者三周游猎的目标物，它可以挣到 8 500 美元，而同样是这头狮子，在至少六七年的时间里，被观光客观赏拍照，可以挣到 515 000 美元的外汇。[2] 尽管有人怀疑，大众旅游对脆弱的生态系统可能造成破坏性的后果，但是大有前途的非消费利用野生动物的经济利益，与动物保护相关科学、整个野生动物旅游业以及国际环保组织和动物福利组织的利益是一致的，他们游说非洲国家的政府精英采取严格的野生动物保护措施。他们指着 1973 年的《濒危野生动植物种国际贸易公约》对各国政府施压，要求遏制野生动物产品的贸易，打击偷猎，把剩余的魅力野生动物保存在国家公园里，把那里作为它们最后的庇护所。一些跨国非政府组织，比如世界自然基金会、国际爱护动物基金会，或者伯恩哈德·格日梅克和他的法兰克福动物学会，把压力和羞辱的大棒与大笔资金的胡萝卜结合起来，这些资金将用于反偷猎措施和国家公园的管理。尤其是，这些禁令对于解决日益恶化的偷猎问题看来必不可少，既是实际的，也是作为动物保护主义承诺的一个象征姿态。自 20 世纪 70 年代后，由于与国家公园相关的驱逐，以及象牙、犀角和毛皮的价格飞涨——主要是因为日本和中国香港新的奢侈消费形式——偷猎，作为排他性狩猎法的一个不可避免的补充，获得了新的品质。[3] 这种商业驱动的狩猎不仅导致大象和犀牛种群数量的迅速减少——当时有人估计，肯尼亚的大象从 1973 年的 167 000 头下降到了 1977 年

---

〔1〕 关于后殖民时代其主权尤其来自对外部资源和资本流的控制的“看门人国家”的概念，参见：Frederick Cooper，*Africa since the 1940s：The Past of the Present*（Cambridge：Cambridge University Press，2002），ch. 7。

〔2〕 Philip Thresher，“The Economics of a Lion，”*Unasylva* 33，no. 134（1981）：34—35.

〔3〕 参见本书第九章，还有一篇概论，参见：Thomas Princen，“The Ivory Trade Ban：NGOs and International Conservation，”in *Environmental NGOs in World Politics：Linking the Local and the Global*，ed. Thomas Princen and Matthias Finger（London and New York：Routledge，1994），121—159。

末的 65 000 头[1]——而且制造了一种焦虑的氛围，在这样的氛围中，高筑国家公园的堡垒和消灭市场上的野生动物产品看上去绝对必要。然而，把一个合法狩猎战利品市场与非法贸易分离开来不仅很难，而且几乎不可能传达这样的信息：选择性的猎杀个体标本可能有助于濒危物种的整体保护。残忍而浪费的偷猎者与受约束的、运动性的战利品猎手之间的对立，几十年来一直是证明排他和特权有理的核心理由，在 20 世纪 60 年代至 80 年代动物保护主义话语霸权下土崩瓦解，让位于这样一个均质化的假设：任何猎杀最终必然导致灭绝。游猎得到了这样一个裁决：为了满足道德堕落的少数富人而牺牲非洲野生动物的普遍遗产。

结论：从炫耀性消费到清醒消费？

把奢侈品应用于东非动物保护的历史分析至少产生了 5 个洞见：

第一，1900 年后在东非建立的环保主义体制更大程度上并不必然导致野生动物从不受约束地扩张的野生动物市场中退出，而是创造了新的、受控制的野生动物作为奢侈品的消费市场。[2] 防止非洲魅力动物种群灭绝在道德上是必要的，这种必要性可能是南部非洲建立野生动物保护体制背后一个新颖而有力的理想主义主题。然而，它的付诸实践始终是通过更赤裸裸的经济学和市场现实来运转的。从经济学的有利位置来看，在动物保护主义者的讨论中，野生动物的美学、道德和生态价值只是增加了它作为殖民地“最佳资产”之一的价值。[3] 因此，野生动物保护诞生于并兴盛于特权和奢侈的精神。

---

〔1〕“Conservationists Win Important Victories in Battles to Save Wildlife,” *The Times*, November 23, 1978, 13.

〔2〕有一篇文章特别强调猎物保护背后的市场关系，参见：van Sittert, “Bringing in the Wild: The Commodification of Wild Animals in the Cape Colony/Province c. 1850—1950,” *Journal of African History* 46 (2005): 269—291。

〔3〕*The Official Gazette of the Colony and Protectorate of Kenya*, January 30, 1951, 200.

第二，作为狩猎和野生动物旅游所利用的奢侈品，猎物的商品身份使得殖民地时期和后殖民时期的精英及决策者有可能把“发展”设想为这样一个过程，在这个过程中，野生动物是一个构成性的动因，而不是一道应消除的障碍。

第三，纵观整个20世纪，狩猎和保护绝不涉及野生动物的连续形式或互斥形式，正如标准叙事所暗示的那样。尽管经常互相冲突，但它们同时共存，作为空间上分开的、可供选择的利用野生动物资源的形式。

第四，意识到猎物的商品身份，让人关注到一个事实：从20世纪初期组织化观光游猎的起源开始，野生动物的商业营销就利用和调动了帝国游猎讨论的核心成分。实际上，除了野生动物保护外，旅游也成了非洲大自然的形象和想象永久存在的主要作用者，而这些形象和想象本质上源于殖民地时期。

第五，赋予东非各种形式的奢侈旅游以有生命活力的大猎物，其魅力本质上是西方人的构想。尽管这一魅力的成分，以及由此而来的伦理义务，在20世纪经历了改变，但它的特点是西方人的敏感性往往会抹去关于相同动物的其他描述和观念。一个社会中的奢侈品，在另一个社会中往往取决于完全不同的价值体制：一个人毕生游猎的魅力物品在另一个人眼中是糟蹋作物的祸害。一方面是国际旅游和动物保护的价值，另一方面是日常共存的价值，二者之间存在的紧张状态并不容易协调。[1]

然而，20世纪70年代的狩猎禁令是战利品游猎史上一个决定性的分水岭，标志着新的开始。“游猎”（safari）这个名称保住了与肯尼亚的紧密联系，但如今被用来表示和平的猎物观赏，作为一种新的、理性的奢侈消费形式，在国家公园里和周围雨后春笋般冒出来的乡间小屋里。一些游猎经营者迅速抓住了拍照游猎的机会；另一些经营者则为了猎物观赏，而把他们的经验、资本和大量心满意足的狩猎客户输入南部非洲的其他国家，这些国家不

---

〔1〕 See also Annu Jalais, “Unmasking the Cosmopolitan Tiger,” *Nature and Culture* 3, no. 1 (2008): 25—40.

太容易到达，也不太引人入胜，却发挥了受大猎物猎手威胁的濒危物种的庇护地的作用。随着东非的关闭，博茨瓦纳（比方说）变得流行起来，而西德的大猎物猎手则涌向纳米比亚前殖民地德国人经营的狩猎农场，人数比从前还要多。[1]

战利品游猎在其源头国家被禁的事实制造了一个误导人的印象：保护是野生动物历史的终结，战利品狩猎成了一件属于帝国往昔的事情。在西方社会失去道德上的可接受性，意味着猎手的公开炫耀将招致愤慨而不是赞赏。由于它只增加负面的社会资本，战利品猎手便退回到隐匿状态，以及战利品所带来的私下的满足。大约十年的时间里，它相对不那么引人注目，这使得更容易把战利品狩猎与帝国主义的含义分离开来，在可持续发展的话语体制下把它改造为一种理性消费野生动物的形式。战利品狩猎在当代保护主义讨论中的回归表明，作为一种奢侈实践，它并没有完全消失。相反，它被改变了，如今在不同的话语包装下被交易。

我们是不是真的见证了从炫耀性消费到理性消费的转变呢？正如狩猎游说团体和部分论述动物保护、生态旅游和野生动物管理的学术文献所暗示的那样。最近对探访南非海岸的国际战利品猎手们的动机所做的研究让我们不由得有些怀疑战利品狩猎作为一项扶贫活动只不过是一种话语包装。有人对1999—2003年间探访东开普省的600名战利品猎手进行过一次问卷调查，收回的问卷揭示，大自然中的属灵存在、惊心动魄的追捕体验、战利品的收藏，以及对自我的挑战，是狩猎的主要动机。只有极少部分猎手是被动物保护的动机所驱使，在一份其他方面都很广泛的动机清单中搜寻扶贫发展是徒劳的。[2] 用google搜索"safari hunting"，或者浏览当前一期任何有特殊兴趣的狩猎杂志，比如德国的《世界狩猎》（*Jagen weltweit*），就会发现，关于扶

〔1〕关于纳米比亚作为狩猎目的地在来自联邦德国的德国人当中的流行，参见：Rolf Hennig，"Die Entwicklung der Wild - und Jagdwirtschaft in Südwestafrika/Namibia，" *Zeitschrift für Jagdwissenschaft* 33（1987）：248—267。

〔2〕Laetitia Radder，"Motives of International Trophy Hunters，" *Annals of Tourism Research* 32，no. 4（2005）：1141—1144.

贫狩猎的新论述很少进入战利品狩猎的营销中，杂志和网页津津乐道的依然是帝国大猎物猎手的英雄主义，装备商所利用的依然是古老的论述：男儿气概、特权、荒野、原始落后，以及独一无二的冒险全都搭配了有担保的消费者对战利品质量的满意，以及终生一次的体验。[1] 有一点倒是可能：战利品狩猎为社群发展产生了切实有形的利益，使得资本流动成为可能，否则，它们就不会存在，而且构成了在某些地区利用和保护野生动物种群的在生态学上最合理的形式，否则，它们就会在这些地区消失。但是，鼓励“社群”为了外部猎手而保护野生动物仅仅代表着最近的努力——试图把资本主义的价值归于非洲的野生动物，而鼓励战利品猎手则包括动员那些本质上源于殖民时代的想象。除了一大群笨拙的在常常一贫如洗的环境中表演富有的名流要人外，正是这些连续性使得战利品狩猎成为这样一种有争议、有疑问的可持续发展的形式。

【作者介绍】 伯纳德·吉斯布尔（Bernard Gissibl）：德国美因茨莱布尼茨欧洲史研究所博士后研究员。他的研究兴趣集中于环保史、帝国史，以及跨国视野和全球视野里人与动物的关系。

---

〔1〕例子参见 issue 6/2010 of *Jagen weltweit*，其中大量的段落和图片来自：James Sutherland’s “The Adventures of an Elephant Hunter,” released in 1912（pp. 76—83）。

结语

作为全球现象的奢侈品

我们在本书开头便开宗明义——奢侈品是一个全球现象，而且，我们希望证明，相比欧洲或北大西洋的视角，全球史的研究方法能够给出更深刻的洞见。本书试图回答的问题是：奢侈品的概念能不能用作一个分析工具？如果能的话，研究奢侈品的全球路径可以如何发展？这篇结语将概述这一研究路径最终带来的好处是什么——无论是对于全球史，还是对于奢侈品研究。在此之前，很少有关于这个问题的历史研究。当然，历史学家们研究了欧洲奢侈品的诸多方面，一直就有范围广泛的文献论述美索不达米亚时代以来的奢侈商品，以及关于奢侈和消费的争论。至于其他地区关于奢侈品的历史著述，其来源要晚得多，因为，尤其是在前殖民地，当这一学科解开它的帝国纽带、在去殖民化期间及之后重组自己时，其他的历史问题更加重要。尽管有一些对全球商品　比如食糖、咖啡、茶叶、烟草或可可——的杰出研究，但很少有历史学家试图以全球视角研究奢侈品，或者对不同文化中的奢侈品进行比较。我们这里的研究路径并不是比较研究，虽说这些研究提供了一些有趣的比较。按照我们的理解，全球史主要是世界不同地区之间联系的历史。大多数关于奢侈品的历史研究是在地区或国家的框架内设计的，很少跨越国家边境追寻物品的踪迹。

这本文集中所呈现的奢侈品研究有所不同。它们涵盖和关联了早期现代世界和现代世界的很多地区，从清代中国和莫卧儿印度到威尼斯和北大西洋，从 18 世纪的日本到东非，再到德国、英国和美国，最后，从爪哇到荷兰再到加纳，从现代印度到肯尼亚和坦桑尼亚。选择了这些地区和时期，我们清楚地意识到其他地区不会出现在我们这本文集中。[1] 关于中亚、北非以及近东和中东（当然，这些又是欧洲中心主义对这些地区的地理命名）的奢侈品的历史，还有更多的研究要写。全球史提供了很多洞察，尤其是对于不同地区之间的经济关联，关于西方的崛起、世界体系，或者南半球的附庸地位，在最近几十年发生了几场大的争论。尽管这些争论很有价值，但当全球政治和经济联系的不对称得到证实时，这些权力关系的假定不对称就会是研究计划的组成部分。我们想避免这一点，期望我们的研究能够帮助把视角改到所谓边缘地区。因此，我们把这些奢侈品研究者召集到一起，他们研究南半球人民的行为，探索诸如非洲、中国、日本和印度这些地区人们寻求奢侈实践的消费和生产模式，这些地方很少作为全球经济的消费地区而得到研究。[2]

如果我们希望把奢侈品的概念用作全球分析的工具，那么，要回答的第一个问题是：我们如何不仅从欧洲视角，而且从全球视角把奢侈品概念化？在有些章节，例如，论述莫卧儿帝国首饰流通的那一章，提出了这样一个问题：如果践行者甚至都没有一个单词来表示奢侈的意思，我们是否能把一项社会实践归类为奢侈？这是我们集中讨论的问题。结果是在我们所使用的两个不同的语言层面做出区分。第一个层面是源头的语言，第二个层面是分析的语言。源头给了我们很多关于具体价值体制的信息，需要我们去理解。就算一门语言没有一个表示奢侈品的单词，这也未必意味着相应的社会不知道奢侈品，而只是意味着，其社会成员没有给它贴上这样的标签，常常是因为

---

〔1〕 由于史蒂夫·托皮克（Steven Topik）等人的《从白银到可卡因》（*From Silver to Cocaine*）涵盖了拉丁美洲生产的各种不同的全球商品，我们决定聚焦于其他地区及其关联。Steven Topik, Carlos Marichal, and Zephyr Frank, eds., *From Silver to Cocaine: Latin American Commodity Chains and the Building of the World Economy, 1500 — 2000* (Durham, NC: Duke University Press, 2006).

〔2〕 最近有柯律格（Craig Clunas）论述中国、杰瑞米·普雷斯尔特（Jeremy Prestholdt）论述非洲的文章，是这一规则的可喜例外：*Oxford Handbook of the History of Consumption*, Frank Trentmann ed.,（Oxford: Oxford University Press, 2012）。还有以下一本著作也很有用，尽管它在很大程度上聚焦于 19 世纪晚期和 20 世纪：*Towards a History of Consumption in South Asia*, ed. Douglas Haynes, Abigail McGowan, Tirthankar Roy, and Haruka Yanagisawa (Delhi: Oxford University Press, 2010)。

他们以不同的方式来构想它。但是，以材料的排他性使用或排他性的社会实践为典型特征的社会身份是普遍的东西，在本书研究的所有社会中都可以观察到这一点（不管他们是不是有一个单词来表示阶级差别）。即使我们使用一个欧洲创造出来的术语，为了防止我们把欧洲中心主义的假设投射到完全不同的语境上，我们试着以更开放的形式来定义我们对奢侈品的理解，并意识到这个概念可能有些狭隘。这就是使用奢侈品这个术语的第二个层面。奢侈品这个词被用作一个分析术语，首先必须以一种并不局限于欧洲人的想法的方式来定义，但这个术语已经够开放了，可以涵盖其他文化的类似态度。

在阿尔君·阿帕杜莱编辑的《物的社会生命》（*The Social Life of Things*）一书中，分析了史前时期和中世纪的欧洲、现代的中央邦（印度）以及东北非的很多商品的消费。在导言中，阿帕杜莱把奢侈品定义为这样的物品："它们的主要用途是修辞的和社会的"，它们的象征价值比内在价值更为重要。[1] 他定义的奢侈品的典型特征很大程度上类似于我们在本书导言中给出奢侈品的初步定义时所总结的 6 个特征：不是大众商品；是排他性的，常常意味着但并不总是意味着它们是昂贵的或外来的；超越日常实用性的领域；应当具有特殊的材料品质，比如耐久性或极端脆弱性　经常用非同寻常的手工技艺做成；在审美上应当是令人愉悦的；尤其是，它们应当是社会身份的符号。这 6 个特征被证明在很多不同的地区都有效，尽管它们的社会背景和文化背景完全不同。

本书中研究的所有奢侈物品和奢侈实践（比如大猎物狩猎）都很稀罕，而且具有排他性，因此，它们可以被用来显示差别，以此标识社会地位，比如加纳的"真荷兰蜡印布"，或者现代印度送给新娘的金项链。其中大多数依据本地货币体系是昂贵的，比如玻璃珠在东非，或者青花瓷在英国，它们既是排他性的，也是异国情调的。像其他大多数奢侈品一样，黄金首饰和钻石

---

〔1〕 Arjun Appadurai, ed., *The Social Life of Things: Commodities in Cultural Perspective* (Cambridge: Cambridge University Press, 2008), 38.

不是为了实用目的而制作的，尽管它们可能在经济上变得对拥有者很重要。象牙钢琴键和用玳瑁制作的物品还因为它们的材料品质和审美愉悦而成为奢侈品，尤其是它们的触觉——玳瑁假阴茎是这一特征的完美例证。

这些文章中所介绍的奢侈品，其范围包括不同材质和来源的物品：有些奢侈品由于它们的不灭性而被认为很宝贵，比如钻石或黄金，它们必须开采和加工；另有一些源于动物，比如狩猎战利品、玳瑁或象牙；还有一些是以高度专门化的技术技巧做成的，在这一时期不可能被其他人模仿，比如中国的瓷器、威尼斯的玻璃珠、印度的棉纺织品，以及加纳的“真荷兰蜡印布”。我们辨别出的最后一个特征是社会身份的符号。在本书中可以找到这个特征的很多例证。拥有珠宝首饰是印度-伊斯兰统治概念的一个基本方面：借助所有权，但也借助送礼的传统，莫卧儿皇帝展示他的权力，标识其臣民的身份。拥有某些类型的玻璃珠在非洲表达了王权；女人在印度佩戴金首饰，或者在加纳穿着用“真荷兰蜡印布”制作的服饰可以显示她们的社会身份。这一社会身份特征的副作用之一可以在奢侈品的仿造品中找到。我们遇到了一系列“赝品”：用铅质玻璃做的钻石、印度的仿造金首饰、欧洲的仿制印花布、用中国印花布代替真荷兰蜡印布、用兽骨代替真玳瑁，以及代夫特仿造的中国瓷器。

有了世界不同地区在不同时间所展示的奢侈品的这 6 个特征，我们觉得，把我们的奢侈品概念用作一个全球分析工具是有把握的。所有阶级和社会阶层都消费奢侈品，或者知道排他性的奢侈实践，但他们都是以不同的方式这样做，因此把自己与其他社会群体区别开来，以确保他们的社会凝聚力。本书中的不同研究因此使得我们有可能比较实用奢侈品和践行奢侈行为的不同变化。转到另一个重要方面，我们现在要说说我们为了给那些地区史家一个全球视角而选择的方法：撰写全球奢侈品史。

本书中的大多数文章聚焦于奢侈商品的流通，并使用（或暗含地，或明确地）全球商品链的方法，追踪它们的旅程，从来源地到消费者，并重构世界各地不同社会之间的连接和互联。例如，追踪钻石从采矿到戒指的不同轨迹，显示了相对简单的关联，从欧洲人最早在矿山内及周边和印度宫廷里接触它们的时候形成的对钻石的“渴求”，到巴西的葡萄牙殖民地发现原钻，以及随之而来的大规模从非洲“进口”奴隶到巴西的矿上工作。另一个直截了当的关联可以在中国瓷器的全球需求与景德镇产量大增之间找到。更加多维的是印度印花棉纺织品之间的联系，它们的制造后来转到了欧洲（主要是英国），在那里它们被改造，随后出口到非洲。英国的工业增长部分程度上是棉花全球化的结果，同时导致印度棉纺业的非工业化。全球商品至少连接三个大陆的另一个实例是“真荷兰蜡印布”，它们基于爪哇（印度尼西亚）的技术和图样，被荷兰人所改造，他们把生产地迁到了赫尔蒙德，随后把产品出口到不同的非洲国家。

正如全球商品链的方法帮助我们看出了这根链条上不同环节之间的关联，“社会传记”的方法让我们看到，人们在不同的社会，甚至在同一个社会不同的语境中赋予相同的物品不同的意义。不妨以玻璃珠不断改变的功能为例，在一个造访威尼斯玻璃珠制造厂的观光客眼里，它代表了没什么用处的普通物品，但在东非内陆地区，它成了一件奢侈品，被用作货币的替代品。如果我们审视大象的意义，甚至可以发现范围更广泛的意义变化。非洲土著民历来对大象长牙熟视无睹，为了吃肉，也为了作为战利品的象征价值而猎杀大象，它证明了猎人的勇敢，能够通过猎杀大型动物而保护自己的人民和收成。在这个语境中，尾巴被认为是比长牙更好的战利品。渴求象牙的欧洲人改变了这一意义，导致了大规模的大象猎杀和巨大的象牙贸易，使得长牙成为大象身上最珍贵的部分。一些典型的19世纪欧洲资产阶级奢侈品，比如钢琴和台球，如果没有象牙琴键和象牙球就不完整。再后来，瞄准大象（要么是用枪，要么是用照相机镜头）成了某些人典型的奢侈娱乐，这些人怀念殖民主义的旧日时光，渴望在荒野里过一种表面上很简朴的“乡村生活”。当游猎的杀戮部分对很多欧洲人来说变得太不道德时，大象的意义再次改变：如今成了卡通片里可爱的动物，比如《小象巴巴尔》和《小飞象》。

人们赋予奢侈品的意义不仅随着文化语境的不同而改变，而且随着情况的不同而改变。正如本书中的文章所显示的，不仅玻璃珠和黄金从奢侈品变成了货币，而且这一变化适用于钻石和玳瑁，全都取决于具体情境。在《物的社会生命》中，阿帕杜莱引入了“奢侈注册”（luxury register）这一术语，指的是消费那些在某些语境中可以变成奢侈品的特殊商品。[1] 或许，这个奢侈注册的概念还可以反过来使用：在某些语境中，奢侈商品可能变成仅仅由于其内在价值而被珍视的物品，尽管它们依然有奢侈品的所有“标志”。

在定义一件奢侈物品的意义上，性别似乎非常重要。在印度人的一场婚礼上，送给女人的黄金是要显示她余生的已婚身份，而送给男人的黄金在婚礼后就可以换成货币。不仅印度的黄金能够强调一个女人的已婚身份，而且用真荷兰蜡印布做成的、印有特殊图案的特定类型的服装也有这种作用。印度对黄金首饰的性别化消费，以及日本的玳瑁发饰，都与女人的财产及继承权紧密相连。对南印度的女人来说，直到相当晚近，亲戚直接送给她们的个人礼物（钱、衣服和首饰）是一个女人所能拥有的唯一个人财产。对 17 世纪的日本人来说，拥有个人奢侈品是女人能够合法拥有财产的少数方式之一。对于男人来说，拥有首饰更多的意义不是作为私下保存的资本，而是公开展示的权力。正如前面已经提到的，拥有首饰在印度-伊斯兰男性的统治概念中具有至关重要的作用：通过展示大块的钻石、珍珠、蓝宝石和红宝石，统治者显示了他们强有力的地位。对那些不那么有力的、女里女气的 19 世纪和 20 世纪欧洲和北美的城市居民来说，去非洲游猎可能意味着一次转变——尽管是临时性的——变成了真正的男人。在这里，拥有狩猎战利品不仅象征着全球游猎者的财富，而且象征着力量，这显示了性别和阶级如何可能结合起来。女人穿着真荷兰蜡印布的情况也是如此：这种布料是给成家立业的已婚女人穿的，不是给未婚的年轻姑娘穿的。同样，威尼斯的玻璃珠在不同的非洲国家可以表达一个女人受人尊敬的地位。

阶级和社会地位对于理解不同社会中物品和实践的意义至关重要。践行

[1] Arjun Appadurai, ed., *The Social Life of Things: Commodities in Cultural Perspective* (Cambridge: Cambridge University Press, 2008), 38—41.

奢侈行为或暴露奢侈物品是一项人人都能理解的社会规则，社会差别借此得以标识。然而，奢侈的动力不仅是想要与众不同的愿望，而且对于一个群体的社会凝聚力也很重要。例如，奢侈品被用在庆典仪式上，就像东南亚的棉纺织品，或者莫卧儿印度婚礼庆典期间所送的首饰。在仪式期间，群体甚至可能被扩大——这就是乔治·里耶罗（第五章）所说的奢侈品的社会功能中的垂直纽带：在印度，捐赠给寺庙的黄金旨在服务于社群，是一个比你所属于的种姓更大的群体；而在加纳，女人参加葬礼时必须穿深色真蜡印布服装，不然就会毁掉这场葬礼，扰乱整个社群。当一个阶层的成员遵循不成文的品味法则，显示类似的做法时，水平的阶层凝聚力就变得明显而可见。一个日本女仆不应该戴玳瑁发梳，因为这被认为对她来说太过奢侈，因此显示出她为了支持自己的奢侈品味而用性来诱惑男人的倾向。在其他很多关于奢侈品的研究中都揭示了这一点。但是，研究奢侈品的全球视角强调阶层的另一个方面：奢侈品的全球传记显示的是，在世界上的一个地区主要由富人或有权力的人享受的奢侈品消费如何与它在另一个地区的生产关联起来，以及来自不同地区的不同阶层如何通过经济纽带关联起来（例如，从今天的苏拉特抛光的英式明亮切割钻石，到英国的棉纺织品，后者受到印度原产品的启发，大规模出口非洲及其他大陆，再到威尼斯作坊里由女人生产的玻璃珠，在非洲被销售，换回奴隶和象牙，这些东西又进入了其他各种不同的商品链）。

很多商品链都包含奴隶的这一事实意味着研究奢侈品的全球视角还让我们对全球劳工史有了新的洞察。在棉纺织品全球化后繁荣起来的美国棉花生产，巴西的钻石开采，威尼斯的玻璃珠生产和贸易，都与被贩卖奴隶的数量增长紧密相关，尽管就最后这个实例而言，准确的关联尚未建立。对于某些奢侈实践，比如游猎，不同阶层之间的关联并没有跨越很远的距离：在坦桑尼亚和肯尼亚，来自欧洲和美国的富有白人使用和接管了黑人土著民生存耕作所需要的土地。这显示了全球联系如何可能在本地产生影响，与此同时，它还显示，仅次于性别和阶层，种族属性在如何理解奢侈品上起着重要作用。

图 34　钻石（资料来源：百度图片）

对全球奢侈品的分析还让我们懂得，资助非常重要，无论是对于生产，还是对于那些在中国御窑和莫卧儿印度皇家钻石打磨作坊里工作的工匠的职业生涯，都是如此。严格的劳动分工，以及不许给其他雇主干活的禁令，是这一资助不可或缺的组成部分。这使得王室工匠本身几乎就是一个阶层。在莫卧儿印度，工匠阶层甚至得到了一个数量很大的司库和账房阶层的补充，他们把所有奢侈品管理得井井有条。对于威尼斯的玻璃珠生产者来说，成为拥有特殊知识和技能的工匠这一特殊群体的组成部分意味着不允许离开本城，与别人分享他们的知识。在为全球市场生产的过程中，区分一种商品的不同质量至关重要，正如论述中国瓷器、印度棉布和威尼斯玻璃珠的那几章中所阐述的。需要本地的技能，但必须把它们与全球消费的知识结合起来，包括各种不同的品味和意义属性。

奢侈品的全球传记给全球史带来的好处是什么呢？研究奢侈品的全球旅程，其意义超越了这些特殊商品以及与其相关联的社会实践的历史。

第一，以全球视角研究奢侈品，结合了与生产、运输、制造、交易和消费这些奢侈品的社会语境和文化语境。因此，文化因素对于全球贸易的功能相关性变得显而易见，不仅在奢侈品贸易与全球贸易是同义词的那段时期，而且在拜利所说的“古全球化”时期也是如此。我们认为，即使在现代时期，也不应该低估文化对于全球互联的功能相关性。

第二，本书中的研究显示，这两种方法——物品传记的方法和全球商品链的方法——都提供了看待全球经济关系的一个去中心化的视野。选择那些并不在北大西洋地区消费和实践的奢侈品的最初决定让我们清楚地认识到，历史学家所使用的定义在多大程度上源自欧洲中心主义或者以北大西洋为中心的视点。不同于“西方”的标准，世界上有很多不同的文化把其他的物品与实践归类为奢侈。与此同时，对南半球国家奢侈品的生产、消费和估值的分析严重质疑了常常被应用于这些地区的“边缘”标签。

第三，本文集中的文章结合了微观视角和宏观视角。研究物品传记的方法可以整合对物品的估值、思考、描述，以及个体的行动，在把它们置于本地语境中的同时，显示它们的全球关联。因此可以描述历史过程的本地范围与全球范围之间的关联，而不会让情境的复杂性变得狭隘。物品的全球生命提供了引人入胜的叙事，让我们更好地理解全球关联为何及如何跨越文化和政治边境发挥作用。

第四，当我们审视奢侈商品和奢侈实践时，全球视角的好处是什么？它让我们认识到前面提到的全球连接和关联对于全球经济的发展可能非常重要，只要我们想想，在世界上一个地方生产的所有奢侈商品都是在另一个地方被消费。

奢侈品在各种不同的社会语境里有不同的意义，这一点在史学研究中很大程度上被忽视了，并且提出了这样一个问题：文化史分析中经常使用的论述方法对于研究奢侈品的历史是不是一个足以胜任的方法？本书各章都表明，与商品和物品相关联的社会实践，即使在同一个社会群体或文化语境内，其所显示的变化范围也远比我们预期的广阔得多。这一新的洞察可能与欧洲语境中的奢侈品研究有着高度的相关性。奢侈品的概念和实践在不同的时间和空间差别很大，但这个现象是全球性的。

聚焦于物品传记，追踪它们在不同社会语境中的流通，使得我们有可能给奢侈品的概念增加新的、非常重要的内容。几乎所有关于奢侈品的研究都是用一个基于此类物品的材料品质或社会品质的概念，有些研究更多地基于对某些范畴的反思，他们甚至用这些范畴来分析与奢侈相关联的社会实践。但是，很少有历史学家讨论奢侈品的时间维度。通过使用源自社会学、经济学或文化人类学的奢侈品定义，奢侈品及奢侈实践的短暂性常常被视而不见。从本书的相关研究中所学到的是：通常被归类为奢侈品的同样物品，在某些情境中却可能被认为是世俗的，没有任何属性使之成为很高社会地位的标志。因此，我们这本文集可以给奢侈品的概念增加一个极其重要的新维度：奢侈品的历史性。区分不同历史和社会情境下的差别，不仅把文本而且把物品和实践置于其特定语境中，正是历史科学的强项。

【作者介绍】 贝恩德-施特凡·格鲁：德国弗莱堡教育大学现代史和史学教学理论教授。

卡琳·霍夫米斯特：阿姆斯特丹国际社会史研究所高级研究员和安特卫普大学犹太文化教授。